高校转型发展系列教材

人力资源管理

舟 军 主 编

张术茂 张以鹏 王婷婷 副主编

清华大学出版社

北 京

内 容 简 介

在当今时代，市场竞争日趋激烈，人力资源管理是构建企业核心竞争力的关键。本书从现代人力资源管理理论出发，结合国内外人力资源管理实践，全面系统地阐述了人力资源管理原理、技能与方法。

全书主要介绍了人力资源管理导论、人力资源战略规划、工作分析与工作设计、招聘管理、培训与开发、职业生涯管理、绩效管理、薪酬与福利管理、劳动关系管理、跨文化人力资源管理的内容。本书注重理论与实践的结合，重点突出人力资源管理技能的学习和运用，依据职业能力设定培养目标，通过深入企事业单位调研，确定从事相关岗位所应具备的人力资源管理各项能力，并据此设定学习内容。

本书可作为普通高校、高职院校相关专业研究生、本科生教材，也可供企事业单位内部培训以及从事人力资源管理工作的专业人员自学使用。

图书在版编目(CIP)数据

人力资源管理 / 冉军 主编. —北京：清华大学出版社，2017（2024.1重印）
(高校转型发展系列教材)
ISBN 978-7-302-46013-8

Ⅰ.①人… Ⅱ.①冉… Ⅲ.①人力资源管理—高等学校—教材 Ⅳ.①F243

中国版本图书馆 CIP 数据核字(2016)第 316339 号

责任编辑：施 猛 马遥遥
封面设计：常雪影
版式设计：方加青
责任校对：曹 阳
责任印制：曹婉颖

出版发行：清华大学出版社
　　　　　网　　　址：https://www.tup.com.cn, https://www.wqxuetang.com
　　　　　地　　　址：北京清华大学学研大厦 A 座　　　　　邮　　编：100084
　　　　　社 总 机：010-83470000　　　　　　　　　　　邮　　购：010-62786544
　　　　　投稿与读者服务：010-62776969，c-service@tup.tsinghua.edu.cn
　　　　　质 量 反 馈：010-62772015，zhiliang@tup.tsinghua.edu.cn
　　　　　课 件 下 载：https://www.tup.com.cn，010-62781730
印 装 者：三河市人民印务有限公司
经　　销：全国新华书店
开　　本：185mm×260mm　　印　　张：19.5　　字　　数：450 千字
版　　次：2017 年 1 月第 1 版　　印　　次：2024 年 1 月第 6 次印刷
定　　价：58.00 元

产品编号：069731-03

前　言

在知识经济时代，随着生产力和科学技术的迅速发展，企业之间的竞争更加复杂、更加激烈。在这种复杂、激烈的关乎企业生存与发展的竞争中，人力资源的作用越来越突出。人力资源管理是构建企业核心竞争力的关键，继而成为企业获得成功的关键。从强调对物的管理转向重视对人的管理，是管理领域中一个划时代的变革。把人当作一种促使组织在激烈的竞争中生存、发展，始终充满生机和活力的特殊资源来刻意发掘并科学地管理，已成为当代先进管理思想的重要组成部分。

随着普通本科院校向应用型本科院校的转变，构建以市场需求、职业需求为核心，以能力培养为主线，以实践体系为主体的新型人才培养模式迫在眉睫。教材是体现教学要求和教学内容的知识载体，是进行教学的基础工具，是提高教学质量的重要保证。其中，经管类教材应坚持以提高学生整体素质为基础，以培养学生综合职业能力特别是创新能力和实践能力为主线，突出应用性的专业培养目标。学校教学需要能够科学、合理、有效地培养学生职业性、专业性、技能性和职业素养的创新型教材。为适应这一转变，我们编写了这本《人力资源管理》。全书内容博采众长，力求详尽、透彻地介绍人力资源管理的相关概念、基本方法和整体流程。本书主要有以下几个特点。

1. 内容精练、学以致用

编者在编写本书过程中，在保证人力资源管理基础知识和基础理论系统、完整的前提下，适当精简理论知识，对那些冗长的理论，则予以简化或以图表的方式展现，把人力资源管理方面的复杂问题简单化，为读者提供了一个认识问题的有效途径。本书按照人力资源管理业务模块，以技能训练为主线，以相关职业活动为导向，以学生就业所需的专业知识和操作技能为着眼点，在适度的基础知识与理论体系的覆盖下，突出应用型本科教学的实用性和可操作性，真正做到学以致用。

2. 体例新颖，线点结合

本书采用 "1+1"(主体教材和教学资源库)一体化系列教材模式。主体教材设置章、节两个层次，体例设计新颖，线点结合，以"知识结构图"为主线，把每个章节的"知识要点""学习目标"两个重点通过"知识结构图"完美结合、充分展示，确保脉络清晰、一目了然。章下设置"知识结构图""情景写实"内容；节下设置"对点案例""相关链接""对点实例"等，每一章后设置"实用模板""课后练习""拓展阅读"等。教学资源库与主体教材配套设置"案例分析""实训演练""模拟真题""答案详解"等项目。引导学生根据教材理论学习成果进行社会实践活动，鼓励他们把理论与实践有机地结合起来，提高学习效果。

本书由沈阳大学冉军提出写作思路和内容大纲，把握风格体例，负责全书的审阅和统稿。本书编写分工如下：第1章、第4章、第6章、第8章和教学资源库及模拟试卷由冉军编写；第2章、第9章和教学资源库由张以鹏编写；第3章、第7章和教学资源库由张术茂编写；第5章、第10章和教学资源库由王婷婷编写。

编者在编写本书过程中，得到了沈阳大学的立项支持，被列入"沈阳大学转型发展教材建设专项支持计划"立项教材。编者们参考了国内外众多专家、学者的著作和观点，因数量较多，不便一一列举，在此一并表示感谢！另外，还要特别感谢清华大学出版社领导和施猛编辑对本书的大力支持，使本书得以在规定的时间内顺利出版。

由于编者水平有限，书中缺点和不足之处在所难免，敬请广大读者多提宝贵意见，以便再版时加以修改与订正。反馈邮箱：wkservice @vip.163.com。

编者
2016年9月

目　录

第1章

人力资源管理导论

知识结构图

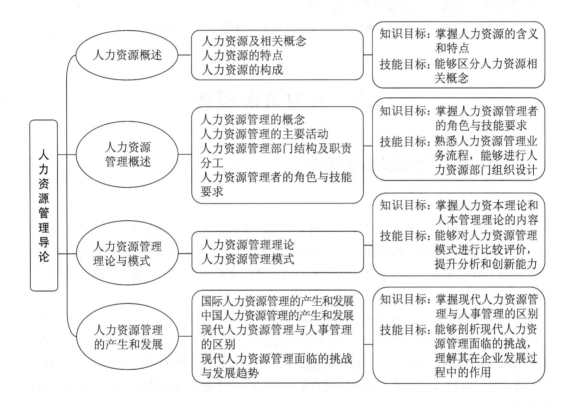

王力经理的苦恼

王力是深圳凡通通信电子设备制造公司的人力资源部经理，近一个月来，公司接二连三发生的事情似乎都与他有关，让他苦不堪言，尤其是执行总裁让他尽快拿出解决方案，更使他茶饭不思。

第一件事是公司准备在柳州再建一个生产基地，一年后投入使用，为此，必须雇佣与培训500名新员工；同时，还要从深圳总部调去50名技术和管理人员，因为大家在深圳都已经习惯了，谁也不愿意去，怎么办呢？第二件事是公司的竞争对手据说在芯片技术开发方面与国外某品牌公司达成战略联盟，这项技术的应用可大幅度降低成本。这样，凡通公司生产该产品的子公司会遭受毁灭性的打击，大量的员工将下岗或被重新安置。如何处理这个问题，关系员工的士气与企业的稳定，该怎么办呢？第三件事是近半年来，公司中层管理者的离职率明显高于去年，尤其是一些公司元老也提出辞呈更让总裁恼火。要留住骨干，关键是要建立一套有效的员工激励机制，这又该怎么办呢？王力陷入深思之中……

案例分析：王力经理的苦恼是大多数组织人力资源经理经常碰到的。人力资源经理必须不断地处理经常变化的、不可预测的与人有关的问题。由于环境的复杂多变，要处理好这些问题并不是一件易事。因为这些问题通常不是人力资源一个部门能够解决的，必须靠组织内各个部门的通力配合。在当今时代，人力资源管理是十分重要的。因为，人是我们最重要的资产。

资料来源：http://daydaygarden.blog.163.com/blog/static/5360906420082710626583/.

1.1 人力资源概述

1.1.1 人力资源及相关概念

1.人力资源的概念

资源是指资财的来源。从经济学的角度来说，资源是为了创造物质财富而投入生产活动中的一切要素，包括自然资源、资本资源、信息资源和人力资源。其中，人力资源既是生产活动中最活跃的因素，也是一切资源中最重要的资源，由于该资源的特殊重要性，经济学家和管理学家称其为第一资源。

"人力资源"(Hum an Resources)这一概念最早于1919年由约翰·R. 康芒斯(J. R. Commons)在其著作《产业信誉》中提出。现代意义上的"人力资源"概念是彼得·德鲁克(Peter F. Drucker)于1954年在《管理的实践》一书中提出的。他认为，与其他资源相比，人力资源是一种特殊的资源，必须通过有效的激励机制才能开发利用，并为企业带来可观的经济价值。

我们认为，人力资源是指一个社会在一定范围内为社会创造物质和精神财富、推动社会和经济发展的具有体力劳动能力和智力劳动能力的人的总称。人力资源包括数量和质量两个方面的内容。

2.人口资源的概念

人口资源是指一个国家或地区的人口总体的数量表现，是形成人力资源的自然基础。在人口范围内，人分为具备劳动能力者、暂时不具备劳动能力而将来会具备劳动能力者以及丧失劳动能力者。

3.劳动力资源的概念

劳动力资源是指一个国家或地区在"劳动年龄"范围之内有劳动能力的人口的总和。它是就人口资源中拥有劳动能力并且进入法定劳动年龄的那一部分而言的，它偏重劳动者的数量。按照《中华人民共和国劳动法》(以下简称《劳动法》)的规定，劳动力资源的年龄为男性16~60岁、女性16~55岁。在劳动年龄段内的人口是构成我国劳动者的主体，是人力资源的主体，代表劳动力的供给量。劳动力资源不包括尚未进入就业领域的学生、失业者，以及丧失劳动能力者。

4. 人才资源的概念

人才资源是指一个国家或地区具有较强的管理能力、研究能力、创造能力和专门技术能力的人的总称。它重点强调人的质量方面，强调劳动力资源中较优秀的那一部分，表明一个国家或地区所拥有的人才质量，反映了一个民族的素质。

人口资源、劳动力资源、人力资源和人才资源4者之间的关系如图1-1和图1-2所示。

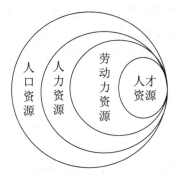

图1-1　人才资源4者的包含关系

图1-2　人才资源4者的数量关系

1.1.2　人力资源的特点

(1) 能动性。人力资源是诸多生产要素中唯一具有能动性的生产要素，它在经济建设和社会发展中起到了积极和主导的作用。人力资源进行创造性劳动，人的创新精神、创造能力始终是人力资源的精髓。

(2) 再生性。人的本身、人的体能、人的知识技能具有再生性。人力资源的使用过程也是开发过程，人力资源能够实现自我补偿、自我更新、自我丰富、持续开发。人力资源开发具有持续性。

(3) 增值性。人力资源可实现数量的增加和存量(人的体力、知识、经验和技能的提高)的增大。

(4) 时效性。人力资源的形成、开发、配置、使用都要受其生命周期的限制。

(5) 社会性。首先，人力资源的产生和形成存在于一定的人类社会形态之中；其次，人力资源的价值取向，受自身民族文化和社会环境的影响。这就要求人力资源管理注重团队的建设，注重人与人、人与群体、人与社会的关系及利益的协调与整合，倡导团队精神和民族精神。

(6) 两重性。人力资源既有生产性，又有消费性。生产性是指人力资源是物质财富的创造者，为人类或组织的生存和发展提供条件；消费性是指人力资源的保持与维持相应要消耗一定的物质财富，它是人力资源本身生存和再生产的条件。

1.1.3 人力资源的构成

人力资源属于经济范畴，具有量的规定性和质的规定性。人力资源由数量和质量两个方面构成。人力资源作为一定人口总体中的有劳动能力的人口的总和，其总量表现为人口资源的平均数量与平均质量的乘积。

1. 人力资源的数量

人力资源的数量可以用绝对数量和相对数量两个指标来表示。

1) 人力资源的绝对数量

人力资源的绝对数量可以用被考察的国家或地区中具有劳动能力的人口数量来计算。从宏观上看，人力资源的绝对数量指的是一个国家或地区具有劳动能力并从事社会劳动的人口总数，即一个国家或地区的劳动适龄人口减去其中丧失劳动能力的人口，加上除劳动适龄人口之外具有劳动能力的人口。

从绝对数量来说，人力资源包括以下8个部分，如图1-3所示。①～③部分是社会就业人口，构成人力资源的主体，是已在利用的人力资源。①～④部分是现实的社会劳动力供给，是直接的、已开发的人力资源。⑤～⑧部分是尚未开发的、处于潜在形态的人力资源，尚未构成现实的社会劳动力供给。因此，一个国家的人力资源，就是现实人力资源与潜在人力资源之和，又称为人力资源的绝对数量。

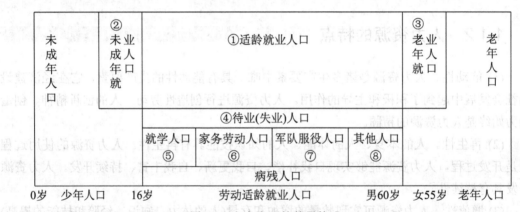

图1-3 人力资源的数量构成

2) 人力资源的相对数量

(1) 潜在人力资源的相对数量可以用人力资源率来表示，计算公式为

人力资源率=(计入潜在人力资源人口/被考察范围内的总人口)×100%

(2) 现实人力资源的相对数量可以用劳动力参与率来表示，计算公式为

劳动力参与率=(劳动力人口/潜在人力资源)×100%

一个国家人力资源绝对量的大小，是反映该国国力的重要指标。一个国家人力资源的相对数量则表明该国人均人力资源拥有量。作为一种相对国力的表示，它可以用来与其他国家进行比较，反映一个国家的发展程度及更深层次的社会经济特征。

3) 影响人力资源数量的因素

(1) 人口总量及其再生产状况。人力资源来自人口的一部分。因此，静态分析人力资源数量关键要看人口总量，动态分析人力资源数量的变化关键要看人口自然增长率的变动。人口总量和人力资源的数量，主要取决于人口出生率水平及其人口基数。

(2) 人口年龄结构及其变动。人口年龄结构对人力资源数量的影响表现在两个方面：一方面，在人口总量既定的条件下，人口年龄结构的变化直接决定人力资源的数量，即劳动适龄人口=总人口×劳动适龄人口占总人口的比重；另一方面，劳动年龄组内部年龄构成的变动，制约着人力资源内部构成的变动。要改善人口年龄构成，需要调节人口出生率和自然增长率。

(3) 人口迁移。人口迁移主要包括三个方面：一是从农村向城市流动，从不发达地区向发达地区流动；二是人口迁移与人口的流动能力(知识、技能、健康、财富等)的强弱有关；三是国际人口迁移。

2. 人力资源的质量

1) 人力资源质量构成

人力资源质量是指人力资源所具有的体质、智力、知识、技能水平以及劳动者的劳动态度。人力资源质量的具体内容包括体质、智质、心理素质、道德品质、能力素养和情商6个方面。

(1) 体质。体质包括身体素质、忍耐力、意志力、适应力、应变力、抗病力、体能、健美度等。

(2) 智质。智质包括记忆力、理解力、思维能力、应变能力、接受能力、感知能力、幽默感、条理性等。

(3) 心理素质。心理素质包括情绪稳定性、平常心、正确进行角色定位、心理的应变力与适应力、爱他人和被人爱等。

(4) 道德品质。道德品质包括事业心和责任心、信任并帮助他人、心胸坦荡、热情、忠诚、正直等。

(5) 能力素养。能力素养包括战略能力、规划能力、理解能力、决策能力、研究能力、人际沟通能力、判断能力、组织能力、创新能力、推理能力、感知能力、分析能力、应变能力、文字写作能力、再学习能力等。

(6) 情商。情商包括认识、管理、激励自己；认识和处理好与他人的关系；认识和处理好与环境的关系等。

📹 相关链接

人力资源质量构成的"十商"

关于现代人力资源的质量构成，有人提出了"十商"的说法，即德商、志商、胆商、灵商、心商、智商、情商、逆商、财商、健商，具体如表1-1所示。对于作为人力资源个体的人来说，提升"十商"，追求全面均衡发展，是其事业成功的基础。

表1-1 人力资源质量构成的"十商"

项目	包含内容
德商	德商即一个人的德性水平或道德人格品质，包括体贴、尊重、容忍、诚实、负责、平和、忠心、礼貌、幽默等方面。德商高的人，受到他人的信任和尊重，成功机会多
志商	志商即一个人的意志品质水平，包括坚韧性、目的性、果断性、自制力等方面。如对学习和工作具有不怕苦和累的顽强拼搏精神，就是高志商
胆商	胆商是对一个人的胆量、胆识、胆略的度量，体现了一种冒险精神。胆商高的人能够把握机会，该出手时就出手
灵商	灵商即一个人对事物本质的灵感顿悟能力和直觉思维能力。修炼灵商关键在于学会思考，要敢于大胆假设，敢于突破传统思维
心商	心商即心理商数，指一个人维持心理健康、调适心理压力、保持良好心理状态的能力。心商高的人，心理和社会适应能力较强，能长期保持稳定的最佳状态
智商(IQ)	智商即智力商数，指一个人的智力水平或聪明程度，也可以反映人的观察力、思维力、创造力，以及分析问题和解决问题的能力。智商=智力年龄÷实际年龄×100
情商(EQ)	情商即情感商数，包括控制自己和协调他人情感的能力，以及对这种能力进行鉴别并指导自己思想和行动的能力。它是一个人管理自己的情绪和处理人际关系的能力
逆商	逆商即逆境商数，指一个人应付逆境的能力。逆商表征了一个人在面对困难、坎坷、挫折、厄运、失败时，表现出坚韧不拔的承受力和忍耐力，更能体现人生价值，昭示人格魅力
财商	财商即一个人的理财能力，包括财富智商和理财智商两个方面。在当今商品经济社会中，"财商"概念的提出，顺应了时代潮流，符合社会心理需求
健商	健商是指一个人所具有的健康意识、健康知识和健康能力的反映

2) 影响人力资源质量的因素

(1) 遗传、其他先天和自然生长因素。人类的体质和智能有一定的继承性，遗传从根本上规定了人力资源的质量，决定了人力资源水平的可能限度。

(2) 营养因素。营养是人体正常发育和正常活动的重要条件。

(3) 教育培训因素。教育是人类传授知识、经验的一种社会活动，是赋予人力资源一定质量的最重要手段，对人力资源素质有着决定性的影响。在先天遗传与后天教育中，后者对人的素质有更重要的影响。

📽 相关链接

中国人力资源的基本状况

人口众多、劳动力资源丰富是我国的基本国情。

(1) 人力资源规模不断扩大。2015年底，中国内地总人口为137 462万人，比2014年末增加680万人；就业人员77 451万人，其中，城镇就业人员40 410万人，全年城镇新增就业1 312万人。人口出生率为12.07‰；死亡率为7.11‰；自然增长率为4.96‰。我国60周岁及以上人口数为22 200万人，占人口比重为16.1%；65周岁及以上人口数为14 386万人，占人口比重为10.5%。我国人口平均预期寿命达到76.34岁。

(2) 我国国民受教育水平明显提高。2000年实现了基本普及九年制义务教育和基本扫除青壮年文盲的目标。高中阶段教育普及率大幅提升，职业教育得到重点加强，高等教育进入大众化阶段。2009年底，全国15岁以上人口平均受教育年限接近8.9年；主要劳动年龄人口平均受教育年限为9.5年，其中受过高等教育的比例为9.9%；新增劳动力平均受教育年限达到12.4年。2015年，全国普通高中在校生2 374.4万人，各类中等职业教育在校生1 656.7万人，普通本专科在校生2 625.3万人，在学研究生191.1万人。教育事业的发展，促使就业人员的受教育水平显著提高。

(3) 加快社会保障制度建设，建立覆盖城乡居民的社会保障体系。2015年末，城镇职工基本养老保险参保人数达35 361万人，参加城乡居民基本养老保险人数50 472万人；参加职工基本医疗保险人数28 894万人，参加居民基本医疗保险人数37 675万人；参加失业保险人数17 326万人；参加工伤保险人数21 404万人；参加生育保险人数17 769万人。我国实行最低生活保障制度，截至2015年底，有1 708.0万城镇居民和4 903.2万农村居民享受了政府最低生活保障。国家在全国范围内实施有计划、有组织的大规模扶贫开发，2015年农村贫困人口为5 575万人，比上年减少1 442万人。

资料来源：据《中国的人力资源状况》(2010) 和《中国2015年国民经济和社会发展统计公报》相关资料整理.

1.2　人力资源管理概述

1.2.1　人力资源管理的概念

人力资源管理(Human Resources Management，HRM)最早于1958年由社会学家怀特·巴克(E. Wight Balkke)提出。他将人力资源管理视为企业的一种普通的管理职能。其后，国内外众多学者从人力资源管理的目的、过程、主体等方面阐释此概念。我们认为，人力资源管理是指企业为实现组织的战略目标，对人力资源的获取、开发、保持、利用、评价与激励等方面所进行的计划、组织、指挥、监督、激励、协调、控制等活动。

人力资源管理的基本任务是根据企业发展战略要求，吸引、保留、激励与开发企业所需人力资源，促成企业目标实现，从而使企业在市场竞争中得以生存和发展。具体表现为求才、用才、育才、激才、护才、留才。与人力资源管理基本任务相对应，人力资源管理具有获取、整合、奖酬、调控、开发和维护六大职能。

1.2.2　人力资源管理的主要活动

1.人力资源管理主要活动的内容

人力资源管理的主要活动是指组织中人力资源管理人员所从事的具体工作环节，主要包括以下几项。

(1) 人力资源规划。把企业人力资源战略规划转化为中长期目标、计划和措施，包括人力资源现状分析、未来人员供需预测与平衡，以实现人力资源状况与企业发展规划的动态平衡。

(2) 工作分析与工作设计。工作分析是人力资源管理的基础和最基本的作业。对企业中各项工作任务进行分解，根据不同的工作内容，设计不同的职务，规定每个职务应承担的职责和工作条件、工作作用，编写岗位说明书和岗位规范，有助于企业吸引和留住合格的员工。

(3) 招聘管理。根据人力资源规划和工作分析的要求，为企业招募、甄选与配置人力资源。将合适的人放到合适的位置上，做到人尽其才、物尽其用。

(4) 培训与开发。培训与开发的目的是开发人的潜能，提高人的素质。企业通过对新员工和在职员工进行培训和开发，提升其智力，激发其活力，开发其潜能，增强企业的核心竞争力。

(5) 职业生涯管理。关心员工的个人发展，帮助员工制定职业生涯发展规划，建立职业发展通道，进一步激发员工积极性，这是现代人力资源管理者必须具备的基本能力。

(6) 绩效管理。绩效管理是一种根据设定的目标评价员工业绩的方法。通过考核员工工作绩效，及时做出信息反馈，奖优罚劣，进一步提高和改善员工的工作绩效。

(7) 薪酬与福利管理。根据企业发展目标要求，依据员工工作绩效的大小和优劣，设计对内具有公平性、对外具有竞争力的薪酬体系，采用不同的激励手段，调动员工的工作积极性、主动性和创造性。

(8) 劳动关系管理。包括劳动合同签订、劳动纠纷处理、劳动保护、平等就业和公平对待、员工安全与健康等。加强劳动关系管理、协调员工与企业之间的关系在人力资源管理中居于核心地位。

2. 人力资源管理各项活动之间的关系

人力资源管理系统是由人力资源管理活动过程中的一个个紧密相连的管理环节构成的，既体现了实现人力资源管理目标的主要方式，又体现了人力资源管理的主要内容。企业人力资源管理的各项活动相互联系、相互影响，从而构成一个有机系统，如图1-4所示。

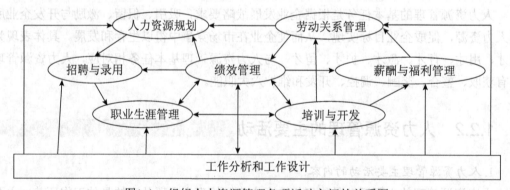

图1-4　组织人力资源管理各项活动之间的关系图

1.2.3　人力资源管理部门结构及职责分工

1.人力资源管理部门结构

人力资源管理部门结构是指人力资源管理部门内部的组织机构设置,通常根据人力资源管理部门的主要活动来设计工作岗位。人力资源管理部门的传统组织结构往往是按照直线职能制来设置的。

1) 典型的人力资源管理部门结构

小型企业一般不设置独立的人力资源管理部门,通常与其他部门(行政部门、办公室)合并办公来处理人力资源管理事务,企业没有正式的人力资源管理专家,人力资源管理工作重心放在招聘和培训员工以及档案和薪酬管理等事务上。当企业达到一定规模后,一般都会设置独立的人力资源管理部门,部门中拥有人力资源管理专家或通才;在某些人力资源管理的职能方面出现专业化的分工;出现了专门负责人力资源管理的高层领导。当企业达到超大型规模时,其人力资源管理部门设置会较为复杂,分层分级较多。典型的人力资源管理部门组织结构图如图1-5所示。

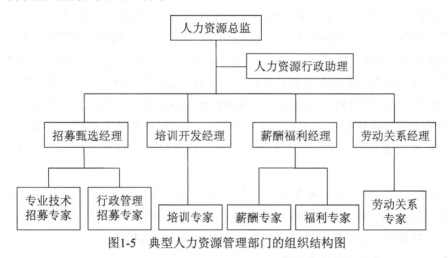

图1-5　典型人力资源管理部门的组织结构图

2) 新型的人力资源管理部门结构

近年来,随着流程再造思想的普及,以及计算机和网络技术的发展,人力资源管理部门的架构也发生了变化,出现了以客户为导向、以流程为主线的新型组织结构形式。人力资源管理部门以服务提供者的身份出现,内部建立服务中心、业务中心和专家中心三类机构,相应地将内部工作人员划分为三类:一是服务中心人员,主要完成一些日常事务性的工作,如手续的办理、政策的解答和申诉的接收等,人员素质要求相对较低。二是业务中心人员,主要完成人力资源管理的各种职能活动,如招聘、薪酬和培训等方面,人员素质要求相对较高。三是专家中心人员,专家中心是人力资源管理部门的研发中心,主要负责出台相关的制度政策,向其他部门提供有关咨询等。专家中心的人员素质要求最高,必须精通人力资源管理的专业知识,应当是该领域的专家。

目前,新型人力资源管理组织机构表现为两种形式:一是人力资源管理共享服务中心。为了有效应对国际公司中人力资源管理面临的降低成本和提高效率的双重挑战，目前很多大型企业(尤其是跨国公司)利用信息化平台，在一定的业务区域(如欧洲、美洲等)内成立一个相对独立的机构，称为人力资源共享服务中心，即将所有的与人力资源管理有关的行政事务性工作集中起来，为企业内外所有的客户提供人力资源管理服务，并由接受其服务的部门按所享受服务的数量支付服务费，这样有利于人力资源管理效果的核算。二是人力资源管理服务外包，即将与某一领域的服务和目标有关的人力资源职责转交给组织外部的供应者去完成，这些职能将不在人力资源部的工作范围之内，人力资源部仅需要对这些职能进行监督，由此可提高人力资源管理活动质量。

2. 人力资源管理部门的人员类型

在人力资源管理部门中，通常有4种类型的人员，他们分别是支持型人员、专家、通才和高级行政经理。

(1) 支持型人员。该类人员的工作主要是文书性质的，包括打字员、职员和接待员。他们的工作内容主要包括收集数据，保持有关记录。从事这类工作的员工通常应当具有高中或技校的学历。

(2) 专家。专家具体从事一定专业领域的管理活动，工作性质是职业/技术型，包括招聘与录用，培训与开发，薪酬与福利，劳动关系，职业卫生、安全和保障等领域。这些领域的专家要求受过正规的有关人力资源的大学级别训练，也有一些可能来自支持性工作人员的提升。从事这类工作的人员要求具有多方面的工作技能和承担多种工作责任。

(3) 通才。通才负责对人力资源管理领域的全部或大部分相关职能进行管理和协调。对通才的要求是善于应付突发事件，并且能将公司政策和有关人力资源管理的知识应用于对具体事件的管理。通常，通才能为直线经理提供必要的服务和建议，以解决其人事问题。

(4) 高级行政经理。他们负责协调高级管理层中人事职能与其他参谋、直线职能的联系，向不同的人力资源管理职能机构分配资源。高层人事经理也参与企业总体目标与战略的决策，并向其他高层管理者提供有关人力资源利用状况的报告。

3. 人力资源管理部门的职责分工

人力资源管理职责是一种职能性责任，但不由某个部门独自承担。在现代企业中，人力资源管理活动由企业人力资源管理专业人员(包括人事经理或主管)和各项业务主管(直线部门经理)同时完成。企业人力资源管理部门和直线管理部门在人力资源管理活动方面的职责分工如表1-2所示。

表1-2　人力资源管理部门与直线部门的职责分工

活动内容	人力资源管理部门的活动	直线部门的活动
人力资源规划	①预测企业人力资源供求；②拟订平衡供需计划；③建立人力资源管理信息系统	向人力资源部门提交人员需求计划，配合进行内部人力资源供给情况调查
工作分析	①组织实施工作分析；②根据调查的信息，编制或修订职位说明书	向人力资源部门提供工作分析信息，配合人力资源部门修订岗位说明书

(续表)

活动内容	人力资源管理部门的活动	直线部门的活动
招聘、甄选与录用	①根据规划确定招聘的时间、范围；②发布招聘信息；③开辟招募渠道；④选择各类人员甄选工具量表；⑤初步筛选应聘人员；⑥配合其他部门对应聘者进行面试和测试，确定最终人选；⑦为新员工办理各种入职手续；⑧制订员工晋升计划	①列出特定工作岗位的职责要求，以便协助进行工作分析(若无岗位说明书)；②提出人员需求条件及类型；③描述工作对"人员素质"的要求，以便人力资源管理人员设计适当的甄选方案；④与应聘者面谈，做出最后的甄选决策
培训开发	①制定培训管理体系；②确定培训需求，拟定培训文件，制订培训计划；③准备培训用材料，组织实施培训计划；④收集反馈意见，并对培训效果进行评估	①将雇员安排到不同的工作岗位上，并对新雇员进行指导和培训；②向人力资源部门提出培训需求；③参加有关培训项目，提出改进建议
职业生涯管理	①员工适岗率调查；②制定职业发展计划和晋升制度；③提供职业咨询与职业生涯设计指导	①对下属的职业情况进行评估；②向员工提出个人的职业发展建议；③确认职业开发活动项目
绩效管理	①制定绩效管理的体系，包括考核内容、时间、周期、方式及步骤等；②指导各部门确定考核指标的内容和标准；③培训考核者；④组织考核的实施；⑤绩效考核反馈面谈；⑥处理员工对考核的申诉；⑦考核评估总结，保存考核的结果；⑧根据考核的结果做出相关决策	①确定本部门考核指标的内容和标准；②参加考核者培训；③对本部门实施考核；④执行绩效辅导；⑤与员工进行沟通，制订绩效改进计划；⑥根据考核结果向人力资源部门提出相关建议
薪酬与福利管理	①设计工作评价体系；②执行工作评价程序；③进行薪资调查，审查报酬的公平性；④制定薪酬体系，包括结构、方式和标准；⑤核算员工的具体薪酬数额；⑥办理各种社会保险；⑦审核各部门的奖惩建议	①向人力资源管理部门提供每项工作的性质和相对价值方面的信息，帮助他们确定工资水平；②评价员工工作绩效，以便人力资源管理部门根据员工工作绩效适当地调整他们的报酬；③向人力资源管理部门提出相关的奖惩建议
劳动关系管理	①密切注意员工情绪，对导致劳动者不满的问题的根本原因进行研究和诊断；②制定企业文化建设方案并组织实施；③建立沟通渠道，受理员工的各种意见；④就如何处理雇员申诉对管理人员进行培训，协助有关各方就申诉事件达成协议	①根据维护健康劳资关系的需要，建立一种互相尊重、互相信任的日常工作环境；②具体实施企业文化建设方案；③在就集体合同进行集体谈判的时候，与企业人力资源人员共同工作；④直接处理员工的有关意见

1.2.4　人力资源管理者的角色和技能要求

1. 人力资源管理者的角色

人力资源管理者在一个企业构成要素中最具潜力和活力，在一个企业中发挥着战略性的作用。优秀的人力资源管理者要帮助企业创造独特的竞争优势，需要扮演以下角色。

1) 人力资源管理者是企业战略规划的参与者

人力资源管理者参与组织战略的分析、决策与制定，基于组织战略制定人力资源战略规划，保证人力资源管理机制与组织战略的纵向一体化对接、人力资源管理各功能模块的横向系统化匹配，并致力于从战略角度进行各类人才队伍的开发与建设，实现组织战略达成与员工职业成功的双赢。

2) 人力资源管理者是企业的业务伙伴者

人力资源管理者以业务需求为导向，参与推动业务流程的优化，为业务部门提供合适有效的人力资源管理工具和解决方案，建设与业务部门有机协同、长效互动的人力资源管理工作机制，开发与提升直线管理者的领导力和人力资源管理能力，推动建设高效和谐的业务团队，解决业务运转中与人有关的问题，从而推动业务发展，成为业务伙伴。

3) 人力资源管理者是企业员工的支持者

人力资源管理者既要对股东负责又要对员工负责，所以任何的人力资源管理者在整个价值判断体系之中必须具有平衡各种相关利益的能力。过去的职业经理人只需要对股东负责就行了，现在就必须要站在股东、客户、员工的立场上，从多维的角度为企业发展提供系统的人力资源解决方案。人力资源管理者应建立并维护和谐的员工关系，设计实施员工利益的保障机制，维护员工的各项合法权益；帮助员工进行职业生涯规划，提供有益的职业发展指导；关注员工的身体与心理健康，采取有效举措维护员工工作与生活的平衡，提高员工满意度，增强员工忠诚感。

4) 人力资源管理者是企业变革的推动者

一个企业组织的变革、流程的变革，从深层次来讲是人的思维方式、人的价值观、人的行为理念的变革，它需要靠人力资源管理制度的创新来推动变革的实施，所以在企业变革中，人力资源管理者应参与和推动组织变革，建立和推广变革文化与变革理念，参与建设组织的变革流程与方式，进行有效的变革沟通，妥善处理组织变革过程中的各种人力资源问题，强化和提高员工对组织变革的认同感与适应能力。

5) 人力资源管理者是企业的知识管理者

战略性人力资源管理的实质就是知识管理。要把人力资源转化为自身企业核心竞争力，最终要靠知识。人力资源管理的转化过程就在于知识的储存、知识的应用、知识的创新。人力资源管理者应培育学习型组织和共享文化，推动组织管理信息系统的建设、优化和维护，积累、转移和整合组织内外的各类知识和智力资源，促进个体知识的组织化、隐性知识的显性化(标准化)、外部知识的内化以及组织知识的共享化，提升组织的学习与创新创造能力。知识管理是与组织学习、企业创新、企业信息化结合在一起的，人力资源管理与整个知识体系的紧密结合，已成为人力资源管理未来发展的一个重要课题。

6) 人力资源管理者是企业人事业务的精通者

人力资源管理者精通企业人事业务，是人事业务的专家，这是人力资源管理者最基本的角色。人力资源管理者应当成为本企业在人力资源管理的基本理论和方法上造诣较高的专业人才，熟悉组织或企业人力资源管理的流程与方法，了解政府有关人事法规政策，能够掌握和运用人力资源管理的系统知识与专业技能，为企业有效建立和推动实施包括人力资源规划、招聘选拔、培训开发、绩效管理、薪酬管理、职业生涯管理及员工关系管理等在内的人力资源管理专业功能模块、制度和方法，提高组织人力资源开发与管理的专业性和有效性。

2. 人力资源管理者的技能要求

人力资源管理角色的演变对人力资源管理者，特别是对企业的高层人力资源管理者提出了更高的要求，要求他们成为"人员方面的专家"，成为企业战略管理过程的伙伴。人力资源管理者既要了解专业知识，进行人力资源战略规划和操作人力资源管理具体工作，又要学会沟通，把人力资源的产品和服务推销给各层管理者以及员工。人力资源管理的专业人员应该具有5种基本技能：较强的交际能力、敏锐的观察能力、良好的协调能力、果断的决策能力和综合分析能力。而战略性高层人力资源管理者的技能要求应包括以下几个方面。

(1) 专业技术知识。高层人力资源管理者应当成为企业人力资源管理的权威与专家。为此，需要不断学习先进的人力资源管理理论与技能，学习人力资源管理活动的新方法和新技术，如甄选技术、360度测评及期权激励方法等，并结合企业自身情况，实施科学的、能给企业带来效益的人力资源管理方法。

(2) 管理变革能力。管理变革能力是指促使变革发生的能力，如建立关系、管理数据、领导与影响等，以及理解变革的能力，如革新精神与创新性。企业的变革，即使是微小的变革都会带来组织在结果、工作流程、人员分工等方面的变化。变革所产生的新的制度和方法往往会造成员工困惑、冲突、抵触等情况。人力资源管理者必须具备实施组织变革、协调沟通的能力，以确保变革的成功。

(3) 经营能力。高层人力资源管理者必须对企业经营情况有深入、全面的了解，尽可能获得准确、详尽的信息，做出理性决策以支持企业总体战略规划；高层人力资源管理者要具备一定的财务知识，能衡量每项人力资源决策的成本与收益的货币价值，并估计其无形价值；还必须充分认识到每一种人力资源实践所引起的外部环境的反应；必须具备系统的协调能力，把各项职能有效地匹配在一起。

1.3　人力资源管理理论与模式

1.3.1　人力资源管理理论

人是企业最宝贵的资源，对人力资源的认识和管理既是企业管理实践的首要问题，也是各管理学派研究和争论的焦点。对人力资源的不同认识，形成了不同管理理论和管理模式。人力资源管理理论包括人性假设理论、泰勒的科学管理理论、行为科学理论、人力资本理论和人本管理理论等。前三种理论在相关的课程中已经介绍，这里我们主要介绍后两种人力资源管理理论。

1. 舒尔茨的人力资本理论

西奥多·舒尔茨(Theodore W. Schultz, 1902—1998年)是美国芝加哥大学的教授，其代表著作是《人力资本投资——教育与科研的作用》，1979年获得诺贝尔经济学奖。舒尔茨认为，人力资本与物质资本是资本的两种形式。所谓人力资本，就是体现在劳动者身上的、以劳动者的知识与技能或者质量表现出来的资本。舒尔茨的人力资本理论的主要内容有以下几点。

(1) 人力资源是一切资源中最主要的资源，人力资本理论是经济学的核心问题。

(2) 人力资本的积累是社会经济增长的源泉。据舒尔茨的计算，在1929—1957年教育投资对美国经济增长的贡献率已达33%。

(3) 教育投资是人力资本最重要的组成部分。人力资本投资的内容或范围包括医疗和保健、在职培训、学校教育、社会培训和人力资源迁移支出5个方面。

(4) 国家摆脱贫困状况的关键是从事人力资本投资，提高人口质量。舒尔茨认为，"改进穷人的福利的关键因素不是空间、能源和耕地，而是提高人口质量，提高知识水平"。

(5) 教育投资应以市场供求关系为依据，以人力价格的浮动为衡量符号。

2. 人本管理理论

人本管理思想产生于20世纪30年代，而真正将其有效运用于企业管理，是在20世纪70年代。人本管理理论是一种新型管理理论与方法，它是现代企业管理理论、管理思想和管理理念的革命。

1) 人本管理的内涵

人本管理是以人为本的管理。它把"人"作为管理活动的核心和企业最重要的资源，尊重个人价值，全面开发人力资源，通过企业文化建设，培育全体员工共同的价值观，运用各种激励手段，提高员工的能力和发挥员工的积极性和创造性，引导员工去实现企业预定的目标。

具体来说，人本管理包括以下几层含义：①树立依靠人的全新管理理念；②开发人是人本管理最主要的任务；③尊重人是企业最高的经营宗旨；④塑造人是企业成功的基础；⑤促进人的全面发展是人本管理的终极目标；⑥凝聚人是企业有效运营的重要保证。

2) 人本管理的层次、机制和构成要素

人本管理在企业生产经营实践中呈现多种形态，这些形态可以划分为5个层次，即情感管理、民主管理、自主管理、人才管理和文化管理。人本管理的关键在于建立一个完善而有效的管理机制与环境，它包括动力机制、压力机制、约束机制、保障机制、选择机制和环境影响机制6个部分。以人性为核心的人本管理，由企业人、环境、文化和价值观4项基本要素构成，具体内容如表1-3所示。

表1-3　人本管理的层次、机制和构成要素

人本管理的层次	人本管理的机制	人本管理的构成要素
① 情感管理。即通过情感交流实现有效的管理。它是人本管理的最低层次。 ② 民主管理。基本形式是职工代表大会。 ③ 自主管理。即员工自主制订计划、实施控制和实现目标，即自己管理自己。 ④ 人才管理。基本任务在于发现人才、培养人才和合理使用人才。 ⑤ 文化管理。它是人本管理的最高层次，它更能体现以人为本的精神实质	① 动力机制。包括物质动力和精神动力，即物质利益机制和精神激励机制。 ② 压力机制。包括竞争压力和目标责任压力。 ③ 约束机制。包括制度和伦理道德两种规范，即硬约束和软约束机制。 ④ 保障机制。包括法律保护和社会保障体系保护。 ⑤ 选择机制。包括组织选择、个人选择以及相互之间双向选择的权利。 ⑥ 环境影响机制。包括人际关系环境和工作条件环境	① 企业人。即企业全体员工，他们是推动企业发展的决定性力量，是人本管理活动的主体。 ② 管理环境。环境因素对人的心理、情绪、工作会产生直接或间接的影响。 ③ 文化背景。企业文化对企业人起到整合、导向、凝聚和激励的作用。 ④ 价值观。价值观的一致性、相容性，是企业人在管理活动中相互理解和协作的思想基础，也是企业人实施管理、实现企业目标的前提和保障

3) 人本管理的内容

(1) 树立以人为本的管理理念。重视人在企业中的地位与作用，把人作为管理的核心和企业最重要的资源来开展经营管理活动。人是管理中最基本的要素，因而对人的本质的基本看法决定了管理的基本指导思想。企业在实行管理活动中，必须树立以人为本的管理理念，一方面重视人的因素在企业中的地位，确立其中心地位；另一方面在人性假设的基础上，分析人的个性、态度和行为特征，认识人的本质或本性。人本管理以及由此调动的企业人创造财富和盈利的主动性、积极性和创造性，是维系企业生存和发展的根本。人本管理的核心是关心人本身、人与人的关系、人与工作的关系、人与环境的关系、人与组织的关系，达到"以人为本"的目的和境界。

(2) 以激励为主要方式，满足人的需要。从人本管理的角度来看，激励的核心职能是调动员工的工作积极性。通过组织引导、激励，实现个人需要，是以人为本的企业管理本应担当的责任，是人本管理的基本要求和准则。激励的目的是激发人们按照管理要求，按目标要求行事。

(3) 强调建立和谐的人际关系。企业是一个经济组织，同时也是一个人群组织，具有复杂的人际关系，而企业的人际关系则是企业成员在与企业内外部成员交往的过程中形成的一种相互影响、相互依存的联系。人际关系会影响组织凝聚力、工作效率、人的身心健康和个体行为。只有消除人际沟通障碍、妥善解决冲突，保障企业拥有良好的人际关系氛围，才能使企业工作得以顺利完成。实行人本管理，建立尽量减少矛盾和冲突的相对和谐的人际关系，可达成企业成员之间的目标一致性，实现企业成员之间的目标相容性，以形成目标期望的相容性，从而建立和维持和谐关系。

(4) 注重开发人力资源。人力资源开发是组织和个人发展的过程，其重点是提高人的能力，核心是开发人的潜能。人力资源开发是一个系统工程，贯穿人力资源发展过程的始终，预测规划、教育培训、配置使用、考核评价、激励和维护，都是人力资源开发系统中不可缺少的环节。人力资源的核心问题，是开发人的智力，提高劳动者的素质。所以说，制定和实施人才战略，是企业实现发展战略的客观要求，是现代企业人才发展规律的内在要求，也是发展现代科学知识和教育的客观要求和发展趋势。

(5) 强化企业建设，培育和发挥团队精神。能否培育团队精神，把企业建成一个战斗力很强的集体，受诸多因素的影响，需要有系统配套的措施：一是明确合理的经营目标；二是增强领导者自身的影响力；三是建立系统科学的管理制度，使管理工作和人的行为制度化、规范化和程序化；四是良好的沟通和协调；五是强化激励，形成利益共同体；六是引导全体员工参与管理。

对点案例　　　**王传福的人本管理——尊重人才，重用人才**

在比亚迪，王传福一直实施"人本管理"的理念。他尊重人才，重用人才，给下属机会，并尽最大可能给员工创造发展的平台。王传福认为，"知识信息和人才是企业的战略资源"。现在王传福直接领导的7个副总裁中，绝大部分是从学校毕业就进入比亚迪工作的员工，比亚迪汽车销售总经理夏治冰就是其中的一个代表。在比亚迪的汽车工程院中有3000多名汽车工程师，其中90%是2004年以来毕业的年轻大学生。10年中，比亚迪的产品事业部从不足10人扩张到20多人，这些事业部的总经理中最年轻的只有31岁。王传福在2002年底筹备众多事业部时这样许诺："任何一个事业部如果能做到营业额30亿元、净利润5亿元，就可以从比亚迪股份中拆分出去，单独上市，团队成员将得到巨大的股权激励。"人本管理不仅表现为重视员工和调动员工的积极性，还表现在发展员工、为员工谋利益等深层次的要求上。实现信息化过程中的人本管理，要求全方位、深入地贯彻这些以人为本的思想和要求。如果问王传福：什么事是他创业13年来觉得最难的？他的回答就是如何发挥人的主动性。"在比亚迪，人是每一个关键节点、每一种战略打法的最终执行者。对工人，高压、高薪的结合可以对提升效率起到立竿见影的作用，但对知识水平高、价值观和自尊心都很强的工程师来说，这一套是不管用的。只能通过建立文化认同感，让他们追随你的理念。"王传福说。

分析：比亚迪对"人本管理"思想的运用和实践，证明了一个领导者要想让下属追随，形成一个凝聚人心、催人奋进、具有强大吸引力的领导核心，仅仅依靠体制和职务赋予的权力是远远不够的，还应该建立在由领导者宽广的胸怀、完美的领导艺术、高尚的人格魅力等方面构成的领导权威之上，王传福正是用他博大的胸怀和非凡的智慧凝聚着比亚迪十几万名员工，创造着一个又一个奇迹。

资料来源：闻斋.王传福坚守"人本管理"[J].企业文化，2010(1)：37-39.有改编

1.3.2 人力资源管理模式

人力资源管理具有民族性，由于各国政治、经济、法律、文化等社会背景的不同，其人力资源管理模式也有不同的个性。另外，行业和企业不同，人力资源管理模式也会有所不同。美国、日本等发达国家的人力资源管理，在长期的市场经济环境下形成了各具特色的模式。

1. 美国企业人力资源管理模式的特点

美国人力资源管理模式是在19世纪末至20世纪初期逐步形成的，它是将管理与开发融为一体的市场化、综合性、开放性的人力资源管理模式。美国人力资源管理模式的特点是，注重市场调节，实施等级化和制度化的科学管理，注重刚性工资体系和劳资关系的对抗性。

1) 人力资源配置的市场化——主要依赖外部劳动力市场

美国企业经营组织具有强烈的开放性，市场机制在人力资源配置方面起着关键性的作用。企业和员工各自有充分的自由选择权利，通过市场机制，实现人与工作的优化配置。对于需求方的企业所需的各类人才，可运用市场机制，通过规范的程序招聘；至于企业的核心人才乃至高层管理者，也会通过猎头公司等专门机构去其他企业"挖掘"；企业过剩人员，则流向劳动力市场。作为供给方的员工，根据劳动力市场信息和市场方式来谋求职业，例如，委托职业中介、阅读招聘广告乃至网上求职等，通过市场来寻找就业机会。这种配置方式的优点是：通过双向的选择流动，可以实现全社会范围内的个人与岗位之间的最优化匹配。缺点是：组织员工的稳定性差，不利于特殊人力资本的形

成和积累。

2) 人力资源管理的制度化、计划化和专业化

美国文化的理性主义特征在人力资源管理方面，体现为强调管理的制度化、计划化和专业化。对人力资源管理各个环节的活动和一切问题的处理，都按照制度的规定和事先的计划进行。在人力资源管理体制上体现为分工明确、责任清楚，对常规问题的处理程序和政策都有明文规定。大多数企业的人力资源管理部门对企业的每一个职位进行工作分析，制定岗位说明书，规定职位的工作责任、工作条件、能力要求、技术要求以及对员工素质的其他要求。企业分工精细、严密，专业化程度高。这种手段的优点是：工作内容简化，容易胜任，即使出现人员空缺，也能快速填补，而且简化的工作内容也易形成明确的规章和制度，摆脱经验型管理的限制。缺点是：员工自我协调和应变能力下降，不利于通才的培养。

3) 人力资源使用的能力化和人才提拔的快速化

美国企业重能力，不重资历，对外具有亲和性和非歧视性。员工进入一个企业有多个入口，有MBA学位的人可直接进入管理阶层。员工只要能力强，成就卓越，就可以快速地得到提拔和晋升，不存在论资排辈的情况。这种用人制度的优点是：拓宽人才选择通道，增强对外部人员的吸引力，强化了竞争机制，使优秀人才脱颖而出。缺点是：减少了内部员工的晋升期望，影响了员工的工作积极性，同时，忽视员工工作年限和资历，会使员工对企业的归属感降低。

4) 人力资源薪酬的刚性化和调节的市场化

在美国企业中，员工工资收入的95%甚至99%以上都是按小时计算的固定工资，劳动成本刚性化突出。危机时期，企业很难说服员工减少工资，帮助企业渡过难关，只能通过解雇员工来降低劳动力成本和消除剩余生产能力。这样劳资双方都采取不合作的态度，相互作用，恶性循环，加剧了工资刚性和就业的不稳定性。美国企业通过市场机制决定各级各类员工的薪酬水平。企业招聘员工必须参照同类员工的平均市场薪酬水平来决定本企业所支付的薪酬。因此，美国企业的薪酬，完全受劳动力市场薪酬水平的调节。

5) 人力资源管理中劳资关系的对抗性

企业和员工具有不同的利益诉求，企业追求利润最大化，员工则追求高水平工资和就业的稳定性。由于劳动内容的简化、规范化、制度化，以及通过库存来保证市场的连续性，使普通员工在利益上讨价还价的能力很弱。普通员工认识到个人力量有限，就把组织工会、形成强有力的斗争力量作为保障自己利益的主要手段；而企业方往往会尽量削弱和打击工会力量。美国现代资本主义企业制度下的对抗性的劳资关系，主要体现为围绕组织工会的权利和通过工会进行劳资谈判的斗争。

6) 注重吸引人才、留住人才的激励机制

美国企业的人力资源管理非常重视不断改进和完善员工工资福利对员工的激励作用，形成了比较灵活、有效的分配制度。美国企业注意拉开员工的收入差距，给予高端人才十分优厚的经济、福利条件，如赠予企业股票，提供交通、住宿补贴，提供昂贵的保险；对没有技术、管理专长的人员，如工勤人员、普通雇员，仅提供十分有限的薪酬，甚至只提

供政府规定的最低工资，一般没有机会得到企业的股票，很少有机会得到企业的特殊医疗保险。企业工资分配呈现收入显性化、福利社会化的特点。企业提供给雇员的收入主要是薪金(工资)及各种保险，薪金和保险均直接取决于个人的能力和贡献，而住房、医疗等福利则完全是雇员个人与社会房产企业和医疗机构之间的事，与企业无关。这种灵活的分配制度有效地调动了雇员的工作积极性。

7) 人力资源管理观念追求国际化、全球化

美国是一个多民族的移民国家。同时，美国又是一个资本输出和技术输出大国，许多跨国公司在世界各地设立了分公司、子公司或其他机构。因此，无论是在美国本土，还是在海外，美国公司里的雇员都具有多民族、多文化背景的特征。随着经济全球化趋势的日益加强，企业要加快向海外扩展的速度，跨国公司大力提倡完善企业文化，以容纳并促进多民族的员工协同工作，共创组织效益。在海外公司中，美国母公司也着重于实行员工的本土化政策。人力资源管理面向国际、面向全球已成为美国企业组织考虑人力资源战略时必须重视的内容。

2. 日本人力资源管理模式的特点

1) 终身雇佣制、年功序列制、企业内工会构成人力资源管理模式的三大支柱

终身雇佣制是指员工被企业录用之后，达到预先规定的退休年龄之前对其持续雇佣的制度。终身雇佣制使特定企业成为员工的终身劳动场所，员工之间容易产生信任，信息交流方便。这一制度有利于塑造团队精神，创建"家族式"企业文化。年功序列制是指依据员工的年龄、工龄、经历和学历来确定工资和晋升的一种制度，其主要内涵是员工的工资待遇随员工本人的年龄和企业工龄的增长而逐年增加，在管理者的提拔使用和晋升制度中都规定了必需具备的资历。因此，企业中各层管理者的地位高低与年龄长幼之间呈现较为整齐的对应关系。年功序列制有利于稳定组织高级管理者队伍，培养各层管理人员，缓和劳资矛盾，增强员工对企业的向心力。企业内工会是指按特定的企业成立的工会制度，它使企业与员工结成紧密的共同体。企业内工会缓和了企业与员工之间的矛盾，有利于家族式企业的经营管理。

2) 人力资源配置使用上的有限入口和内部提拔

日本企业具有排他性和保守性，人力资源的配置使用主要通过内部调节来满足。日本企业普遍实行"有限入口、内部提拔"的用人制度，员工的升迁和调配具有"有限入口"和"按部就班、内部提拔"的特点。所谓"有限入口"，就是员工要从基层进入企业，然后在按部就班提拔的过程中熟悉情况，与上下左右建立工作和个人关系，为以后从事管理工作创造条件。采用有限入口、内部提拔的用人制度的优点是：可以客观地认识和评价员工，鼓励员工学习和掌握企业所需的特殊知识和技能，树立长期工作观念，克服短期行为，提高人才选拔的准确性。缺点是：不能吸引外部人才，企业可选择的人才有限，不利于企业人才的合理配置。

3) 重视员工基本素质，强化对员工特殊技能的培训

日本企业在招聘员工时，强调基本素质而不看重个人的具体技能。基本思想是，高素质的职工，可以通过企业实施的培训胜任所有的工作。企业重视与学校的合作，认为好学

校的学生素质高，更愿意优先录用刚毕业的学生，作为高素质员工的主要来源，企业认为高素质的员工来自名牌学校的培养。

由于招聘时重素质而轻技能，所以在培训新员工方面投入较大。员工在培训中，既要学习技术方面的"硬技能"，还要学习企业内部的管理制度、上下左右关系和行为准则等很多"软知识"和"软技能"。由于重视在职培训，提升了员工对企业的忠诚度，使生产力大大提高，从而提升了企业的效率。

4) 合作性劳资关系

以企业为单位建立的企业工会，使企业与员工结成紧密的共同体，企业和工会更加容易了解沟通，有利于解决劳资之间的矛盾和分歧。在日本，企业普遍吸收员工参与管理，使员工及时了解和掌握企业经营状况，并对影响自己切身利益的重大决策发表意见。许多日本企业中的重大问题一般需经全体员工反复讨论，形成一致意见后，方能最后决策并付诸实施。员工对企业经营情况的及时了解和对企业的信赖、工会与企业的沟通与非对抗性关系形成了日本企业中合作性的劳动关系。

5) 激励方式以精神激励为主

日本企业的激励方式以精神激励为主。领导与员工之间，员工与员工之间，除了工作上互相配合、通力协作外，还注重不断增强相互间的亲密感和信任感，努力营造一种友好、和谐、愉快的气氛，使员工有充分的安定感、满足感和归属感，在工作中体味人生的乐趣和意义。企业还吸收员工参与管理，使员工不但能及时了解和掌握企业经营状况，而且能对重大问题的决策发表意见，形成合作性的劳资关系。在物质激励方面实行弹性工资制度，工人收入的25%左右是根据企业经营状况得到的红利。这种措施的好处是：调动了普通职工的积极性和献身精神，工资成本的灵活性使日本企业无须大批解雇工人也能比较容易地渡过经济不景气的难关。缺点是：淘汰率低，员工缺乏进取心，集体决策影响决策的果断性和时效性。

3. 美国、日本人力资源管理模式的比较

人力资源管理没有一个统一的、标准的、不变的模式，它必须随着企业外部环境的变化做出相应的调整。美国和日本的企业在实行自己的人力资源管理模式的同时，都在借鉴和学习另一种模式的长处。

美国和日本人力资源管理模式的差异，体现在人力资源管理的各个层面上，如表1-4所示。

表1-4　美国、日本人力资源管理模式比较

比较项目 \ 国家	美国	日本
价值观	能力主义及提倡公平竞争、个人主义	适当的能力主义，忠诚及团队精神
等级差异	以职能联系的管理等级	非常普遍的等级
雇佣制度	短期雇佣，流动性强，劳资买卖关系	终身雇佣制
晋升制度	专业化历程和快速提升	非专业化历程和缓慢升迁
工资制度	职务工资是主要形式，刚性工资	年功序列制，弹性工资
劳资关系	行业工会的形态。对抗性的劳资关系，员工归属感弱	企业内工会的形态。合作性的劳资关系，员工归属感强

（续表）

国家 比较项目	美国	日本
人际关系	对立，人际关系淡薄，人际理性，制度化管理，顺序是法、理、情	和谐，人际关系微妙，以和为贵，顺序是情、理、法
管理手段	集中在特定范围和工作岗位，突出专业化	工作轮换、范围灵活
招聘与引进	全球范围内的发达市场体制	重视教育，崇尚名牌大学，强调基本素质，注重与学校合作
员工培训	企业和社会并重，侧重对技术和管理的培训	重视员工素质，内部培训是企业经营的基础
绩效考评	能力主义，强力表现，快速考评、迅捷晋升、现实回报、无情淘汰的考绩制度	年资序列制和日本式福利管理，重视能力、资历和适应性三者平衡，晋升机会平等
薪资水准	市场化运作、能力、绩效贴现	基于教育、学历和服务年限
员工参与管理	个人决策方式，自上而下的决策过程，速度快，但员工缺乏参与感。形式：目标管理制、员工代表咨询会议、员工建议制、作业小组、员工股份制等	集体决策方式，自下而上的决策过程，增强了员工的参与感。形式：质量圈、劳资协议会、合理化建议、禀议制、目标管理制、无次品运动等
社会保险制度	疾病保险	除6个州外，不存在强制性社会保险制，但可参加自愿保险	有法律规定，在保费上政府可给予资助
	失业保险	强制性保险，保费由各州自行确定	强制性保险，保费由雇员、雇主各分担一半
	老年残疾保险	强制性保险，要求所有公民参加	强制性保险，只规定就业人员必须参加，保费由雇主、雇员平均分担
	工伤事故保险	只有不存在强制性社会保险的几个州才实行强制性工伤事故保险，但发生事故，雇主必须采取措施补偿	部分行业实行，保费由雇主负担

1.4 人力资源管理的产生和发展

1.4.1 国际人力资源管理的产生和发展

国际人力资源管理的演变，可以依照不同的时期和所依据的管理理论划分为以下几个发展阶段。

1. 经验管理阶段(1800—1990年)

经验管理阶段是人力资源管理思想的萌芽阶段，这一阶段处于工业革命时代。随着工业革命在欧洲的兴起，作为人力资源管理活动基础的工厂制度应运而生。它将一无所有的劳动力与工厂主和生产资料结合起来，使生产力迅速扩张。这一时期的劳工管理包括工人雇佣、岗位调动、业绩考核、激励性的工资制度设定、纠纷处理与解雇工人等方面。这些管理思想基本上都以经验为主，缺乏严格的规章制度，以人治为主，注重对人的培养与能力开发，通常采用师傅带徒弟的方式，并没有形成科学的理论，但形成了人力资源管理的雏形。

2. 科学管理阶段(1900—1930年)

科学管理阶段是人事管理的初创阶段。19世纪末至20世纪上半叶，为了缓和激烈的劳资冲突，在工厂组织中较好地处理工人问题，诞生了科学管理运动与改善工作福利运动。人事管理源于科学管理运动和工作福利运动的融合。科学管理的代表人物是F.W. 泰勒(F. W. Taylor)，人力资源管理的指导思想是"经济人"的人性观。"人力资源管理"在这一时期表现为"雇佣管理"，主张正确处理劳资关系，是以录用、安置、调配、退职和教育培训为中心的劳动力管理，出现了专门的人事管理部门，主要功能是招聘录用、雇佣工人、协调人力和调配人员；通过工作分析，实现劳动方法标准化，制定劳动定额，推行计件工资制。

所有这些都标志着人力资源管理制度的初步建立。

3. 人际关系管理阶段(1930—1950年)

人际关系管理阶段是人事管理的反省阶段。20世纪初到20世纪中叶，人事管理的重点是改善员工关系。20世纪中叶，重点转移到协调企业管理者与工人的人际关系。从1924年开始到1932年结束的霍桑实验引发了人们对科学管理思想的反思，将员工视为"经济人"的假设受到了现实的挑战。霍桑实验发现了人际关系在提高劳动生产率中的重要性，揭示了对人性的尊重、对人的需要的满足、人与人相互作用以及归属意识等对工作绩效的影响。改善企业内部的人际关系，满足工人作为"社会人"的需要，会显著提高工人的生产率。人际关系理论开创了管理中重视人的因素的时代，是西方管理思想发展史上的一个里程碑，揭开了人力资源管理发展的新阶段。此后，设置专门的培训主管、强调对员工的关心和理解、增强员工和管理者之间的沟通等人事管理的新方法被很多企业采用，人事管理人员负责设计和实施这些方案，人事管理的职能被极大地丰富了。

4. 行为科学管理阶段(1950—1970年)

行为科学管理阶段是人事管理的发展阶段。1950—1970年，企业人事管理的重点在于协调员工关系。20世纪中叶到20世纪70年代，企业人事管理的功能由于人际关系运动的推动受到了人们的重视，人们意识到人事管理的功能是管理活动的基本功能之一，它具有有效指导员工的行为、协调企业人际关系的重要作用。企业内部各项具体的人事管理工作，例如员工招聘、员工调动、工作评估等，都有了明确定义和具体内容。从人际关系时代到行为科学时代，人事管理的特点是：第一，从监督制裁到人性激发；第二，从消极惩罚到积极激励；第三，从专制领导到民主领导；第四，从唯我独尊到意见沟通；第五，从权力控制到感情投资，并努力寻求人与工作的配合。

5. 权变管理阶段(1970—1990年)

权变管理阶段是传统人事管理向现代人力资源管理转变的阶段。自20世纪70年代中叶开始，企业的经营环境发生了巨大的变化，各种不确定性因素增加，权变管理理论应运而生，强调管理的方法和技术要随企业内外环境的变化而变化，应当综合运用各种管理理论。人力资源管理也强调针对不同情况采取不同的管理方式，实施不同的管理措施。20世纪70年代，人事管理发生质的变化，具体表现在：第一，人性基本假定由X理论转向Y理论，"以人为本"的人本管理思潮出现；第二，组织高层经理亲自过问有关人的管理工作；第三，对人事管理人员的素质、能力等要求提高；第四，对人力资源管理工作的投资增加；第五，重视管理者培训，人的管理培训是重点首选内容；第六，人力资源管理被提高到组织战略的角度考虑；第七，出现了对人力资源会计理论与实践的探索。

6. 战略管理阶段(1990年至今)

在战略管理阶段，人力资源管理进入战略管理时代，确立了人力资源管理在企业中的战略性地位。从战略的角度思考人力资源管理问题，并将其纳入企业战略的范畴已成为人力资源管理的主要特点和发展趋势。战略性人力资源管理特征是：第一，人力资源管理部门能够直接参与组织的战略决策，重视决策的制定和选择过程，注重人力资源战略与组织整体战略以及职能战略之间的统一和协调，在组织的发展与变革中起着关键的协同作用；第二，组织结构具有较强的灵活性，在时间上注重较长时期内的变化和规划；第三，管理的对象和行为不仅包括传统人事管理中的普通员工，而且包括企业的各级管理者和各类专家；第四，重视外部环境对人力资源政策和措施的影响。

1.4.2　中国人力资源管理的产生和发展

自新中国成立以来，我国人力资源管理的发展可以分成三个阶段。

1. 1949—1977年，计划经济体制下的人事档案管理阶段

在这一阶段，我国实行中央集权、高度集中统一的计划经济体制，与之相适应建立了以计划为核心、以行政管理为手段的企业人事行政管理的制度和模式。国有企业人事管理制度的特点是：企业用工实行"统包统配"的调配制度，企业没有用人自主权；员工只进不出，实行终身录用制；没有建立员工工作考核制度；国家统一工资标准，实行平均主义；人事管理部门的工作是一些事务性工作，如员工人事档案管理、招工录用、考勤、职称评定、离职退休、计发工资等，即简单的人事档案管理和资料统计工作。

2. 20世纪70年代末—20世纪90年代中期，传统人事管理改革与创新阶段

在这一阶段，随着我国经济体制逐渐从计划经济向市场经济过渡，传统的人事管理也发生了改变。最初针对分配中的"平均主义""大锅饭""铁饭碗"所产生的效率低下、人浮于事等弊端，国家允许企业在招工方法等政策措施上灵活变动。20世纪80年代中后期，我国企业人事管理进入创新改造阶段。具体表现为：推进企业自主用工，采用劳动合同制，改革工资、福利、劳动就业等，但仍未突破国家对企业放权让利的狭窄圈子。20世纪90年代中后期，我国企业传统人事管理制度进入全面改革阶段。如开始建立现代企业制度，建立多层次的社会保障制度，实行全员劳动合同制等，传统的人事管理制度的内容和框架被摒弃和破除，与市场经济体制相对接的新型人事管理制度框架和内容开始建立。

3. 20世纪90年代末至今，现代人力资源管理建立和发展阶段

20世纪90年代初，随着西方人力资源管理理论的引进和大量外资企业的涌入，其优越的管理模式和人力资源竞争优势促使我国企业开始反思和改革人事管理制度。同时，随着市场经济体制的逐渐形成，我国企业人事管理制度改革全面深化，伴随着企业改制、股份制改造、企业重组及抓大放小等改革，企业人事管理制度在体制、机制、结构等方面进行全方位的彻底改革。与市场经济相适应，按照市场经济管理模式构建的新型人事管理制度已在企业内开始运行。与此同时，我国一些企业的人事管理工作也开始从传统人事管理层次向现代人力资源管理层面提升。

20世纪90年代中后期，有关人力资源管理理论和经验的教育、宣传和普及活动蓬勃发展，有关人力资源管理的研究论文、书籍、教材以及培训等层出不穷，企业界和学术界关注和推动人力资源管理的热情空前高涨，我国的人力资源管理研究和企业实践取得了重要突破。进入21世纪以后，我国企业人力资源管理进入结合中国国情，从企业实际出发，理论探讨与实践摸索相结合的稳步发展阶段，开始注重人力资源管理制度和体系的建设，出现了理念、技术和经验齐头并进的发展局面。但是，据有关调查数据显示，目前我国真正按人力资源管理理念和机制开展工作的企业还不到企业总数的10%。

1.4.3　现代人力资源管理与传统人事管理的区别

传统的人事管理是以人与事的关系为核心，以组织、协调、控制、监督人与事的关系为职责，以谋求人与事相宜为目标的一种管理活动。现代人力资源管理是以人为中心的战略性管理，与传统的人事管理有着明显的区别，两者之间的主要区别如表1-5所示。

表1-5　现代人力资源管理与传统人事管理的区别

比较项目	现代人力资源管理	传统人事管理
管理视角	视员工为第一资源、资产	视员工为负担、成本
管理目的	组织和员工目标的共同实现	组织短期目标的实现
管理内容	以人为中心，工作重点为激发活力、开发潜能	以事为中心，简单的事务性工作
管理形式	动态的、全过程的、系统化管理	静态的、孤立的、分割式管理
管理方式	人本化管理，强调民主、参与	命令式、控制式，制度控制和物质刺激
管理策略	更注重长远目标，战术性与战略性相结合的管理	侧重近期目标，战术性管理
管理技术	追求科学性、艺术性	照章办事、机械呆板
管理体制	主动开发型，强调加强事前管理	被动反应型，多为事中或事后管理
管理手段	采用新技术，如计算机软件系统	手段单一，以人工为主
管理层次	战略决策层	操作执行层
部门定位	生产效益部门	单纯的成本中心，非生产效益部门
管理活动	重视培训，将开发潜能放在首位	重使用，轻开发
管理深度	劳资双方	员工

1.4.4　现代人力资源管理面临的挑战与发展趋势

1. 现代人力资源管理面临的挑战

1) 全球经济一体化的挑战

全球经济一体化指的是各国之间在经济上越来越多地相互依存，商品、服务、资本和技术越过边界的流量越来越大。在全球经济一体化过程中，作为全球经济一体化的必然产物——跨国公司将面对不同的政治体制、法律规范和风俗习惯的冲击，但这些冲击同时又推动各种文化的相互了解与融合。此外，人力资源管理还面临类似国籍、文化背景、语言都不相同的员工如何共同完成组织任务，管理制度与工作价值观迥然不同的组织如何沟通，各子公司如何相互协调，如何完成组织结构变革、组织制度调整、传统的人力资源架构和内容变革等问题。因此，企业必须转变观念，确立面向全球经济一体化的开发理念，建立相应的人力资源管理机制。

2) 技术进步带来的挑战

技术进步使企业更具竞争力，同时也改变了工作的性质。随着技术的进步，劳动力越来越多地从劳动密集型行业转移到技术密集型及知识密集型行业，对员工的素质提出更高的要求。劳动密集型工作和一般事务性工作的作用将会大大削弱，技术类、管理类和专业化工作的作用将会大大加强，这将导致人力资源管理工作面临结构调整等一系列重大变化。

3) 组织管理模式改变的挑战

随着企业竞争的加剧，要求采取规模相对缩小且灵活开放的组织模式，使组织具有很强的适应性和竞争力。人力资源管理部门应帮助组织、组织的管理者和员工更快、更稳地适应各种变化。现代组织结构更加趋向于扁平化和虚拟化，现代企业要参与市场竞争，就必须具有分权性和参与性，以合作性的团体来开发新的产品并满足顾客需求。这就对人力资源管理提出了新要求：要求管理者从战略的高度重视人力资源管理与开发；要求人力资源管理部门建立良好的信息沟通渠道；要求对员工做到公平、透明，能对员工进行更为有效的激励，从而不断适应组织变革的需要。

4) 人力资源结构变化带来的挑战

首先，人力资源年龄结构呈现老龄化趋势，欧美国家老龄化问题尤为突出，而亚洲由于劳动力过剩，年轻劳动力的比例远远高于发达国家。相对来说，人才短缺仍然是世界各国普遍存在的问题。其次，人口数量的变化具有明显的地域差别。在欧美发达国家，由于经济文化、思想观念等因素的影响，人口的出生率普遍偏低，人力资源供应相对不足；在亚非国家，由于人口出生率没有得到有效的控制，人口出生率普遍偏高，人力资源相对供大于求。再次，高素质人力资源的流失以及妇女在劳动力队伍中的比例继续增长，使得如何吸引和留住企业所需人才成为人力资源管理者的一个重要课题。最后，员工对自身价值的认识也有了一定的提高，表现为员工不仅对物质层次的要求有了明显提高，更重要的是，在物质层次得到满足后，员工开始具有更高的需求层次，他们希望被尊重、被认可，他们希望参与组织管理并实现自身价值。

5) 文化多样性的挑战

全球经济一体化所带来的管理上的文化差异和文化管理问题，已成为人力资源管理领域的重要挑战。不同国家有着不同的文化，人们所遵循的基本价值观以及这些价值观在该国的艺术、社会活动、政治以及行为方式中的反映都是不同的。由于不同国家之间存在的文化差异，导致跨国公司在不同的分支机构中需要实施不同的人力资源管理方法。同时，文化差异也会影响人力资源管理的政策。实施跨文化管理和跨文化培训，克服组织内文化差异引起的文化冲突，是人力资源管理的一项重要职责。

2. 现代人力资源管理发展的新趋势

21世纪，人类进入知识经济时代。人力资源与知识资本优势的独特性成为企业重要的核心技能，人力资源的价值成为衡量企业整体核心竞争力的标志。人力资源管理面临各种力量的冲击和挑战，人力资源管理呈现新的发展趋势。

1) 人力资源管理将更加注重以人为本、能本管理的理念

知识经济时代是一个人才主权时代，人才具有更多的就业选择权与工作的自主决定权，人才不再被动地适应企业或工作的要求。吸纳、留住、开发、激励一流人才成为企业的核心竞争力。企业要"以人为中心"，尊重人才的选择权和工作的自主权，为人才提供人力资源的产品与服务，并因此赢得人才的满意与忠诚。随着知识经济和信息时代的到来，工业时代基于"经济人"假设的人力资源管理工具越来越不适应管理实践的发展，人力资源管理趋向于以"社会人""复杂人"为假设的人本管理。人本管理要求管理者注重人的因素，树立"人高于一切"的管理理念，并在管理实践过程中形成一种崭新的管理思想，即以人的知识、智力、技能和实践创新能力为核心内容的"能本管理"。"能本管理"是一种以能力为本的管理，是人本管理发展的新阶段。"能本管理"的本质就是尊重人性的特征和规律，开发人力，从而尽可能发挥人的能力，以实现社会、组织和个人的目标。

2) 人力资源管理将更注重知识型员工的管理

在知识经济时代，企业的核心竞争力是人才，而人才的核心是知识创新者与企业家。人力资源管理面临新三角：知识型员工、知识工作设计、知识工作系统。随着科技的进步与社会经济的发展，在主要发达国家，劳动和产业结构日益向"知识密集型"转化，知识型员工所占比重越来越大。人力资源管理要关注知识型员工的特点，其重点是如何开发一个与知识型员工管理相互匹配的人力资源管理体系。当前，对知识型员工的管理主要存在的主要问题有：授权赋能与人才风险管理问题；员工的成就欲望、专业兴趣与企业目标相一致，建立企业与员工之间的忠诚关系问题；工作设计上的弹性管理与流程控制的和谐问题。

3) 人力资源管理部门的战略地位将被进一步提升

20世纪90年代初的一项调查表明：人力资源管理部门已成为促使企业成功的关键部门，这种现象在21世纪有继续发展的趋势。在未来的发展中，企业的人力资源管理应当和企业的整个发展战略密切联系起来。人力资源管理部门的地位不仅是企业的"战略伙伴"，而且将被提升到企业发展的"战略先导"地位。人力资源管理部门扮演着经营者、

支援者、监督者、创新者、适应者5个角色。人力资源管理部门逐渐成为能够创造价值并且维持企业核心竞争力的战略性部门。人力资源部门的工作重点：一是为企业发展战略的制定和实施出谋划策、制定方案；二是创建企业文化。

4) 人力资源管理的全球化、信息化、虚拟化

人力资源管理的全球化主要表现在人力资源管理战略的全球化、人力资源管理者全球化和全球化企业文化建设三个方面。人力资源管理信息化是指基于计算机技术的发展和已开发的软件所提供的平台，借助互联网络及其资源实现对企业员工的管理。信息化的人力资源开发与管理的优势是：提高了人力资源管理的质量和效率；降低了企业人力资源管理的成本；使人力资源管理全球化得以实现。随着信息技术的发展和专业化分工的日益完善，人力资源管理部门的各项业务存在虚拟化管理的趋势。一些公司已逐渐将相对固化和趋同性较强的人力资源管理职能外包给专营公司或专业咨询公司，以集中企业优势资源发展核心竞争力。人力资源外包是指将组织的人力资源管理活动委托给组织外的公司承担，其内容主要包括招聘、培训、薪酬和福利等方面的方案设计以及具体实施。人力资源管理外包的原因是组织内部投资结构和工作量经常变化。

5) 人力资源管理的专业化、柔性化、扁平化

人力资源管理专业化是指高度专业化的职能专员负责人力资源管理的主要环节。在西方发达国家规模较大的组织机构中，分别有负责定岗、招聘、薪酬、培训、劳资关系等方面的人力资源开发与管理专员，分工的专门与细致程度一般与组织规模成正比。负责不同业务的专员需要不同的知识和技能，其知识水平的高低和经验的多寡决定了各项人力资源管理工作质量的优劣。人力资源管理的柔性化也就是在人力资源管理的过程中要体现出"和谐、融洽、协作、灵活、敏捷、韧性"等柔性特征。人力资源的柔性管理是在尊重人的人格独立与个人尊严的前提下，在增强广大员工对企业的向心力、凝聚力与归属感的基础上，所实行的分权化管理。进入20世纪90年代，精简中层，使组织扁平化成为一种潮流。人事协调复杂化是由办公分散化等引起的，互联网使分散化办公成为可能。但分散化办公会增加人力资源开发与管理的难度，这无疑是对人力资源开发与管理者的一种挑战。

6) 人力资源管理更加注重企业文化、价值观念和道德修养

随着经济全球化和人力资源流动趋向国际化，组织内宗教信仰不同、民族和种族不同的员工一起工作已司空见惯。所有这些都会形成组织内文化的多元性，导致不同价值观的冲突与对立。但是，知识型管理和全球网络化经营需要不同文化、不同价值观的整合与共享。人力资源管理部门必须主动协调这些因不同文化、不同价值观引起的冲突，使来自各个国家或地区、各个民族的员工愉快相处、共同努力，以实现组织目标。人力资源管理的任务就是正确地揭示企业价值的内涵并有力促成其传播，尊重员工个人价值并有效整合组织伦理价值。随着人力资源管理面临的问题在数量和复杂性方面的增加，在实际工作中，道德规范方面的压力和挑战也随之增加。道德规范方面引起的根本问题是有关公平、公正、诚实和社会责任等问题。如何解决人力资源管理中的道德问题，已经成为人力资源管理必须研究的一个重要领域。

实用模板

中小企业人力资源部组织结构图如图1-6所示。

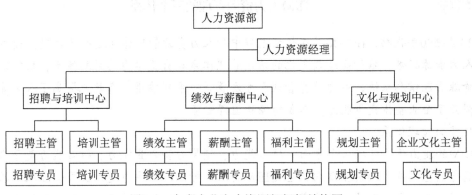

图1-6 中小企业人力资源部组织结构图

|课后练习|

一、名词解释

人力资源、人才资源、人力资源管理、人力资本、人本管理

二、选择题

1. 在管理内容上，现代人力资源管理(   )。

   A. 以事为中心   B. 以企业为中心   C. 以人为中心   D. 以社会为中心

2. 一个国家或地区具有较强的管理能力、研究能力、创造能力和专门技术能力的人的总称是(   )。

   A. 人口资源   B. 劳动力资源   C. 人力资源   D. 人才资源

3. 人本管理的机制包括(   )。

   A. 动力机制   B. 保障机制   C. 压力机制

   D. 竞争机制   E. 选择机制

4. 在人力资源管理部门中，人员的类型通常包括(   )。

   A. 支持型人员   B. 辅助型人员   C. 专家

   D. 通才   E. 高级行政经理

5. 影响人力资源数量的因素有(   )。

   A. 人口总量   B. 营养   C. 先天遗传

   D. 人口迁移   E. 人口年龄结构

三、简述题

1. 简述人力资源的特征及影响因素。

2. 什么是人力资源管理？现代人力资源管理与传统人事管理有什么区别？

3. 舒尔茨人力资本理论的主要内容有哪些？

4. 简述人本管理层次、机制和主要内容。

5. 试比较美国和日本人力资源管理模式的特点。

6. 简述人力资源管理者的角色和技能要求。

7. 试分析现代人力资源管理发展的新趋势。

案例分析　　　　　　　　　　**IBM人力资源管理的三个体系**

20世纪90年代初，IBM公司在转型过程中对人力资源管理体系进行了再造。通过重新定位人力资源战略，推行高绩效文化的绩效管理体系和有竞争力的薪酬体系，搭建统一的人力资源管理信息系统，着力培育管理人才发展等一系列举措，有效地提高了人员管理效率，提升了企业整体竞争能力，其成功经验值得借鉴。

1. 能力管理体系

IBM的能力体系包括三个方面：核心能力、领导力和专业能力。核心能力是每名员工都应具备的基础能力和价值取向，它是IBM的用人标准；领导力是对公司管理人才的个人素质、思维方式和管理技能的要求；专业能力是指不同岗位对员工知识和技能的要求，突出岗位的专业性。IBM以能力体系为基础，将招聘、绩效、薪酬、员工发展等各个流程粘合在一起，根据能力价值优化员工选聘和岗位配置，依据公司战略发展导向和人员能力结构缺口设置培训体系，根据岗位工作的能力要求对工作过程进行绩效管理，按照能力开发潜力设计员工职业生涯，根据专业能力价值体现薪酬差异。

2. 绩效管理体系

IBM奉行以个人业绩承诺(PBC)为中心的绩效管理体系。基于PBC的个人年度绩效管理包括4个阶段：设立目标、绩效反馈与辅导、绩效评估、绩效考核结果应用。

PBC目标的制定必须以员工为主，与公司经营管理目标保持高度匹配，并结合员工自身特点，将达成目标变成员工的主动行为，激励员工达成富有挑战性的绩效目标，发挥个人最大潜能。PBC绩效目标包括业务目标、人员管理目标和个人发展目标三个方面，其中，业务目标和发展目标适用于全体员工，人员管理目标适用于经理人员。在IBM的三类绩效目标中，业务目标反映了个人在财务、客户市场和内部运营三方面的业绩贡献，而发展目标和人员管理目标则体现出员工和经理对学习发展的关注。员工制定业务目标时需要综合考虑IBM的公司战略、所在业务单位的工作重点、部门和团队的工作目标等；发展目标要紧密围绕业务目标，结合个人职业发展规划，关注1~2个当年个人能力提升的重点，督促员工在工作中不断锻炼和提高自身能力；人员管理目标体现重要的人员管理行为，重点关注团队成员的发展以及团队氛围的营造。

IBM管理者定期对员工进行绩效反馈，在反馈时，管理者会避免单方面的训教和做出笼统的结论，而是较详细、客观地描述事实，说明下属行为的影响或后果，征询下属的意见和想法，用引导的方式使员工明确工作中的问题和改进的方法。每年6、7月份，管理者要对下属进行中期绩效回顾，对员工半年来的表现进行整体总结，并对下半年的工作提出希望。中期绩效回顾是经理与员工交流互动的过程，不涉及正式的考核打分。

PBC绩效评估在每年的11月到次年1月进行。考核结果分为5个等级：第1等级(PBC为1)为公司年度顶级贡献者，第2等级(PBC为2+)为高于平均水平的贡献者，第3等级(PBC为2)为扎实的贡献者，第4等级(PBC为3)为最低贡献者，第5等级(PBC为4)为业绩不合格者。

考核由直线经理直接评价打分，并与员工本人沟通，但对考核结果PBC为1和PBC为4的员工，最终结果需交由"考核团队决策会议"决定。考核团队决策会议成员由员工二线经理和人力资源部有关领导组成，以保证评价结果的公正和权威性。

3. 员工发展体系

IBM根据岗位专业能力的差异将全部岗位划分为22大类，每一大类叫做"一个岗位族群"，如人力资源族群、财务族群、营销族群等；每个族群又按照专业差异细分为几个小类，每个小类叫做"一个岗位序列"，如财务族群包含会计序列、审计序列、税务序列等。IBM对每个岗位族群和序列都相应设置了若干条专业能力要求，而每项能力要求又按照掌握程度划分为"不具备、掌握、应用和熟练应用"4个等级，每个等级都有对应的工作行为描述，尽可能详细地将抽象的能力标准转化为具体的行为表现。为保证专业能力要求适应不断变化的外部环境，IBM成立了专业能力体系执行委员会和工作委员会，对有关岗位族群、序列的能力标准进行动态评估和调整，切实做到与时俱进。岗位族群、序列的划分以及相应能力要求的明确为公司培训体系和员工职业发展体系的建立奠定了坚实的基础。

IBM针对每条能力要求按照不同能力等级设置了丰富多彩、形式多样的培训学习活动。培训形式包括在线自学、课堂教学、网上课堂、在岗培训、内部研讨等，各类培训活动总计超过20万项。其中，对于大部分培训，员工可根据自身需要和工作安排自行选择参加，但也有部分培训是相关员工必须参加的，并作为其职位晋升的必要条件。

"能力发展工具"是IBM员工在线进行自身能力评估的工具。每名IBM员工都可以在该工具平台上查看并学习自己所在岗位的技能要求。每年初，员工需要按照岗位专业能力要求逐条评价自己的能力水平，评估结果会自动发送给直接上级进行确认。在"能力发展工具"中，每项能力要求后面都附有针对该项能力的推荐课程和相关能力提升活动，员工可以参考这些推荐课程和活动，结合自身实际情况，制订下一年的"个人发展计划"，并与自己的直线经理沟通确认。"个人发展计划"是IBM员工为自己制订的职业发展和学习计划，是员工职业生涯发展规划在个人能力提升方面的年度实施计划。每年，员工根据自身发展情况对"个人发展计划"进行滚动调整，内容包括个人长期和短期职业发展目标、实现职业目标和绩效目标所需要的能力要求，以及拟参加的培训和学习活动。"能力发展工具"和"个人发展计划"的应用，使员工更加明确个人职业发展目标和实现途径，帮助员工寻找自身能力差距，制订能力提升计划，提高了员工自我发展的主动性和积极性。

关于员工的晋升，IBM主要从两个方面予以考量，一方面是员工的绩效考核结果，另一方面是员工的能力水平。对能力水平的考量，根据岗位职责对能力要求的差异，IBM对不同业务部门和职能部门采取了有差别的政策。其中，全球商业服务部(GBS)的能力评价体系最为完整，要求最为细致。全球商业服务部是IBM的核心业务部门之一，主要为客户提供商业、管理和IT方面的咨询服务，其对IBM公司整体业绩的贡献超过50%，该部门采用"职业发展框架(PDF)"来综合评估员工的能力水平。

"职业发展框架"考察员工3个方面的能力，包括公司核心能力要求、员工所在岗位族群的能力要求和所在岗位序列的专业技能要求，每项能力和技能要求都分为若干等级。评估工作每年第一季度和第二季度进行，员工在线填报能力评价申请，针对各项能力要求用文字描述其工作表现和工作业绩。员工直接上级和有关专家小组对其上述三方面的能力和技能表现分别评价打分，然后综合三个分数计算最终的能力评价结果。PDF的评估结果共分6个等级，1级最低，6级最高。员工在申请晋升时，其业绩考核PBC结果和PDF能力评价等级将作为两个最重要的影响因素。

资料来源：李韬. IBM人力资源管理的三个体系[J]. 企业管理，2012(6)：44-45.

【案例讨论】

(1) IBM公司人力资源管理的主要特点是什么？

(2) IBM公司人力资源管理三大体系有何意义？对我国企业有何启示？

实训演练

实地考察某企业并设计人力资源管理部门组织结构

1. 实训目标

(1) 通过考察企业人力资源部，使学生对人力资源管理部门有一个直观的、形象的初步认识。

(2) 了解人力资源管理部门的组织结构、职能和工作流程。

(3) 观察、了解人力资源管理者需要具备的能力、素质。

2. 实训内容

(1) 在本市选择一家企业，组织学生参观了解该企业的人力资源部门。

(2) 由人力资源管理部门负责人介绍企业人力资源管理部门的情况，包括组织结构、部门职能和部门的工作流程。

(3) 参观企业其他部门和生产流程，为企业设计人力资源部门组织结构。

3. 实训组织

(1) 组织学生进入企业参观。

(2) 以学生个人为单位，或者4～5人组成一个小组，完成企业人力资源部门组织机构设计的任务。

(3) 制作完成后，要求学生针对设计的企业人力资源部门结构进行说明，在班级内进行交流展示。

拓展阅读

中国人力资源开发网. http：// www.ChinaHRD.net.

中国人力资源网. http：// www.hr.com.cn.

世界经理人. http：// www.ceconline.com.

加里·德斯勒. 人力资源管理(亚洲版)[M]. 刘善任，等，译. 2版. 北京：机械工业出版社，2013.

韦恩·F.卡肖. 人力资源管理[M]. 刘善任，等，译. 8版. 北京：机械工业出版社，2013.

厦门大学国家精品课程"人力资源管理". http：//xmujpkc.xmu.edu.cn/rlzygl.

第2章
人力资源战略规划

知识结构图

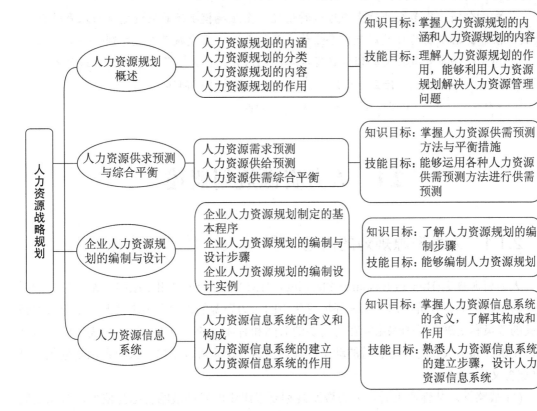

			知识目标:掌握人力资源规划的内涵和人力资源规划的内容
	人力资源规划概述	人力资源规划的内涵 人力资源规划的分类 人力资源规划的内容 人力资源规划的作用	技能目标:理解人力资源规划的作用,能够利用人力资源规划解决人力资源管理问题
人力资源战略规划	人力资源供求预测与综合平衡	人力资源需求预测 人力资源供给预测 人力资源供需综合平衡	知识目标:掌握人力资源供需预测方法与平衡措施 技能目标:能够运用各种人力资源供需预测方法进行供需预测
	企业人力资源规划的编制与设计	企业人力资源规划制定的基本程序 企业人力资源规划的编制与设计步骤 企业人力资源规划的编制设计实例	知识目标:了解人力资源规划的编制步骤 技能目标:能够编制人力资源规划
	人力资源信息系统	人力资源信息系统的含义和构成 人力资源信息系统的建立 人力资源信息系统的作用	知识目标:掌握人力资源信息系统的含义,了解其构成和作用 技能目标:熟悉人力资源信息系统的建立步骤,设计人力资源信息系统

情景写实

手忙脚乱的人力资源经理

　　D集团在短短5年之内由一家手工作坊发展成为国内著名的食品制造商。该集团企业最初从来不制订计划,缺人了,就去人才市场招聘。企业日益规范以后,开始于每年年初制订计划,包括收入多少、利润多少、产量多少、员工定编多少等方面。人数少了可以招聘,人数超编就要求减人,一般在年初招聘新员工。但由于一年中不时有人升职、有人平调、有人降职、有人辞职,年初又有编制限制不能多招,而且人力资源部也不知道应该多招多少人或者招什么样的人,导致人力资源经理一年到头总往人才市场跑。

　　近几年有3名高级技术工人退休,2名离职,生产线立即瘫痪。集团总经理召开紧急会议，命令人力资源经理在3天之内招到合适的人员顶替空缺，恢复生产。人力资源经理两个晚上没睡觉，频繁奔走于全国各地人才市场和面试现场之间，最后勉强招到2名已经退休的高级技术工人，才使生产线重新开始运转。

人力资源经理刚刚喘口气，地区经理又打电话和他说自己的公司已经超编了，不能接收前几天分过去的5名大学生。人力资源经理不由怒气冲冲地说："是你自己说缺人，我才招来的，现在你又不要了！"地区经理说："是啊，我两个月前缺人，你到现在才给我，现在早就不缺了。"人力资源经理分辩道："招人也是需要时间的，我又不是孙悟空，你一说缺人，我就变出一个给你！"

案例分析：很多企业都出现过这种情况，企业规模小的时候没觉得缺人是什么大事情。随着市场的日益规范、企业的日益壮大，企业遭遇了发展瓶颈——缺少人才，想要进一步发展壮大必须依靠源源不断的人才。但是，很多企业只知道缺人，却不知道为什么缺人、什么时候缺人，以及如何解决这一问题。

资料来源：http://www.chinahrd.net/management-planning.

2.1 人力资源规划概述

2.1.1 人力资源规划的内涵

人力资源规划(Human Resource Planning，HRP)，是指根据组织战略与发展目标的要求，科学地预测、分析组织在未来环境变化中的人力资源的供给和需求状况，制定或调整相关的政策和措施，以确保组织在有需要的时间和有需要的岗位上获得各种需要的人力资源，使组织和个人获得长远利益的动态过程。从这一概念可以看出，人力资源规划包括以下5层含义。

(1) 战略性。从性质上看，人力资源规划要以组织的发展战略目标为依据，组织发展战略与目标是制定人力资源规划的前提和基础。人力资源规划服务于组织的发展战略，是为了保证实现组织的战略发展目标而实施的一系列行动方案，是组织发展战略规划的重要组成部分。

(2) 动态性。从起因上看，人力资源规划必须服从组织内外环境的变化。由于组织环境是一个动态的变化过程，必然带来人力资源供需状况的变化，人力资源规划必须适应组织环境的变化，不会一成不变。

(3) 前瞻性。从本质而言，人力资源规划建立在对组织人力资源需求的分析和预测的基础上，通过对组织过去的纵向分析和现状的横向考察，找到组织发展变化的规律，从而科学系统地从长计议，制定缩小人力资源素质结构等方面可能存在的差距的方案，从而达成组织目标，这是现代人力资源管理的核心和出发点。

(4) 综合性。从过程来看，人力资源规划是将组织发展战略系统地融入职务编制、人员配置、教育培训、薪金分配、职业发展等人力资源管理的方方面面，从而整合协调各种因素和资源的过程，是一种全面而长远的组织计划安排。

(5) 双赢性。从结果来看，人力资源规划的最终目标是使组织和员工获得长远利益。人力资源规划要达到的目标是人力资源供给在数量、质量、结构上都满足资源需求，使组织产出达到高绩效。而且它通过最大限度地开发利用组织人力资源，有效地激励员工提高素质，达到"人尽其才，才尽其用"的目的，以实现人力资源的最佳配置和动态平衡。

2.1.2　人力资源规划的分类

人力资源规划根据不同的分类标准，可以划分为不同的类型。

1. 按照规划的时间长短划分

按照人力资源规划的时间长短，可以划分为短期人力资源规划、中期人力资源规划和长期人力资源规划。短期人力资源规划是指1年及1年以内的规划，这类规划由于时间相对较短，因此目标比较明确，内容也比较具体，更多地体现为操作性的东西。长期人力资源规划是指5年及5年以上的规划，由于规划的时间较长，对各种因素不可能做出准确的预测，因此这类规划往往是指导性的，在具体实施时要随着内外部环境的变化而不断调整，具有强烈的战略性色彩。中期人力资源规划介于长期和短期之间，一般是指1年以上5年以内的规划。相对于短期规划来说，中期规划具有一定的指导性；但是相对于长期规划来说，中期规划又是它的具体落实，就好比长期规划的阶段性目标，往往具有战术性的特点。

2. 按照规划的范围大小划分

按照规划的范围大小，可以划分为整体的人力资源规划和部门的人力资源规划。整体的人力资源规划是指在整个企业范围内进行的规划，它将企业的所有部门都纳入规划范围；部门的人力资源规划是指在某个或某几个部门范围内进行的规划。虽然整体的人力资源规划是以部门的人力资源规划为基础进行的，但两者没有从属关系，有时企业可能只进行部门规划而不进行整体的人力资源规划。

3. 按照规划的独立性划分

以人力资源规划是否单独进行为标准，可以划分为独立性人力资源规划和附属性人力资源规划。独立性人力资源规划是指将人力资源规划作为一项专门职责来进行，最终结果体现为一份单独的规划报告，类似市场、生产、研发等职能部门的职能性战略计划；附属性人力资源规划是指将人力资源规划作为企业整体战略计划的一部分，在规划整体战略的过程中对人力资源进行规划，并不是专门进行的，最终结果大多不单独出现。独立性人力资源规划，其内容往往比较详细；而附属性人力资源规划，内容则比较简单，甚至省略某些项目。

2.1.3　人力资源规划的内容

从人力资源规划所涉及的范围看，人力资源规划包括两个层次，即战略层次的总体规划及战术层次的各项具体的业务计划。总体规划与具体的业务计划的关系是：总体规划是实现企业战略目标的人力资源保证，是制订各项具体业务计划的依据；战术层次的具体业务计划实质是总体规划的展开和具体化，每一项均由目标、任务、政策、步骤及预算等部分组成，它们不仅要能够支持总体规划的实现，而且彼此之间还要保持协调和平衡。

1. 总体规划的内容

人力资源的总体规划是有关计划期内人力资源开发利用的总目标、总政策、实施步骤及总预算等方面的安排，具体内容包括以下几个方面。

(1) 阐述在战略规划内，组织对各种人力资源需求和人力资源配置的总体框架。

(2) 阐明与人力资源管理方面有关的重要方针、政策和原则。如人才的招聘、晋升、降职、培训与开发、奖惩和福利等方面的重大方针和政策。

(3) 确定人力资源投资的预算。

2. 业务规划的内容

人力资源业务规划，是总体规划的具体实施和人力资源管理具体业务的部署。具体的业务规划包括：人员补充计划、人员配备计划、人员使用计划、人员退休解聘计划、人员接替和提升计划、培训开发计划、职业生涯计划、薪资激励计划、劳动关系计划。业务规划的详细内容见表2-1。

表2-1　人力资源业务规划的内容

计划类别	目标	内容(政策或办法、制度)	预算
人员补充计划	类型、数量、层次，对人力素质结构及绩效的改善等	人员任职要求，人员来源范围，起点待遇	招聘选拔费用
人员配备计划	不同职务、部门或工作类型的人员结构优化	定岗、定编、定员，岗位再设计，内部合理流动	人员总体规模变化而引起的费用变化
人员使用计划	部门编制，人力结构优化及绩效改善，人力资源能位匹配，职务轮换幅度	任职资格考核办法，聘用制度，职位轮换范围及时间	按使用规模、类别及人员状况决定的薪酬福利预算
人员退休解聘计划	劳务成本降低及生产率提高，发挥老专业人才的帮教作用	退休政策，解聘程序，聘用顾问、督导员、调研员	安置费，人员重置费，聘用老职工任新职的津贴等
人员接替和提升计划	保持后备人员数量，优化人才结构及提高绩效目标	选拔标准，资格，试用期，提升比例，未提升人员的安置	职务变动引起的薪酬变动
培训开发计划	提高素质及改善绩效，增加培训数量、类型，提供新人力资源，转变态度及作风	培训时间，效果的保证，培训考核方法，对培训获证资格认定的程序与办法	培训开发总成本，误工费，脱产培训损失
职业生涯计划	提高员工业务水平，降低离职与跳槽率，激励与提高满意度	事业开发政策，潜能开发，职业指导和终身培训计划	教育培训费，考察调研费
薪资激励计划	降低离职与跳槽率，提供绩效考评目标，提高士气与信心，改进绩效	激励政策，工资政策，奖酬政策，评估考核体系与办法，反馈	增加工资奖金额预算
劳动关系计划	降低非期望离职率，改善管理者与员工的关系，减少投诉和不满	员工参与管理制度，合理化建议制度，员工沟通制度	法律诉讼费及可能的赔偿

2.1.4　人力资源规划的作用

在企业的经营管理活动中，人力资源规划是企业规划中起决定性作用的规划，具有先导性和战略性。人力资源规划的实施，对企业的良性发展以及人力资源管理系统的有效运转具有非常重要的作用。

1. 人力资源规划是企业发展战略总规划的核心要件

人力资源规划是一种战略规划，主要着眼于为未来的企业生产经营活动预先准备人力，持续和系统地分析企业在不断变化的条件下对人力资源的需求，并开发制定与企业组织长期效益相适应的人事政策。因此，人力资源规划是企业整体规划和财务预算的有机组成部分，也是企业发展战略总规划的核心要件。

2. 确保组织在生存发展过程中对人力的需求

人力资源规划有助于企业对市场经营环境、竞争、企业重组及新技术引进等做出相应的反应和调整。现代企业处于多变的环境之中，一方面，内部环境发生变化，如管理哲学的变化、新技术的开发和利用、生产与营销方式的改变等都将对组织人员的结构与数量等提出新的要求；另一方面，外部环境的变化如人口规模的变化、教育程度的提高、社会及经济的发展、法律法规的颁布等也直接影响组织对人员的需求，影响员工的工作动机、工作热情及作业方式。企业可以通过制定人力资源规划，更好地把握未来不确定的经营环境，适应内外环境的变化，及时调整人力资源的构成，保持竞争优势。

3. 有助于企业降低人工成本的开支

虽然人力资源对企业来说具有非常重要的意义，但是它在为企业创造价值的同时也给企业带来了一定的成本开支。人力资源规划有助于检查和测算人力资源规划方案的实施成本及其带来的效益。理性的企业会关注人力资源的投入和产出。通过人力资源规划，企业可以将员工的数量和质量控制在合理的范围内，从而节省人工成本的支出。

4. 有助于满足员工需求和调动员工的积极性

人力资源管理要求在实现企业目标的同时，也要满足员工的个人需要(包括物质需要和精神需要)，人力资源规划展示了企业内部未来的发展机会，使员工能充分了解自己的哪些需求可以得到满足以及满足的程度。如果员工明确了那些可以实现的个人目标，就会去努力追求，在工作中表现出积极性、主动性、创造性。否则，在前途和利益未知的情况下，员工就会表现出干劲不足的状态，甚至有能力的员工还会采取另谋高就的方法实现自我价值。如果有能力的员工流失过多，就会削弱企业实力，降低士气，从而进一步加速员工流失，使企业的发展陷入恶性循环。人力资源规划有助于引导员工职业生涯设计和职业生涯发展。

5. 提高人力资源管理效率

人力资源规划有助于企业降低人员的使用成本。它能帮助管理人员预测人力资源的短缺和冗余情况，在人员管理成本提高之前，纠正人员供需的不平衡状态，减少人力资源的浪费或弥补人力资源的不足。良好的人力资源计划能充分发挥员工的知识、能力和技术，为每个员工提供公平竞争的机会；能客观地评价员工的业绩，极大地提高劳动积极性；同时为个人提供职业生涯发展计划，开发员工的潜能，最终提高企业对人员的使用效率。

2.2 人力资源供需预测与综合平衡

人力资源供需预测是人力资源规划中的关键性环节，它以企业的战略目标和发展规划为出发点，综合考虑环境等各种因素的影响，对企业未来的人力资源供求进行估计，包括人力资源需求预测和人力资源供给预测两个方面。人力资源供需预测是人力资源规划的前提，只有对人力资源供求状况有充分的了解才能做好人力资源规划。

2.2.1 人力资源需求预测

人力资源需求预测是指根据企业的发展规划和企业的内外条件，选择适当的预测技术，对人力资源需求的数量、质量和结构进行预测。人力资源需求预测是人力资源规划中技术性较强的关键工作。

1. 人力资源需求预测的步骤

企业人力资源需求预测，是一个从收集信息、分析问题，到找出问题解决办法并加以实施的过程。人力资源需求预测分为现实人力资源需求、未来人力资源需求预测和未来流失人力资源需求预测三部分，具体包括以下几个步骤。

(1) 根据工作分析的结果确定工作职位编制和人员配置。

(2) 进行人力资源盘点，统计人员的数量(缺编、超编)和质量是否符合工作规范的要求。

(3) 与部门管理者讨论上述统计结论，修正统计结论，确定该统计结论为现实人力资源需求。

(4) 根据企业发展规划，确定各部门的工作量。

(5) 根据工作量的增长情况，确定各部门还需增加的职务及人数，并进行汇总统计，该统计结论为未来人力资源需求。

(6) 对预测期内退休的人员进行统计。

(7) 根据历史数据，对未来可能发生的离职情况进行预测。

(8) 将步骤(6)、(7)的统计和预测结果进行汇总，得出未来流失的人力资源需求。

(9) 将现实人力资源需求、未来人力资源需求和未来流失人力资源需求进行汇总，即得到企业整体人力资源需求预测。

2. 人力资源需求预测的方法

人力资源需求预测的方法一般可分为两大类：定性分析预测法与定量分析预测法。

1) 定性分析预测法

人力资源需求的定性分析预测法是指利用有关人员的经验对未来的人力资源需求做出判断。常见的方法包括管理评价法、微观集成法、经验预测法和德尔菲法等。

(1) 管理评价。管理评价法是预测企业人力资源需求最常用的一种主观预测法，它是由高层管理者、部门经理和人力资源部专员等人员一起预测和判断企业在某段时间对人力资源的需求的方法。管理评价法可以分为自下而上的下级估计法和自上而下的上级估计法两种。下级估计法首先由基层管理人员根据其生产能力、员工流动等情况预测人员需求，然后向上级主管部门汇报。上级估计法是由高层管理者根据组织发展目标和发展战略以及经营环境等的变化预测人员需求。

利用管理评价法预测人员需求的主要依据有企业目标、生产规模、市场需求、销售或者服务规模、人员配置及流动性等。该方法通常用于中短期预测，并且在预测中将下级估计法和上级估计法结合起来运用。这种方法的主要缺点是具有较强的主观性，易受到判断依据以及判断者经验的影响。

(2) 微观集成法。即企业的各个部门根据自己单位、部门的需要预测将来某时期对各种人员的需求量，人力资源管理的计划人员就可以把各部门的预测综合起来，形成总体预测方案。这种方法由上而下布置预测工作，由各直线部门经理根据本部门的业务发展需要，预测将来对某种人员的需求量，然后再由下而上逐级进行汇报、预测和汇总。它适用于短期预测且企业的生产或者服务比较稳定的情况。

(3) 经验预测法。经验预测法是一种利用现有情报和资料，根据以往的经验，结合本企业的实际特点，对企业未来员工需求进行预测的一种简便易行的预测方法。这种预测方法是基于人力资源的需求与某种次要因素之间存在某种关系的假设。由于这种方法完全依靠预测者的经验和能力，预测结果的准确性和精确度得不到保证，通常只能用于短期预测。

(4) 德尔菲法。德尔菲法是20世纪40年代末美国兰德公司开发的一种预测方法。德尔菲法是指邀请在某领域的一些专家或有经验的管理人员采用问卷调查或小组面谈的形式对企业未来的人力资源需求量进行分析、评估和预测，并最终达成一致意见的方法。

德尔菲法的具体操作步骤：首先，从组织内部和外部挑选熟悉企业管理各相关部门的专家10~15人，主持预测的人力资源部门要向他们说明预测对组织的重要性，以取得他们对这种预测方法的理解和支持，同时确定关键的预测方向，解释相关变量和难点，并列举预测小组必须回答的一系列有关人力预测的具体问题。其次，使用匿名填写问卷等方法来设计一个可使各位预测专家在预测过程中畅所欲言地表达自己观点的预测系统。使用匿名填写问卷的方法可以避免专家们面对面集体讨论，从而避免专家成员之间因身份或地位的差别而使一些人因不愿批评他人而放弃自己的合理主张的情况。人力资源部门在第一轮预测结束后，将专家们提出的意见进行归纳，并将这一综合结果反馈给他们。最后，重复上述过程，让专家们有机会修改自己的预测并说明原因，直至专家们的意见趋于一致。

德尔菲法的优点是能充分发挥各位专家的作用，集思广益，准确性高；能把各位专家的分歧点表达出来，取各家之长，避各家之短；能够使专家独立地表达自己的意见，不受其他人的干扰。缺点是过程比较复杂，花费时间较长，主要适用于对人力资源需求的中长期趋势预测。

2) 定量分析预测法

(1) 定员法。定员法适用于大型企业和历史久远的传统企业。由于企业的技术更新比较缓慢，企业发展思路非常稳定，每个职务和人员编制也相对确定。这类企业进行人力资源预测时可以根据企业人力资源现状来推断未来的人力资源状况。在实际应用中，有设备定员法、岗位定员法、比例定员法和生产率定员法等几种方式。

其中，生产率定员法是基于员工个人生产效率分析的一种预测方法，公式为

所需的人力资源=未来的业务量/[目前人均生产率×(1+生产率变化率)]

应用这种方法的关键环节是预测劳动生产率。如果劳动生产率的增长比较稳定，那么预测就比较方便，使用效果也较佳。劳动生产率预测，可直接使用外推预测法，也可以对劳动生产率的增长率使用外推预测法。这种方法适用于短期预测。

(2) 回归分析法。即根据企业过去的情况和资料建立数学模型，并由此对未来趋势做出预测的方法。一元线性回归分析方法的典型步骤：第一，选择相关变量，选择一个相关因素，对这个因素进行调查，找出它与人力资源的需求量在5年以上的历史数据；第二，建立一元线性方程，根据历史资料确定线性方程的系数；第三，由一元线性方程求出目标值所对应的人力资源需求量。基本的计算公式为

$$Y = a + bX$$

其中

$$a = \sum Y_i/n - \sum X_i b/n = \overline{Y} - b\overline{X}$$

$$b = \sum (X_i - \overline{X})(Y_i - \overline{Y}) / \sum (X_i - \overline{X})^2$$

式中，Y为计划期所需人员数量；X为单位产品产量/人员数量；a、b为预测系数。

【例2-1】蓝光数控机床有限公司根据过去的统计资料分析，公司产量与一线员工数量之间高度相关。蓝光数控机床有限公司2011—2016年产量与一线员工数量见表2-2。据预测，2017年产量为1 200吨，2018年产量为1 300吨。根据上述资料预测该公司在2017年、2018年一线员工分别应为多少人。

表2-2　2010—2016年产量与一线员工数量

年度	2011	2012	2013	2014	2015	2016
人力资源数量/人	500	550	600	650	750	850
产量/吨	400	500	600	700	900	1 100

解：蓝光公司一线员工需求量预测见表2-3。

表2-3　一线员工需求量预测

年度	X_i	Y_i	$(X_i-\overline{X})$	$(Y_i-\overline{Y})$	$(X_i-\overline{X})(Y_i-\overline{Y})$	$(X_i-\overline{X})^2$
2011	400	500	−300	−150	45 000	90 000
2012	500	550	−200	−100	20 000	40 000
2013	600	600	−100	−50	5 000	10 000
2014	700	650	0	0	0	0
2015	900	750	200	100	20 000	40 000
2016	1 100	850	400	200	80 000	160 000
合计	4 200	3 900	0	0	170 000	340 000

$\overline{X} = \sum X_i/n = 4\,200/6 = 700$；$\overline{Y} = \sum Y_i/n = 3\,900/6 = 650$

$b = \sum (X_i - \overline{X})(Y_i - \overline{Y})/\sum (X_i - \overline{X})^2 = 170\,000/340\,000 = 0.5$

$$a = \overline{Y} - b\overline{X} = 650 - 0.5 \times 700 = 300$$

代入 $Y = a + bX$

$Y_{2017} = 300 + 0.5 \times 1\,200 = 900(人)$

$Y_{2018} = 300 + 0.5 \times 1\,300 = 950(人)$

即2017年和2018年一线员工的需求量分别是900人和950人。

(3) 成本分析预测法。该方法从成本的角度进行预测，其公式为

$$NHR = \frac{TB}{(S + BN + W + O) \times (1 + a\% \times T)}$$

式中，TB为期末人工成本预测总额；$(S+BN+W+O)$为目前平均人工成本；S为目前每人的平均工资；BN为目前每人的平均奖金；W为目前每人的平均福利；O为其他支出；$a\%$为每年增加人工成本的平均百分数；T为年限。

(4) 劳动定额法。它是对劳动者在单位时间内应完成的工作量的规定。在已知企业计划任务总量及制定了科学合理的劳动定额的基础上，运用劳动定额法能较准确地预测企业人力资源需求量，其公式为

$$N = W/[q\,(1+R)]$$

式中，N为人力资源需求量；q为企业现行定额标准；W为企业计划期生产任务总量；R为部门计划期内生产率变动系数，$R = R_1 + R_2 - R_3$，R_1表示企业技术进步引起的劳动生产率提高系数，R_2表示由经验积累导致的生产率提高系数，R_3表示由于年龄增大及某些社会因素引起的生产率降低系数。

(5) 计算机模拟法。计算机模拟法是人力资源需求预测诸方法中最为复杂的一种方法。具体操作方法是在计算机中运用各种复杂的数学模式对在各种情况下企业组织人员的数量和配置运转情况进行模拟测试，从模拟测试中预测针对各种人力资源需求的方案，以供组织选择。

2.2.2　人力资源供给预测

人力资源供给预测是指对在未来某一特定时期能够提供给企业的人力资源的数量、质量以及结构进行估计。一般来说，人力资源的供给包括内部供给和外部供给两个来源，内部供给是指由内部劳动力市场提供人力资源；外部供给是指由外部劳动力市场提供人力资源。

1. 人力资源供给预测的步骤

在人力资源供给分析中，首先要考察组织现有的人力资源存量，然后在假定人力资源政策不变的前提下，结合企业内外部条件，对未来的人力资源供给数量进行预测。

(1) 对企业现有的人力资源进行盘点，了解企业员工队伍的现状。

(2) 分析企业的职务调整政策和历年员工调整数据，统计员工调整的比例。

(3) 向各部门的主管人员了解将来可能出现的人事调整状况。

(4) 将步骤(2)、(3)得到的所有数据进行汇总，得出对企业内部人力资源供给量的预测。

(5) 分析影响外部人力资源供给的各种因素(主要是地域性因素和全国性因素),并依据分析结果得出企业外部人力资源供给预测。

(6) 将企业内外部人力资源供给预测进行汇总,得出企业人力资源供给预测。

2. 人力资源供给预测的方法

1) 人力资源内部供给预测的方法

(1) 技能清单法。技能清单记录着员工的教育水平、培训背景、以往的经历、技能特长以及主管的评价等一系列信息资料,是一张反映员工工作能力和竞争力的图表。技能清单是对员工竞争力的一个反映,通过核查,可以了解员工在工作经验、技能、绩效、晋升潜力等方面的情况,从而帮助人力资源规划人员估计现有员工调换工作岗位以及胜任岗位的可能性的大小,决定哪些人可以补充当前的职位空缺,还能为员工的培训和职业生涯规划提供帮助。人力资源规划不仅要保证为企业中空缺的工作岗位提供相应数量的员工,还要保证每个空缺都由合适的人员补充。因此,在日常的人力资源管理工作中,需要做好员工的工作能力及潜力方面的客观记录。在规模较小的组织中,这种记录工作通常是借助技能清单进行的。技能清单示例如表2-4所示。当组织规模较大时,开展记录工作通常需要建立人力资源信息系统。技能清单法只是一种静态的人力资源供给预测方法,不能反映企业中人力资源动态的、未来的变化,所以只适用于中小型企业短期内人力资源的供给预测,存在很大的局限性。

表2-4 技能清单示例

姓名:		性别:		出生年月:	婚姻状况:		填表日期:
部门:		科室:		工作岗位:	职称:		到职日期:
文化程度	类别	毕业学校		毕业日期	所学专业		实习工作情况
	高中						
	大学						
	硕士						
	博士						
培训经历	培训日期			培训内容		培训证书	培训机构
技能	技能种类				相关证书		
有何特长:					级别:		
员工意愿	你是否愿意担任其他类型的工作					是	否
	你是否愿意调到其他部门去工作					是	否
	你是否愿意接受工作轮换以丰富工作经验					是	否
	如果可能,你愿意担任哪种工作						
你认为自己需要接受何种训练			改善目前的技能和绩效				
			丰富并提高晋升所需要的经验和能力				
你认为自己现在就可以接受哪种工作指派							
员工签名:				部门领导签名:			
人力资源部门签名:							

(2) 管理人员接替模型。它也称职位置换卡或人员替代法，是指一些企业的人力资源管理部门利用管理人员接替图对每一位内部候选人进行跟踪，以便为企业内重要的职位挑选候选人员，这是一种专门对企业的中、高层管理人员的供给进行有效预测的方法。管理人员替换模型主要涉及的内容是对主要管理者的总体评价，主要评价管理人员的现有绩效和潜力，发展计划中所有接替人员的现有绩效和潜力，其他关键职位上的现职人员的绩效、潜力及对其评定意见。某公司管理人员接替图如图2-1所示。

接替模型的典型步骤：首先，确定人力资源规划所涉及的工作职能范围；其次，确定每个关键职位上的接替人；再次，评价接替人选的工作情况和是否达到提升的要求；最后，了解接替人选的职业发展需要，并引导其将个人的职业目标与组织目标结合起来。

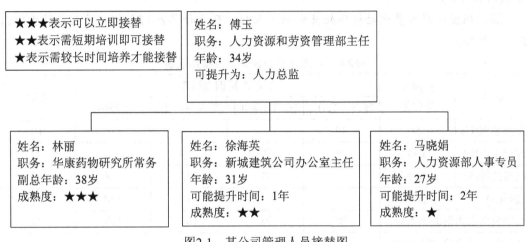

图2-1　某公司管理人员接替图

从上面的例子可以看出，针对某一部门具体管理人员的接替，使用管理人员接替图的方法相当直观。接替图至少包括两方面信息：一是对管理者工作绩效的评价；二是提升的可能性。前者一般由考核部门或上一级管理人员确定，后者则是在前者的基础上由人事部门通过心理测验、面谈的方式得出。

(3) 马尔科夫模型。马尔科夫模型(Markov Model)是分析企业人员流动的典型模型，是一种动态的预测技术。它根据企业以往各类人员之间流动的概率来推断未来各类人员数量的分布情况。应用该方法的前提是，企业内部人员的转移是有规律的，且其转移率有一定的规律。如果各类人员的起始数、转移率和未来补充人数已给定，则组织中各类人员的分布情况就可以预测出来。

马尔科夫模型的典型步骤：首先，根据组织的历史资料，计算出每一类的每一位员工流向另一类或另一级别的平均概率；其次，根据每一类员工的每一级别流向其他类或级别的概率，建立一个人员变动矩阵表；最后，根据年底不同职种的人数，利用矩阵表预测第二年组织可供给的人数。

【例2-2】2016年底，科海电子公司人力资源部运用马尔科夫模型进行2017年公司人力资源供给预测。表2-5是公司历年人事调动率以及现有人员结构和数量列表。

表2-5　科海电子公司人员分布情况表

职务	初期人员数量	历年人员调动概率				离职
		高级经理(H)	部门主管(L)	高级技师(S)	技师(A)	
高级经理(H)	50	0.80				0.20
部门主管(L)	100	0.10	0.70			0.20
高级技师(S)	160		0.05	0.80	0.05	0.10
技师(A)	200			0.20	0.65	0.15

根据上述资料预测科海电子公司2017年各类人员的供给量，以及各类人员的升降变动数量(列表计算)。

解：根据公司人员调动概率矩阵和初始人数，列表计算2017年初相关人员的供给情况，见表2-6。

表2-6　科海电子公司人员调整情况表

职务	初期人员数量	历年人员调动概率				离职
		高级经理(H)	部门主管(L)	高级技师(S)	技师(A)	
高级经理(H)	50	40				10
部门主管(L)	100	10	70			20
高级技师(S)	160		8	128	8	16
技师(A)	200			40	130	30
预测公司人力资源供给量		50	78	168	138	72
公司外部供给量(外部招聘)		0	22	-8	62	——

通过计算可以看出，2017年各类人员供给为：高级经理50人；部门主管78人；高级技师168人；技师138人。高级经理供求平衡；部门主管短缺22人；技师短缺62人；而高级技师过剩8人。根据计算出的该年的相关人员的供给情况，公司可以制定相应的人力资源调整政策。

2) 人力资源外部供给预测的方法

外部供给在大多数情况下并不能被企业直接掌握和控制，因此外部供给分析主要是对影响供给的因素进行判断，从而对外部供给的有效性和变化趋势做出预测。

一般来说，影响外部人力资源供给的因素包括：①地域性因素。包括企业所在地的人力资源调整现状、所在地对人才的吸引程度、企业薪酬福利对所在地人才的吸引程度、企业本身对人才的吸引程度等。其实，地域性因素还包括全国性因素，如全国相关专业的大学生毕业人数和分配情况、该行业全国范围的人才供需状况、全国范围从业人员的薪酬水平和差异等。②人口政策及人口现状。人口现状直接决定了企业现有外部人员的供给状况，主要影响因素包括人口规模、人口年龄和素质结构、现有的劳动力参与率等。③劳动力市场发育程度。社会劳动力市场发育良好，将有利于劳动力自由进入市场，由市场工资率引导劳动力的合理流动；劳动力市场发育不健全，以及实施双轨制的就业政策，势必影响人力资源的优化配置，也给企业预测外部人员供给带来困难。④社会就业意识和择业心理偏好。例如，一些城市失业人员宁愿失业也不愿从事一些苦、脏、累、险的工作；再如，应届大学生普遍存在对职业期望值过高的情况，大多数人希望进国家机关、大公司或合资企业工作，希望从事工作条件舒适、劳动报酬较高的职业，而不愿意到企业从事一般岗位的工作。⑤严格的户籍制度制约了企业外部人员的供给。按照招聘的规则，高层次人员应在全国范围内公开招聘，但由于户籍制度的严格限制，在很大程度上制约了企业人员特别是高层次经营管理、专业技术人员的补充。

2.2.3　人力资源供需综合平衡

1.人力资源供需关系的类型

人力资源供需关系的综合平衡(包括数量和质量)是人力资源规划工作的核心和目的所在。企业人力资源供需关系表现为4种类型：人力资源供需平衡、人力资源短缺、人力资源过剩和结构性失衡。人力资源规划就是要根据企业人力资源供求预测结果，制定相应的政策措施，使企业未来的人力资源供求实现平衡。

(1) 人力资源供需平衡。即企业人力资源需求与人力资源供给相等，人力资源不但在供需总量上是平衡的，而且在层次上、结构上也是平衡的。企业人力资源供需完全平衡的情况在现实生活中极为少见，甚至是不可能的。

(2) 人力资源短缺。即企业人力资源供给小于需求，人力资源出现不足或短缺现象。人力资源短缺可能出现在企业的经营规模较小和开拓新的经营领域的时期，因而需要人员补充。人力资源短缺会使企业设备闲置，导致固定资产利用率降低。当预测到企业的人力资源在未来可能发生短缺时，要根据具体情况选择不同方案以避免短缺现象的发生。

(3) 人力资源过剩。即企业人力资源供给大于需求，人力资源出现过剩现象。人力资源过剩可能发生在企业经营萎缩时期。人力资源过剩会导致组织内部人浮于事，内耗严重，生产或工作效率低下。

人力资源过剩是我国现有企业面临的主要问题，是我国现有企业人力资源规划的难点问题。

(4) 结构性失衡。即企业人力资源供需总量达到平衡，但在层次、结构上发生不平衡，出现结构性失衡现象。结构性失衡在企业中主要表现为某些部门或岗位人员过剩，而另一些部门或岗位人员短缺。结构性失衡在人力资源供需关系中也是很常见的，当组织处于稳定发展状态时表现得尤为突出。

2.人力资源供需平衡的方法

在不同的发展阶段，企业的人力资源状况不可能始终保持人力资源供求平衡状态，企业应针对不同的需求状态采取各种方法措施对其进行调整。人力资源规划就是根据企业人力资源供需预测结果，制定相应的政策措施，使企业未来人力资源供需在数量、质量、结构、层次等方面实现协调平衡。实现人力资源供需平衡的具体措施如表2-7所示。

表2-7 人力资源综合平衡的措施

应对人力资源短缺的政策	应对人力资源过剩的政策	应对人力资源结构性失衡的政策
1. 外聘人员。包括正式工、临时工、小时工和兼职人员。 2. 提高工作效率。如改进工艺、提高工资、技能培训、提高资本技术有机构成。 3. 依法延长工作时间，鼓励加班加点。 4. 内部调剂、降低员工离职率。 5. 高技术人员出现短缺，拟定培训和晋升计划。 6. 工作、劳务外包	1. 永久性或临时性辞退员工。 2. 鼓励提前退休或内退。 3. 员工轮训，走上新岗位。 4. 鼓励员工自谋职业或辞职。 5. 扩大有效业务量、增加工作机会。 6. 减少工作时间，降低工资水平。 7. 减少福利、工作分享。 8. 关闭、合并或精简某些臃肿的机构	1. 内部晋升和调整，调往空缺岗位。 2. 在培训后轮换岗位。 3. 外聘补充岗位急需的人员。 4. 释放一部分冗员

2.3 企业人力资源规划的编制与设计

2.3.1 企业人力资源规划制定的基本程序

企业人力资源规划的制定一般包括以下几个步骤。

1. 收集、分析有关信息资料

调查、收集和分析有关企业战略决策和经营环境的信息是人力资源规划的基础，直接关系人力资源规划工作的成败。需要调查、收集和分析的涉及企业战略决策和经营环境的信息资料包括以下几方面。

(1) 企业自身需要。如产品结构、消费者结构、企业产品的市场占有率、生产和销售状况、技术装备的先进程度等。

(2) 企业外部环境信息。如经营环境、社会、政治、经济、法律环境等，这是企业制定规划的"硬约束"，企业任何人员规划的政策和措施均不得与之相抵触。比如《中华人民共和国劳动法》(以下简称《劳动法》)规定：禁止用人单位招用未满16周岁的未成年人。企业拟定人员招聘规划时，应遵守这一规则，否则将被追究责任，规划亦无效。

(3) 企业现有人力资源状况信息。如企业现有员工的基本情况，员工具有的知识与经验，员工具备的能力与潜力开发情况，员工的普遍兴趣和爱好，员工的个人目标与发展要求，员工的绩效与成果，企业近几年的人力资源情况，企业人力资源结构与现行人力资源政策等。

2. 进行人力资源需求与供给预测

在分析人力资源需求和供给的影响因素的基础上，采用定性分析和定量分析相结合、以定量分析为主的各种科学方法对企业未来人力资源供求进行预测。这是一项技术性较强的工作，其准确程度直接决定了规划的效果和成败，也是整个人员规划中最困难、最重要的工作环节。

3. 确定人力资源净需求

在员工未来需求与供给预测数据的基础上，将本企业人力资源需求的预测数与在同期企业本身可供给的人力资源预测数进行对比分析，通过比较分析可测算出各类人员的净需求数。如果是正值，表明组织需要招聘新员工或对现有的员工进行有针对性的培训；如果是负值，则表明企业这方面的人员是过剩的，应该精简或对员工进行调配。需要注意的是，这里所说的"净需求"既包括人员数量，又包括人员的质量、结构，即既要确定"需要多少人"，又要确定"需要什么人"，数量和质量要对应起来。这样就可以有针对性地进行招聘或培训，并能为企业制定有关人力资源的政策和措施提供依据。

4. 制定人力资源总体规划和各项具体计划

根据组织战略目标及本组织员工的净需求量，制定人力资源规划，包括总体规划和各项业务计划。同时要注意总体规划和各项业务计划及各项业务计划之间的衔接和平衡，提出调整供给和需求的具体政策和措施。人力资源供求达到协调、平衡是人力资源规划活动的落脚点和归宿。

5. 人力资源规划的实施、评价与修正

人员规划并非一成不变，它是一个动态的开放系统，应对其实施过程及结果进行监督、评估，并重视信息的反馈，不断调整规划，使其更切合实际，以更好地促进企业目标的实现。对人员规划进行评价的目的是了解人员规划对企业经营的影响，它既可以对人员规划做出恰当的反馈，又可以测算人员规划给企业带来的效益。

2.3.2 企业人力资源规划的编制与设计步骤

1. 人力资源规划的编制步骤

由于各企业的具体情况不同，编制人力资源计划的步骤也不尽相同。下面是编写人力资源计划的典型步骤，读者可根据企业的实际情况进行裁减。

1) 制订职务编制计划

根据企业的发展战略，结合职务分析报告的内容和企业人力资源盘点的情况来制订职务编制计划。职务编制计划阐述了企业的组织结构、职务设置、职务描述和职务资格要求等内容。制订职务编制计划的目的是描述企业未来的组织职能规模和模式。

2) 制订人员配置计划

根据企业的发展规划，结合企业各部门的人力资源需求报告进行盘点，确定人力资源需求的大致情况。结合企业现有人员及职务人员，职务可能出现的变动情况，职务的空缺数量等，掌握企业整体的人员配置情况，编制相应的配置计划。制订配置计划的目的是描述企业未来的人员数量和素质构成。

3) 预测人员需求

根据职务编制计划和人员配置计划，使用预测方法来预测人员需求。预测人员需求时应阐明需求的职务名称、人员数量、希望到岗时间等。最好形成一个标明员工数量、招聘成本、技能要求、工作类别以及为完成组织目标所需的管理人员数量和层次的分列表。实际上预测人员需求是整个人力资源规划中最困难和最重要的部分，因为它要求以富有创造性、高度参与的方法处理未来经营和技术上的不确定性问题。

4) 编制人员供给计划

人员供给计划是人员需求的对策性计划，主要阐述人员供给的方式(外部招聘、内部招聘等)、人员内部流动政策、人员外部流动政策、人员获取途径和获取实施计划等。通过分析过去的劳动力人数、组织结构和构成以及人员流动、年龄变化和录用情况等资料，就可以预测出未来某个特定时刻的供给情况。预测结果能够勾画组织现有人力资源状况以及未来在流动、退休、淘汰、升职及其他相关方面的发展变化情况。

5) 编制人员培训计划

对员工进行必要的培训，已成为企业发展必不可少的内容。培训的目的一方面是提升企业现有员工的素质，适应企业发展的需要；另一方面是培养员工认同企业的经营理念和企业文化，培养员工的爱岗敬业精神。培训计划中应包括培训政策、培训需求、培训内容、培训形式、培训效果评估以及培训考核等内容，每一项都要有详细的文档，有时间进度和可操作性。

6) 编写人力资源部费用预算

费用预算包括招聘费用、培训费用、工资费用、劳保福利费用等。有详细的费用预算，让公司决策层知道本部门的每一笔钱花在什么地方，才能更容易得到响应。

7) 制订人力资源政策调整计划

人力资源政策调整计划是编制人力资源规划的先决条件，只有制定好相应的管理政策调整计划，才能更好地实施人力资源调整，实现调整的目的。人力资源政策调整的目的是确保人力资源管理主动适应企业发展的需要，其任务是明确计划期内的人力资源政策的方向、范围、步骤以及方式等。人力资源政策调整计划应该明确计划期内的人力资源政策的调整原因、调整步骤和调整范围等。其中，包括招聘政策、绩效考评政策、薪酬与福利政策、激励政策、职业生涯规划政策、员工管理政策等。

8) 关键任务的风险分析及对策

每个企业在人力资源管理中都可能遇到风险，如招聘失败、新政策引起员工不满等，这些事件很可能会影响公司的正常运转，甚至会对公司造成致命的打击。风险分析与策略的制定就是通过风险识别、估计、驾驭、监控等一系列活动来防范风险的发生。

人力资源计划编写完毕后，应先积极地与各部门经理进行沟通，根据沟通的结果进行修改，最后提交公司决策层审议通过。

2. 人力资源规划的设计步骤

虽然每个企业的人力资源规划各不相同，但典型的人力资源规划至少应该包括以下几个方面：规划的时间段、规划达到的目标、情景分析、具体内容、规划制定者、规划制定时间。

1) 规划的时间段

确定规划时间的长短，要具体列出从何时开始，到何时结束。根据规划期的长短，人力资源规划可以分为战略性的长期规划(5年或5年以上)和作业性的短期计划(1年或1年以内)。人力资源部门在编制人力资源规划时，究竟选择长期规划还是选择短期计划，取决于企业面临的不确定性的大小。

2) 规划达到的目标

确定目标应该遵循的原则：①规划目标要与组织整体目标紧密联系起来；②规划的目标要具体明确，不能泛泛而谈，最好有具体的数据；③规划目标应简明扼要，以便于理解和记忆。

3) 情景分析

情景分析包括目前情景分析和未来情景分析两部分。

(1) 目前情景分析。目前情景分析是指在收集信息的基础上，对企业现有的人力资源状况进行分析，作为制定人力资源规划的依据。

(2) 未来情景分析。未来情景分析是指在收集信息的基础上，在计划的时间段内，预测组织未来的人力资源供需状况，进一步指明制定人力资源规划的依据。

4) 具体内容

具体内容是人力资源规划的核心部分，涉及人力资源的总体规划和各项具体的业务规划，主要包括以下几个方面。

(1) 项目编号。按照顺序写上编号，如①、②、③、④……

(2) 项目内容。内容要具体，如招聘10名设计工程师、裁减50名车间操作工等。

(3) 执行时间。写明从执行开始到执行结束的具体日期，如从2016年5月1日到2016年5月10日。

(4) 负责人。即负责执行具体项目的人员，如人力资源部招聘主管马林先生。

(5) 检查人。即负责检查具体项目的执行情况的人员，如分管人力资源管理的副总经理刘亮先生。

(6) 检查日期。写上具体的检查日期与时间，如2016年7月1日上午9时。

(7) 预算。写明每项内容的具体预算，如人民币5万元。

5) 规划制定者

人力资源规划制定者既可以是人力资源部，也可以是其他人员，如高层管理人员、其他职能部门管理人员以及人力资源专家等；既可以是一个人(例如A公司人力资源部经理张华先生)，也可以是一个群体(例如A公司人力资源部)。

6) 规划制定时间

规划制定时间主要指规划正式确定的日期。例如，董事会通过的日期、总经理批准的日期或经理工作会议通过的日期。

2.3.3 企业人力资源规划的编制设计实例

下面是某公司人力资源部编写的一个较为完整的长期(5年)人力资源规划实例。需注意的是，人力资源规划只是人力资源部门的一个长期工作规划，所以对每一项工作只能言简意赅地进行描述，不可能非常详尽。

A公司"十三五"人力资源规划

根据集团总体战略目标部署，A公司"十三五"战略规划以"盘活资产、开放合作、负重发展、寻求突破"为指导思想，预计到2020年将成为年销售收入25亿元以上的大中型加工贸易型企业。

随着公司的业务拓展，人员的招聘与优化配置就成为人力资源管理工作面临的一个重要挑战。如何优化人力资源配置，发挥人力资源优势使其成为公司发展的助推器，将是未来5年人力资源管理工作的重点。

一、人力资源现状分析

1. 学历结构

公司现有在册员工××人，其中具有大专以上学历人数为××人，所占比例为××%。员工知识结构主要以低学历为主，初中及以下的工人主要是龙泉当地的农民，这主要是由到期建厂时政府为了解决当地的失地农民的就业问题所致。员工数量基本合理，但人才队伍的数量和素质结构不匹配。

2. 技能等级、技术等级

公司拥有技术职称的技术人才相对较少，初级21人、中级13人、高级0人。拥有技能等级的人才总体偏少，初级40人、中级46人、高级4人。作为钢铁产品加工型企业，技术力量薄弱对提高产品质量和生产效率有直接影响，不利于提高生产技术和提升产品质量，影响产品市场竞争力。这是由企业效益下滑(难留住人才)导致的，员工队伍中的人才队伍的技能等级、技术等级结构不合理。

3. 年龄结构

公司员工年龄结构：主要以40岁以下的青壮年为主，40岁以下人数为××人、占××%；员工队伍年龄较年轻，员工队伍年龄结构比较合理。

4. 劳动关系

目前，合同人数××人。其中，在岗人数××人。目前，无论是生产还是管理部门均实行一岗多能制，人员高度精简。在册员工的合同期限：3年以上居多，5年期其次，还有相当部分的无固定期限合同。

5. 人才队伍的配置使用存在局限性，部分人才没有发挥作用，人才队伍的稳定性不好

由于历史原因，产品结构布局不合理，加之金融危机的深度持续影响、近年××市场持续低迷、××行业整体效益下滑甚至亏损等，导致近年连续亏损。当初引进的人才队伍中，部分人才在配置和使用上存在一定的局限性，公司亏损效益差，员工收入较低，难以留住人才。

综上，人才队伍存在的问题包括：数量和素质结构不匹配，技能等级、技术等级结构不合理等。形成上述现象的原因是多方面的，既有××行业的宏观政策影响，也有公司自身历年发展所形成的客观原因。公司年年亏损、经济效益差，员工收入低、员工(人才)严重流失，是导致公司员工素质构成不合理、技能技术人才较少的主要原因。该公司目前正在逐步调整产品结构、产业结构、人才结构，制定更加合理的人才发展体制和薪酬分配体

制，未来几年计划新招大量的大中专学生及技校生充实公司技能技术实力，使人才队伍适应公司发展。

二、未来5年人力资源定位及指导思想

人力资源结构配置是否得当、薪酬分配制度是否合理将对企业的生产经营产生直接影响，因此人力资源是企业最重要的资源和最重要的生产要素，是企业管理的核心，是企业发展的动力和源泉。

因此，企业应不拘一格降人才，确保"人尽其才、才尽其用"，以事业留人，以合理的收入稳住员工的心；优化人力资源制度和薪酬分配制度，建立员工的晋升通道，建立公平合理的企业内部竞争体制，确保任人唯贤、能者上庸者下、多劳多得、按劳分配；以内部培养和外部引进人才(引进成熟人才和新招大学生)相结合的方式来达到优化人力资源配置的目的，最终成为推动公司良性发展的助推器和强大力量源泉。

三、人才资源的总体目标及阶段目标

未来5年，将形成××、××、××、××四大产业板块，年产值将达到××亿元。按照国内二级以上规模企业产值人员配置(75万元/人/年)计算，公司现有×××人，相当于×××亿元的人员配置，加上正常的人员流动，2015年还需配置人员约×××人，考虑到部分工种的大众性、技术含量低，公司计划下一步与劳务公司合作，拟将部分岗位用工实行劳务外包，预计2020年公司人员总人数为×××人。

1. 总体目标

建立和完善人力资源制度、科学合理的薪酬分配制度，为公司快速发展提供强有力的智力支持和制度保障，到2020年公司员工总人数控制在×××人左右。

2. 阶段目标

(1) 2017年预计新招××人，其中大学生××名、中专生(技校、职高)××人，公司总人数×××人左右。

×××生产线以及×××预计需新增加就业岗位×个；××将进行技改扩能，预计增加岗位××个。初步预计2018年新招××人，其中大学生×人。新招的大中专学生将成公司2018年的生力军，将初步优化员工的学历结构，提高员工的技能技术水平。

(2) 2019年预计新招××人，其中大学生××名、中专生(技校、职高)××人，员工总人数×××人左右。

经过两年发展，公司基本上走出产品市场低迷、长期亏损的尴尬局面，无论是综合经济效益还是公司内部管理都将得到较大的改善和提升。随着公司效益的提升以及公司产品市场的进一步打开，公司将逐步释放×、×等产品的产能，规模经济逐步体现。初步预计新招大中专学生××人，以弥补公司产能扩大所造成的人员缺口，同时进一步优化公司的人力资源结构、学历结构、技能技术人才构成比例。

(3) 2020年新招××人左右，以中专、技校、高职学生为主，并适当招聘少量的大学生，加之正常的人员流动、离职等所造成的岗位空缺，预计××个，两者相加需新招××人，总人数控制在×××人左右，人力资源各项指标合理配置，体制更加完备。

未来几年，公司将充分利用地处经济开发区的地理优势和经济开发区大力打造汽车产

业群的政策东风，以集团为依托，大力发展××深加工产业，争取发展为西南地区一流的加工贸易型企业。预计形成年产值××千万元的加工能力，逐步形成公司新的产品板块，为公司培育新的经济增长点，预计增加员工××人。

四、建立合理的人才录用、晋升通道，提高员工队伍整体素质水平

建立一套职务、薪酬晋升机制以及人才选拔机制，激发员工的工作热情，树立员工信心，让员工队伍看到企业的希望，这样有利于员工发展和公司发展，有利于激发各级员工队伍的工作激情，做到以收入留人、以事业留人。

五、措施保障

(一)人力资源制度措施

(二)人员配置措施

(三)人员培训、培养方式

(四)建立有效的晋升机制

(五)企业文化建设

(六)目标绩效、薪酬管理

(七)劳动关系管理

……

资料来源：http://wenku.baidu.com/link.

2.4　人力资源信息系统

2.4.1　人力资源信息系统的含义和构成

1.人力资源信息系统的含义

人力资源信息系统(Human Resource International System，HRIS)是组织收集、保存、分析和报告有关人员工作方面的信息的过程，是获得人力资源决策所需相关信息的、有组织的方法，是利用计算机及其他先进技术实现人力资源决策目标的过程。人力资源信息系统所提供的信息具有及时、准确、简明、相关、完整的特征。

人力资源信息系统产生于20世纪60年代末期，偏重对人力资源信息的采集、维护等功能，软件中的模块大多是人事信息管理模块、考勤模块、薪资计算模块、福利管理模块等。随着人力资源管理的逐渐深入和"人力资本管理"的提出，企业对人力资源管理系统的要求不仅局限于信息的采集、更新和维护，而是要进一步对这些数据进行挖掘，依靠各类模型和工具，提供优化的管理流程、智能的分析、战略性的决策参考等，于是人力资源管理系统(Human Resource Management System，HRMS)随之出现，HRMS比HRIS增加了许多全新的功能，比如培训功能、绩效管理功能、门户功能、招聘功能等，目前通称HRMIS。

对点案例　　　　　　　**微软E化管理的"领航者"**

"你的企业E化了吗？"这已成为时下许多人力资源经理关心的问题。在软件业中称霸一方的"微软"，启用现代化手段进行人力资源管理已有一段时间了，这种手段为企业节省了人力、提高了效率，并使人力资源部完完全全从传统的事务性工作中解脱出来。

微软凭借拥有一批优秀软件人才的优势，开发出一套适用于内部人力资源管理的系统软件，从此，微软的人力资源部不再有繁杂的纸张、厚重的材料，员工的培训发展、福利休假、薪酬、业绩考核等事务全部由互联网及系统软件代替。全球员工查找信息，只要输入自己独有的密码，各种信息即可一览无遗。

在这一领域，微软可谓E化道路的"领航者"，它正引领着一股新的潮流。微软的人力资源管理是这样E化的。

1. 招聘员工网上找。在网上发布招聘信息并不是什么稀奇事，不过微软的招聘信息不仅对外，同时也对内。微软在全球各个国家的公司有哪个职位空缺，都发布在网上，微软的职员可以跨国申请。如果你对哪个国家的空缺职位感兴趣，并愿意长期移居过去，便可以发申请信，那个国家的微软公司人力资源部会对你的技能、业绩做一番调查，然后在网上进行测评，认为你可以胜任，那么你就很幸运地成为那个国家微软公司的员工了，你的一切关系(包括保险、薪酬、福利等)都将转过去。目前为止，微软已有不少员工通过这种方式到自己向往的国家从事自己喜欢的工作。

2. 培训课程网上寻。员工的职业发展及技能提高可是大事，在微软的网站上有各种课程，员工可以根据自己的需求，找寻相应的课程，同时网站成为员工与人力资源部沟通的桥梁，信息的更新、员工的意见，都能及时地反映出来。

3. 休假、报销网上批。哪位员工想休假了，可到网上申请，系统列明了每位员工已休天数、未休天数，获得批准后，数据就会自动更新。报销也没有以往琐碎的票据，可直接到网上申请，省时省力。

4. 个人绩效网上定。微软的绩效考核半年进行一次，先由员工自己为这半年来的业绩做一个评估，打一个分数，然后放到网上，等待部门经理打分、签字。没有经过部门经理打分、签字的信息呈红色；经理打完分后，如果员工认为经理的评价比较符合事实，再进行最后的确认，确认后信息变为绿色，业绩考核结束。如果员工对经理的评价存有异议，可以拒绝确认，更高层经理及人力资源部的人员看到后，会与员工沟通，直至查到员工拒签的原因。此外，部门经理在打分的同时还要为每位员工制定下个半年的目标。

5. 个人信息网上查。每位员工只要输入自己所持有的密码，就可以查到全方位的信息，包括职位、录用信息、升迁及调动信息、薪资福利状况等。不仅可以看自己的，还能看别人的，当然这是有访问权限约束的，也就是说，你仅可以看到比自己级别低的员工的信息。部门经理可以看到自己部门所有员工的个人信息，这样有助于对本部门进行管理。

资料来源：http://www.doc88.com.

2. 人力资源信息系统的构成

企业人力资源信息系统应该构建人力资源数据库，主要包括以下模块。

(1) 员工基本信息管理模块。包括员工基本人事信息和人事异动信息两部分，主要用于员工基本信息的录入、修改、查询、统计以及人事异动情况的记录，并提供各类员工卡片、名册、统计报表。员工基本信息包括姓名、性别、身高、健康状况、身份证号码、文化水平、专业教育水平、工作经历、婚姻状况、家庭住址、联系方式等。

(2) 人员招聘管理模块。本模块可根据人力资源计划以及职位信息，对编制招聘计划、发布招聘信息、采集应聘信息、甄选、面试、录用全过程进行自动化管理。运用人员素质测评系统软件，对应聘人才的品德素质、身心素质、能力素质等进行测评，并建立人才数据库，记录人才的背景、生平资料、工作经历、专业技能、主要业绩、目前状况以及相关的素质测评数据。通过Internet，从网络人才市场直接获得基本人才信息，存入本企业人力资源信息系统备用。

(3) 职位管理模块。该模块包括职位分析、职位控制两部分。通过职位分析，对岗位要素进行定量化，建立综合分析模型，评价岗位设置的必要性和重要性程度，形成岗位规范和职位说明书，管理各职位的任职情况、超编情况、空缺情况，并按部门提供职位表和空缺职位表。

(4) 劳动合同管理模块。该模块主要记录员工与企业签订劳动合同的类别、签定时间、终止时间及原因(考核不合格、违法判刑、调动、死亡等)、合同变更时间及原因(出现某种违纪现象等)、续签合同时间、未尽事宜等。

(5) 教育、培训模块。该模块主要记录员工进入本企业以前的受教育情况及在岗培训情况，具体项目有：员工学生时代所在的学校名称、学习的起止时间、学习的专业类别、取得的学历、授予的学位、奖惩情况、参与社会活动情况及评价、承担校内职务情况等；员工工作后参加的在职教育及企业培训记录，如教育培训时间、项目、学时数、学习科目、各门考核分数等；员工第二学历、第二专业情况。

(6) 劳动报酬模块。该模块主要记录收入发放的类别(月薪制、年薪制、计件制、工时制等)、每个月的基本工资数、根据业绩考核确定的奖惩比例、工资调整情况、保险、集体福利、各类公积金金额及类别以及上缴所得税情况等。

(7) 绩效评估模块。该模块主要用于对员工工作职责和内容、工作绩效进行管理和评价，对绩效要素进行定量化，形成综合评价模型，为薪酬、奖惩、培训开发提供依据。

(8) 薪酬与保险福利管理模块。该模块的功能包括：薪酬项目、计算公式和表格的自定义功能，薪酬数据录入、计算、汇总、转换、输出功能，薪酬发放凭证、表格打印功能，保险福利项目管理功能，人工成本统计分析功能等。

2.4.2 人力资源信息系统的建立

1. 人力资源信息系统建立的原则

(1) 简单性原则。人力资源信息系统只要能达到既定的目的、产生需要的结果即可。

结构简单可以缩短处理过程并降低采集、处理及传输数据和信息的费用，人力资源信息管理人员也能够比较容易地掌握系统的各项功能，因此，系统比较容易被采纳，工作人员之间也很容易配合。

(2) 灵活性原则。人力资源信息系统应具有足够的灵活性，以便在条件变化以后仍然能提供详尽的、具有现实意义的有关信息。在这种基础上设计出来的系统能适应最新的情况，且能随时提供有助于人力资源管理部门有效实施管理活动所需要的重要信息。

(3) 统一性原则。统一性便于人力资源信息系统进行数据采集，便于它同其他系统联系，为开展合作和实施子系统一体化奠定基础。此外，输入和输出形式、数据传递的语言等都要注意统一性。

(4) 可靠性原则。可靠性能使人力资源信息系统赢得用户的信任。信息系统只有可靠，才能发挥其管理人力资源的作用。

(5) 经济性原则。如果人力资源信息系统的投资和运行费用得不到相应补偿，那么该系统就失去了存在的理由。因此，系统设计必须建立在能给组织带来相应利益的基础之上。

2. 人力资源信息系统的建立程序和步骤

1) 人力资源信息系统的建立程序

人力资源信息系统的建立一般分为系统要求、系统分析、系统设计、系统实施、系统维护与评价5个阶段。

(1) 系统要求阶段。即系统建立准备阶段。包括人力资源系统现状分析，如建立信息系统的目标、功能、所需资源以及信息系统的建立方法、限制条件等。

(2) 系统分析阶段。它包括系统调查、需求分析、系统逻辑设计等工作。通常要对人力资源的现状进行分析，找出存在的问题，为系统逻辑设计提供依据。

(3) 系统设计阶段。它是指根据新系统的逻辑模型以及选定的计算机系统的限制，构造新系统的物理模型。主要内容就是对人力资源的人事档案、工资福利等信息进行数据库设计，以及代码、输入/输出等设计。

(4) 系统实施阶段。它是将系统设计的结果转换成在计算机系统中可运行的信息系统，其主要任务是程序设计与调试、系统调试、人员培训、系统转换等。

(5) 系统维护与评价。系统转换并投入正式运行时应进行一次评价，对系统的工作质量和效益情况进行判别，看其是否达到系统要求阶段提出的目标。另外，系统维护是指运行的系统不能满足应用要求而进行的少量修改完善，它往往与系统评价相配合。

2) 人力资源信息系统的建立步骤

人力资源信息系统的建立运行一般包括以下6个步骤。

(1) 选择人力资源信息系统。构建人力资源信息系统首先要了解系统的不同类型及各自特点，按照科学的方法和程序，对拟建系统从经济、法律、技术、操作等方面进行深入分析和可行性评估，以便结合实际，选择最适合本组织需要的人力资源信息系统，使之能适应并支持组织的人力资源战略。这需要仔细分析整个组织和人力资源部门对人力资源信息的使用需求。一般说来，对人力资源信息系统的选择主要取决于成本因素，能在多大程度上支持人力资源决策制定并不是主要考量因素。

(2) 对人力资源信息系统进行全面规划。对人力资源信息系统的全面规划主要包括：使全体人员充分理解人力资源信息系统的概念；考虑人事资料设计和处理的方案；建立各种责任制和规章制度等。

(3) 人力资源信息系统的设计与发展。人力资源信息系统的设计与发展是人力资源信息系统开发最重要的阶段，它是在系统规划的基础上进行的。要设计一个有效的人力资源信息系统，主要应考虑3个方面的要求，即信息系统的可靠性、可维护性及操控性。

(4) 人力资源信息系统的实施。包括：对目前及以后系统的使用环境进行考察，找出潜在问题；检查计算机的硬件结构、所用语言和影响系统设计的软件约束条件；确定输入—输出条件要求、运行次数和处理量；提供有关实际处理及对操作过程的要求、使用者的教育情况及所需设施的资料；设计数据输入文件、事务处理程序和对人力资源信息系统的输入控制程序。它是将系统设计的结果转换成在计算机系统中可运行的信息系统，其主要任务是程序设计与调试、系统调试、人员培训、系统转换等。

(5) 人员培训。对人力资源信息系统的使用员工进行培训，具体分几个步骤进行：第一，企业中每一位从事员工信息数据工作的人员都必须参加培训，便于以后使用新的符合人力资源信息系统输入要求的录入形式；第二，人力资源专业人员与人力资源经理必须接受有关人力资源信息系统的培训；第三，从信息系统的软硬件供应商那里得到的支持和指导也很重要，可以帮助组织充分利用系统的优点。

(6) 人力资源信息系统的评价。对人力资源信息系统的评价包括：估计改进人事管理的成本；确定关键管理部门的人员对信息资料有何特殊要求；确定相关人员对补充特殊信息的要求；对与人力资源信息系统有关的组织问题提出建议；提出保证机密资料安全的建议。

2.4.3　人力资源信息系统的作用

人力资源管理信息系统可以用来获取、存储、分析和传递有关企业雇员状况的信息。人力资源信息系统既可以作为直线经理日常工作的支持性工具，也可以为企业人力资源主管参与企业发展战略的制定提供必要的信息。企业使用人力资源管理信息系统的主要作用包括以下几个方面。

1. 提升企业人力资源管理效率

在使用人力资源管理信息系统之后，人力资源管理人员可以将数据的保管和分析计算工作交由相应的程序来处理，从而缩短处理大量纸质文件的时间。更重要的是，雇员资料、考勤记录等人力资源数据记录工作的自动化可以大大提高人力资源管理工作的效率。一方面，可以使人力资源管理者从繁忙的文件处理工作中解脱出来，腾出更多时间来考虑组织中的人力资源开发与发展问题；另一方面，通过对人力资源数据流程的进一步改善，可从相应的部门获得更多有价值的信息，为企业战略的制定提供帮助。这样，企业人力资源管理部门就可以真正实现从"成本消耗"部门向"价值创造"部门的转变。

2. 提高企业人力资源管理水平

企业使用人力资源信息系统的第二个好处是可使企业的人力资源规划和控制管理定量化。人力资源管理信息系统的建设必然会要求企业提供适合于本企业成员绩效考核、薪酬和福利管理等工作的一系列指标，人力资源管理信息系统提供的数据使得管理者在进行管理决策时能够做到有根有据，而不是依据经验和直觉做出决策，这有助于企业实现人力资源管理工作的科学化和规范化。比如，当企业人力资源管理人员进行人员流动率分析时，传统的做法是用手工方法对企业不同业务部门人员的教育背景和任职时间长短等因素进行考察。而有了人力资源信息系统之后，则可以依赖相应的软件系统迅速对近期影响企业人员流动率的关键因素进行排序。

3. 提高组织成员的组织认同度与参与度

人力资源管理信息系统借助网络技术，可以建立一个开放式的信息系统，为组织内人力资源部门以外的其他管理人员及员工提供各种形式的自助服务(Self-Service)。比如，高层经理可以在网上查看企业人力资源的配置、重要员工的状况、人力资源成本的分析、员工绩效等；对直线经理而言，可以在网上管理自己部门的员工，可以在授权范围内修正下属员工的考勤记录、审批休假申请、进行绩效考核等；对于普通员工，可以在网上查阅本月薪资明细、累计福利、内部股票价值、内部招聘信息、各种人事政策、个人考勤休假情况及注册内部培训课程等。自助服务的提供，提高了管理工作的透明度，使得人力资源管理从以前的相对封闭变得开放，从滞后管理变成超前管理，运用这些措施，无疑可以改善人力资源部门对企业最高决策者以及全体员工的服务质量，赢得员工更多的信任，使企业全体人员都能参与人力资源的管理活动，从而提高员工的认同感与忠诚度。

综上所述，信息技术在人力资源管理中的应用，可以帮助企业达成如下目标：提高工作效率，优化业务流程，改善服务质量，提供基础信息的决策支持，提升职工组织归属感与忠诚度。总之，建立人力资源信息系统是人力资源管理中的一项基础性工作，它可为决策者提供许多必不可少的决策信息，使管理和决策更加科学化。

实用模板

人力资源规划表模板如表2-8所示。

表2-8　XX公司2016—2020年人力资源规划表

规划类别		年份					备注
		2016	2017	2018	2019	2020	
各类别职位人员计划	高层管理人员						
	中层管理人员						
	基层管理人员						
	技术人员						
	普通员工						
各部门人员计划	财务部						
	人力资源部						
	生产部						

(续表)

规划类别		年份					备注
		2016	2017	2018	2019	2020	
各部门人员计划	工程部						
	市场营销部						
	公关推广部						
合计							

填表人： 审核人： 填表时间： 年 月 日

填表说明：本表格由人力资源部经理填写，由总经理审批。

| 课后练习 |

一、名词解释

人力资源规划、德尔菲法、人力资源需求预测、人力资源信息系统

二、选择题

1. 人力资源需求预测诸方法中最为复杂的一种方法是(   )。

    A. 德尔菲法   B. 技能清单法

    C. 回归分析法   D. 计算机模拟法

2. 根据企业以往各类人员之间流动比率的概率来推断未来各类人员数量的分布的人力资源供给预测方法是(   )。

    A. 技能清单法

    B. 马尔科夫模型

    C. 德尔菲法

    D. 管理人员接替模型

3. 企业应对人力资源短缺的政策措施有(   )。

    A. 内部调剂   B. 提前退休   C. 劳务外包

    D. 提高工资   E. 聘用临时工

4. 人力资源信息系统建立的原则有(   )。

    A. 统一性原则   B. 灵活性原则   C. 可靠性原则

    D. 经济性原则   E. 简单性原则

5. 人力资源信息系统所提供的信息的特征是(   )。

    A. 准确性   B. 完整性   C. 相关性

    D. 简单性   E. 及时性

三、简述题

1. 简述人力资源规划的作用。

2. 简述企业应对人力资源短缺的措施。

3. 简述企业制定人力资源规划的步骤。

4. 简述企业应对人力资源过剩的措施。

5. 简述人力资源信息系统的作用和建立原则。

案例分析　　　　　　　　　　**江苏NZTH电气集团的人力资源规划**

江苏NZTH电气集团是由两大集团本着优势互补、资源共享的原则于2003年元月重组而成的。通过整合资源，公司相继建成了集团管控架构下的10多个专业子公司、1个研发中心和遍布全国的营销网络。经过5年的发展，企业规模不断壮大，经济总量持续攀升，综合实力明显增强，股东权益、职工收入、社会贡献协调增长，企业得到了长足发展，已经发展成为以成套输配电、电能传输为主业，以电力电子和自动化为辅业，集新能源、环保和船舶配套于一体的综合性企业集团。

2007年，集团公司成功实施了厂区的整体搬迁，实现了集团发展史上的第二次创业。2008年是进入新发展期的第一年，集团意识到战略规划对未来发展的重要指导意义，委托江苏大学战略规划项目组为其制定2009—2013年战略规划。

集团人力资源管理工作原来由党委办负责，管理中心于2007年7月成立，人力资源管理工作由管理中心下的人力资源部负责。人力资源部有3位工作人员，部长助理主要负责招聘、薪酬，一位科员负责培训，另一位科员负责社保与劳动关系。专业公司均无人力资源部，人力资源工作由管理部或办公室负责。较大的专业公司一般有2~3人参与人力资源管理工作，包括该部门的专管领导；较小的专业公司仅有1人负责相关工作。

集团与专业公司均没有做人力资源规划，有关人力资源规划的内容，仅在一些报告中体现(如管理中心主任的报告中会提及)。NZTH没有真正的人力资源规划，也不重视人力资源规划。已有的一些与人力资源规划相关的工作，主要凭经验完成，没有专业人员用科学的方法进行预测。NZTH推行的事业计划，其中包含部分人力资源规划工作，如《江苏NZTH电气集团子公司2008年度事业计划》中，包含人力资源目标分解表、公司组织机构图、人员运用计划表、2008年度人员需求计划表、2008年度培训计划表、关键人才培训计划表、两保办理计划表、绩效考核计划表。

项目组在人力资源管理诊断的基础上，制定了5年人力资源规划，基本框架如图2-2所示。

原人力资源管理存在的三大核心问题是：现有人员与企业发展所需人员相匹配问题(人员结构性失衡，且缺乏预警机制)；制度建立与管理执行相统一问题(制度缺失，执行力弱)；员工职业发展与企业发展相适应问题(未关注员工与企业长远、和谐的发展)。针对这三大问题，制定了三大人力资源子规划：人力资源获取规划(组织重构、人才库建立、招聘吸引)；人力资源保留规划(绩效考核、薪酬管理)；人力资源发展规划(职业生涯规划、培训与开发、长期激励)。为了支持人力资源战略规划得以实现，同时建议集团人力资源部实施战略重组，着重从岗位重构、职责重定、人员重选三个方面展开。

人力资源规划总目标是为整个集团的顺利运行及战略实现提供保障，提升人力资源利用效率，保证人力资本持续增值，达到员工与企业共同和谐发展的最终目标。为了支持总目标的实现，三大HR规划也设立了相应的分目标：HR获取规划的目标是"能岗匹配，人尽其才"；HR保留规划的目标是"体制改革，激发活力"；HR发展规划的目标是"提升素质，和谐共赢"。

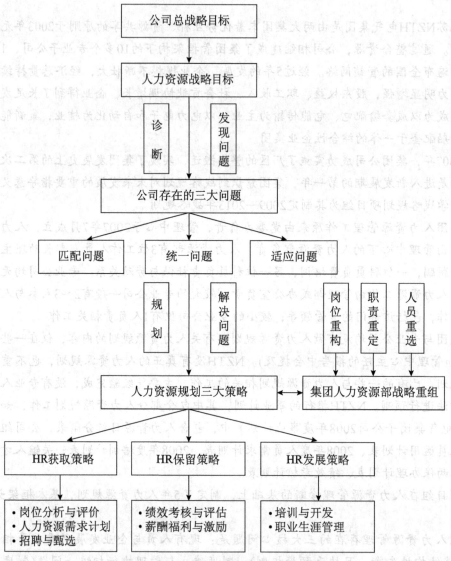

图2-2　NZTH公司人力资源管理基本框架

资料来源：宋联可，杨东涛.高效人力资源管理案例：MBA提升捷径[M].北京：中国经济出版社，2009.

【案例讨论】

(1) NZTH集团进入第二次创业，此时制定战略规划有何重要意义？人力资源规划为何是企业战略规划的重要组成部分？

(2) 原人力资源部门及岗位设置存在什么问题？

(3) 原人力资源规划主要存在什么问题？这些问题对企业的发展有何影响？

(4) 请依据新人力资源规划的框架，评价NZTH集团2009—2013年的人力资源规划。

实训演练

编制企业人力资源规划方案

1. 实训目标

(1) 了解影响人力资源规划的因素，明确人力资源规划在人力资源管理过程中的地位和作用。

(2) 掌握人员供给预测和人员需求预测的方法。

(3) 能够在企业战略规划的基础上为企业编制适合的人力资源规划。

(4) 强化学生的战略思想和全局意识，使之具备人力资源管理人员的基本素质。

2. 实训内容

(1) 选择一家企业，深入企业内部了解实际工作情况。

(2) 由人力资源管理部门负责人介绍企业人力资源管理部门及人力资源规划情况。

(3) 分析企业人力资源供需情况，进行人力资源供需预测。

(4) 设计企业人力资源规划方案。

3. 实训组织

(1) 将学生划分成若干小组，5～7人为一组。

(2) 以小组为单位到合作企业了解企业架构及人力资源管理工作，明确人力资源规划在人力资源管理过程中的地位，调查企业人力资源规划的编制依据。

(3) 调查企业内部组织人力资源的供给与流动状况及目前对人力资源的需求。

(4) 小组分工，调查企业外部人力资源的供给情况。

(5) 小组集中讨论，汇总调查结果，综合各方面信息，形成人力资源需求和供给情况的分析报告。

(6) 根据企业战略规划，查找相应资料，形成符合企业实际的可行性人力资源规划。

(7) 以小组为单位，以PPT的形式集中汇报，并提交人力资源需求、供给分析报告和人力资源规划等材料。

拓展阅读

赵曙明. 人力资源战略与规划[M]. 3版. 北京：中国人民大学出版社，2012.

侯光明. 人力资源战略与规划[M]. 北京：科学出版社，2009.

中国人力资源开发网. http：// www.ChinaHRD.net.

中国人力资源网. http：// www.hr.com.cn.

HR369人力资源论坛. http：//www.hr369.com.

HR管理世界. http：// www.hroot.com.

世界经理人. http：// www.ceconline.com.

第3章
工作分析与工作设计

知识结构图

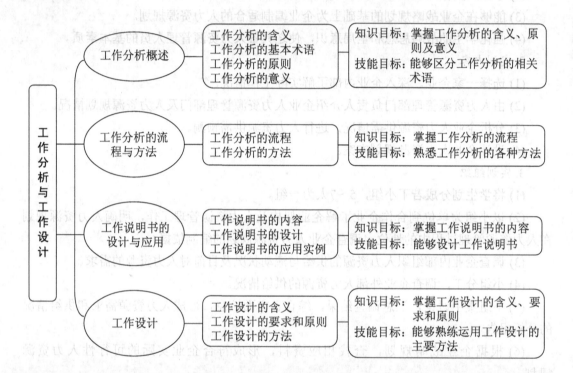

如果你是主任，你会怎么做

　　华美公司综合办共有七名员工，包括一个主任、两个秘书、两个打字员和两个档案管理员。到2015年为止，由于工作量均衡且责任明确，这个部门一直平稳运转。

　　从2016年开始，主任注意到打字员和档案管理员之间出现了越来越多的争执。通过双方的争论，可以确定问题是由大家对特定职责的误解造成的。一方面，打字员因认为档案员有过多的空闲时间而流露强烈的不满；另一方面，秘书和打字员必须经常加班来做他们认为档案管理员很容易承担的工作，而档案管理原则强调他们不应承担任何额外的职责，因为他们的薪水没有反映额外的责任。

　　在综合办，每个人都有一份几年前编写的一般工作说明书。然而，自引进计算机系统后，绝大多数职位的本质都发生了相当大的变化，但这些变化一直未被写入书面材料之中。

　　案例分析：打字员和档案管理员发生意见分歧的主要原因是各个工作岗位的说

明书缺乏明确的、详细的说明，而且可能存在不合理的地方。所以人力部门应该根据公司的实际情况进行管理分工、重新定位，并对工作说明书进行修改，使之合理化，保证工作的顺利进行。通过对工作说明书的修改和实施有效的管理，能在很大程度上防止类似意见分歧的事件发生。

资料来源：http://bbs.chinahrd.net/article-18096-1.html. 有改编

3.1　工作分析概述

3.1.1　工作分析的含义

1. 工作分析的含义

工作分析(Job Analysis)，又称职务分析、岗位分析或职位分析，它是对各类工作岗位的性质任务、职责权限、岗位关系、劳动条件和环境，以及担任本岗位的员工应具备的资格条件进行系统研究，并制定工作说明书等岗位人事规范的过程。

工作分析作为一种管理活动，其主体是工作分析者，客体是整个组织体系，对象是工作。它的概念包括以下内涵：首先，工作分析是一种技术，包含一系列方法和程序；其次，工作分析是一个过程，要采用标准的程序和方法收集相关工作信息；再次，工作分析的结果是形成工作说明书并在此基础上进行工作设计和工作评价。

具体来说，对于某个特定的工作职务，应从7个方面(6W1H)开展调查研究。

(1) What——做什么？(工作内容)

(2) Who——谁来做？(责任人)

(3) Where——在哪里做？(工作岗位)

(4) When——何时做？(工作时间)

(5) Why——为什么要这样做？(工作目的)

(6) For who——为谁做？(服务对象)

(7) How——怎样操作？(工作方式)

2. 工作分析的层次体系

(1) 对组织使命进行分解，即对组织业务流程、职能分解所涉及的各项工作的种类和属性进行分析。这种分析所产生的结果是组织设计和岗位设置的前提和依据，同时它的工作成果也是以组织结构图的形式出现的。

(2) 在确定组织结构与部门职能后，根据"鱼骨图"的模型分解部门职责形成不同的工作岗位，然后针对具体岗位的任职资格、工作范围、工作条件、权限以及任职者所应具备的知识技能和生理、心理上的要求进行分析。它最终的工作成果是以工作说明书(或称为岗位说明书)的形式出现的。

(3) 这是工作分析的最后一个层次，就是针对某项具体的操作过程、步骤所进行的分析，它的主要目的在于分解具体工作的每一个环节，使之形成一种定势、一种规范或章程。

3. 工作分析的时机

不同的企业和组织都有各自的特点和急需解决的问题。有的是为了设计培训方案，提高员工的技术素质；有的是为了制定更切合实际的奖励制度，提高员工的工作积极性；还有的是根据工作要求改善工作环境，提高安全性。因此，这些企业和组织所要进行的工作分析的侧重点就不一样，但通常工作分析是在如下三种情况下进行的。

(1) 当新组织建立，工作分析首次被正式引进。

(2) 当新的工作产生时。

(3) 当工作由于新技术、新方法、新工艺、新系统的产生而发生重要变化时。

3.1.2 工作分析的基本术语

工作分析是一种专业性较强的人力资源管理工作，其中涉及许多专业术语，清晰地界定并且准确地把握这些术语十分重要，它可以帮助工作人员在执行工作分析时避免许多由于不理解术语而出现的错误。与工作分析相关的专业术语主要包括基本术语和职位分类两部分。职位分类是以客观存在的事实为根据，将企业中所有的职位按照工作性质分为若干职系、职组(横向划分)，然后按任务的繁简程度、难易程度、责任大小、承担本项工作的资格和条件分为若干职级、职等(纵向划分)，对每一个职位给予准确的定义和描述，制定职位说明书，以此作为人员管理的依据。工作分析的相关术语如表3-1所示。

表3-1 工作分析的相关术语

	术语	含义	示例
基本术语	1. 工作要素	工作中不能再继续分解的最小动作单元	教师写板书和提问学生问题
	2. 任务	为达到某一特定目的所进行的一系列工作活动，它是职位分析的基本单位，是一个或多个工作要素的集合	客服人员电话回访：熟悉电话用语、拨出电话号码、速记反馈意见、整理意见并上报
	3. 职责	由一个个体担负的一项或多项相互联系的任务集合，或是某人在工作中需要完成的大部分工作	人事经理薪酬调查职责包括设计调查问卷、发给调查对象、统计分析并解释调查结果、将调查结果反馈给调查对象
	4. 职位	在一定的时间内，由一个特定的人及其所担负的一项或数项职责所组成。在一个组织中，职位数量等于成员的数量	办公室主任是一个职位，其职责有三项：文书管理、日常行政事务、对外接待
	5. 岗位	一个组织内完全相同的职位构成岗位。有两种可能：一是一个职位就是一个岗位；二是多个职位形成一个岗位，一个岗位上可能有一人或多人	某公司人力资源部经理下设三个岗位：招聘与培训专员、薪酬与保险专员、员工关系与考核专员。职责不同，一人一岗
	6. 职务	由一组主要职责相似的职位所组成。视组织规模和工作性质，一种职务可以有一个或多个职位	一个工厂设置三个副厂长职务，一个分管生产，一个分管销售，一个分管研发
	7. 工作	由职责相同的一组职位所组成	两个或两个以上计算机程序员可以完成一项工作，即软件开发

(续表)

	术语	含义	示例
基本术语	8. 工作族	由两项或两项以上工作组成。这些工作或者要求工作者具有相似的特点，或者包括多个平行的任务	在一个组织中，生产工作和销售工作就是两个工作族
	9. 职业	职业是一个跨组织的概念，是指在不同组织、不同时间从事相似活动的系列工作的总称	如教师是一个职业，但又存在于不同的大学、中学、小学及幼儿园等组织之中
	10. 任职资格	为了保证工作目标的实现，任职者必须具备的知识、技能与能力	胜任职位所需要的学历、专业、工作经验、工作技能、能力(素质)等
	11. 职业生涯	一个人在其工作生活中所经历的一系列职位、工作或职业	一位总经理的职业生涯可能从担任工人开始，到车间主任、采购主管、生产部经理，再到销售部经理，最后才担任总经理
职位分类	12. 职系	又称职种，指工作性质相似，但职责繁简难易、轻重大小及所需资格条件不同的所有职位的集合	人事行政、社会行政、财税行政、保险行政等均属于不同的职系
	13. 职组	又称职群，指若干工作性质相似的若干职系的集合	小学教师、中学教师、大学教师组成教师这个职组
	14. 职级	同一职系中职责的繁简难易、轻重大小及任职条件十分相似的所有职位的集合，它常常与管理层级相联系	部门副经理就是一个职级，生产部副经理和销售部副经理属于同一职级
	15. 职等	不同职系之间，职责的繁简难易、轻重大小及任职条件要求充分相似的所有职位的集合	工厂的工程师、人力资源管理师和大学中的讲师均属同一职等

3.1.3　工作分析的原则

1. 系统性原则

任何一个企业或者组织都是一个相对独立和完整的系统，组成这个系统的就是工作分析的对象——工作岗位。企业管理也是一个系统，包含许多子系统，其中就包括人力资源管理子系统。企业组织又是一个开放的系统，它与周围环境(顾客、原材料供应者、竞争者、政府、社会公众等)不断进行信息、能量和物质交流，具有内部和外部信息反馈网络，它不断地进行调节，以适应环境和满足自身需要。因此，我们在对某一工作岗位进行工作分析时，不仅要注意该岗位同其他岗位之间的关系，还要注意它与外界的各种联系，要从系统的角度总体把握该职位的特征和对人员的要求。

2. 战略导向原则

组织目标可分解和细化成多个职位目标，通过实现这些职位目标可最终实现企业的整体目标。工作分析必须理顺岗位与组织、组织目标、目标实现的手段之间的关系。在进行工作分析时，应强调体现该岗位对企业战略的价值和贡献。

3. 目的性原则

工作分析的目的不同，则收集有关工作岗位的信息的侧重点也会有所不同。如果工作分析的目的在于招聘和选拔人才，那么其重点应该放在任职资格上；如果目的在于建立和完善绩效考核，其重点就应该放在工作职责、工作范围、工作任务上；如果目的在于设计和改进薪酬体系，其重点应该放在工作职责、工作量、工作环境和工作条件等因素上。

4. 参与性原则

工作分析以企业所有工作岗位为分析对象，它需要企业各级管理人员和员工的广泛参与，尤其是要获得高层管理人员的重视和支持，同时也需要各个业务部门的大力配合。

5. 经济性原则

工作分析是一项牵涉面广、涉及人员众多、耗费时间较长的一项人力资源管理工作，用于收集工作岗位信息的方法也比较多，不同的方法之间除了效果和适用范围不同，其成本费用也是不同的。因此，在选择工作分析方法的时候，不仅要注意工作分析的目的、效率、效果，还要考虑成本。

6. 动态性原则

工作分析的结果从某种角度来说，应该是对工作岗位信息的一种静态描述。而企业随着周围环境的变化，必然会调整企业战略，相应的组织结构、主营业务、工作流程、质量标准等也会随之进行调整，这必然会带来工作岗位、岗位职责等的变化，因此工作分析必然是一个动态过程。

3.1.4　工作分析的意义

工作分析是开展现代人力资源管理所有职能工作的基础和前提。组织内的任何工作职务都是根据组织需要来设置的，只有做好了工作分析与设计工作，才能据此有效地完成人力资源管理工作。可以认为，工作分析最终解决的是"某一职位应该做什么"和"什么样的人来做最合适"的问题。

具体来说，工作分析对人力资源管理工作发挥的作用如下所述。

1. 工作分析为其他人力资源管理活动提供依据

(1) 工作分析为人力资源规划提供了必要的信息。通过工作分析，可促使每个组织对各部门的工作职务安排和人员配备情况做出合理的计划，并根据生产和工作发展趋势做出人事预测。此外，利用工作分析数据，可以将特定工作的技能要求与实际匹配情况进行对比，对不合理的情况进行调整。

(2) 工作分析为员工的招聘与配置提供了有效的标准。在工作分析中，明确的工作说明与工作规范为确定招聘人员的工作内容、权力、职责以及知识、技能、能力等方面提供了基本标准。有了明确且有效的标准，就可以通过测评和考核，选拔和任用符合工作需要和职务要求的人员。

(3) 工作分析为员工的培训与开发提供了明确的依据。工作分析规定了员工的知识、技能和能力等要求，通过比较员工在工作实际中表现出来的知识、技能和能力，就可以发现两者之间是否存在偏差。如果存在偏差，便可以很容易地确定员工需要培训提高的方面；反之，工作分析确定的标准也可以用来评估培训是否取得了应有的效果。

(4) 工作分析为员工职业生涯规划提供了可靠和有效的信息。工作分析可以为职业咨询和职业指导提供可靠和有效的信息，帮助员工结合个人目标和组织目标进行科学合理的职业生涯规划。

(5) 工作分析为评价员工的工作实绩提供了科学的标准。通过工作分析，可以明确地界定每一种职位的内容，员工应该做什么、不应该做什么、应该达到什么要求等都十分清楚，这为考评工作实绩提供了客观的标准，从而可以做到考评合理和公正，达到科学评价员工工作实绩的目的。

(6) 工作分析为制定公平合理的薪酬制度奠定了基础。薪资报酬取决于任职者所具备的素质和资格条件、工作的强度和难度、职责的大小及环境优劣等因素，这些信息的准确获取都来自工作分析。

2. 工作分析对企业的管理具有一定的溢出效应

(1) 通过工作分析，有助于员工本人反省和审查自己的工作内容和工作行为，以帮助员工自觉、主动地寻找工作中存在的问题并且圆满地达成职位对企业的贡献。

(2) 在工作分析过程中，企业人力资源管理人员能够充分了解企业经营的各个重要业务环节和业务流程，从而有助于企业的人力资源管理职能真正上升到战略地位。

(3) 借助工作分析，企业的最高经营管理层能够充分了解每一个工作岗位上的人员目前所做的工作，发现职位之间的职责交叉和职责空缺现象，从而及时调整职能，进而有助于提高企业的协同效应。

对点案例　　　　　　　　　　**戴姆勒公司的全球工作分析**

戴姆勒-克莱斯勒建立新的奔驰工厂，为公司带来实施新系统的机会。戴姆勒公司选择的新系统类似丰田等日本制造企业使用的"精益生产系统"。它强调准时化的库存方法，由于零部件"准时"到达装配线，库存可以降至最低。它强调稳定的生产流，以减少意外(在生产完成时如发现有缺陷的车可立即修理)，大幅度提升质量。新系统把员工组织成工作团队，并且要求每个员工都要不断进步。

工作分析在这间工厂里起到了提升效率的作用，工厂只有少数几种不同的工作说明书或工作岗位。不受详细描述"我的工作应该是什么"这种列出很多具体职责的说明书的限制，员工可以在团队工作中方便地从一个岗位换到另一个岗位。这样也能鼓励员工超越自己的工作职责，并寻找提高工厂运作效率的方法。例如，一个团队发现了一种成本为0.23美元的塑料叉子在汽车喷漆时用于保持车门敞开，比2.50美元的那种更好用；同样还是这个团队，他们重新设计的用于通过组装件的支架，简化了装配线工人以往繁琐的操作步骤，因此提高了生产率和质量。

这个新系统被证明非常成功，戴姆勒公司把它推向了其世界各地的工厂。

资料来源：[美]加里·德斯勒，[新加坡]陈水华.人力资源管理[M].北京：机械工业出版社，2013：70.

3.2　工作分析的流程与方法

3.2.1　工作分析的流程

作为对工作的一个全面评价过程,工作分析一般包括4个阶段:准备阶段、进行阶段、结果生成阶段和结果实施阶段。这4个阶段的关系十分密切,相互联系、相互影响,按如下流程进行,见图3-1。

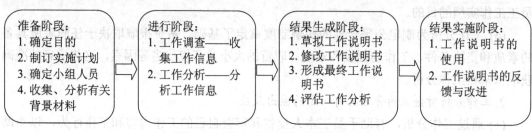

图3-1　工作分析活动的步骤与阶段

1. 准备阶段

1) 确定目的

工作分析要投入大量的人力、物力及财力,需要花费大量的时间,所以在实施方案之前,要确定工作分析的目的,做到有的放矢。此项工作的出发点是明确工作分析具体应用到哪项人力资源管理职能活动中,以便日后为搜集工作信息及选用方法找准工作方向。比如,当工作分析用于为新员工专业技术培训提供信息指导时,工作分析应侧重关注工作的主要任务、职责与权利、考核标准以及对任职者的知识、技能和能力的要求;而当工作分析用于员工薪酬的支付依据时,应突出描述工作的具体职责、岗位等级以及任职者的资格等级等信息。

2) 制订实施计划

一份详细的工作分析实施计划包括:工作分析的目的与意义,工作分析欲收集的信息,工作分析项目的实施者及参与者,工作分析的时间及地点,工作分析方法的选择,工作分析的程序,工作分析所提供的结果,工作分析结果的审核与评价者。

3) 确定小组人员

选择、确定工作分析人员并成立工作分析小组,是为了对整个工作分析的过程和结果负责。一般而言,工作分析小组由以下三类人员构成:企业高层领导;工作分析人员,主要由人力资源管理专业人员和熟悉本部门情况的人员担任;外部专家和顾问,他们具有专门的技术和丰富的经验,可以有效防止工作分析过程出现偏差,有利于提高工作分析结果的客观公正性和科学合理性。需要注意的是,在成立专门的工作分析小组的同时,一定要明确小组各成员的职责。

(4) 收集、分析有关背景材料

有效利用背景资料,不仅有助于工作分析人员很快了解组织现状,更重要的是它可以在很大程度上降低工作信息收集的难度和工作量。有关的背景材料包括企业组织结构图、岗位配置图、工作流程图、原有的工作说明书和职业分类标准等。

2. 进行阶段

1) 工作调查——收集工作信息

工作调查主要是对整个工作过程和工作环境等主要方面所做的正式的研究和调查，广泛收集各有关工作职务特征和工作人员要求的信息资料，具体工作如下所述。

(1) 获得认同和合作。在工作分析过程中，要与大量的工作任职者和管理者发生联系，需要大量人员的参与，并占用大量的时间、花费大量的费用，因此，赢得各方面的理解和支持是非常必要和重要的。

(2) 收集工作相关信息。工作分析需要收集的信息内容涉及范围广泛，一般包括：工作范围与主要内容，工作具体职责，胜任工作所需的相关知识及相关技能，工作要求的灵巧与正确程度，工作要求具备的相关经验，与工作设备相关的操作技能，必要的年龄限制，所需的教育程度，技能的培训要求，见习期的要求，与组织内其他工作之间的关系，作业身体姿态，有关作业环境的信息，作业对身体的影响，劳动强度，特殊心理品质要求等。

2) 工作分析——分析工作信息

工作分析的主要任务是统计、分析、研究及归类利用各种方法收集到的有关工作特征和工作人员特征的信息，具体的工作内容如下所述。

(1) 整理信息。将收集到的信息按照工作说明书的各项要求进行归类整理，看是否有遗漏的项目，如果有便返回上一步骤继续执行调查工作。

(2) 仔细审查收集到的各种信息。工作分析小组与从事信息收集工作的人员及他们的直接主管对信息的准确性进行核对，确保信息的真实、准确和完整，并交至领导人或委托人处进行审查确认。

(3) 创造性地分析信息。以当前工作为依据对具体的工作信息进行归纳、整理、分类等处理，以创新精神分析现状，尽可能地发现有关工作人员在目前工作中存在的问题，比如，副总裁正在做不应该做的事情。继而得到组织中具体某项工作的任务清单，从中寻找有关工作和工作人员的关键成分，例如，职责、任务、工作关系、职务范围等，并以这些关键成分为基础对工作责任、任职资格等做出进一步分析，根据编制工作说明书的要求得出各类经过加工分析的规范信息。

3. 结果生成阶段

此阶段的主要任务是根据规范和信息编写一份完整的工作说明书，具体的工作内容如下所述。

(1) 草拟工作说明书。根据工作分析规范和经过分析处理的信息形成工作说明书初稿。

(2) 修改工作说明书。召集工作分析所涉及的全体人员，对工作说明书初稿进行认真讨论，对比实际工作检查工作说明书的准确性及完整性，根据讨论及对比结果决定是否修正和如何修正，甚至确定是否需要进行再次调查研究。对于特别重要的岗位，可能要做多次修订。

(3) 形成最终工作说明书。根据最终的修订结果，确定一份详细的、准确的工作说明书，以标准化的形式将其编制成文。

(4) 评估工作分析。对工作分析这项工作进行总结评估，找出成功的经验和存在的缺陷，并将工作说明书存档，为今后的工作分析提供借鉴和信息基础，以便于更好地进行工作分析。

工作说明书是工作分析的成果体现，具体的编写方法将在本章第3.3节中介绍。

4. 结果实施阶段

(1) 工作说明书的使用。在本阶段，工作分析的成果被运用到具体的人力资源管理活动中，它包括两方面的具体活动：制作各种具体的应用文件，如招聘录用文件、绩效考核标准、培训计划、薪酬奖励制度等；应使工作分析结果的使用者认可工作说明书的价值所在，并对其运用的规范程度进行指导，必要时提供建议，增强管理活动的科学性和规范性。

(2) 工作说明书的反馈与改进。工作说明书的反馈与改进将始终贯穿组织的经营与管理活动之中。随着组织与环境的发展变化，一些原有的工作任务会消亡，一些新的工作任务会产生，现有的许多工作的性质、内涵和外延都会发生变化。因此，应根据工作说明书在实际应用过程中得到的反馈信息，经常对工作说明书的内容进行调整和改进，使其越来越适应实际工作的需要。

3.2.2 工作分析的方法

工作分析需要借助科学的方法来搜集相关信息，这些方法既有定性方法，又有定量方法，虽然方法多种多样，但没有一种"最好的方法"。工作分析的内容取决于工作分析的目的与用途，不同的组织进行调查分析的侧重点会有所不同，因此，在实际工作中，往往是根据不同的岗位，把不同的方法结合起来。下面简要介绍在我国组织中应用最为普遍的几种方法。

1. 定性方法

这类方法主要是一些传统的方法，包括观察法、访谈法、问卷调查法、关键事件法和工作日志法等。通过这类方法搜集的信息多以定性为主，叙述较多，带有较强的主观色彩。

1) 观察法

观察法是指有经验的分析者在工作现场运用感官或其他工具观察员工的实际工作过程，用文字或图表形式记录某一时期的工作内容、程序、形式和方法，并进行归纳、整理的一种工作分析方法。

观察法具体可分为直接观察法、阶段观察法和工作表演法。直接观察法是指工作分析人员对员工的工作进行全过程观察，适用于周期很短的工作，如门卫、流水线作业人员等。阶段观察法适用于工作周期较长且有规律性的工作，如会计人员。工作表演法则适用于工作周期较长和突发事件比较多的工作,如消防员。

观察法的主要优点及缺点如表3-2所示。

表3-2 观察法的主要优点和缺点

优点	缺点
• 通过观察可以了解广泛的工作信息,对标准化、周期短、以体力活动为主的工作适用性强 • 所收集的信息资料多为第一手资料,基本排除主观因素的影响,比较客观和正确 • 手段多样,效率较高 • 成本低、经济实用、易操作	• 不适用工作循环周期长、非标准化和以脑力劳动为主(如工程师、设计师、律师)的工作 • 难以获得任职者的合作。容易使一些任职者产生心理抗拒,觉得自己受到监视或威胁 • 要求观察者有足够的实际操作经验 • 不宜观察紧急且非常重要的工作,例如处理紧急情况 • 不能得到有关任职者资格要求的信息

因此,运用观察法时,观察人员应注意以下几点。

(1) 观察的工作应相对静止,即在一段时间内,工作内容、程序以及对工作人员的要求等不会发生明显的变化。

(2) 要注意工作行为样本的代表性,观察法研究的是工作而不是某个人的特征。

(3) 观察前要列出详细的观察提纲(见表3-3)和行为标准,准备好表格(见表3-4),随时记录。

(4) 与其他方法适度搭配使用。

表3-3 工作分析观察提纲(部分)

被观察者姓名: 日期:

观察者姓名: 观察时间:

工作类型: 工作部分:

观察内容:

1. 几点开始正式工作?
2. 上午工作几个小时?
3. 上午休息几次?
4. 第一次休息时间从_____到_____
5. 第二次休息时间从_____到_____
6. 上午完成几件产品?
7. 平均多长时间完成一件产品?
8. 与同事交谈几次?
9. 每次交谈多长时间?
10. 室内温度为_____度。
11. 上午抽了几支香烟?
12. 上午喝了几次水?
13. 什么时候开始午休?
14. 出了多少次品?
15. 搬了几次原材料?
16. 工作地噪音分贝是多少

表3-4　工作分析观察表

编号：　　　　　　　　　　　　　　　　　　　　　　　日期：　　　　年　　　　月　　　　日

被观察者姓名		被观察者岗位名称		所属部门	
观察者姓名		观察者岗位名称		所属部门	
工作地点		观察日期		观察时间	
准备内容	1.				
	2.				
工作主要内容及时间安排	工作主要内容		时间	观察结果	
	1.				
	2.				
	3.				

2) 访谈法

访谈法又称面谈法，是指工作分析人员就某一个职务或职位面对面地询问任职者、主管以及专家等人对工作的意见或看法。它包括个别员工访谈法、集体员工访谈法和主管访谈法。访谈法是目前在国内企业中运用最广泛、最成熟并且最有效的工作分析方法，是唯一适用于各类工作的方法。

访谈法的主要优点及缺点如表3-5所示。

表3-5　访谈法的主要优点和缺点

优点	缺点
·交流具体、深入，可以获得有关任职者的工作态度与工作动机等较深层次的信息 ·易于操作，运用面较广，准确性高 ·有利于工作分析者了解运用短期直接观察法不容易发现的情况，有助于管理者发现问题 ·有机会为任职者解释工作分析的必要性及功能 ·沟通具有双向性，能缓解被访谈人员的工作情绪，消除其工作压力	·要求工作分析人员接受过专门的训练 ·耗费时间多，成本较高 ·搜集的信息往往被扭曲、失真 ·易被员工认为这是对他工作业绩的考核或薪酬调整的依据，故会夸大或弱化某些职责 ·当管理者和任职者相互不信任时，具有一定的危险性

运用访谈法时，应注意以下几个问题。

(1) 访谈法应由接受过专门技巧培训的专业人员实施。

(2) 应找到最了解工作内容、最能客观描述职责的员工接受访谈。

(3) 尽快渲染融洽的访谈气氛，所提问题及谈话内容不能超出被访者所掌握的知识和信息范围。

(4) 事先准备好一份完整的问题表，问题应按重要性做出排序(见表3-6)。

(5) 访谈结束后要与被访者核对访谈内容的准确性。

表3-6　工作分析访谈表(部分)

一、关于工作的基本信息

(一) 问题

1. 请问您的名字、所属部门、任职岗位名称是什么？

2. 请问您的工作向谁汇报？谁指导您的工作？

3. 与您同在一个工作岗位的同事有哪些？有多少人？

4. 您是否承担管理他人的工作，如果是，主要管理哪些工作岗位上的人员？有多少人？

(二) 记录

访谈者根据以上问题的答复记录。

工作信息记录

岗位名称		所属部门	
直接上级		同岗位人数	
直接下级		下级人员数	
面谈对象			

二、关于工作的设置目的

(一) 问题

1. 这项工作最终要取得怎样的结果？

2. 从公司的角度来看，这项工作具有哪些重要意义？

3. 为何设置这个工作岗位？

4. 为这项工作投入经费会有何收益？

5. 达成工作目标对达成部门目标和公司目标有何贡献？

(二) 记录

访谈者根据以上问题的答复记录。

工作设置目的记录

工作设置目的	

三、关于工作职责和任务

(一) 问题

1. 请问您的工作职责是什么？在各项职责中需要完成哪些工作？工作内容是什么？您是如何完成这些工作的？您完成这些工作的衡量标准是什么？完成这些工作是否需要作业指导书的指导？

2. 请您对您刚才所谈职责按其重要程度进行排序，并估计每项工作需要消耗的时间比率？

3. 除了日常工作外，您在每周、每月、每季或每年还需要承担哪些工作？

4. 您在完成这些工作任务时，是否做过这些任务的工作记录？

5. 您所认为的工作职责是否与其他工作职责有交叉部门，如果有，是哪些？您平时是怎样协调分工的？

(二) 记录

访谈者根据以上问题的答复记录。

工作职责记录

重要性	工作职责或任务	衡量标准	作业标准	相关记录	耗时比	备注

四、其他问题(可选)

1. 工作中需要解决的关键问题是什么？涉及哪些方面？

2. 您认为工作中最大的挑战是什么？

3. 工作中最满意和最不满意的地方是什么？

3) 问卷调查法

问卷调查法是由工作分析者根据工作分析的目的、内容等事先设计一套调查问卷，由被调查者填写，再将问卷加以汇总，从中找出有代表性的回答，形成工作分析的描述信息的一种方法。

调查问卷分为封闭式和开放式两种形式。封闭式调查问卷是由调查人员事先设计好答案选项，由被调查人选择确定；开放式调查问卷是由被调查人自由回答问卷所提出的问题。问卷调查法的主要优点及缺点如表3-7所示。

表3-7　问卷调查法的主要优点和缺点

优点	缺点
·分析样本量大，准确性较高	·问卷设计技术要求高，耗费时间、人力和物力
·调查费用低、速度快，节省时间和人力	·问卷本身的质量关系调查结果的质量
·调查范围广泛，可用于多目的、多用途的职务分析	·彼此配合难度大，可控性较差
·调查资源可以数量化，由计算机进行数据处理	·问卷回收难度大

运用问卷调查法时应注意以下几个问题。

(1) 调查问卷要设计得科学合理。

(2) 对问卷中的各项调查项目应附以必要的填表说明。

(3) 及时收回问卷调查表，以免遗失。

(4) 对调查表提供的信息做鉴别和必要的调整。

4) 关键事件法

关键事件法又称关键事件技术(Critical Incident Technique，CIT)，它是在第二次世界大战中由约翰·弗拉纳根(John Flanagan)开发出来的，主要用于识别各种军事环境下提高人力绩效的关键性因素。关键事件法是要求分析人员、管理人员、本岗位员工将工作过程中的"关键事件"(导致工作成功或失败的关键行为特征或事件)详细地加以记录，在大量收集信息后，对工作的特征和要求进行分析研究的方法。

在记录关键事件时，应该包括以下几个方面的内容。

(1) 导致事件发生的原因和背景。

(2) 员工特别有效或多余的行为。

(3) 关键行为的结果。

(4) 员工自己能否支配或控制上述后果。

关键事件法的主要优点及缺点如表3-8所示。

表3-8 关键事件法的主要优点和缺点

优点	缺点
· 直接描述员工在工作中的具体活动，揭示了工作的动态性 · 员工行为可以观察和衡量，适用于大多数的工作分析 · 能够成功识别提高员工绩效的关键性因素	· 收集、归纳事例并分类，需要耗费大量时间 · 会遗漏不显著的工作行为 · 不能提供一整套工作描述，如工作职责、工作任务、工作背景等

5) 工作日志法

工作日志法是为了了解员工实际工作内容、责任、权利、人际关系及工作负荷，而要求员工坚持记工作日志，然后经过归纳提炼，取得所需工作信息的一种工作信息获取方法。

工作日志法的主要优点及缺点如表3-9所示。

表3-9 工作日志法的主要优点和缺点

优点	缺点
· 收集的信息的可靠性较高，适用于确定有关工作职责、内容、工作关系、劳动强度等 · 所需成本较少 · 对分析高水平与复杂的工作，显得经济有效	· 注意力集中于活动过程，而不是结果 · 适用范围较小，适用于工作周期短、状况稳定的职位 · 整理信息工作量大，归纳工作繁琐 · 填写时会影响工作，也容易遗漏很多工作内容

使用工作日志法进行工作分析时，需要注意以下问题。

(1) 工作性质的特殊性会影响日志的准确性或工作的连续性。如果活动内容有限且相对固定，应该尽可能列成表格，使工作者只需要填写活动消耗的时间。

(2) 应对日志的真实性进行检查，因为工作者一般有夸大自己工作量和工作难度的倾向。

2. 定量方法

当组织需要比较每一项工作从而确定报酬的时候，组织希望能够为每一项工作赋予一个量化的值，量化的工作分析方法此时是最适用的。最常用的定量分析方法包括职位分析问卷法、管理职位描述问卷法及功能性工作分析法三种。

1) 职位分析问卷法

职位分析问卷(Position Analysis Questionnaire，PAQ)，是一种基于计算机的、以人为基础的系统性职位分析问卷，是一种结构严谨的工作分析问卷，是目前最普遍和流行的人员导向职务分析系统。它于1972年由普渡大学教授麦考密克(E. J. McCormick)、詹纳雷特(P. R. Jeanneret)和米查姆(R. C. Mitcham)设计开发。设计者的初衷在于开发一种通用的、以统计分析为基础的方法来建立某职位的能力模型，同时运用统计推理进行职位间的比较，以确定相对报酬。目前，国外已将其应用范围拓展到职业生涯规划、培训等领域，以建立企业的职位信息库。

职位分析问卷包含194项，其中的187项被用来分析完成工作过程中的员工活动特征，另外7项涉及薪酬问题。该方法中的所有项目被划分为6部分：①信息输入。主要用来了解如何以及从哪里获得完成工作所需要的信息。②体力活动。主要用来回答工作中包含哪些体力活动和需要使用哪些工具设备来完成这些工作。③脑力处理。主要用来回答在工作中需要进行哪些推理、决策、计划和信息处理等脑力加工活动。④人际关系。主要用来回答在工作中需要与哪些人发生何种内容的工作关系。⑤工作环境。主要指发生工作关系时的物流环境和社会环境。⑥其他特征。主要指除了上述与工作有关的事项外，其他有关工作的行为、特征、条件等。

职位分析问卷法的主要优点及缺点如表3-10所示。

表3-10　职位分析问卷法的主要优点及缺点

优点	缺点
·同时考虑了员工与职位两个变量因素，并将各种职位所需要的基础技能与基础行为以标准化的方式罗列出来 ·可将职位分为不同的等级 ·还可以用来进行职位评价及人员甄选 ·可用于不同组织中的不同职位	·不能描述实际工作中特定的、具体的任务活动 ·可读性不强，具备一定文化水平的人才能理解其中的项目，使用范围有限制 ·花费很多时间，成本很高，程序非常繁琐

2) 管理职位描述问卷法

管理职位描述问卷法是托诺(W. W. Tornow)和平托(P. R. Pinto)于1976年针对管理工作的特殊性而专门设计的，定型于1984年，与PAQ方法类似。管理职位描述问卷法(Management Position Description Question，MPDQ)是指利用工作清单专门针对管理职位分析而设计的一种工作分析方法。管理职位分析问卷专门针对管理类型的职位，这类职位有两个特点：一是管理者经常试图让本职工作去适应自己的管理风格，而不是使自己去适应所承担的管理工作需要。二是管理类型的职位具有非程序化的特点，对规律性的工作内容的总结比较困难。这种问卷法可对管理者的工作进行定量化测试，它涉及管理者所关心的问题、所承担的责任、所受的限制以及管理者的工作所具备的各种特征。

管理职位描述问卷法的主要优点及缺点如表3-11所示。

表3-11　管理职位描述问卷法的主要优点及缺点

优点	缺点
·便于管理者对自己承担的管理工作进行全面总结 ·管理工作具有非程序化的特点，常随着时间变化而变化，弥补了PAQ问卷难以对管理职位进行分析的不足	·不能描述实际工作中特定的、具体的任务活动 ·可读性不强，具备一定文化水平的人才能理解其中的项目，使用范围有限制 ·花费很多时间，成本很高，程序非常繁琐

3) 功能性工作分析法

功能性工作分析法(Functional Job Analysis，FJA)是以工作为中心的分析方法，是美国培训与职业服务中心(U.S. Training and Employment Service)的研究成果。它以员工所需发挥的功能与应尽的职责为核心，列出收集与分析的信息类别，规定工作分析的内容。

FJA考虑了3个方面的问题：①它依据信息、人、物3个方面进行分类。②它对工作的分类还考虑了其他4个因素，分别是：在执行工作时需要得到多大程度的指导；执行工作时需要运用的推理和判断能力应达到什么程度；完成工作所要求具备的数学能力有多高；执行工作时所要求的口头及语言表达能力如何。③功能性工作分析问卷还确定了工作的绩效标准以及工作对任职者的培训要求。

FJA可清楚描述工作内容，对培训的绩效评估非常有用。但FJA要求对每项任务都做详细分析，因而撰写起来相当费力气和费时间，同时FJA并不记录有关工作背景的信息，对员工必备条件的描述也不理想。

3.3   工作说明书的设计与应用

3.3.1   工作说明书的内容

工作分析的直接结果就是产生工作描述、职务规范，最后形成工作说明书。工作描述是用于说明工作执行者实际在做什么、如何做以及在什么条件下做的一种书面文件；而职务规范则说明工作执行人员为了圆满完成工作必须具备的知识、能力和技术。

1. 工作描述

1) 工作描述概述

工作描述又称为职务描述，是指以书面形式对职位的实际工作业务流程及授权范围进行统一要求。它以"工作"为中心对岗位进行全面、系统、深入的说明，主要是让员工了解工作概要，建立工作程序与工作标准，明确工作任务、责任与职权，为员工的聘用、工作评价、工作分类等工作提供依据。

工作描述的内容根据实际情况可以分为两部分：一部分称为核心内容，是任何一份职位描述都必须包含的部分，利用核心内容可以将本职位与其他职位加以区分；另一部分称为选择性内容，这些内容并非在每一份工作描述中都有体现，可由工作分析专家根据预先确定的工作分析的具体目标或职位类别有选择性地安排，具体内容如表3-12所示。

表3-12   工作描述的内容

分类	内容项目	项目内涵	应用目标
核心内容	工作标识	工作名称、部门、上级、薪酬范围	
	工作概要	关于该职位的主要目标与工作内容的概要性陈述	
	工作职责	该职位必须获得的工作成果和必须担负的责任	
	工作关系	该职位在组织中的位置	
选择性内容	工作权限	该职位在人事、财务和业务方面做出决策的范围和层级	组织优化、职位评价
	工作程序	对各项工作职责的完成方式的详细分解与描述	绩效考核、岗前引导
	工作范围	该职位能够直接控制的资源的数量和质量	职位评价、绩效考核
	职责量化信息	职责的评价性和描述性量化信息	职位评价

分类	内容项目	项目内涵	应用目标
选择性内容	工作条件	职位存在的物理环境	职位评价
	工作负荷	职位对任职者造成的压力	
	工作特点与领域		岗前引导/职位评价

2) 工作描述的核心内容

(1) 工作标识。工作标识是关于职位的基本信息，包括工作名称、岗位编码、定员标准、所属部门、直接上级、岗位等级、工作性质、分析日期等。通过工作标识，可以向职位描述的阅读者传递关于该职位的基本信息，使其能够获得对该职位的基本认识。

(2) 工作概要。工作概要又称工作概述、工作综述等，是指用非常简洁和明确的一句话来表达某职位存在的价值和理由。在工作概要中尽量使用简洁、明了的话语进行描述，极力避免出现含糊、笼统的描述，如"执行需要完成的其他任务"等，这会导致对工作性质以及员工需要完成的工作内容的叙述出现漏洞。

(3) 工作职责。工作职责又称工作任务，是工作描述的主体，主要用于描述某职位通过一系列活动要实现的组织目标，以及取得什么样的工作成果。工作职责是工作内容的概括与提炼，是工作职务与工作责任的统一，通常用一两句话简单扼要地概括，必要时还应该对额外的工作职责做出描述。工作职责的分析与梳理主要有两种方法：一种是基于战略的职责分解，侧重对具体职责内容的界定，主要回答的是"该职位要通过完成什么样的职责，来为组织创造价值"；另一种是基于流程的职责分析，侧重对每项工作职责中的角色和权限进行梳理，主要回答的是"在每项工作职责中，该职位应该扮演什么样的角色？应该如何处理与流程上下游之间的关系"。

(4) 工作关系。工作关系是指任职者与组织内外其他人之间的关系，包括该工作的监督者、被监督者，可晋升的职位、可转换的职位以及与哪些部门、职位发生联系等。这一部分用于说明本工作与其他工作之间的横向关系，以及本工作与其他工作之间存在的监督与被监督的纵向关系。

2. 职务规范

职务规范又称工作规范或任职资格，是指任职者要胜任某项工作所必须具备的资格和条件。职务规范说明了一项工作对任职者在教育程度、工作经验、知识、技能、体能和个性特征方面的最低要求。职务规范是工作说明书的重要组成部分。

例如，总公司各部门经理的一般性任职资格要求为，本科以上相关专业毕业，5年以上相关管理工作经验，具有高级职称，30岁以上，具有较强的沟通、组织、协调能力，会使用计算机常用工作软件，具有良好的外语水平等。

通过以上描述，可以归纳出职务规范的内容包括工作经验、知识水平、技能要求、体力要求等方面。

(1) 工作经验。即能够解决岗位工作相关问题的实践经验，这些经验是圆满完成工作任务所必需的。需要注意以下两点：第一，通常使用圆满完成工作所需的理论和实践知识的数量及复杂程度来衡量；第二，不同的工作需要的工作经验会因工作范围及要求的不同而不同。例如，表3-13列出了某连锁超市对市场部经理的工作经验要求。

表3-13　某连锁超市对市场部经理的工作经验要求

经验要求	具体要求
社会工作经验	10年以上社会工作经验
专业工作经验	6年以上连锁超市或8年以上购物广场工作经验；4年以上连锁超市市场策划或5年以上连锁超市销售工作经验
管理工作经验	3年以上担任中等规模企业部门副职经验

(2) 知识水平。知识水平是指完成工作任务所应具备的知识，包括学历、专业知识、政策法规知识、管理知识以及其他相关知识。

(3) 技能要求。技能要求指的是技巧和准确性，包括工作人员达到工作要求所需的速度、精确程度以及操作能力。如计算机使用技能方面，要求能运用网络和办公软件顺利完成各项文件的编制、管理，进行工作相关信息的收集整理，以及邮件收发等。

(4) 体力要求。包括身高、体重、力量大小、耐力素质以及身体健康情况等。

(5) 其他。如职业道德、心理素质等。

3.3.2　工作说明书的设计

工作说明书是工作分析的成果，是对工作描述和任职说明等信息加以整合并具有企业管理约束力的正式文本。工作描述和职务规范往往结合成一份"工作说明书"。大多数工作说明书都包括以下几项内容：工作标识、工作概述、工作职责、工作关系、工作权限、工作绩效标准、工作条件、工作规范。它不但明确规定了各项工作的内容及对任职者的各项要求，还为各级管理人员开展各项管理活动提供了决策参考。

1. 工作说明书的设计步骤

工作说明书是对工作进行分析而形成的书面资料，它的设计步骤如表3-14所示。

表3-14　工作说明书的设计步骤

设计步骤	步骤内容	具体任务
步骤一	工作信息的获取	浏览组织现有的各种管理制度，与企业主要管理人员交流，对职务的主要任务、主要职责及工作流程有个大致的了解
		充分、合理地运用工作分析方法实施工作调查
步骤二	综合处理工作信息	通过文件查阅、现场观察、访谈及关键事件分析得到相关信息，并进行分类整理，从而得到每一个职位所需要的各种信息
		针对某一个职位，根据工作分析所要搜集的信息要求，逐条列出这项工作的相关内容，即形成初步的工作说明书
		工作分析者在遇到问题时，应随时与公司管理人员和某一职位的工作人员沟通
步骤三	完成工作说明书的撰写	召集工作分析中所涉及的人员，讨论工作分析是否完整、准确。工作分析专家应认真记录大家的意见
		根据讨论结果，最后确定一份详细、准确的工作说明书
		最终形成的工作说明书应清晰、具体、简明扼要

2. 工作说明书的设计原则

一般而言，工作说明书并无固定格式，企业可以根据自身特点，结合工作分析的目的和要求确定设计模板，但设计过程中需要遵循 "清楚、准确、实用、完整、统一、专业" 的原则。

(1) 清楚。工作说明书应对工作进行全面、清晰的描述，任职者阅读以后能够明确其工作性质及任职资格。

(2) 准确。工作说明书对工作的描述应准确，不能模棱两可、含糊其辞；语言应精练、简短、扼要；应一岗一书，避免笼统、雷同和 "千岗一面" "一岗概全" 等；尽量选择具体、恰当的用词，便于任职者把握。

(3) 实用。工作说明书的设计要实用，具有可操作性。如工作任务、职责都要明确，便于员工上岗及考核；任职资格和层次要清楚，以便对员工进行培训和评价。

(4) 完整。工作说明书的编写一般由现岗人员自我描述，人力资源管理专家共同参与撰写，岗位任职人的主管审定，人力资源部存档。要从程序上保证文件的全面性与完整性。

(5) 统一。工作说明书是企业人力资源管理系统的重要文件资料，文件格式应统一，可参照典型工作描述书的编写样本，注意整体的协调和美观。

(6) 专业。在编制工作说明书时，应选用专业化的词汇。

3.3.3 工作说明书的应用实例

下面以某企业生产部经理的工作说明书为例进行说明，如表3-15所示。

表3-15 生产部经理工作说明书编写实例

说明书编号：

岗位编号		岗位名称	生产部经理	编制日期	
部门	生产部	编制人数	1人	直接上级	生产总监
下属及编制	下属岗位及编制人数				
	直接下属5人	压铸班长3人，机加班长1人，后工序班长1人			
	间接下属1人	模修工1人			
	总计下属6人	——			
内部沟通关系	技术开发部、机电班长、压铸班长、机加班长、后工序班长、模修工				
外部沟通关系	客户、供应商				

	职责范围		负责程度	考核指标	占用时间百分比
岗位概要	1	企业授权压铸事业部独立运行，制定5年发展目标	负责		
	2	负责压铸事业部人、机、料、法、环的实施与评审	负责		
	3	制定压铸事业部的设备、模具、仓库管理制度并实施	负责		
	4	制定生产过程的成本消耗考核标准并实施	负责		
	5	协调、跟踪解决生产过程中的产品质量问题	部分		

（续表）

	6	协助技术开发部开展新产品的试制工作	部分		
岗位概要	7	持续改进生产设备设施，完善新工艺	部分		
	8	定期对压铸事业部员工的操作技能、安全意识进行培训	负责		
	9	处理部门内外的其他临时事项	负责		

责任范围	汇报责任	按照总经理要求进行定期和不定期工作汇报，严格按照汇报制度执行
	督导责任	对下属各级人员的工作内容进行监督指导
	培训责任	对下属各级人员进行培训
	成本责任	对本部门的成本核算负责
	保密责任	对本部门的保密工作负责

工作权限	权力项目	主要内容
	审批权	对本部门的相关事宜具有审批权
	核查权	生产报表，物质申购，员工奖罚报表
	建议权	对本部门的内部相关事项具有建议权
	用人权	对本部门的内部人员的使用具有决策权
	考核权	对本部门的内部人员的工作绩效具有考核权

任职资格条件	知识技能水平	外语水平	英语四级
		计算机水平	Office办公软件
		资格证书或专业背景	压铸技术或相关专业
		业务知识	专业
		设备工具熟练程度	熟练掌握
	教育及培训	教育水平	□硕士以上　□本科　□大专　□高中　□初中
		培训经历	压铸技术，生产成本
	工作经验	□有　□无	
		□6个月～1年　□1～2年　□3～4年　□5年以上	
	能力素质要求	能力项目	能力标准
		决策能力	独立
		领导能力	优秀
		协调能力	良好
		沟通能力	良好
		创新能力	良好
	特殊要求	男性	
	能力要求	责任心强，协调能力强	
	岗位晋升方向	生产副总	

备注	

3.4 工作设计

3.4.1 工作设计的含义

工作设计是指根据组织目标，兼顾个人的发展需要，对完成工作的方式，某种特定工作所要求的任务、责任、权力以及在组织中与其他工作的关系的界定过程。工作设计分两类：一是对组织中新设置的工作岗位进行设计；二是对已经存在的缺乏激励效应的工作进行重新设计，也称为工作再设计。

工作设计涉及工作内容、工作职责、工作关系、工作结果和工作反馈5个方面。

(1) 工作内容。工作内容的设计是工作设计的重点，一般包括工作广度、工作深度、工作的自主性、工作的完整性以及工作的反馈5个方面。

(2) 工作职责。工作职责设计是指明确做每项工作的基本要求与方法，主要包括工作责任、工作权限、工作方法、信息沟通方式以及协作要求等方面。

(3) 工作关系。组织中的工作关系是指个人在工作中与其他人之间的关系，包括在工作中与其他人相互联系或交往的范围、建立友谊的机会及工作班组中的相互协作和配合等方面。组织中的工作关系表现为协作关系、监督关系等各个方面。

(4) 工作结果。工作结果主要指工作所提供的产出情况，即工作绩效与效果的高低。它包括工作应达到的具体标准(如产品的产量、质量和效益等)，以及工作者的工作感受与反应(如满意感、出勤率、缺勤率和离职率等)。

(5) 工作反馈。工作反馈是指任职者对工作本身所获得的成果的直接反馈(如能否在工作中体验到自己的工作成果)，以及来自他人对所做工作的间接反馈(如能否及时得到同级、上级、下属人员对工作结果的反馈意见)。

3.4.2 工作设计的要求和原则

1. 工作设计的要求

工作设计必须达到以下4点基本要求。

(1) 符合组织总目标。通过工作设计全部职务应能顺利地完成组织的总任务，即组织运行所需的每一项工作都落实到职务规范中去。

(2) 责任体系与总目标相符。全部职务所构成的责任体系应能保证企业总目标的实现，即企业运行所要达成的每一个工作结果，组织内每一项资产的安全及有效运行都必须明确由哪个职位负责，不能出现责任空档的情况。

(3) 工作与人相适应。职务分工应有助于发挥人的能力，提高组织效率。这就要求工作设计应全面权衡经济原则和社会原则，找到一个最佳结合点并保证每个人都能高效工作并充分发挥积极性。

(4) 因地制宜，立足企业资源条件。结合每个职位规定的任务、责任，根据当时的资源条件确定适当人选,不能脱离资源约束来单独考虑组织的需要。

(5) 提高组织效率。工作设计应该将提高组织效率作为一项最重要的原则,没有效率的工作设计必然是失败的设计,即使勉强使用也必然会被淘汰。良好的工作设计应该有助于员工发挥个人才能,提高企业组织效率。

2. 工作设计的原则

(1) 明确任务目标的原则。岗位的存在是为了实现特定的任务和目标,岗位的增加、调整和合并都必须以是否有利于实现工作目标为衡量标准。所以,在工作设计中,首先应明确所属单位的总目标是什么,每个岗位的目标又是什么,并且要力图使岗位目标具体化、明晰化,并使该岗位的设置与其承担的任务量相对应,这就要求在企业中广泛地推行系统化、科学化的目标管理,以杜绝岗位重叠、人浮于事、效率低下等现象。

(2) 合理分工协作的原则。以科学的劳动分工为基础设计工作岗位,不仅有利于员工发挥各自的技术专长,提高专业技能的内在含量,也便于明确岗位的工作任务和责任。员工只有在分工明确的情况下,才会主动地开展工作。同时,岗位设计应当充分考虑劳动协作的客观要求,明确岗位与岗位之间的协作关系。分工是协作的前提,而协作是分工的结果。岗位之间只有建立紧密的协作关系,才能进一步发挥集体的智慧和团队的力量,从而创造出更强的劳动生产力。

(3) 责权利相对应的原则。在进行工作设计时,首先必须要明确每一个岗位的责任、权力和利益,岗位责任是任职者应尽的义务,而与之相对应的岗位权力是赋予岗位员工应有的对人、财、物的各种支配、使用、调动权,权力是保证岗位运行顺畅的工具,利益是驱使岗位员工更好地完成任务的动力。必须切实保证岗位的义务、权力与利益的对应性和一致性,不受责任制约的权力和利益,必然导致滥用权力、利益膨胀、滋生腐败;而不授予足够的权力和利益,仅有岗位责任,则难以保障岗位工作任务的完成和预期目标的实现。

3.4.3　工作设计的方法

1. 基于工作效率的设计方法——机械型工作设计法

在进行工作设计时,强调找到一种使效率最大化且最简单的方式来对工作进行组合,通常包括降低工作的复杂程度,尽量让工作简单化。这种基于工作效率的设计方法使工作更加安全、简单、可靠,使员工工作中的精神需要达到最小化。

2. 基于工效学思想的设计方法——生物型工作设计方法和直觉运动型工作设计方法

(1) 生物型工作设计方法。通常用于体力要求比较高的职位的工作设计,目的是降低某些特定的职位对体力的需求,从而使任何人都能够完成这些职位工作。该方法非常关注对机器和技术的设计。

(2) 直觉运动型工作设计方法。关注人的心理能力和心理局限,这种方法通常通过降低工作对信息加工的要求,来改善工作的可靠性和安全性。

3. 基于人际关系理论及工作特征模型理论的设计方法——激励型工作设计方法

该方法通过工作扩大化、工作丰富化、工作轮换、自主性团队、提高工作生活质量等来提高工作的激励性。

(1) 工作扩大化。工作扩大化在20世纪50年代开始流行，是指在横向水平上增加工作任务的数目或变化性，将原来狭窄的工作范围、频繁重复的情况加以改善，使工作多样化。主要包括延长工作周期、增加职位的工作内容和包干负责制三种方式。

工作扩大化的优点是：增加了员工工作的多样性，缓解了员工对原有工作的单调感和厌烦情绪，使员工感到工作更有意义，员工的工作积极性在一定程度上提高了，工作满意度也相应有所提高。扩大员工工作范围有利于员工认识到其他工作的性质和困难，提高自身的沟通水平。缺点是：工作扩大化的挑战性不够，会使员工在负担加重的同时，感到更加厌烦，没有从根本上消除造成员工不满的因素；工作与工作间的性质差异仍然很大，业务不精可能成为工作扩大化的一个弊病。

(2) 工作丰富化。这是20世纪60年代兴起的一种工作设计方法，工作丰富化是使工作向纵向扩展，通过提高员工对工作的计划、组织、执行、决策、控制和评估的程度，满足员工心理的多层次需要，以达到激励的目的。主要包括任务组合、构建自然性工作单元、建立员工-客户关系、纵向扩充工作内涵、开放反馈渠道等方式。

工作丰富化的优点是：能够认识到员工在社会需要方面的重要性，可以提高员工的工作动力、满意度和生产率，降低缺勤率和离职率。缺点是：需要员工掌握更多的技能，成本和事故率都比较高，还必须依赖管理人员来控制。

(3) 工作轮换。工作轮换是指定期将员工从一个工作岗位轮换到另一个同样水平、技术要求接近的工作岗位上去工作，同时必须保证工作流程不受损失。该方法并不改变工作设计本身，而是让员工定期进行工作轮换，使员工提高自身对环境及社会的适应能力。

工作轮换的优点是：丰富了工作内容，有利于降低员工对工作的枯燥单调感，提高员工的工作积极性；员工能学到更多技能，提高对环境的适应能力，也为员工的职业生涯设计提供参考；适用于培养通用型管理人才；可以降低员工离职率。缺点是：使训练员工的成本增加，而且员工在转换工作的最初时期效率较低。此外，变动一个员工的岗位就意味着其他相关联的岗位也会随之变动，会增加管理人员的工作量和工作难度。

(4) 自主性工作团队。自主性工作团队是工作丰富化在团体上的应用。自主性工作团队对工作有很高的自主管理权，包括集体控制工作速度、任务分派、休息时间、工作效果的检查方式等方面，甚至可以有人事挑选权，团队中的成员之间相互评价绩效，适合于扁平化和网络化的组织结构。

(5) 工作生活质量。工作生活质量的内容包括：①满足员工参与管理的要求，企业领导者应当鼓励员工积极参与企业的管理和决策活动；②满足员工对工作内容更具挑战性、更富有意义的需求；③满足员工轮流工作和学习的要求，帮助员工学习新知识、掌握新技能；④满足员工个人享有更多非物质激励的需求，给员工提供更大的发展空间。

4. 工作设计的综合模式——社会技术系统

社会技术系统强调确立工作群体的工作职责并平衡工作的社会和技术部分。社会技术系统是一种工作设计技术，更是一种哲学观念，其核心思想是：如果工作设计要使员工更具生产力且能满足他们的成就需要，就必须兼顾技术性与社会性，技术性任务的实施总要受到企业文化、员工价值观及其他社会因素的影响。

相关链接

美国国家标准职业分类与O*NET系统职业分析

在推动美国职业教育发展的进程中，美国国家标准职业分类及其职业分析对引导全美职业教育、职业培训、技能鉴定起着十分重要的作用，其中一个重要的信息资源库就是职业信息网站(The Occupational Information Network，O*NET)，O*NET是劳动部支持下的一个专业职业信息网，也是全美最大的职业信息数据库，其成果已得到国内外的认可，其信息既可用于学生、求职者，也适用于社区学院、需要继续教育者、人力资源工作者和研究工作者。

一、美国国家标准职业分类

在美国劳动部公布的标准职业分类系统(Standard Occupational Classification，SOC)中，将美国的职业分为23个大类、97个中类、461个小类、840个细类，将具有相近工作职责、技能训练水平、教育水平的具体职业岗位归属于一个细类中，它包括从洗碗工、搬运工到经济学家、律师等各个职业。2010年，美国劳动部统计局对2000年的标准职业分类做了重新修订，发布了2010年的最新标准职业分类。

二、O*NET信息特点

(1) 职业分类更细化，信息公开。O*NET根据劳动部的标准职业分类进行再开发，公布了O*NET的标准职业分类，在劳动部细类职业的基础上，增加更多的细类职业分类，以及最新开发的职业，是对劳动部标准职业分类的补充。目前，已有1 102个O*NET标准职业分类，并对其中的965个职业岗位进行了详细的职业描述，其信息全部在网上对公众开放。

(2) 职业分析详尽。对每个职业均进行了包括以下方面的职业描述：职业定义，工作任务，知识、技能与工作能力，所需要的工具，职业具体活动，工作内容，素质，工作价值，职业兴趣，工作风格，职业前景，薪水水平等。

(3) 职业教育与培训。对各职业所需的教育水平与培训有详细的说明，它将所有职业按所需的教育程度分为无需教育、高中、副学士、学士、硕博士5个层次，每个职业需要达到哪个级别的教育水平，均有相应要求。

(4) 分类查找方便。可从职业代码、职业名称、职业大类等各个方面检索查找。

(5) 薪水与职业趋势。对职业列有年工资、小时工资的说明，并提供未来10年内的职业发展倾向预测，为求职者求学、求职、转岗工作等提供参考数据。

(6) 应用面广。网站的职业分析包括美国所有职业的描述，其职业分析数据具有普遍性，不仅适用于职业教育与培训，对本科、研究生教育也有较大的参考作用，可全面了解美国劳动力市场对不同劳动者的要求，对高中毕业生的职业选择、社区学院的专业与课程开发都是一个重要依据。对企业来说，也是制定岗位职业规范、开展培训工作、招聘人员的参考文本。

资料来源：管平. 美国国家标准职业分类与O*NET系统职业分析[J]. 中国职业技术教育，2011(21)：87-90.

实用模板

工作分析问卷模板如表3-16所示。

表3-16　工作分析问卷模板

此次问卷调查是为了搜集您目前所在工作岗位的有关信息，以便于在信息分析、处理后编制工作说明书，从而规范公司岗位管理。

问卷调查只针对各工作岗位的客观情况，不涉及任何具体的个人。请不必顾虑，如实填写。

谢谢您的支持！

公司工作分析调查问卷

工作岗位：　　　　　　　　　　　　　　　　　　　　　　　　部门：

岗位职责描述		用一句话描述本岗位的核心业务：
岗位职责	核心职责	1.
		2.
		3.
	常规职责	1.
		2.
		3.
岗位核心贡献		
内部接触部门		
外部接触机构		
监督		1. 直接下属的岗位数量为＿＿＿＿，其中，管理岗位的数量为＿＿＿＿ 2. 直接监督人员的层次：□一般员工　　□基层管理人员　　□中层管理人员
任职要求		1. 完成该工作职责所要求的专业与最低学历为 □初中及以下　　□高中　　□中专或职高　　□大专　　□本科及以上 专业：＿＿＿＿＿＿＿＿＿ 2. 您认为要完成该工作职责应具备哪些专业知识
		3. 为了顺利开展您从事的工作，必须具备哪些方面的工作经验
		具体工作经验　　　　　　　　　　　｜　　　最低时间要求
		4. 对于一个没有此方面工作经验的人员来说，您认为需要多长时间才能够胜任您从事的工作

(续表)

任职要求	5. 请您详细填写胜任您从事的工作应必备的各种技能(胜任工作必需的专业资质认证)					
	6. 必须具备的能力	低	较低	一般	较高	高
	(1) 理解判断能力					
	(2) 组织协调能力					
	(3) 决策能力					
	(4) 开拓能力					
	(5) 社会活动能力					
	(6) 语言文字能力					
	(7) 业务实施能力					
	如有必要，请列举其他能力及要求：					
	7. 您所从事的工作对体力方面的要求如何 □轻　　□较轻　　□较重　　□重					

工作环境	1. 列举您在工作中使用的设备与工具(列出最主要的4种即可):					
	2. 危害程度：					
	危害源	极少	轻微	中度	较多	严重
	备注	危害源包括高压、高空、深水、噪音、震动、污垢、尘埃、烟灰等				
	3. 您所从事的工作是否具有流动性　　□流动　　□不流动 　　如需流动，请选择： 　　(1) 是否需要在较大范围的工作场所内走动　　□是　　□否 　　(2) 是否要求经常出差　　□是　　□否					

工作时间要求	1. 每天正常的工作时间为＿＿小时 2. 是否经常加班　　□是　　□否 　　如果是，每周平均加班时间为＿＿小时 3. 实际上下班时间是否随业务情况而经常变化　　□是　　□否 4. 采用何种工作班制
其他需要说明的问题	

工作基本特征	1. 仅对自己的工作结果负责	(　　)
	2. 对整个部门负责	(　　)
	3. 对自己的部门和相关部门负责	(　　)
	4. 对整个公司负责	(　　)
	1. 在工作中偶尔做出的一些决定，对有关人员有些影响	(　　)
	2. 在工作中时常做出的一些决定，对自己部门有影响，对其他部门没有影响	(　　)
	3. 在工作中时常做出的一些大的决定，对自己部门和相关部门均有影响	(　　)
	4. 在工作中要做出的重大决定，对整个公司有重大影响	(　　)

工作基本特征	1. 有关的工作程序和工作方法均由上级详细规定，遇到问题时可随时报请上级予以解决，工作结果须报上级审核 ( )
	2. 分配工作时，上级仅指示工作要点，工作中上级并不时常予以指导，但遇困难时仍可直接或间接地请示上级，工作结果仅受上级对要点的审核 ( )
	3. 分配任务时，上级只说明要达到的任务或目标，工作的方法和程序均由工作人员自己确定，工作结果受上级审核 ( )
	1. 完成本职工作的方法和步骤大部分相同 ( )
	2. 完成本职工作的方法和步骤有一半相同 ( )
	3. 完成本职工作的方法和步骤大部分不同 ( )
	4. 完成本职工作的方法和步骤完全不同 ( )
	在工作中，您需要做计划的程度
	1. 在工作中无需做计划 ( )
	2. 在工作中需要做一些小计划 ( )
	3. 在工作中需要做部门计划 ( )
	4. 在工作中需要做公司整体计划 ( )
	您在工作中接触资料的公开程度
	1. 在工作中所接触的资料均属于公开性资料 ( )
	2. 在工作中所接触的资料属于不可向外公开的资料 ( )
	3. 在工作中所接触的资料属于机密资料，仅对中层以上领导公开 ( )
	4. 在工作中所接触的资料属于公司高度机密资料，仅对少数高层领导公开 ( )
工作压力	1. 您在每天的工作中是否经常要迅速地做出决定 □没有　□很少　□有一些　□许多　□非常频繁
	2. 您是否要经常处理一些应急性事件 □没有　□很少　□有一些　□许多　□非常频繁
	3. 您在工作中是否要求精力高度集中，如果是，占工作总时间的比重为多少 □60%及以下　□61%～70%　□71%～80%　□81%～90%　□90%以上
	4. 您是否面临一些期限很短的工作 □没有　□很少　□有一些　□许多　□非常频繁

编制人员		审核人员		批准人员	
编制日期		审核日期		批准日期	

|课后练习|

一、名词解释

工作分析、工作描述、职务规范、工作说明书、工作设计

二、选择题

1. 在一定时间内，由一个特定的人及其所担负的一个或数个职责组成的是( )。

    A. 工作任务　　　　B. 工作职责　　　　C. 工作职位　　　　D. 工作职务

2. 不适用于工作循环周期长和以脑力劳动为主(如工程师、律师)的工作的工作分析方

法是(　　)。
　　A. 工作日志法　　　　　　　　　B. 观察法
　　C. 问卷调查法　　　　　　　　　D. 面谈法
　3. 工作设计的主要内容包括(　　)。
　　A. 工作内容　　　B. 工作结果　　　C. 工作关系
　　D. 工作反馈　　　E. 工作职责
　4. 下列选项中，不属于工作描述的基本内容的是(　　)。
　　A. 工作职责　　　B. 工作标识　　　C. 心理要求
　　D. 工作关系　　　E. 工作概要
　5. 在进行工作设计时，需要遵循的原则有(　　)。
　　A. 明确任务目标　　B. 合理分工协作　　C. 责权利相对应
　　D. 系统性　　　　　E. 可行性

三、简述题

1. 工作分析在人力资源管理中有哪些作用？
2. 简述工作日志法的优缺点。
3. 简述工作设计的主要内容。
4. 简述工作设计的要求。
5. 工作分析与工作设计各有哪些方法？

`案例分析`　　　　　　　　　　**华达公司的职位分析**

　　华达公司新上任的人力资源部王经理在了解了董事长的意图、掌握了公司的基本情况后，决定从职位分析入手建立职位管理体系。

　　首先，寻找职位分析的工具与技术。他在阅读了国内目前流行的基本职位分析书籍之后，从中选取了一份职位分析问卷，作为收集职位信息的工具。然后，人力资源部将问卷发放到各个部门经理手中，同时在公司的内部网上发布了一份关于开展问卷调查的通知，要求各部门配合人力资源部做好问卷调查。

　　但是问卷下发到各部门之后一直搁置在各部门经理手中，并没有发下去，很多部门直到人力资源部开始催收时才把问卷发到每个人手中。同时，由于工作很忙，很多人在拿到问卷之后并没有认真思考，草草填写了事。还有很多人在外地出差，或者任务缠身，自己无法填写，而由同事代笔。此外，据一些比较重视这次调查的员工反映，大家都不了解这次问卷调查的意图，也不理解问卷中那些陌生的管理术语，比如何为职责、何为工作目的。很多人想就疑难问题向人力资源部咨询，可是不知道具体该找谁。因此，他们在填写问卷时只能凭借自己个人的理解，无法把握填写的规范和标准。

　　一个星期之后，人力资源部收回了问卷。他们发现，问卷调查的效果不太理想，一部分问卷填写不全，一部分问卷答非所问，还有一部分问卷根本没有收上来。辛苦组织的调查并没有发挥它应有的价值。

　　与此同时，人力资源部也着手选取一些职位进行访谈。但在试着谈了几个职位的任职者之后，发现访谈的效果也不好。因为在人力资源部，能够与部门经理访谈的人只有人力资源部经理一人，主管和一般员工都无法与其他部门经理进行沟通。同时，由于经理们都很忙，双方聚在一起实在不容易。结果，两个星期过去了，只访谈了两个部门经理。

人力资源部的几位主管负责对经理级以下的人员进行访谈，访谈中出现的情况出乎意料。在大部分时间里，被访谈的人都在发牢骚，指责公司的管理有问题，抱怨自己的待遇不公，等等。而在谈到与职位分析相关的内容时，被访谈人往往言辞闪烁，顾左右而言他，似乎对人力资源部的这次访谈不太信任。访谈结束之后，访谈人都反映对该职位的认识仍很模糊。这样持续了两个星期，大概访谈了公司内1/3的职位。王经理认为不能再拖延下去了，因此决定进入项目的下一个阶段——撰写职位说明书。

可是，各职位的信息收集得还不完全，怎么办呢？无奈之下，人力资源部不得不另觅他途。他们通过各种途径从其他公司收集了许多职位说明书，试图以此作为参照，结合问卷和访谈收集到的一些信息来撰写职位说明书。

在撰写阶段，人力资源部成立了几个小组，每个小组负责起草某一部门的职位说明书，各组要在两个星期内完成任务。在起草职位说明书的过程中，人力资源部的员工都颇感为难，一方面，他们不了解其他部门的工作，问卷和访谈提供的信息又不准确；另一方面，大家缺乏撰写职位说明书的经验，因此写起来都感觉很费劲。规定的时间快到了，很多人为了交稿，不得不急急忙忙东拼西凑了一些材料，再结合自己的判断成稿。

最后，职位说明书终于出台了。人力资源部将成稿的职位说明书下发到各部门，同时下发了一份文件，要求各部门按照新的职位说明书来界定工作范围，并按照其中规定的任职条件来进行人员的招聘、选拔和任用。这一做法引起了其他部门的强烈反对，很多直线部门的管理人员甚至公开指责人力资源部，说人力资源部的职位说明书是一堆垃圾文件，完全不符合实际情况。

于是，人力资源部专门与相关部门召开了一次会议来推动职位说明书的应用。人力资源部的王经理本来想通过这次会议说服各部门支持这个项目，结果却恰恰相反。在会上，人力资源部遭到了各部门的一致批评。同时，人力资源部由于对其他部门不了解，对其他部门所提的很多问题也无法进行解释和反驳，因此，会议的最终结论是，人力资源部重新编写职位说明书。后来，经过多次重写与修改，职位说明书始终无法令人满意。最后，职位分析项目不了了之。

人力资源部的员工在经历了这次失败后，对职位分析彻底丧失了信心。他们开始认为，职位分析只不过是"雾里看花，水中望月"的东西，说起来挺好，实际上没有什么用处，而且职位分析只适用于西方国家那些管理先进的大公司，在中国的企业中根本就行不通。原来雄心勃勃的王经理也变得灰心丧气，但他一直对这次失败耿耿于怀，对项目失败的原因也是百思不得其解。

资料来源：彭剑锋.人力资源管理理论、实践与前沿[M].北京：中国人民大学出版社，2014：203-204.

【案例讨论】

(1) 该公司的职位分析为什么会失败？

(2) 该公司应该如何进行职位管理？

教师的工作说明书设计

1. 实训目标

本实训的目的是通过训练，为自己的老师撰写一份工作说明书。

2. 实训内容

对任课教师的工作内容进行描述，说明其应具备的任职资格，并根据以上信息编写一份适合的工作说明书。

3. 实训组织

每4～6个同学组成一个小组，要求组与组分开且不能互相交流。

(1) 每组同学在课下进行相关信息的搜集与调查，准备材料。

(2) 通过组内讨论、修改完善，制作教师的工作说明书。

(3) 每组同学选一位代表对工作说明书进行讲解，与其他同学交流，并在课堂上展示。

拓展阅读

中国人力资源开发网. http：//www.chinahrd.net/.

中国人力资源网. http：//www.hr.com.cn/.

萧鸣政. 工作分析的方法与技术[M]. 4版. 北京：中国人民大学出版社，2014.

葛玉辉. 工作分析与工作设计[M]. 北京：清华大学出版社，2014.

厦门大学国家精品课程"人力资源管理". http：//xmujpkc.xmu.edu.cn/rlzygl.

第4章
招聘管理

知识结构图

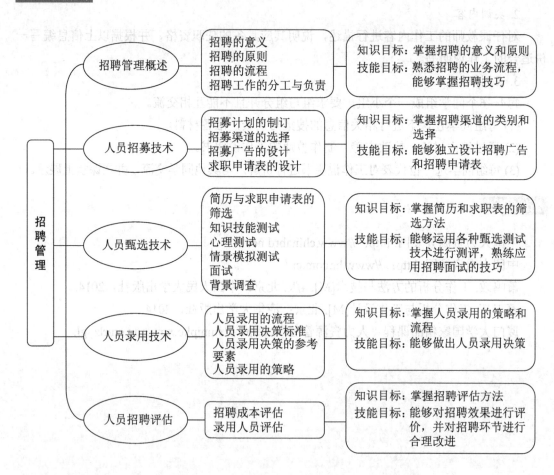

招聘管理概述 —— 招聘的意义、招聘的原则、招聘的流程、招聘工作的分工与负责 —— 知识目标：掌握招聘的意义和原则；技能目标：熟悉招聘的业务流程，能够掌握招聘技巧

人员招募技术 —— 招募计划的制订、招募渠道的选择、招募广告的设计、求职申请表的设计 —— 知识目标：掌握招聘渠道的类别和选择；技能目标：能够独立设计招聘广告和招聘申请表

人员甄选技术 —— 简历与求职申请表的筛选、知识技能测试、心理测试、情景模拟测试、面试、背景调查 —— 知识目标：掌握简历和求职表的筛选方法；技能目标：能够运用各种甄选测试技术进行测评，熟练应用招聘面试的技巧

人员录用技术 —— 人员录用的流程、人员录用决策标准、人员录用决策的参考要素、人员录用的策略 —— 知识目标：掌握人员录用的策略和流程；技能目标：能够做出人员录用决策

人员招聘评估 —— 招聘成本评估、录用人员评估 —— 知识目标：掌握招聘评估方法；技能目标：能够对招聘效果进行评价，并对招聘环节进行合理改进

情景写实

李平的校园招聘为什么会失败

　　2014年初，李平入职某珠宝公司担任人事主管一职，直接对接总裁，负责人力资源部的统筹工作。人力资源部总共四个人，除李平外，还有两个招聘专员、一个人事专员。人力资源部的工作主要集中在招聘模块，培训、薪酬、绩效模块较为简单。公司成立于2013年，有员工一百多人，正处于业务扩张期，招聘需求较大。当时公司对员工需求较大的岗位为电商、商品、展厅、珠宝设计等基础岗位。为了缓解招聘压力，在得到用人部门支持的情况下，李平组织了几场校园招聘。

　　2014年11月份，校园招聘正式开始。第一步，招聘专员联系清华、北大招生办，计划通过名校打开企业知名度，无奈无法联系上北大、清华招生办，最后将招聘院校锁定为厦门大学、华南理工学院等学校。第二步，与学校预约参展时间。第三步，带上宣传册、易拉宝等资料参展，并选择部分学校进行室内宣讲。第四步，新员工报到、录用，经过一个星期的简单培训，安排到各部门实习。

　　李平对此次招聘非常满意，共招到50个人。但是，在最近的公司经营会议上，总裁和各部门却否定了校园招聘工作。李平不知道招聘工作哪里没做好、为什么会被否定。虽然截至2015年6月底，部分员工因不能胜任岗位要求被淘汰，还有一些员工选择离职，只留下五六个实习生，但李平认为这很正常，校园招聘本来就是大浪淘沙。他不明白，自己到底哪里错了？为什么错了？

　　案例分析： 校园招聘是一个系统工程，需要各部门的配合。李平招聘失败的原因：一是公司知名度不高，对知名学校和学生缺乏吸引力；二是与用人部门缺乏沟通；三是企业缺乏内部人才培训和激励机制，人才淘汰率、离职率过高。因此，企业必须选择合适的招聘渠道，建立内部培训与激励机制，以吸引和留住人才。

资料来源：http://blog.sina.com.cn/s/blog_d93138910102vps1.html.

4.1　招聘管理概述

4.1.1　招聘的意义

1. 招聘的含义

　　所谓招聘，是指组织为了发展需要，根据人力资源规划和工作分析的要求，从组织内部和外部寻找、吸引并鼓励符合要求的人，到本组织任职和工作的过程。广义上的招聘是指吸引和选择企业需要的工作人员的活动过程，包括组织内部选拔和组织外部招聘两个途径。狭义上的招聘是指组织为了发展的需要从组织外部招聘工作人员的活动过程。招聘管理包括两个方面：一是向应聘者说明"工作是什么"；二是确定"什么人适合这项工作"。

2. 招聘的意义

　　人员招聘在企业人力资源开发与管理中具有重要意义，它主要表现在以下几个方面。

　　(1) 招聘可以提高企业员工素质，为企业战略的实现奠定基础。招聘可以确保企业获得组织发展所必需的高质量人力资源。企业战略决定了企业的竞争优势所在，关乎企业的长远发展，而企业战略的实现则依赖于合格的人力资源做支撑。招聘是企业人力资源管理的一项重要的基础性工作，有效的招聘，能为企业战略目标的实现储备所需要的人力资源，并将有利于企业人力资源库的建立、员工的培训与开发、员工的晋升与职业生涯规划等后续工作的开展。

(2) 招聘是企业吸收新的管理思想和管理方式的主要手段。招聘是企业补充人力资源的主要形式。通过员工招聘可以改善组织内人力资源供给不足的情况，为组织输入新生力量。通过员工招聘，来自不同组织或者不同地域，拥有不同教育背景的员工在一起很容易产生思想火花，特别是高层管理者和技术人员的招聘，可以为组织注入新的管理思想，更有可能为组织带来技术上的重大革新。

(3) 招聘有利于树立企业形象。招聘是企业与应聘者通过直接接触而进行双向选择的过程。在这一过程中，企业招聘人员的素质、招聘人员的形象与工作能力、企业发放的材料、宣讲会的组织，以及招聘流程的组织与安排等都是应聘者评价企业的依据。故此，如果企业能够较好地组织招聘，就可以更好地树立企业形象，吸引更多的人才，从而扩大招聘的选择范围，提高招聘质量。

(4) 招聘是激励员工、实现人员合理流动的重要工具。招聘可使组织内部产生压力、竞争，使员工感受到岗位的挑战，从而对员工产生激励作用。一个组织只有不断地在一定范围内注入新鲜血液，才能够应付激烈的竞争。内部竞争是组织得以进步的动力源泉，只有让员工切实感受到岗位压力，才能使员工不断地提高个人素质，提高人力资源的效率和产出，从而使企业的整体实力得以提高。

(5) 招聘可以规避用人风险，降低员工离职成本。员工是企业的财富，但同时又可能对企业造成潜在的威胁和危险。如果企业选人不当，可能导致员工流动率高、工作效率下降、错过市场或发展机遇、增加文化冲突等风险。而要较好地规避这些风险，最根本的方法就是把好招聘关，录用那些具有岗位胜任特征的人才。对于任何一家企业来说，员工流失是不可避免的。但频繁的员工流动或员工流失一旦超过合理范围，就会给企业带来额外的管理成本，并间接影响企业效益。

4.1.2 招聘的原则

1. 公开、平等、竞争原则

公开是指招聘前组织应把招聘信息(如招聘的条件、种类、数量、报考资格、考试科目、时间和应聘方法)通过公开的途径向社会发布。平等是指对所有的应聘者一视同仁，不得人为制造各种不平等的限制或条件(如性别歧视、地域歧视等)和各种不平等的优先优惠政策，为求职者提供公平竞争的机会，不拘一格地选拔、录用各方面的优秀人才。竞争是指通过考试和考核鉴别并确定人员的优劣和人选的取舍。坚持这一原则，一方面，能确保招聘与选拔的质量，为组织吸引优秀人才；另一方面，有利于在应聘者心目中树立良好的企业形象。

2. 因事设人、效率优先原则

招聘管理应以组织战略和人力资源规划的要求为依据，因事择人，以工作岗位的空缺和实际工作的需要为出发点，以岗位对人员的实际要求为标准，以达到因职选能、因能量级、人岗匹配的目标。效率优先原则体现为在人员招聘中要力争用最少的招聘费用，录用到高素质、适应组织需要的人员，即尽量使招募成本最小化、招募效率最大化。既不能为了招募合适人才而不计成本或增加不必要的浪费，也不能为了节约成本而招聘不合适的人员。

3. 择优录用、宁缺毋滥原则

广揽人才，选贤任能，为各个岗位选择第一流的工作人员，是员工招聘工作的核心。同时，一个岗位宁可暂时空缺，也不能让不合适的人占据，使组织遭受损失。企业应根据自身发展需要自主选择高素质员工，同时员工又可根据自身的能力和意愿，结合劳动力市场供求状况自主选择职业。企业自主择人，员工自主择业，这是劳动力市场上人力资源配置的基本原则。

4. 适人适位、量才录用原则

在招聘过程中，必须考虑候选人的专长，坚持量才适用，做到"人尽其才""用其所长""职得其所"。应确保待聘岗位获得相匹配的人才，使候选人得到能够充分发挥自己特长的平台，避免大材小用，导致今后留人困难；也要避免小材大用，导致不能胜任工作，从而达到企业与员工个人的双赢。

5. 遵守国家法令、法规和政策

招聘工作应严格遵守国家法律和政策的规定，不得违反法律、法规的要求。例如，不得违背《中华人民共和国宪法》关于男女同工同酬的规定，不得违反《中华人民共和国劳动法》所规定的劳动者的合法权益，以免引起法律诉讼，给组织造成不必要的损失。

4.1.3　招聘的流程

从广义上讲，招聘管理流程包括招聘准备、招募、甄选、录用、评估5个阶段；狭义的招聘管理主要包括招募、甄选、录用3个阶段。本节主要阐述招募、甄选、录用3个阶段的内容。招聘流程如图4-1所示。

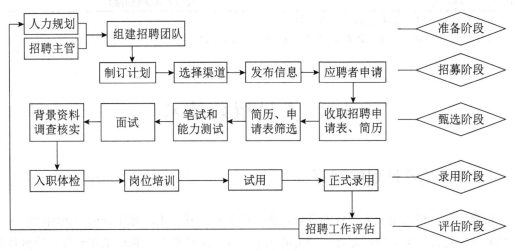

图4-1　招聘流程

4.1.4　招聘工作的分工与负责

在招聘过程中，人力资源管理部门应该与用人部门共同从事员工的招聘工作，只是分工有所不同。人力资源部门一般侧重一些原则性和事务性的工作，如确定工作分析的内容与招聘人员的任职资格、刊登广告、寻找中介、组织面试与测试、组织录用和评估工作等。用人部门在招聘工作中，则侧重一些专业性和技术性的工作，如出任测试考官、设计各类问卷和试题、修改完善岗位要求、筛选入围人员和最终确定录用者。在现代人力资源管理中，用人部门直接参与整个招聘过程，并在其中拥有计划、初选与面试、录用、人员安置与绩效考评等决策权，完全处于主动地位。人力资源部门在招聘过程中起组织与辅助的功能。明确人力资源部门与用人部门的分工和各自的职责侧重点，有利于协调两部门的工作，提高招聘工作的效率。招聘过程中用人部门与人力资源部门的工作职责分工如表4-1所示。

表4-1　招聘过程中用人部门与人力资源部门的工作职责分工

用人部门	人力资源部门
1. 招聘计划制订	2. 招聘计划审批
3. 招聘岗位工作说明书及录用标准的提出	4. 招聘信息发布 5. 应聘者申请登记、资格审查
6. 应聘者初选，确定参加面试的人员名单	7. 通知参加面试的人员
8. 负责面试、测试和考试工作	9. 面试、测试和考试工作的组织 10. 个人资料的核实、人员体检
11. 录用人员名单、人员工作安排及试用期待遇的确定	12. 签订试用合同 13. 试用人员报到及生活安排
14. 正式录用决策	15. 正式合同的签订
16. 员工培训决策	17. 员工培训服务
18. 录用员工的绩效评估	19. 招聘工作评估
20. 人力资源规划修订	21. 人力资源规划修订

注：表中的数字表示招聘工作中各项活动的顺序。

资料来源：赵凤敏.人力资源管理[M].北京：高等教育出版社，2013.

4.2　人员招募技术

4.2.1　招募计划的制订

招募计划是根据组织人力资源规划，在工作分析的基础上，通过分析与预测组织内岗位空缺及获得合格员工的可能性，制定的关于实现员工补充的一系列工作安排。招募计划由用人部门根据业务发展的需要制订，然后由人力资源部门审核，特别是人员需求量、招募费用等项目要进行严格复查，签署意见后交上级主管领导审批。

招聘计划主要包括以下几个项目。

(1) 招募指导思想。招募计划应简要介绍招聘工作的指导原则、总体目标及意义，以统一思想、协调行动。

(2) 招募人数。招募人数是将组织现有员工与组织需求相比较所得的差额。招募人数由用人部门在预测人力资源需求的基础上提出，再由人力资源部门和上级主管领导依据总编制审核确定。

(3) 招募标准。招募标准是组织对拟招募员工的基本素质要求以及针对不同职位的特殊要求。人力资源部门和用人部门要进行充分的交流，明确所需人员的录用标准和资格。在明确具体标准时，还应该进一步区分哪些素质是职位要求所必需的，哪些是希望应聘者具有的。

(4) 招募范围。即组织在多大范围内开展招募工作。确定招募范围时，首先，要考虑招聘岗位的类型。如高级管理人才与专业技术人才可以在全国范围或区域范围内招聘，而基层工作人员可以在当地招聘。其次，要考虑劳动力市场的供求情况。如果当地相关职位的供给比较充裕，在本地招聘基本上就可以满足需求；如果供给比较紧张，则要考虑扩大招募范围。此外，组织所在地区的经济和技术发展水平也会影响招募范围的确定。

(5) 招募规模。即企业准备通过招聘活动吸引多少数量的应聘者。招聘活动吸引的人数既不能太多也不能太少，太多会增加招聘成本和选拔的难度，太少则会限制挑选的范围，影响招聘质量。

(6) 招募时间和地点。招募时要根据招募对象的特点和资金的约束，合理选择发布信息的渠道和时间。从确定职位空缺到最终甄选录用需要一定的时间，为了避免因人员空缺影响组织正常工作的运行，招聘计划应该准确估计从候选人应聘到录用之间的时间间隔，合理确定招聘时间，以保证空缺职位的及时填补。此外，在确定招募的地域范围时，应综合考虑人才分布规律、求职者的活动范围、人力资源供求状况及招聘成本大小等方面。

(7) 招募预算。在招募计划中，需要对招聘预算做出估计，以提高招聘效率，降低招聘成本。一般来讲，录用一个人所需要的费用可以用招聘总费用除以录用人数得出。除此之外，还要核算招聘的人工费用、业务费用和一般管理费用。

(8) 确定工作进度安排表。工作进度安排表是对整个招募工作如何有效进行的一种安排，要尽可能详细到每一个环节的具体开始日期、结束日期，并给出一些阶段性目标，以便于相关人员配合。

对点实例　　　　　　　　　　**招聘计划书**

　1. 招聘职位、人数

招聘职位	招聘人数	主要职责和任职资格
研发工程师		
销售代表		
培训主管		
服务工程师		

2. 招聘方式

上述职位均采用外部招聘，拟利用报纸和本地人才网站以及本企业网站进行招聘。

3. 招聘宣传

××晚报第3版，7月1日开始，每周1次，共2次(第3次为免费赠送)。

4. 招聘小组成员名单

组长：张平(招聘负责人，负责整个招聘的全程跟进、组织与筹划，撰写招聘广告，组织编写面试题目，参与培训主管以及部分人员的面试)。

副组长：刘刚(研发部经理，负责编写研发人员的专业面试题目，组织面试，做出初步录用决定)。

王晓(销售部经理，负责编写销售人员的专业面试题目，组织面试，做出初步录用决定)。

王树一(服务部经理，负责编写维修工程师的专业面试题目，组织面试，做出初步录用决定)。

组员：孙颖、于宁(人力资源部，负责招聘广告刊登、简历筛选、面试题目打印、面试、组织各类测试安排、通知等相关事宜)。

李强(研发部主管，参与研发人员专业面试题目编制、面试)。

郭跃(服务部副经理，参与服务工程师专业面试题目编制、面试)。

宋小牧(销售部副经理，参与销售代表专业面试题目编制、面试)。

5. 甄选流程以及时间安排

1) 甄选阶段(7月份)

职位	资料筛选	笔试	初选	专业测试	专业面试	初步录用决定
研发工程师	15—20日		21—25日	28—29日	30日	8月1日
销售代表	同上	22日	25日		27日—29日	8月3日
培训主管	同上	23日	27日	28—29日	30日	8月5日
服务工程师	同上		21—25日	27—29日	30—31日	8月2日

2) 录用阶段(8月份)

职位	薪酬谈判	高层审批	体检	背景调查	录用手续	入职培训
研发工程师	8月3日	10日	13日	15日前	18日	19~30日
销售代表	8月5日	同上	同上	同上	同上	同上
培训主管	8月6日	同上	同上	同上	同上	同上
服务工程师	8月3日	同上	同上	同上	同上	同上

资料来源：万玺，冉军.招聘管理[M].北京：科学出版社，2011.

4.2.2 招募渠道的选择

在招聘需求获得批准以后，需要选择合适的渠道和方法来获取职位候选人。招募渠道通常有内部招聘和外部招聘两种类型，不同的招聘类型能够满足组织的不同需要。

1. 内部招聘

内部招聘就是从组织内部现有的员工中选拔合适的人才来补充空缺或新增的职位。内部资源包括现有的员工、组织以前的员工、员工的朋友以及以前的应聘者。

1) 内部选拔的途径

(1) 内部晋升。内部晋升是指组织从内部提拔员工补充到高一级的空缺职位。内部晋升能够促进组织人力资源的垂直流动，给员工更多的发展机会，激发组织内其他员工的士气，促进组织的工作效率不断提高。在美国企业中，90%以上的管理岗位是由内部员工填补的。

(2) 工作轮换。即在平级岗位中调动(或调换)员工，使企业与员工达到更优匹配。通过有计划、有步骤的工作轮换，可培养人才、储备干部和提高整体效益。工作轮换是组织内人员的横向流动，既有助于员工扩展自己的知识面，又有利于员工寻找到适合自己的岗位，获得更大的职业生涯发展空间，实现人职匹配。

(3) 返聘。即企业将解聘(或待聘)的员工重新聘用到合适的岗位。这些员工熟悉企业环境，无须培训即可上岗，而且十分珍惜工作机会，可以降低企业员工流动率。

2) 内部选拔的方法

(1) 工作公告法。即以公告的形式向员工通报现有工作岗位空缺的情况，并吸引合适的人选到该岗位的方法。企业发布的信息主要包括工作性质、任职资格、主管情况、工作时间以及待遇标准等。在组织内部，主要通过布告栏、内部报刊、内部网站等渠道公布招聘信息。

(2) 内部推荐法。包括主管推荐和员工推荐。即当主管或员工了解到组织出现职位空缺时，向组织推荐其熟悉的人员并进行考核的一种方法。这种方法的优点是员工对任职资格比较了解，推荐的人也是比较符合要求的。另外，出于对引荐者的尊重，被推荐者一般也不会轻易辞职。

(3) 档案法。即企业通过查阅员工档案搜寻空缺岗位的合适人选的方法。人力资源档案详细记录了员工的教育培训经历、专业技能、工作业绩和职业目标等各种信息。当企业出现岗位空缺时，人力资源部门既可以通过档案了解员工信息，又可以帮助企业及时发现那些具备相应资格，但由于种种原因没有提出申请的员工，从而选聘合适的员工填补空缺岗位。

(4) 人才库和继任计划。许多组织都有一个相对完善的人才库，当出现职位空缺时，组织可以利用人才库中的档案信息进行招聘。大型组织还应该制订人才继任计划，为组织中的一些重要岗位培养接班人。

对点案例　　　　　　　　　　**索尼公司的内部招聘**

一天晚上，索尼董事长盛田昭夫按照惯例走进职工餐厅与职工一起就餐、聊天。他多年来一直保持这个习惯，以培养员工的合作意识，建立与员工的良好关系。某天，盛田昭夫忽然发现一位年轻职工看起来郁郁寡欢、满腹心事，只顾闷头吃饭，谁也不理。于是，盛田昭夫就主动坐在这名员工对面，与他攀谈。

几杯酒下肚之后，这位员工终于开口了："我毕业于东京大学，有一份待遇十分优厚的工作。进入索尼之前，对索尼公司崇拜得发狂。当时，我认为进入索尼是我一生的最佳选择。但是，现在才发现，我不是在为索尼工作，而是在为课长干活。坦率地说，我的课长是个无能之辈，更可悲的是，我所有的行动与建议都要经科长批准。我自己提出的一些小发明与改进建议，科长不仅不支持、不理解，还挖苦我癞蛤蟆想吃天鹅肉，有野心。对我来说，这位课长就是"索尼"。我十分泄气，心灰意冷。这就是索尼？这就是我的索尼？我居然放弃了那份待遇优厚的工作来到这种地方？"

这番话令盛田昭夫十分震惊，他想，类似的问题在公司内部恐怕不少，管理者应该关心他们的苦恼，了解他们的处境，不能堵塞他们的上进之路，于是他便产生了改革人事管理制度的想法。

之后，索尼公司每周出版一次内部小报，刊登公司各部门的"求人广告"，员工可以自由而秘密地前去应聘，他们的上司无权阻止。

另外，索尼原则上每隔两年就让员工调换一次工作，特别是对那些精力旺盛、干劲十足的人才，不是让他们被动地等待工作，而是主动给他们提供施展才能的机会。

分析：盛田昭夫通过与员工的非正式沟通了解到公司存在人才受挤压的问题，于是改革人事管理制度，实行内部招聘制度。这既有利于激励员工不断成长，又有利于盘活组织内部人力资源，实现人尽其才、才尽其用，从而实现个人与岗位的动态平衡，更重要的是创建了开放、公平、民主与创新的组织。但是，这种制度在实现人才在内部自由流动的同时，也造成了工作的不稳定。它能否实施的关键基础是组织制度是否健全、规范，组织文化是否能够支撑这种管理制度。

资料来源：丁树春. 索尼的"内部招聘"[J]. 对外经贸财会，2002(11)：31.

2. 外部招聘

外部招聘，即主要从组织外部招聘组织所需要的人员。外部招聘的主要原因是企业的产品(技术)更新换代过快来不及培养适用的人才；组织内部出现职位空缺但缺乏胜任者；想在更大的范围内通过比较来选拔更优秀的人才。

外部招聘的主要方法包括广告招聘、人才中介机构(包括劳务市场、职业介绍所、人才市场、猎头公司)招聘、校园招聘、招聘会、互联网招聘、员工推荐、自荐以及社交媒体(如微博、微信、人人网)招聘等。各种招聘方法都有明显的利弊(见表4-2)，在实际招聘过程中，应结合企业具体的招聘计划和目标，灵活、合理地选择招聘方式。

表4-2 外部招聘各种方法的利弊比较

招聘方法		利	弊
广告招聘		信息量大，覆盖面广，备选比率高，能提高企业知名度，适用于所有人员	成本较高，针对性较差，筛选工作量大，信息容易失真，成功聘用率低
人才中介机构	劳务市场、职介所、人才市场	时间集中，成本低；申请者多，处理及时；可公事公办，依标准招聘；适用于招聘初中级人才或急需人才	专业性较差，人员素质不高，招聘成功率低，管理不规范，人才库不全面
	猎头公司	针对性强，可立即上岗；成功率高，招聘质量好；适用于招聘高级技术人员或管理人才	收费高(年薪的25%～35%)，招聘过程长，信誉水平需要调查

(续表)

招聘方法	利	弊
校园招聘	目标群明确，背景真实，可信度高；企业选择面广，费用较低；时间确定，可有计划招聘；适用于补充后备力量和专业人才	缺乏经验，需大量培训和磨合，跳槽多，相对成本较高；时间固定，不能临时录用；适合大企业，不适合中小企业
招聘洽谈会	直接面对求职者，效率高；适用于招聘初中级人才或急需人才	时效性强，洽谈环境差，质量难保证，持续时间长
网络招聘	信息量大，传播面广，更新快；不受时间、地域限制，成本低；时效性长，适用于招聘所有人员	虚假信息较多，须建立网络系统，或借助外部网络工具
自荐	效率高，节省招募费用，适用于招聘所有人员	非正式招募，不确定性较高，有虚假信息
员工推荐	速度快，成本低，留用率较高；应聘者工作会更加努力；适用面广；适用于招聘所有人员	易形成裙带关系，选择面狭窄，妨碍平等就业，易造成各方心理压力
社交媒体招聘	信息精炼，针对性强，效率高；信息形式多样，吸引力强；成本低；适用于招聘所有人员	信息真实性难以验证；缺乏特色，易忽视不同人群差异；企业知名度要求高

3. 内部招聘与外部招聘的比较

内部招聘与外部招聘各有利弊，是相辅相成的。企业选择最佳的招聘方法的前提是熟知各种方法的优缺点(见表4-3)，同时要充分考虑企业的招聘目的、自身条件和环境。

表4-3 内部招聘与外部招聘的利弊比较

渠道	利	弊
内部招聘	① 充分利用内部资源，有效性强，可信度高 ② 可提高被提升者的士气，调动员工工作积极性 ③ 降低招募风险和成本，成功率高 ④ 员工对企业熟悉，可更快适应工作	① 来源局限，水平有限 ② 易出现思维或行为定式，缺乏创新性，使组织丧失活力 ③ 易造成"近亲繁殖"或内部争斗 ④ 新提升者缺乏权威性，不利于工作开展
外部招聘	① 选择余地更大，有利于招到优秀人才 ② 避免"近亲繁殖"，有利于组织创新 ③ 可平息或缓和内部竞争者之间的矛盾 ④ 方便快捷，且节省培训投资 ⑤ 有利于树立企业形象	① 被聘者需较长的"调整适应期" ② 增加筛选决策的难度与风险 ③ 影响内部员工的积极性 ④ 被聘者可能不适应组织文化 ⑤ 招募成本高

4.2.3 招聘广告的设计

1. 招聘广告设计的AIDAM原则

(1) Attention——引起求职者注意原则。在多数媒体上，大部分的广告都是批量发布的。广告设计如果没有特色，就很容易淹没在其他广告中而不能引起应聘者的注意。招聘广告引人注目的方法包括使用醒目的字体、与众不同的色彩，放在显眼的位置等，最醒目的内容应是单位最具吸引力之处，例如单位名称、单位标识、招聘职位、待遇条件、工作地点等。例如，某招聘广告刊有一副雄鹰图案，图案上方写着："飞翔，需要更广阔的天空。"在一群大雁下方写着："展翅飞翔，期待您的加盟！"这样的图案与标题的组合就非常有吸引力。

(2) Interest——激发求职者兴趣原则。即要引起求职者对工作的兴趣，平铺直叙的、枯燥的广告词可能很难引起读者的兴趣，而生动的、具有煽动性的、能引起读者共鸣的广告词再加上巧妙、新颖的呈现方式则很容易令人感兴趣。例如，"你将投身于一项富有挑战性的工作""你愿意与充满活力的单位共同成长吗"等。

(3) Desire——创造求职愿望原则。即不仅要使读者有兴趣，还要引发读者求职和工作的愿望。通常求职的愿望是与他们的需求紧密联系在一起的，因此，一般情况下，单位可以通过强调吸引人的一些因素，如成就、培训与发展的机会、挑战性的项目、优越的薪酬福利等，激发求职者的应聘愿望。

(4) Action——促使求职行动的原则。招聘广告要向应聘者提供联络方法，包括联系电话、通信地址、公司网址等，同时还可使用一些煽动性的话语，例如"今天就打电话吧""请尽快递交简历"等，以促使应聘者迅速采取行动。

(5) Memory——留下记忆原则。不管看到广告的人是否采取了行动，都要让他们对招聘广告留下深刻的印象，这是招聘广告的第二个目的，即对企业的形象与业务进行宣传。

2. 招聘广告的内容

招聘广告内容包括：①公司的基本情况介绍(包括公司的业务性质、业务经营范围、发展形势相关情况)；②详细的职位描述(包括岗位职责、工作环境与条件、入职条件)；③相应的人力资源管理政策(包括工资水平、福利项目等)；④应聘者的任职资格要求；⑤应聘者应该提供的资料；⑥应聘方式(亲自申请、电话申请还是投递简历)、公司联系方式(公司的联系电话或邮编、地址、邮箱等)及注意事项等。

3. 招聘广告设计应该注意的问题

一则好的广告不仅能够准确地传达招聘信息，更重要的是能够宣传企业形象和业务。一般来说，设计广告时要注意以下几个关键点。

(1) 创意新颖、设计独特。创意是广告的生命之源，只有独特的设计才能吸引人的眼球。因此，广告设计要避免千篇一律，要争取在第一时间抓住目标受众的视角，使其能够产生立即行动的决心和信心。

(2) 歧视问题。包括性别歧视、年龄歧视、学历歧视、非名牌大学歧视、区域歧视、籍贯歧视等。例如，招募广告中出现的"985大学毕业""本市户口"等字眼，都是带有歧视性质的。

(3) 报酬问题。报酬应有明确的范围，招募广告中常出现的"高薪诚聘""薪酬福利待遇面议"等是缺乏诚意的说法。

(4) 资料问题。资料是应聘者的私有物，但大部分报纸招聘广告都注明"资料恕不退还"，这是有待商榷的问题。

(5) 上门问题。招募广告中注明"谢绝来电来访"是不友好的表现。

4.2.4　求职申请表的设计

应聘者通过招聘广告等途径获取招聘信息后即可向招聘单位提出求职申请。求职申请有两种方式：一是应聘者通过信函向招聘单位提出申请；二是直接填写招聘单位的求职申请表。精心设计的求职申请表能为筛选工作提供便利，大大降低招聘成本。求职申请表的设计要遵循简明扼要、涵盖所要了解的信息、站在应聘者的立场考虑问题等原则。

1. 求职申请表的内容

(1) 个人基本情况。包括姓名、年龄、性别、婚姻状况、兴趣、爱好、通信地址及联系方式等。

(2) 求职岗位情况。包括应聘岗位、薪酬福利期望、培训期望、工作地点、时间要求等。

(3) 工作经历。包括目前的任职单位及地址、联系电话、现任职务、工资水平、离职原因等。

(4) 教育与培训情况。包括毕业学校、最终学历、学位、所接受的培训等。

(5) 生活及个人健康状况。包括家庭成员信息、与本企业员工是否存在亲戚关系、医院开具的健康证明等。

(6) 其他有关信息。包括获奖情况、能力证明(语言、计算机能力等)、证书、未来的目标等。

对点实例

北京××商业银行求职申请表如表4-4所示。

表4-4　北京XX商业银行求职申请表

填表日期：　　　　　　　　　　　　　　　　　　　　　　　　　NO：

姓名		性别		出生年月日		
籍贯		民族		政治面貌		
婚否		身高	cm	体重	kg	
最终学历		毕业院校		专业		
职称		现从事的专业/工作				
户口性质	□农业 □非农业		户籍地址			
身份证号码				毕业证书号		
工作单位				联系电话		
通信地址				邮编		
家庭详细地址			电话		邮编	
手机		E-mail			QQ	
掌握何种外语		证书编号			等级	

家庭成员情况	关系	姓名	出生年月日	工作单位	职务/职称	电话
	父					
	母					
	配偶					
		户籍性质	□农业 □非农业	学历	专业	
	子女					

注：本行系统内如有亲属，须将该亲属信息一并填入本栏

(续表)

学习简历	学历	起止时间	学校名称	专业	所获证书/学位	学校形式
	高中/中专					
	大专					
	本科					
	硕士/MBA					
	博士					

工作简历	起止时间	单位名称	职务/岗位	年薪	主管姓名及电话	离职原因

技能培训	计算机能力		外语能力			
	职称		获得日期		评定机构	
	培训时间		培训机构		培训课程	
	所获证书及成果					

个人特性	应聘理由		欲求职位	
	目前及将来事业要求			
	性格长处及短处			
	特长			
	习惯及爱好			
	奖励记录			
	处分记录			

其他信息	① 是否有犯罪记录	否□ 是□ 如选择"是"请简述		
	② 是否服务过本公司	否□ 是□	岗位/时间	
	③ 是否有亲戚或朋友服务于本公司	否□ 是□	姓名/关系	
	④ 是否能向原单位了解相关情况	否□ 是□		
	⑤ 您如何获知本公司的招聘信息			
	⑥ 希望薪酬水平	元/年(税前)	可接受薪酬水平	元/年(税前)
	⑦ 晋升的期望	职位	时间	
	⑧ 培训期望	内容	时间	
	⑨ 可开始工作时间			

填写声明:

本人承诺以上提供的信息完全属实,如有不真实信息,本人愿意承担一切责任和由此引起的一切后果。

申请人签名:

填写日期:

资格审查意见	签署:	面试意见	签署:
人事部门意见		行领导意见	
签署:		签署:	

2. 设计求职申请表应该注意的问题

求职申请表是组织招聘工作的初选依据，其设计很关键，一张好的求职申请表可以帮助组织降低招聘成本，提高招聘效率，尽快找到理想的人选。设计求职申请表时应注意以下几个问题。

(1) 内容的设计都要根据工作说明书来确定，要按不同职位要求、不同人员层次进行设计。

(2) 设计时要注意有关法律和政策，如有的国家规定，种族、肤色、宗教等内容不得列入表内。

(3) 设计时要考虑申请表存储、检索等问题，表格大小要与常用打印纸大小一致。

(4) 设计时要审查已有的申请表，不要照搬照抄，要在确认项目设计和格式要求都符合需要的情况下再加以利用。

(5) 在求职申请表的最前面或者最后面的适当位置，目前还通常需要设置类似"本人保证表内所填写内容都是真实的，如有虚假，愿受解职处分"字样的诚信声明栏目，以便警告应聘者不得填写虚假信息，并为以后的离职处理提供宝贵依据。

4.3　人员甄选技术

人员甄选是指组织运用一定的工具和手段对已经招募到的求职者进行鉴别和考察，区分、评估其人格特点与知识技能水平，预测其未来工作绩效，从而挑选企业所需要的、恰当的职位空缺填补者。人力资源选拔是招聘工作中最关键的一步，也是技术性最强的一步，选择合理的甄选技术可以大大降低人员进入组织后的培训费用，提高人员在组织中的稳定性。人力资源选拔过程包括：简历和求职申请表的筛选、知识技能测试、心理测试、情景模拟测试、面试、背景调查等。

4.3.1　简历与求职申请表的筛选

一般而言，任何甄选过程的第一个步骤都是要求应聘者提交个人简历或填写一份求职申请表。通过简历和求职申请表能获得足够的信息来判断应聘者是否具备职务所需的最低资格。

1. 简历筛选

简历是应聘者自带的个人介绍材料，在筛选过程中要注意以下几个技术要点。

(1) 简历结构审查。简历结构在很大程度上能够反映应聘者的组织沟通能力，结构合理的简历一般都比较简练，基本不超过两页。手写简历要字迹清晰，电子版简历要突出主要成就，篇幅要简短。

(2) 简历内容审查。简历内容包括主观内容和客观内容。在筛选简历时应将重点放在客观内容上。例如，应聘者的个人信息、受教育经历、工作经历和个人成绩4个方面。

(3) 个人资质审查。即对应聘者资质与职位要求相符程度的审查。在审核简历中的客观内容时，招聘人员应该注意应聘者的个人信息和受教育经历这两个方面，判断应聘者的个人资质是否与空缺岗位相关要求相符合。如果不相符就没有必要再浏览其他内容，可以直接淘汰。

(4) 简历逻辑性审查。注意应聘者简历中对工作经历和个人成绩方面的描述是否有条理，是否具有逻辑性。比如，应聘者在简历中描述自己的工作经历时，列举了一些著名企业和一些高级职位，而他所应聘的却是一个普通职位，对这类简历就需要引起注意。

(5) 简历真实性审查。注意应聘者简历中描述的个人经验与取得的成绩是否相关，是否具有真实性。例如，应聘者在简历中称自己在许多领域取得了突出成绩并获得很多证书，但是从他的工作经历中很难看出有这样的条件和机会，这就需要多加注意。如果能够断定在简历中有虚假成分存在，就要直接删除这类简历。

(6) 简历整体印象。简历是否合理、设计是否美观，都能反映应聘者的性格和习惯。通过对简历的整体阅读，可留下初步印象。另外，对简历中有疑问的地方或印象深刻的地方可以进行标注，以便面试时询问应聘者。

2. 求职申请表筛选

求职申请表通常都是由相关部门专门设计的，求职申请表的筛选与简历的筛选基本相同，但有些方面仍值得注意。

(1) 应聘者态度考查。态度比较端正的应聘者一般都会认真填写申请表，内容也填写得相对完整，字迹工整。一般情况下，对于填写不太完整或字迹相对模糊的申请表可以不加考虑。

(2) 职业相关性考查。重点考查工作经历。在审查求职申请表时要估计背景材料的可信程度，注意应聘者以往经历中所任职务、技能、知识与应聘岗位之间的联系。例如，应聘者的工作经历和教育背景是否符合申请条件，是否经常变换工作而这种变换却缺少合理的解释等。在筛选时要注意分析其离职的原因、求职的动机，要对那些频繁离职人员加以关注。

(3) 标明可疑之处。在筛选过程中对申请表中有疑问的地方应该做出相应标记，在面试的时候可以进一步核实。例如，在审查应聘申请表时，通过分析求职岗位与原工作岗位的情况，要对高职低就、高薪低就的应聘者加以关注，必要时应该检验应聘者的各类能够证明身份及能力的证件。

4.3.2　知识技能测试

人力资源知识技能测试用于衡量应聘者所具备的知识与技能水平，以此判断应聘者能否承担应聘岗位的职责。具体可采用笔试、口试、现场测试、各种能力证书的验证等形式。知识技能考试通常包括三种类型。

(1) 综合知识测试。通常采用笔试的形式，主要了解应聘者是否掌握应聘岗位必须具备的基础知识，考察应聘者的知识面，其内容包括各种常识和基础知识。

(2) 专业知识测试。即对特定职位所要求的特定知识的测试，主要了解应聘者是否具备其应聘的岗位所要求的有关专业知识、内容技术专业知识和管理专业知识。

(3) 技能测试。即对特定职位所要求的特定技能进行测试，主要用于了解应聘者对各种工具的掌握程度。内容包括通用能力测试和特定岗位的特殊技术能力测试。例如，外语、计算机通用能力的测试，会计岗位人员的记账、核算能力的技能测试等。

4.3.3　心理测试

心理测试源自实验心理学中个别差异研究的需要。心理测试的目的在于从人的素质方面来把握求职者的能力结构是否符合所应聘的岗位的要求，并预测应聘者在今后工作中的发展趋势，从而提高招聘的准确度。常见的心理测试技术有以下几种。

1. 职业能力倾向性测试

能力测试一般用于测定从事某项特殊工作所具备的某种潜在能力。通过能力测试，可以有效测量人的某种潜能，从而预测他在某职业领域中成功和适应的可能性，或判断哪项工作更适合他。职业能力测试包括普通能力倾向测试、特殊职业能力测试、心理运动机能测试。

(1) 普通能力倾向测试。测试内容包括思维能力、想象能力、记忆能力、推理能力、分析能力、数学能力、空间关系判断能力、语言能力等。

(2) 特殊职业能力测试。即对特殊职业或职业群的能力的测试，其目的在于测量已具备工作经验或受过有关培训的人员在某些职业领域中现有的熟练水平，以选拔那些具有从事某项职业的特殊潜能，并且经过很少或不经特殊培训就能从事某种职业的人才。

(3) 心理运动机能测试。心理运动机能包括两类：一类是心理运动能力，如选择反应时间、肢体运动速度、四肢协调程度、手指灵巧程度、手臂稳定程度、速度控制等；另外一类是身体能力，包括动态强度、爆发力、广度灵活性、动态灵活性、身体协调性与平衡性等。

2. 个性测试

个性也称人格，是指一个人自身所具有的独特的、稳定的对现实的态度和行为方式，它具有整体性、独特性和稳定性的特点。对应聘者进行个性测试的目的是寻找人的内在性格中某些对未来绩效具有预测效用或是工作与之相匹配的特征。个性测试方法一般分为以下两种类型。

(1) 自陈式测试。通过让应聘者填写自陈式测验量表，判断其性格特点。它的应用前提是"只有本人最了解自己"，资料来自应聘者提供的关于自己个性的回答。自陈式测试的优点是操作简便，容易被测试者接受；缺点在于难以把握求职者的诚信度，即求职者是否会美化自己的人格特征，尤其是在问卷答案的倾向性过于明显时，往往会导致测试结果与事实不相符。典型的测试量表有明尼苏达多相人格测试、16PF、艾森克人格问卷(EPQ)、加州心理调查表(CPI)等。

(2) 投射法测试。它的假设前提是"人们对外界刺激的反应都是有原因的，而不是偶然的，且这些反应主要取决于个体的个性特征"。投射测试一般把一些无意义的、模糊的、不确定的图形、句子、故事、动画片、录音、哑剧等呈现在被测者面前，不给任何提示、说明或要求，然后问被测者看到、听到或想到了什么。该技术可以探知个体内在隐蔽的行为或潜意识的态度、冲动和动机。由于采用图片测试，可避免文字测评中常用的社会赞许反应倾向性，即不说真心话而投测评者所好。常用的投射技术有：罗夏墨迹测验、句子完成式量表、笔迹学测评等。

3. 价值观测试

一个组织能否发挥应有的功效、完成组织目标，往往受组织成员的价值取向所影响。有些职业或空缺岗位与求职者的工作价值不相符，对此用人单位必须慎重考虑是否接收。一些求职者由于某些特殊原因去应聘与其工作价值观完全不符的职位，这不仅降低了其工作的热情与积极性，还会直接影响工作绩效，甚至影响组织效率。价值观测试可以深入了解应聘者的价值取向，作为甄选录用的补充性依据。当前流行的价值观测量工具有罗卡奇(Rokeach，1973)编制的基本价值观量表，奥尔波特、弗农、林赛(Allport、Vernen、Lindzey，1931、1951、1960)编制的价值研究量表，以及莫里斯(Morris，1956)编制的生活方式问卷。

4. 职业兴趣测试

职业兴趣是指人们对某种职业活动具有的比较稳定而持久的心理倾向，它反映了一个人想从事某种职业的愿望。有关资料表明：一个人如果从事自己感兴趣的职业，能发挥全部才能的80%～90%，且能长时间保持高效率而不疲劳；如果从事不感兴趣的职业，则只能发挥全部才能的20%～30%。霍兰德职业兴趣测试把人的兴趣分为6种不同的类型：实际型、研究型、社交型、传统型、企业型、艺术型。这6种性格、兴趣类型与相对应的职业见表4-5。

表4-5　6种性格、兴趣类型与相对应的职业

兴趣类型	职业
实际型：有攻击性，身体活动有技术性，有力量，有协调性	林业、农业、建筑业
研究型：擅长思考、组织、理解等智力活动，应用情感与直觉较少	生物学、数学、新闻报道
社交型：擅长交际，不喜欢心智或体力活动	服务业、社会工作、临床心理学
传统型：喜欢从事有规章制度的活动，有奉献精神，尊奉权威	会计、财务、企业管理
企业型：擅辞令，能够影响他人，获取权力、地位	法律、公共关系、中小企业管理
艺术型：爱自我表达，擅长艺术性创造或情感活动	绘画、音乐、写作

5. 智力测试

智力测试是对人的智力的科学测试，它主要测验一个人的思维能力、学习能力和适应环境的能力。智力测试是对一般认知功能的测量，一般包括观察力、注意力、记忆力、思维力、想象力等，要求被测试者通过分析、排列、推理、比较、判断、联想等技能来解答测试题目，智力测试的结果用IQ商数来表示。智力的高低直接反映人的能力高低，而人的能力高低又直接影响对职位的胜任水平。智商的测算公式为

$$智商(IQ)=智力年龄/实际年龄×100\%$$

正常人的智商为90%～109%；优秀者的智商为120%～139%；非常优秀者的智商在140%以上；智力缺陷者的智商在69%以下。智商水平测试是企业适人适位地招聘、选拔

和配置员工的前提。

智力水平的高低直接影响一个人的工作情况。常用的智力测试包括奥蒂斯独立管理心理测验、旺德利克人员测验、韦斯曼人员分类测验、韦克斯勒成人智力量表，斯坦福-比奈智力量表。

6. 情商测试

情商(EQ)又称情绪智力，即人在情绪、情感、意志、耐受挫折等方面的品质，它对一个人的成功起着关键性的作用。情商测试用于衡量一个人对自己的情绪的认知和调控能力。EQ的内容包括：①自我意识，即认识自身的情绪，它是EQ的基础；②控制情绪，即妥善管理情绪；③自我激励；④认知他人的情绪；⑤人际交往技巧。EQ是组织领导者必须具备的基本能力。情商高的人可以把智力和各种潜能充分发挥出来；而情商低的人不但难以发挥自己的能力，而且会影响和干扰组织内部的工作秩序。

4.3.4　情景模拟测试

情景模拟测试也称评价中心技术，是现代人力资源测试的一种新方法。情景模拟(Situational Simulation)就是根据应聘者应聘的职务，编制一套与该职务实际情况相似的测试项目，将应聘者安排在模拟的、逼真的工作情景中处理各种问题，进而对其心理素质、实际工作能力、潜在能力进行评价的一系列方法。这一方法多用于招聘高层管理人员、事务性工作人员、销售人员和服务人员。

从活动内容划分，情景模拟的测试方法主要有以下几种。

(1) 公文筐测验。它是情景模拟的一种主要形式，是评价担任特定职务的管理人员在典型职业环境中获取、研究有关资料，正确处理各类信息，准确做出管理决策，有效开展指挥、协调和控制工作的能力及其现场行为表现的综合性测试。公文一般有文件、备忘录、电话记录、上级指示、报告等，该测试要求应聘者在规定的时间内，根据自己的经验、知识、能力、性格、风格去处理5～10份文件，以观察应聘者的知识、能力、经验和风格等。

(2) 无领导小组讨论。即让一组应聘者就一个与工作有关的题目进行自由讨论，讨论前也不指定谁是主持人，在讨论中观察每个人的主动性、说服力、创新力、口头表达能力、自信心、心理压力的耐受力、精力和人际交往能力等，适用于对中高层管理人员的管理胜任力的测评。

(3) 角色扮演。即评价人员要求应聘者扮演其应聘的一个特定管理角色去处理一系列尖锐问题和人际矛盾与冲突，以此观察应聘者的各种行为表现，了解其心理素质和潜在能力。它是一种主要用于测评应聘者人际关系处理能力的情景模拟活动。

(4) 案例分析。即向应聘者提供一个或多个管理案例让其进行分析，在案例分析中考察应聘者的分析、决策、书面表达或口头表达等方面的能力。通常评价者根据应聘者所提出的建议对其综合分析能力、管理能力以及业务技能做出评判。

(5) 即席发言。即给应聘者一个题目，让其稍做准备后发言，借以观察、了解应聘者的反应理解能力、语言表达能力、气质风度及思维发散能力等素质。

4.3.5 面试

面试兴起于20世纪50年代的美国。狭义地说，面试就是面谈，是指通过主试者与应聘者双方面对面地观察、交谈等双向沟通的方式，了解应聘者的素质状况、能力特征以及求职动机的一种甄选技术。广义的面试是指主试者通过与应聘者直接交谈或者置应聘者于某种特定情景中进行观察，从而对其适应职位要求的某些能力、素质和资格条件进行测评的一种方法。

1. 面试过程

(1) 面试前的准备阶段。面试前，面试考官要事先确定需要面试的事项和范围，写好提纲，并且在面试前要详细了解应聘者的资料，了解应聘者的个性、社会背景，及对工作的态度、是否有发展潜力等。面试前的准备工作包括：确定面试目的；慎重选择面试考官；科学地设计面试问题；选择合适的面试类型；确定面试的时间、地点，并编制面试评价表等。

(2) 面试的开始阶段。面试开始后，主试要努力营造一种和谐的面谈气氛，使面试双方建立一种信任、亲密的关系，消除应聘者的紧张和顾虑。常用的方法是寒暄、问候、微笑以及做出放松的姿势，可先让对方简要介绍自己的情况，此时主试应高度集中注意力，注意倾听和观察。

(3) 正式面试阶段。采用灵活的提问方法和多样化的形式交流信息，进一步观察和了解应聘者。此外，还应该察言观色，密切注意应聘者的行为与反应，对所问的问题、问题之间的变换、问话时机以及对方的答复都要多加注意。可根据在简历或应聘申请表中发现的疑点，先易后难地提问，尽量创造和谐、自然的环境。

(4) 面试的结束阶段。面试结束前，面试考官确定问完了所有的问题后，还应给应聘者一个机会，询问应聘者是否有问题要问，是否有要加以补充或修正的错误之处。不论应聘者是否会被录用，面试均应在友好的气氛中结束。如果主试人员对是否录用某一面试对象有分歧意见，不必急于下结论，还可安排第二次面试。同时，整理好面试记录表。

(5) 面试评价阶段。面试结束后，应根据面试记录表对应聘人员进行评估，可采用评语式评估，也可采用评分式评估。评语式评估的特点是可对应聘者的不同侧面进行深入的评价，能反映每个应聘者的特征；缺点是应聘者之间不能进行横向比较。评分式评估则可对不同应聘者的相同方面进行比较，其特点正好与评语式评估相反。

2. 面试方式

(1) 结构化面试。结构化面试又称直接面试，需要先拟定所提的全部问题，然后一一提问。结构化面试有利于提高面试效率，了解的情况较为全面；能够减少面试者的偏见，增加面试的可靠性和准确性；但谈话方式程序化，不太灵活，主试人员没有机会追踪感兴趣的问题，显得相当机械。

(2) 非结构化面试。非结构化面试又称间接面试，主考官会提出探索性、无固定程序、无限制、发散性的问题，鼓励求职者敞开谈。非结构化面试可以了解到特定的情况，但缺乏全面性，效率较低。非结构化面试的优缺点相对明显，因此往往作为其他甄选方式的前奏或补充，发挥补漏的作用。

(3) 情景面试。在面试过程中，可向申请者提出一种假定情况，请他们做出相应的回答，这是一种变形的结构化面试。它的面试题目主要由一系列假设的情景构成，通过评价求职者在这些情景下的反应情况来对求职者进行评价。

(4) 行为描述面试。行为描述面试又称BD面试。在面试过程中，请应聘者就既定情况做出反应，注重真实的工作事例。这种以行为为基础的面试先给出一种既定的情况，要求求职者举出特定的例子来说明在他们过去的工作经历中是如何处理此类问题的，侧重就某一种状况下员工的行为表现来提问。

(5) 系列面试。系列面试是由几个面试者分别一对一地对应聘者进行面试。每一位面试者从自己的角度观察求职者，提出不同的问题，并形成对求职者的独立评价意见。在系列面试中，每位面试者依据标准评价表对应聘者进行评定，然后对每位面试者的评定结果进行综合比较分析，最后做出录用决策。

(6) 小组面试。小组面试是由一群面试官同时对候选人进行面试的方法。小组面试强调每位面试者应从不同侧面提出问题，要求应聘者回答，类似记者在新闻发布会上的提问。与系列面试的一对一面试相比，小组面试能获得更深入、更有意义的回答，但同时也会给求职者带来额外的压力。

(7) 压力面试。压力面试是面试者通过有意制造紧张气氛，以此考察应聘者对工作上承受的压力作何反应的一种面试方法。它的目的是考察应聘者将如何应对工作上的压力，观察应聘者承受压力时的应变能力、心理素质和人际关系能力。

3. 面试技巧

(1) 面试提问技巧。面试者作为面试的召集者，也是面试的主持人，要清楚提问的目的，事先准备好提问的提纲和提问重点，以免离题太远浪费时间；以积极开放的方式提问；直接针对问题明确提问，以避免问题含糊不清引起应聘者的误解；及时询问应聘者的意见和看法。提问可采取多种有效的方式，如开放式提问、确认式提问、压迫式提问、假设式提问、封闭式提问、比较式提问、引证式提问、行为描述式提问、情景模拟式提问等，具体的提问方式如表4-6所示。

表4-6　面试提问方式

提问方式	目的	举例
1. 开放式提问：为什么、为何、什么、哪个	让应聘者自由地发表意见或看法，以获取信息，避免陷入被动局面	你为什么采用这种方式谈谈你的工作经验
2. 封闭式提问：得到具体的回答	让应聘者用"是"或"否"来回答	你曾做过秘书工作吗
3. 清单式提问：提出选择可能性或选择的问题	获取信息；鼓励询问对象陈述优先选择；检验应聘者判断、分析与解决问题的能力	你认为产品质量下降的主要原因是什么
4. 假设式提问：探求别人的态度或观点	鼓励人们从不同的角度思考问题，发挥应聘者的想象能力	如果你处于这种状况，你会怎样处理
5. 重复式提问：重新审视信息以检验是否是对方的真正意图	让应聘者知道面试考官接收到应聘者的信息，检验获得信息的准确性	你是说……如果我理解正确的话，你说的意思是……

提问方式	目的	举例
6. 确认式提问：表达对信息的关心和理解	鼓励应聘者继续与面试官交流	我明白你的意思，这种想法很好
7. 追问式提问：请再往下说	获得进一步信息	你有什么证据
8. 举例式提问：针对应聘者过去工作行为中特定的例子加以询问	考查应聘者的工作能力和工作经验	请你讲述在过去的工作中，由你负责管理项目的经历。你是怎样达成项目目标的

(2) 面试评价技巧。面试结束时应给应聘者提问的机会，整理面试记录表。需要注意的是，面试评价要从面试的目的出发，评价项目尽量数量化、可操作化，如表4-7所示。

表4-7　某公司面试评价表

姓名：应聘职位：	性别：	年龄：	编号：		
评价要素	评价等级				
	1(差)	2(较差)	3(一般)	4(较好)	5(好)
1. 个人修养 2. 求职动机 3. 语言表达能力 4. 应变能力 5. 社交能力 6. 自我认识能力 7. 性格内外向 8. 健康状况 9. 掩饰性 10. 相关专业知识 11. 总体评价					
评价	□建议录用　□有条件录用　□建议不录用				
用人部门意见：签字：	人事部门意见：签字：		总经理意见：签字：		

资料来源：顾英伟. 现代人力资源开发与管理[M]. 北京：机械工业出版社，2000.

4. 面试中应注意的问题

(1) 紧紧围绕面试目的，避免无计划的面谈。在面试过程中，有的面试官在面试时，往往会岔开主题，这样就达不到面试的目标，有的时候应聘者也会主动或无意识地把目标引开。无计划的面谈，表现为面谈目的不明确、面谈过程杂乱无章、内容重复、沟通不充分、面谈控制失败等。要避免无计划的面谈，就要充分做好面试前的准备工作。

(2) 选择合适的面试场所。面试的场所必须符合以下条件：①清洁干净。让应聘者感到愉快舒适。②保证隐私。面试场所必须与其他场所分隔独立，且具有良好的隔音条件，保证应聘者的隐私。③地点便利。让面试者容易寻找。④无干扰。面试场所必须保证不受外界干扰，例如电话干扰、来访者干扰等。⑤无心理压力。面试场所的设计，包括陈设、光线、装潢等都应朴素大方，不给应聘者造成心理压力。

(3) 营造和谐的气氛。一般来说，当面试的气氛和谐时，了解的信息就比较准确。除非面试官为了了解应聘者在压力状态下的心理素质而刻意制造一些压力气氛。在一般情况下，应尽可能在面试刚开始时，和应聘者聊聊家常，这样可以缓和面试的紧张气氛，使应聘者能表现出其真实的心理素质和实际能力。面试者一定要注意营造整个面谈过程的良好气氛。在面谈陷入僵局时，要及时化解，保持与应聘者进行轻松自如的交流。同时，面试者还要清楚地向应聘者传递各种信息。

(4) 让应聘者畅所欲言。面试是面试者了解应聘者的过程，因此，面试者应当鼓励应聘者畅所欲言。切忌反客为主，面试者一言堂，到面试结束时，面试者对应聘者的各方面情况还一无所知。面试者可以运用提问的技巧，可以运用语音、语气的技巧，可以运用表情和目光对应聘者加以鼓励。

(5) 尊重应聘者。面试者不应以考官自居，应避免在面试中表现出对应聘者漫不经心的态度或不尊重应聘者的行为，更应注意言辞。一旦应聘者感觉到自己受冷落，便很难做出积极的反应，这样就不能了解应聘者真正的心理素质和潜在能力。面试者应准时到达面试场所，在面试开始时应向应聘者表示欢迎，在面试中应适当地表示对应聘者的关心。

(6) 避免由于个人偏见所造成的误差。首先，面试者在面谈中应始终保持客观和公正的态度，避免刻板印象。刻板是指对某个人产生一种固定的印象，刻板印象会影响对应聘者的客观评价。其次，要提高面试者的面试经验和技巧。再次，避免情绪化，如第一印象、先入为主、近因效应等，情绪化行为会造成面谈的结果失实。

4.3.6　背景调查

背景调查是指企业通过第三方对应聘者的情况进行了解和验证。这里的"第三方"主要是指应聘者原来的雇主、同事以及其他了解应聘者的人员，或是能够验证应聘者所提供的相关资料的准确性的机构或个人。应聘者的背景资料包括学校推荐资料、原来工作情况介绍材料、申请人业务能力的证明、推荐人的推荐材料以及申请人受法律强制管理的相关记录等。背景调查主要通过打电话、访谈、要求提供推荐信、聘请调查代理机构等方法进行。背景调查的内容包括应聘者的教育状况、工作经历、个人品质、工作能力和个人兴趣等。

在调查核实过程中要注意以下问题：①只调查与工作有关的情况，并以书面形式记录，以证明将来的录用或拒绝是有依据的。②重视客观内容的调查核实，忽视求职者的性格等主观评价内容。③慎重选择"第三者"，避免因为"第三者"的偏见产生不客观的影响。④调查核实时尽量利用结构化表格，确保不遗漏重要的问题，同时确保材料的可靠程度。⑤避免引起因侵犯个人隐私所带来的民事纠纷等负面问题。

4.4 人员录用技术

4.4.1 人员录用流程

一般来讲，人力资源录用工作主要包括做出录用决策、确定并公布录用名单、办理录用手续、通知应聘者、签订试用合同、新员工入职体检、新员工安置与试用、新员工转正并签订正式劳动合同等环节。人力资源录用流程如图4-2所示。

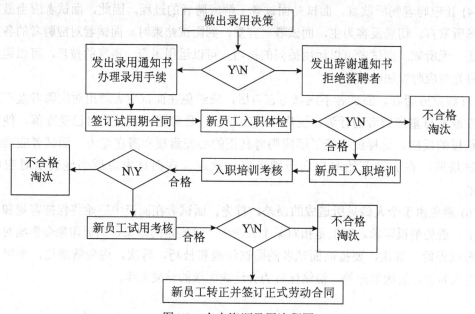

图4-2　人力资源录用流程图

1. 试用合同

员工进入组织前，要与组织签订试用合同。员工试用合同是对员工与组织双方的约束与保障。试用合同应主要包括以下内容：试用的职位，试用的期限，员工在试用期的报酬与福利，员工在试用期的工作绩效目标与应承担的义务和责任，员工在试用期应接受的培训，员工在试用期应享受的权利，员工转正的条件，试用期组织解聘员工的条件与承担的义务和责任，员工辞职的条件与义务，员工试用期被延长的条件等。

2. 新员工入职体检

新员工入职体检的主要目的包括：一是确定求职者的身体状况是否适和职位和工作环境的要求；二是检查求职者是否患有严重疾病；三是为后续的健康检查提供基础，也为未来办理保险或雇员赔偿服务；四是及时发现求职者本人可能不知道的传染病。西方国家的求职体检有三种：一般体检、临床体检和药检。体检包括健康检查、身体运动能力测试，所以其结论不是"健康"或者"不健康"就能概括的。在这一过程中，要注意避免出现歧视行为。一般单位会指定一个有信誉的或长期往来的医疗机构，要求应聘者在一定时期内进行体检。在规模较大的单位中，体检通常在招聘单位的医疗部门中进行。体检费用一般由招聘单位支付，体检结果也交给招聘单位。

3. 员工的安排与试用

员工进入组织后，组织要为其安排合适的职位。一般来说，员工的职位均是按照招聘要求和应聘者意愿来安排的。人员安排即人员试用的开始，试用是对员工的能力与潜力、个人品质与心理素质的进一步考核。

4. 正式录用

员工的正式录用即通常所称的"转正"，是指试用期满且试用合格的员工正式成为该组织的成员的过程。员工能否被正式录用关键在于试用部门对其考核结果如何，组织在录用试用员工时应坚持公平、公正、能岗匹配的原则。

在正式录用过程中，用人部门与人力资源部门应完成以下主要工作：员工试用期的考核鉴定；根据考核情况做出正式录用决策；与员工签订正式的雇佣合同；为员工提供相应的待遇；制订员工发展计划；为员工提供必要的帮助与咨询等。

4.4.2　人员录用决策标准

人员录用的标准是衡量应聘者能否被组织选中的一个标尺。从理论上讲，它是以工作描述与工作说明书为依据而制定的录用标准，又称为因事择人。这应该是录用效果最佳的方法。但在现实中，它将随着招聘情况的不同而有所改变。在人员录用中，有三个录用决策标准，即以人为标准、以岗位为标准和以双向选择为标准。

1. 以人为标准进行配置

以人为标准进行配置，即从人的角度，对每人得分进行排序，按每人得分最高的一项给其安排职位。这样做可能会出现同时多人在岗位上得分一样高的情况，但结果只能选择一个员工，从而导致优秀人才被拒之门外。

2. 以岗位为标准进行配置

以岗位为标准进行配置是从岗位出发，每个岗位都挑选得分最高的人，这样可能会导致一个人同时能胜任多个岗位。尽管这样做组织效率最高，但只有在允许岗位空缺的前提下才能实现，现实中常常是不可行的。

3. 以双向选择为标准进行配置

以人为标准或以岗位为标准进行配置均有欠缺，因此企业多结合使用这两种方法，即从岗位和人双向选择的角度出发，合理配置人员。以双向选择为标准进行配置，对岗位而言，有可能出现得分最高的员工不能被安排在本岗位上的情况；对员工而言，有可能出现没有被安排到其得分最高的岗位上工作的情况。但该方法综合平衡了岗位与人员的因素，既现实又可行，能从总体上满足岗位人员的配置要求，效率较高。

4.4.3　人员录用决策的参考要素

录用决策是对甄选评价过程中产生的信息进行综合评价与分析，确定每一个候选人的素质和能力特点，根据预先设计的人员录用标准进行挑选，选出最合适的人员的过程。在做出录用决策时，应当考虑以下5个要素。

1. 信息准确可靠

信息包括应聘人员的全部原始信息和招聘过程中的现实信息。具体内容包括：①应聘人员的年龄、性别、毕业学校、专业、学习成绩。②应聘人员的工作经历、原工作岗位的业绩、背景资料的收集，工作经历中领导和群众的评价，以及信誉度、美誉度等。③应聘过程中的各种测试成绩和评语，包括笔试、情景模拟、心理测试、人机对话测试、面试成绩和面试评语等。对于上述信息，必须保证准确、可靠、真实。

2. 选择正确的资料分析方法

资料分析方法是否科学，直接影响人员录用决策的质量。为此，必须做好以下几项工作：①注意对应聘者的沟通能力、应变能力、组织能力、协调能力的分析。②注意对职业道德和品格的分析，保证录用人员"德才兼备"。③注意对特长和潜力的分析。④注意对个人社会资源的分析，应聘者的家庭、朋友、老师和个人长期积累的良好的社会关系、良好的资信度和良好的社会基础等社会资源，是企业的一笔财富。⑤注意对个人的学历背景和成长背景的分析，它对一个人的心理健康至关重要。⑥注意对面试现场表现的分析，因为面试表现能反映一个人的综合能力和综合素质。

3. 招聘流程的科学性

招聘流程的科学性是指招聘过程中的各个步骤一定要"逐级进行，不能颠倒，不得跨越"，并且各种方法也必须科学、规范、准确，同时还要注意节约招聘成本。例如，摩托罗拉公司在招聘时，通常进行三轮面试：第一轮是人力资源部的初步筛选；第二轮由业务部门进行相关业务的考察和测试，此时提问均集中在相关的业务知识方面；第三轮由招聘职位的最高层经理和人事招聘专员面试。每轮均有被淘汰者，最后一轮是进行匹配度分析。

4. 主考官和其他考官的素质

公正、公平是主考官必备的第一要素，但主考官的能力和素质也至关重要，充分利用主考官的知识、智慧、经验、判断力和分析力，有利于做出相对正确的录用决策。主考官的素质越高，招聘录用的成功率就越高。此外，其他考官也应具有高素质。

5. 能力与岗位的匹配

匹配度分析是招聘过程中一个十分重要的环节，必须通过情景模拟、素质测评、心理测试等手段进行把关。把一个人放在一个不适合他的岗位，将会给企业和个人造成巨大的损失。

4.4.4 人员录用策略

一般来说，人员录用策略主要有以下几种。

1. 多重淘汰式

在多重淘汰式中，每种测试方法都是淘汰性的，应聘者在每种测试中都达到一定水平，方能合格。采用该方法时，依次实施多种考核与测验项目，每次淘汰若干低分者。全部通过考核项目者，再按最后面试或测验的实得分数，排出名次，择优确定录用名单。

2. 补偿式

在补偿式录用决策中，不同的测试成绩可以互为补充，最后根据应聘者在所有测试中的总成绩做出录用决策。如分别对应聘者进行笔试与面试，再按照规定的笔试与面试的权重比例，综合算出应聘者的总成绩，决定录用人选。值得注意的是，由于权重比例不一样，录用人选也会有差别。假设在甲、乙两人中录用一人，两人的基本情况与考核得分如表4-8所示。到底录用谁，关键要看不同项目的权重系数。

表4-8　各种项目的权重情况

项目		技术能力	学历	政治思想水平	组织领导能力	事业心	解决问题能力	适应能力
甲的得分		0.9	0.5	1	1	0.8	0.8	1
乙的得分		0.7	0.9	0.8	0.8	1	1	0.7
权重	W_1	1	1	1	1	1	1	1
	W_2	1	0.5	1	0.8	0.8	0.7	0.6
	W_3	0.5	1	0.8	1	0.8	0.7	0.6

如果各考核因素的权重均相同，则甲综合得分为6，乙为5.9，甲为优；如果突出技术能力与政治思想水平，则甲综合得分为4.75，乙为4.51，甲为优；如果突出学历与组织领导能力，则甲综合得分为4.55，乙为4.61，乙为优。

对点实例

某物业公司拟招聘两名初级管理人员，通过笔试和面试，初步选定4名候选人，其评定结果如表4-9所示。

表4-9　各种项目的权重情况

项目		学历	专业知识	思想品质	事业心	文字表达能力	解决问题能力	适应环境能力
甲的得分		9	5	1	11	9	7	3
乙的得分		7	9	7	9	7	11	7
丙的得分		5	7	3	9	5	9	11
丁的得分		3	9	9	7	11	7	9
权重	W_1	1	0.5	1	0.8	0.8	0.7	0.6
	W_2	0.5	0.5	0.8	1	0.8	1	0.6

请根据表4-8的数据及不同的权重，计算出应聘者的总成绩，并提出最终的人员录用方案。

(1) 如果岗位突出对学历和思想品质的要求，则4名候选人的得分如下：

甲综合得分为：$9 \times 1 + 5 \times 0.5 + 1 \times 1 + 11 \times 0.8 + 9 \times 0.8 + 7 \times 0.7 + 3 \times 0.6 = 35.2$

乙综合得分为：$7 \times 1 + 9 \times 0.5 + 7 \times 1 + 9 \times 0.8 + 7 \times 0.8 + 11 \times 0.7 + 7 \times 0.6 = 43.2$

丙综合得分为：$5 \times 1 + 7 \times 0.5 + 3 \times 1 + 9 \times 0.8 + 5 \times 0.8 + 9 \times 0.7 + 11 \times 0.6 = 35.6$

丁综合得分为：$3 \times 1 + 9 \times 0.5 + 9 \times 1 + 7 \times 0.8 + 11 \times 0.8 + 7 \times 0.7 + 9 \times 0.6 = 41.2$

按综合排名，在此种情况下，可以考虑招聘乙和丁两名候选人。

(2) 如果岗位突出事业心和解决问题的能力，则4名候选人的得分如下：

甲综合得分为：$9 \times 0.5 + 5 \times 0.5 + 1 \times 0.8 + 11 \times 1 + 9 \times 0.8 + 7 \times 1 + 3 \times 0.6 = 34.8$

乙综合得分为：$7 \times 0.5 + 9 \times 0.5 + 7 \times 0.8 + 9 \times 1 + 7 \times 0.8 + 11 \times 1 + 7 \times 0.6 = 43.4$

丙综合得分为：$5 \times 0.5 + 7 \times 0.5 + 3 \times 0.8 + 9 \times 1 + 5 \times 0.8 + 9 \times 1 + 11 \times 0.6 = 37$

丁综合得分为：$3 \times 0.5 + 9 \times 0.5 + 9 \times 0.8 + 7 \times 1 + 11 \times 0.8 + 7 \times 1 + 9 \times 0.6 = 41.4$

按综合排名，在此种情况下，可以考虑招聘乙和丁两名候选人。

综上所述，最终的人员录用方案为录用候选人乙和候选人丁。

3. 结合式

采用结合式录用决策时，有些测试是淘汰性的，有些测试是可以互为补偿的，应聘者只有通过淘汰性的测试后，才能参加其他测试。

4.5　人员招聘评估

招聘评估是招聘过程中必不可少的一个环节。人员招聘评估包括招聘成本评估和录用人员评估。

4.5.1　招聘成本评估

招聘成本评估是指对招聘中的费用进行调查、核实，并对照预算进行评价的过程。

1. 招聘成本的内涵

招聘成本是指在员工招聘工作中所需花费的各项成本的总称，包括招聘和录取新员工过程中的招募、选拔、录用、安置以及适应性的成本等。

(1) 招募成本。即为了吸引和确定企业所需要的人力资源而发生的费用，主要包括招聘人员的直接劳务费用、直接业务费用、间接管理费用、其他相关费用等。

(2) 选拔成本。即对应聘人员进行人员测评与选拔，做出录用决策时所支付的费用，包括选拔面谈时间成本、汇总申请资料费用、考试费用和体检费等。

(3) 录用成本。即在经过各种测评考核后，将符合要求的合格人选录用到企业时所发生的费用，包括录取手续费、调动补偿费、搬迁费和旅途补助费等由录用引起的有关费用。

(4) 安置成本。即为安置新员工到具体的工作岗位时所发生的费用，包括各种安置行政管理费用、为新员工提供工作所需要的装备条件而发生的费用以及录用部门因安置人员所损失的时间成本等。

(5) 离职成本。即因招聘不慎，因员工离职给企业带来的损失，一般包括直接成本和间接成本两部分。

(6) 重置成本。即因招聘方式或程序错误致使招聘失败而重新招聘所发生的费用。

2. 招聘成本评估的类型

1) 招聘总成本和单位招聘成本评估

招聘成本评估是鉴定招聘效率的一个重要指标。如果招聘成本低，录用人员素质高，则意味着招聘工作效率高；反之，则意味着招聘工作效率低。一般来说，招聘成本分为招聘总成本与招聘单位成本。

招聘总成本即人力资源的获取成本，它由两个部分组成：一部分是直接成本，包括招募费用、选拔费用、录用员工的家庭安置费用和工作安置费用、其他费用(如招聘人员差旅费、应聘人员招待费等)；另一部分是间接成本，包括内部提升费用、工作流动费用。

招聘单位成本指的是组织为了招聘和雇佣员工而平均在他们每个人身上花掉的费用，计算公式为

$$招聘单位成本=招聘总成本/实际录用人数$$

2) 成本效用评价

成本效用评价是指对招聘成本所产生的效果进行分析。它主要包括招聘总成本效用分析、招募成本效用分析、选拔成本效用分析和录用成本效用分析等，计算公式为

$$总成本效用=录用人数/招聘总成本$$

$$招募成本效用=应聘人数/招募期间的费用$$

$$选拔成本效用=被选中人数/选拔期间的费用$$

$$录用效用=正式录用的人数/录用期间的费用$$

3) 招聘收益成本比

招聘收益成本比是一项经济评价指标，同时也是考核招聘工作有效性的一项指标。招聘收益成本比越高，说明招聘工作越有效，计算公式为

$$招聘收益成本比=所有新员工为组织创造的总价值/招聘总成本$$

4.5.2 录用人员评估

录用人员评估是指根据招聘计划和招聘岗位的工作分析结果，对所录用的人员进行数量、质量和结构方面的评价的过程。

1. 招聘数量评价

招聘数量评价主要从应聘者比率、录用比率和招聘完成比率三方面进行。

1) 应聘者比率

计算公式为

$$应聘者比率 = 应聘者人数/计划招聘人数×100\%$$

该比率用来说明员工招聘的挑选余地和信息发布状况。该比率越大，说明企业的招聘信息发布越广、越有效，企业的挑选余地越大。一般说来，应聘者比率至少应当在200%以上。招聘越重要的岗位，该比率应当越大，这样才能保证录用者的质量。

2) 录用比率

计算公式为

$$录用比率=实际录用人数/应聘者人数×100\%$$

在招聘过程中，录用比率越小，说明企业可选择性越高，招聘到优秀员工的可能性越大，但与此同时，因为录用人数与甄选对象的数目相差太大，会比录用比例小时增加更多成本。

3) 招聘完成比率

计算公式为

$$招聘完成比率 = 录用人数/计划招聘人数 \times 100\%$$

招聘完成比率说明所需员工招聘数量的完成情况，该比率越小，说明招聘员工数量越不足。当招聘完成比率大于等于100%时，则说明在数量上完成或超额完成招聘任务。

2. 招聘质量评价

录用员工质量评价是对员工的工作绩效行为、实际能力、工作潜力的评价，它是对招聘的工作成果与方法的有效性进行检验的另一个重要方面。质量评价既有利于改进招聘方法，又为员工培训、绩效评估提供了必要的信息，计算公式为

$$QH = \frac{PR + HP + HR}{N}$$

式中，QH为录用质量；PR为工作绩效比，如评分为百分制，则员工的绩效比为其绩效评分/100；HP为新聘员工在一年内晋升的人数占所有当期新员工人数的比率；HR为一年后还留在企业工作的员工占原招聘的新员工人数的百分比；N为指标的个数。

QH指标也反映了新招聘员工的质量，但是因为诸多因素的影响，它不能完全反映新员工的质量，例如在一年内也可能会有优秀的员工离开。

录用员工质量评价可以通过员工录用质量分数指标进行，员工录用质量分数是以应聘岗位的工作分析文件为基准所设置的分数等级，以此来考察员工录用质量，见表4-10。

表4-10　员工录用质量分数表

录用者姓名	应聘职位	录用者与应聘职位所要求的知识技能				备注
		勉强符合(0分)	基本符合(1分)	完全符合(2分)	超出要求(3分)	
录用总人数 (1)		录用者质量总分 (2)		录用者质量分数 比=(2)/(1)		

日期_____　　　　　　　招聘录用部门_____　　　　　　　制表人_____

表4-10可以用来评估所录用人员的质量，考察录用者与他应聘的岗位所要求的知识技能的符合程度。当然不符合者一般不能被录用，因此表中以勉强符合工作分析的要求为基准。表中录用者的质量总分和质量分数比越高，意味着所录用的员工素质越高。应当注意的是，录用者的素质超过要求并不意味着招聘录用的效率高。因为如果录用者的素质高于工作分析的要求，就意味着对录用者的大材小用。这既是一种人才浪费，也容易造成人才流失。所以，录用者质量分数比在100%~200%之间比较合适；低于100%就意味着许多录用者是勉强符合工作分析的素质要求，招聘来的员工总体质量不高。

相关链接

面试赢家的10大绝招

第一招：管好自己的嘴巴，三思后答

面试场上，考官们经常采用的一个基本策略就是尽量让应试者多讲话，目的在于多了解一些应试者在书面材料中没有反映的情况。

因此，你在面试时一定要注意管好自己的嘴巴，如果认为已经回答完了，就不要再讲话。最好不要为了自我推销而试图采用多讲话的策略，来谋求在较短的时间内让招聘方多了解自己，事实上这种方式对大多数人来讲并不可取。该讲的讲，不该讲的绝不要多讲，更不要采取主动出击的办法，以免画蛇添足、无事生非。

第二招：留足进退的余地，随机应变

面试当中，对那些需要从多个方面来加以阐述，或者"圈套"式的问题，你要注意运用灵活的语言表达技巧，不要一开始就把话讲死。否则，很容易将自己置于尴尬境地或陷入"圈套"之中。

第三招：稳定自己的情绪，沉着理智

面试时，考官有时会冷不防地提出一个令应试者意想不到的问题，目的是想试试应试者的应变能力和处事能力。这时，你需要做的是稳定情绪，千万不可乱了方寸。

第四招：不置可否地应答，模棱两可

面试场上，考官时常会提出一些无论你作肯定回答还是作否定回答都不讨好的问题。在这种情况下，应给出模棱两可的回答，这不仅能让自己置于一个有利的位置，而且会让考官领略到你的高明和"厉害"。

第五招：圆好自己的说辞，滴水不漏

在面试中，有时考官提的问题并没有标准答案，这就要求应试者答题之前尽可能考虑得周到一些，以免使自己陷于被动。面试在某种程度上就是一种斗智，你必须圆好自己的说辞，方能做到滴水不漏。

第六招：不拘一格的思维，"歪打正着"

面试中，如果考官提出近似游戏或笑话的过于简单化的问题，你就应该多转一转脑子，想一想考官是否另有所指，是否在考察你的智商、情商或是职商。如果是，那就要跳出常规思维的束缚，运用非常规思维或发散式思维去应答问题，切不可机械地给出就事论事的回答，以求收到"歪打正着"的奇效。

第七招：摆平自己的心气，委婉机敏

面试场上，考官往往会针对求职者的薄弱点提出一些带有挑战性的问题。面对这样的考官，你一定要心平气和，委婉地加以反驳和申诉，绝不可情绪激动，更不能气急败坏，以免引起考官的反感而招致应试失败。

第八招：放飞想象的翅膀，言之有物

面试中，偶尔也会出现一些近乎怪异的假想题，这类题目一般都具有不确定性和随意性，这也使应试者在回答时有了发挥想象的空间和运用创造性思维的领域。你只要充分利用自己积累的知识，大胆地以"假设"对"假设"，就能够争得主动，从而稳操胜券。

第九招：守好自己的人格，含蓄大度

一些女性应试者在应聘诸如公关小姐、秘书、演员等特殊岗位时，考官经常会提出一些比较敏感的问题。一般来说，应试者可以采取较为模糊、含混而又大度的方式予以回答。因为在这种情形下，考官的用意主要在于测试你的应变能力或智商，所以，回答得模糊、含混一些有时反而能起到证实应试者智力和应变力的作用。

第十招：面对"刁难"巧"较量"，针锋相对

面试场上，若遇考官"刁难"，善于"较量"也是一个"杀手锏"。应聘者不妨换个角度，从你现在要应聘的公司着手，组织语言，最好能实际而具体地提出公司的发展潜力与个人对公司经营风格的欣赏，明确地表达应聘动机和工作热情。

资料来源：世界经理人网站. www.ceconline.com.

实用模板

××公司应聘面试登记表如表4-11所示。

表4-11　XX公司应聘面试登记表

年　月　日

姓名		性别		年龄		应聘岗位	
学历			专业			户口所在地	
形象							
仪表	☐ 衣冠讲究 ☐ 整洁一般 ☐ 随便懒散			态度		☐ 大方 ☐ 傲慢 ☐ 拘谨	
语言	☐ 表达清晰 ☐ 尚可 ☐ 含糊不清			精神面貌与健康状况		☐ 佳 ☐ 一般 ☐ 差	
直观 印象	面试人：						
技能							
专业经历							
主要业绩							
工作能力							
待遇要求							
综合印象	面试人：						
备注							

注：本表一式两份，一份留人力资源部备存，如被录用则另一份装入应聘人员档案中。

| 课后练习 |

一、名词解释

招聘、面试、猎头公司

二、选择题

1. 人员录用的策略不包括(　　)。

　　A. 多重淘汰式　　　B. 双重补偿式　　　C. 补偿式　　　　D. 结合式

2. 人力资源情景模拟测试技术中运用频率最高的是(　　)。

　　A. 角色扮演　　　　B. 工作样本法　　　C. 公文处理　　　D. 无角色小组讨论

3. 对于高级人才和尖端人才，比较适合的招聘渠道是(　　)。

　　A. 人才交流中心　　B. 校园招聘　　　　C. 猎头公司　　　D. 招聘洽谈会

4. 内部招聘的方法包括(　　)。

　　A. 推荐法　　　　　B. 工作告示法　　　C. 内部晋升

　　D. 猎头公司　　　　E. 继任计划

5. 常见的心理测试技术主要有(　　)。

　　A. 个性测试　　　　B. 价值观测试　　　C. 职业兴趣测试

　　D. 智力测试　　　　E. 情商测试

三、简述题

1. 简述招聘的意义和原则。

2. 简述设计招聘广告的原则及应注意的问题。

3. 简述在筛选简历和求职表时应注意的问题。

4. 简述调查核实背景资料时应注意的问题。

5. 简述招聘面试的方式和应注意的问题。

案例分析　　　　　松下中国公司招聘实录

　　宽敞肃静的天极网会议室里，人头攒动，《21世纪人才报》为松下举办的招聘会正在这里举行。一进大厅就可以看到醒目的条幅"松下招聘专场"。经过简单的时间安排介绍，招聘会正式开始了。

　　经过主考官一小时的单独面谈后，大家都聚集在大会议室内，正式的现场模拟活动启动。

　　第一回合：简介

　　应聘者以最简短的语言介绍自己。结束以后，主考官提出一个问题："介绍完后，谁能记住其中三个人的名字？"这个时候，只有两个人举手，然后把三个人的名字报了出来。"谁能记住两个？"此时又有三个人举手。"谁能记住其中五个？"再也没有人举手。这一回合结束。

　　主考官的面试方式充满杀机，关键要看应聘者是否具备相应的素质。自我介绍适用于很多场合，但通常没有多少人会记住别人说了什么，只是一心想着自己如何介绍才能更出色和更吸引人。却不想，主考官要的就是这些反应。

第二回合：组织团队

这一回合主要考查应聘者分工合作的能力。应聘者被分为两组，在规定的时间内，每个组要为自己的团队起一个名字、选一个队长、谱一曲队歌，还要定出队伍的口号。看似简单的工作，却能甄别每个组的合作能力。第一组有两个女生，第二组是清一色男生。

第一组组员按照分工开始行动，先是选出自己的团队领导，然后讨论团队的名字，完全忘记了组员是来跟自己竞争职位的，而是融在了一起。一切定局后，大家开始探讨团队的队歌和口号。为了能够让自己的队歌和口号更动人，这个组的队长先让一个人负责思考，大家一起来商谈口号。然后，他们还扯开了嗓子练习自己的队歌。在旁边观看的记者也被这种气氛感染了。这种众心一致的场景非常动人，尤其是在招聘现场，大家完全将那些常规的面谈、考试程序都抛到了九霄云外。在这里，他们好像就是同事，在做自己团队应该做的事情。

反观男生组的表现，有些令人诧异。他们两个一组、三个一伙地探讨着各自的话题，也许他们讨论的是同一个话题，但大家没有共同讨论，而是分散开来。记者唯一的感受是，他们在面试，但是忘记了主考官要考什么，即面试的内容——分工协作。直到主考官提醒他们为止。

正当第一组的人忘我地进行排练时，主考官拿出一张残缺的纸，问大家："你们有谁注意到我手里的这张纸缺了一角？""我注意到了。"有几个人回答。

"我知道，因为你在面试我的时候把纸撕掉了一角。"其中一个男生说。

"那你们有没有注意到在你们面试坐的椅子的腿边有个纸团？直到面试结束，都没有人把它捡起来。"场内鸦雀无声。

"好了，你们继续吧。"

这时，整个会场响起了嘹亮的歌声，第二组的人也亮开了自己的嗓门。会场的气氛欢快愉悦，谁也不会想到这是在招聘，外面的人会以为这是在开文艺座谈会。

第三个回合：建立团队

招聘工作在主考官的带领下，紧张有序且乐趣盎然地进行着。

随后的现场模拟内容是建立自己的市场部。根据市场需求，制定所需要的职位和职位功能，并明确适合这个职位的人所应具有的素质。

这个模拟项目需要大量的纸，这时工作人员把纸分发到两个桌子上，但被主考官阻止了，他说："今天的工作，都由我来做，谁要什么东西也要跟我说，其他人不能多做。"于是，纸被收了回来。

主考官在题板上写了几个字：资源是有限的，资源是无限的。

讨论完毕，需要每个组的队长把自己组的结构图画到题板上。但他们不知道的是，现场只有一支笔，谁先走到题板前，谁就能先得到在题板上板书自己组的结构图的机会。

靠近题板最近的第一组错过了机会，只好退下来，口述自己的结构图。但是两组的人似乎并没有认真地听对手的方案，他们也许认为要说给主考官听，跟其他人没有任何关系。却没想到，每一个细节都是主考官要考的内容，完全打乱了他们的阵脚。其中一个面试的人对记者说，以前没有经历过这样的场面，没有想到面试还可以用做游戏的方式来进行。而且，在这个模拟游戏里，处处充满杀机，一些不经意的细节常常关系他们的命运。

"你们对第一组的结构图有何问题？"主考官终于问到了大家没有想到的问题，众人无言。

第四回合：挑选产品

主考官把三种产品分给两个团队，让他们选择自己的产品，他们要用自己的市场眼光，挑选一种对市场更有冲击力的产品，结果他们挑选的产品都是相同的。随之让他们制定产品方案，两个组马上进入工作状态。

当他们聚精会神地做事时，主考官发布了一条新闻：翰林汇经过潜心研究，向市场推出一款软件，市场价是1 000元。但是不久后，清华同方推出一款同样功能的产品，市场价只有725元。所以，翰林汇的市场受到了重挫，为什么呢？

他的话让大家停顿了一下，但是他的话一结束，大家又回头研究自己的方案。记者实在不理解，为什么主考官要在这个时候来打断他们的思路，而且是一条不相关的信息。为此，记者询问主考官。

他说："这条信息听起来是多余的，事实上，要看他们什么时候会意识到，他们选的产品是相同的，现在他们两个组就犹如两个竞争对手，他们有没有注意对方在做什么？有没有观察邻桌在做什么？现在他们好像都没有这样做。在实际工作中，你的市场方案要根据市场动态来做，要时刻观察竞争对手在做什么。"

记者恍然大悟。在记者的工作生涯中，经历过两个厂商的生死搏斗，现在想来，这种竞争意识要时刻存在，特别是来应聘市场部职位的人员。

记者不得不佩服主考官的精明，同时也为这些人才感到遗憾。

第五回合：市场推广

一套具体的市场推广方案，能体现一个市场人员应该具备的最基本的素质。也许今天的方案并不是很优秀，但仍可以看出这个人的市场基本功，对他们来说是最重要的一个环节。

然而，在他们策划方案的时候，两个组谁都没有注意对方的动态，更别说主考官的行为了。

这时，主考官在题板上写下一行字"游戏规则——制订者、执行者"，而且把这行字圈了起来。但是这行字默默地被"挂"了半个小时，一直无人问津，连看它一眼的人也没有。

主考官实在看不下去了，就问了他们一个问题："你们当中有谁做过公关？"这时有人站起来说："我做过。"

"在公关过程中，有没有人做过政府公关？""政府公关是要做的。"有人回答，但是似乎底气不足，然后又开始了谋划。

主考官无奈地摇了摇头，自言自语地说了一声："我尽力了。"

善于观察细节，不仅是某个行业的从业人员应该具有的素质，也是我们在日常生活中时刻要做到的，更何况是在应聘。难道轻松的环境使他们放松警惕了吗？

在这个游戏开始时，主考官制定了规则，但没有人理会主考官想要的是什么，他的规则是什么。

做方案时依然如此，如果不知道市场规则是什么，即使是再漂亮的方案，只要不符合游戏规则，照样行不通。

很明显，主考官的意旨不完全在漂亮的方案上，重要的是这个方案的制定思路和可执行的程度。

但事实是，直到上午的活动结束，都没有人去注意竞争对手在做什么，也没有人关心松下这个外来企业在进入中国市场后所面临的政府公关问题。

第六回合：等待

时间在快乐且有压力的氛围中过去了一半。

转眼已是中午12点，主考官对他们说："12：00—13：00是午餐时间，13：00面试正式开始。"

随后他又对下面的服务人员说："13：00—14：30，不允许给他们水喝，不管谁问都说不知道，就让他们等。"

游戏更好玩了。

午饭结束后，大家都坐在屋子里，好像在等待有人公布抽奖号码。

第七回合：逐一面谈

14：30，等待的结果是再等待。当其他人被主考官叫去面谈时，他们还是在等待，直到17：00才结束今天的招聘。气氛仍然很热烈，面试时间长达一整天估计是前所未有的，但没有任何一个人感到劳累，如果有的话，应该是这个主考官。

"我第一次遇到这样的招聘会，感觉学到了很多东西，而且还交了这么多朋友，很幸运能参加这样的招聘会。"一个即将离开现场的应聘者说。

资料来源：冉军.人力资源管理[M].北京：中国传媒大学出版社，2014.

【案例讨论】

(1) 松下公司在这次招聘活动中采用了哪些方法？各种方法有什么优点和缺点？

(2) 松下公司为什么要采用这些方法？

(3) 松下公司的人员招聘主要考察候选人哪些方面的素质？

(4) 从松下公司的招聘过程中，你有哪些启示？

实训演练

求职简历设计和筛选

1. 实训目标

(1) 通过浏览大型门户网站、人力资源管理网站以及去招聘会现场了解企业招聘岗位的要求、招聘简历的样式。

(2) 收集相关招聘简历，分析招聘简历的结构及内容。

(3) 通过招聘简历的比较，分析招聘简历的设计原则及应该注意的问题，从而根据岗位要求完成招聘简历的设计，并结合自身实际完成简历的撰写。

(4) 了解企业人力资源部门如何筛选简历，如何查出虚假信息。

2. 实训内容

(1) 浏览新浪网、搜狐网等大型门户网站，以及中国人力资源网、HR369人力资源网、世界经理人互动社区等专业网站/论坛，了解企业招聘的要求以及招聘申请表的样式。

(2) 网上收集相关的简历模板，分析各种模板的优劣，根据自身情况撰写适合岗位需求的简历。

(3) 观察所收集的招聘申请表的样式，分析招聘申请表应包含的内容及应该注意的相关问题。

(4) 综合分析上述资料，根据设定的岗位设计适合岗位需求的招聘申请表。

(5) 到招聘会现场帮助企业接收和筛选简历，帮助企业寻找合适的应聘者。

3. 实训组织

(1) 以学生个人为单位，或者2～3人组成小组完成此任务，并就简历进行对比。

(2) 制作完成简历后，要求学生对招聘简历的结构和相关内容进行说明，并在班级内交流展示。

(3) 参加招聘会，联系两家企业，学生分组，负责为两家企业收取并筛选简历。

(4) 要求学生对照质量好的简历，找出自己设计的简历的不足。

(5) 招聘会结束后，邀请企业人力资源部专员为学生现场解答疑问。

(6) 学生完善简历设计，写出实训报告。

拓展阅读

廖泉文. 招聘与录用[M]. 3版. 北京：中国人民大学出版社，2015.

中国人力资源开发网. http：// www.ChinaHRD.net.

HR管理世界. http：// www.hroot.com.

世界经理人. http：// www.ceconline.com.

中华英才网. http：//www.china-hr.com.

第5章
培训与开发

知识结构图

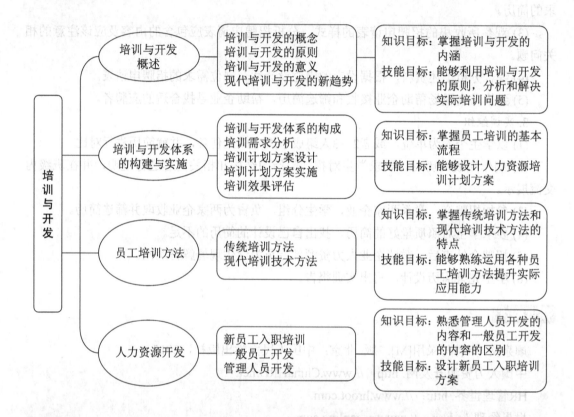

入职培训：不要埋下风险的种子

肖某是一家民营医药企业的总经理，最近由于新产品上市，在全国各地"招兵买马"，一举招聘了60名刚毕业的大学生。为了使这些新员工尽快适应新工作，肖某要求人力资源部对这些新员工进行了一天的入职教育，主要涉及"任务与要求""权利与义务"等方面，培训结束后还发给每人一本员工手册。肖某本想靠这些"初生牛犊"来打开新产品的市场，令人意想不到的是，不到一个月，60名新员工就有48名流失了，原因是他们觉得公司没有人情味，将他们作为赚钱的机器，有的人还认为薪酬虽高，但是压力太大，对销售工作心中没底，又没有老员工带，什么都靠自己摸索，太难了……肖某没想到的是，"无关紧要"的入职培训倒给公司埋下了"风险的种子"。

案例分析：提起入职培训(Orientation，也称职前教育、导向培训等)，一个常见的误解是："不就是报到上班嘛！慢慢来，员工自然会熟悉一切、适应一切的。何必大事声张"。据统计，国内近80%的企业没有对新员工进行有效培训就安排他们上岗工作了。有的企业即便做了入职培训，也不太重视，仅把它当作简单的"行政步骤"，草草而过，不细致，欠规范。殊不知，这样做可能会埋下导致人才流失的"风险种子"。要规避此类风险，就应在短时间内让新员工快速进入角色、融入企业，从"局外人"转变为"企业人"。这就需要通过规范系统的方法使新员工感到受尊重、被关注，形成归属感，从而对自己在企业中的职业发展充满信心。

资料来源：http://www.seebon.com.

5.1　培训与开发概述

5.1.1　培训与开发的概念

1. 培训与开发的内涵

培训与开发是指组织为了使员工获得或改进与工作有关的知识、技能、动机、态度和行为，以利于提高员工的绩效以及员工对企业目标的贡献，所做的有计划的、系统的努力。人力资源培训与开发是旨在提高组织工作效率，实现组织人力资本增值以及预期的社会、经济效益的人力资源管理活动，重点在于"通过有计划的学习、分析，确保并帮助员工个人提高关键技术和能力，以便胜任现在和将来的工作。

2. 培训与开发的区别

在传统意义上，培训侧重近期目标，重心放在提高员工当前的工作绩效上，从而培训员工的技术性技巧，以使他们掌握基本的工作知识、方法、步骤和过程；开发侧重提高管理人员的有关素质(如创造性、综合性、抽象推理、个人发展等)，帮助员工为胜任企业的其他职位做准备，提高其应对职业发展的能力，同时帮助员工更好地适应由新技术、工作设计、顾客或产品市场带来的变化。培训通常侧重提高员工当前的工作绩效，故员工培训具有一定的强制性；而开发活动只要求具有管理潜能的员工参加，其他员工要有参与开发的积极性。传统观念认为，培训的对象就是员工与技术人员，而开发的对象主要是管理人员。随着培训的战略地位的突显，员工培训将越来越重要，培训与开发的界限已日益模糊。现在，两者都注重员工与企业当前和未来发展的需要，而且员工、经营者都必须接受培训与开发，两者比较详见表5-1。

表5-1　员工培训与开发比较

比较因素	传统的		现代的	
	培训	开发	培训	开发
侧重点	当前工作	未来工作	当前与未来	当前与未来

比较因素	传统的		现代的	
	培训	开发	培训	开发
工作经验运用	低	高	高	高
目标	当前工作	未来变化	当前与未来变化	当前与未来变化
参与	强制性	自愿	自愿	自愿
时间	较短	较长	较长	较长
内涵	较单一	较丰富	较丰富	较丰富
对象	专业技术人员和基层员工	中高层管理者	全体员工	全体员工

5.1.2 培训与开发的原则

1. 实效性和差异化原则

培训和发展应该有明确的目的，不能只关注培训的形式，忽略培训发展的内容。要关注员工的培训迁移效果，使员工学以致用。培训结束后，企业应当为受训者提供施展所学内容的平台，否则培训与岗位就失去了应有的联系。差异化主要是指培训内容和人员安排上的差异化。目前，职场上常见的"菜单式"培训，就是体现内容差异化的一个典型例子。全员培训要有计划、有步骤地培训所有员工，以提高全员素质。在资源的使用上，则按职级的高低安排培训的先后次序，从上而下，先培训和发展管理骨干，特别是中上层管理人员，继而培训基层员工。

2. 知识技能和企业文化并重原则

培训和发展的内容，除了专业知识和技能外，还包括企业的信念、价值观和道德观等，以便培养员工的工作态度，使之符合企业的要求。专业知识技能可以提高企业员工的工作水平，但不能保证企业的工作绩效，只有员工认同企业文化，才能具备发挥知识技能的热情。所以，目前新员工入职培训中，最重要的一部分是企业文化的灌输和强化。

3. 全员培训与重点提高相结合的原则

全员培训就是有计划、有步骤地对在职的所有员工进行培训，这是提高全体员工素质的必经之路。为了提高培训投入的回报率，培训必须有重点，即重点培训对企业兴衰有重大影响的管理和技术骨干，特别是中高层管理人员；再者就是有培养前途的梯队人员，更应该有计划地进行培训与开发。

4. 成本-收益原则

培训和开发作为人力资本投资的重要形式，要考虑它付出的成本和取得的收益。理论上，只要收益大于成本，培训和开发就是可行的。成本包括培训的场地费用、师资费用、受训者离岗的工作成本等方面。对于培训收益，要比较长远利益和当前收益。

5. 培训效果的反馈与强化原则

培训效果的反馈与强化是不可缺少的重要环节。培训效果的反馈指的是在培训后对员工进行检验，其作用在于巩固员工的学习技能、及时纠正错误和偏差。反馈的信息越及时、准确，培训的效果就越好。强化则是指依据反馈结果对接受培训的人员进行奖励或惩罚，将其成绩与个人工作绩效挂钩。这样做一方面是为了奖励接受培训并取得绩效的人员，另一方面是为了加强其他员工的培训意识，使培训效果得到进一步强化。

5.1.3 培训与开发的意义

1. 有利于提高员工的职业能力，强化企业竞争优势

员工培训与开发的直接目的就是发展员工的职业能力，使其更好地胜任现在的日常工作及未来的工作任务。进入21世纪的知识经济时代，智力资本已成为获取生产力、竞争力和经济效益的关键因素。员工培训是创造智力资本的有效途径。智力资本包括基本技能(完成本职工作的技术)、高级技能(如怎样运用科技与其他员工共享信息、了解客户和生产系统)以及自我激发创造力。技术创新的关键在于对一流技术人才的培养。高素质的员工是组织最根本、最主要的竞争优势，提高组织员工素质的培训与开发活动将成为组织发展的重要推动力量。

2. 有利于增强员工对企业的归属感和主人翁责任感

就企业而言，对员工培训得越充分，对员工越具有吸引力，越能发挥人力资源的高增值性，从而为企业创造更多的效益。有资料显示，百事可乐公司对深圳270名员工中的100名进行过一次调查，这些人几乎全部参加过培训。其中80%的员工对自己从事的工作表示满意，87%的员工愿意继续留在公司工作。培训不仅提高了员工的工作技能，而且提高了员工对自身价值的认识，使其对工作目标有了更好的理解。

3. 有利于改善企业的工作质量，构建高效的工作绩效系统

工作质量包括生产过程质量、产品质量与客户服务质量等。培训与开发活动能提高员工素质和职业能力，将直接改善企业工作质量；培训与开发能改进员工的工作表现，降低成本；培训可增加员工的安全操作知识，提高员工的劳动技能水平；培训能增强员工的岗位意识，增加员工责任感；培训能规范生产安全制度，增强安全管理意识；培训能提高管理者的管理水平。因此，企业应加强对员工敬业精神、安全意识和知识的培训。在21世纪，科学技术的发展导致员工技能和工作角色发生变化，员工已不是简单地接受工作任务，提供辅助性工作，而是参与提高产品质量与服务水平的团队活动。在团队工作系统中，员工扮演许多管理性质的工作角色。他们不仅具备运用新技术获得提高客户服务水平与产品质量的信息、与其他员工共享信息的能力，还具备人际交往技能和解决问题的能力、集体活动能力、沟通协调能力等。尤其是培训员工学习使用互联网及其他用于交流和收集信息工具的能力，可使企业工作绩效系统高效运转。

4. 有利于满足员工实现自我价值的需要

在现代企业中，员工更注重自我价值的实现。通过培训，可不断教给员工新的知识与技能，使其能适应或能接受具有挑战性的工作与任务，为将来担任更重要的职务做准备，从而实现自我成长和自我价值。这不仅能使员工在物质上得到满足，而且能使员工得到精神上的成就感。

5. 有利于塑造优秀企业文化，创建学习型企业

企业文化是企业的灵魂，它是一种以价值观为核心对全体员工进行企业意识教育的微观文化体系。通过员工培训和开发活动，能够使员工逐步理解并且接受企业文化，理解并且能够有效地贯彻组织的战略意图。通过培训，可以调整员工的观念，使其行为利于组织的运转；可以为组织发展提供智力资源，使组织不断调整自己的战略；可以使组织中具有不同价值观、信念、工作作风的员工和谐地统一起来，为了共同的目标而各尽其力。成功的企业将培训和教育作为企业不断获得效益的源泉。学习型组织是现代企业管理理论与实践的创新，是企业员工培训开发理论与实践的创新。学习型企业的最大特点是：崇尚知识和技能，倡导理性思维和合作精神，鼓励企业通过素质的提高来确保其不断发展。学习型企业与一般企业的最大区别是，永不满足地提高产品和服务的质量，通过不断学习和创新来提高效率。

📽⊕ **相关链接**

培训投资少不了

据美国权威机构监测，培训的投资回报率一般在33%左右。在对美国大型制造业公司的分析中，公司从培训中得到的回报率可达20%～30%。摩托罗拉公司每年向全体雇员提供至少40小时的培训。调查表明：摩托罗拉公司每支付1美元培训费可以在3年以内实现40美元的生产效益。摩托罗拉公司认为，素质良好的公司雇员已通过技术革新和节约操作为公司创造了40亿美元的财富。摩托罗拉公司的巨额培训收益说明了培训投资对企业的重要性。

资料来源：http://tieba.baidu.com/p/3661856592.

5.1.4 现代培训与开发的新趋势

1. 培训目的从适应组织当前需要转变为满足组织经营及员工个人成长两个需要

传统培训与开发的目的是使员工适应企业当前需要，适应机器运转，以达到提高工作效率、提高劳动生产率、实现利润最大化的根本目的。现代培训与开发的目的是实现人的现代化，即员工既要掌握现代科学理论、知识、技术与技能，更要有现代人的意识和适应能力，并形成共同的价值观。通过培训与开发，塑造"企业人"。为了激励员工、稳定队伍，培训既要考虑组织生产经营的需要，又要考虑员工个人发展的需要，与他们的个人职业生涯规划结合起来，促使组织经营与员工个人成长协调发展。

2. 培训对象从以生产工人为主发展为全员培训教育

传统的培训与开发更多地关注近期目标，注重对新员工和一线岗位的操作工人进行

培训。现代组织发展的链条是靠人才来绞合转动的，人才是经济发展的新引擎、原动力。现代组织的首要任务是不断培养、造就人才，实现人才整体优化组合。员工培训与开发的对象变化主要表现在：①组织不仅要注重对生产工人的教育培训，同时也专注于领导决策者、管理者、专业技术人员的知识、技能水平的提高，发展组织全员培训，甚至发展到与组织培训相关人员(如顾客、合作厂商的员工等)的培训。②在组织全员培训中，重点突出对高层次的管理人才、高水平的技术人才和高技能的操作人才的培训。③驻外人员成为全球化、一体化经营企业的培训对象。

3. 培训理念从一次性的职前培训发展为继续教育、终身教育和在职培训

传统的组织培训是在一次性教育理念的支配下展开的，培训的重点是新员工和一线操作人员，并多为满足短期目标需要的一次性培训。1965年，法国人保罗·郎格朗提出了继续教育和终身教育的观点。受其影响，现代组织培训的重点是强化员工的普通在校教育或继续教育和终身教育，具有先进性、全员性、适应性和超前性的特征。

4. 培训内容从传授知识和训练技能转向扩展知识、提高能力和才干

传统的组织培训被视为学校教育的延伸和补充，以技能培训为特征，培训内容偏重于传授知识、信息，训练技术、技能，讲解法律、法令，提高理论水平。现代组织培训是对"现代企业人"的再培训，以扩展知识、提高能力、增长才干为特征，培训内容偏重于对现代经营管理理念、组织文化、创新意识和经营管理能力、创新能力和解决问题的能力的培养和提高。现代组织培训内容从战术性转向战略性，更加注重满足组织长期需要，具有战略性、长远性、先进性、超前性和预见性的特征。

5. 培训方法越来越灵活多样，越来越现代化

传统的培训方法少而简单，主要采用课堂教学、车间实习、师傅带徒弟的方式。现代组织培训采用更加灵活多样的方式，并引入许多现代化的方法与手段，如远程培训、案例研究、虚拟培训、视听培训、管理游戏、讲座研讨会、工作轮换、训练和辅导、自我测评、基层锻炼、挂职锻炼等，使培训更加吸引人，效果也更好。

6. 培训逐步发展为职业资格证书培训

在知识经济时代新理念的冲击下，组织员工培训与开发培训实现了从传统的适当性培训转向以获得相应的任职资格或技术等级证书为目标，更加专业化。

5.2　培训与开发体系的构建与实施

5.2.1　培训与开发体系的构成

培训与开发体系由制度层面、资源层面和运营层面三部分构成(见图5-1)。制度层面涉及企业培训开发活动中的各种制度，如课程开发与管理制度、教材开发与管理制度、师资

开发与管理制度、培训经费使用与管理制度等；资源层面描述了构成企业培训开发系统的各种关键要素，如课程、教材、师资、场地、设备、经费等；运营层面主要从实践的角度介绍企业培训与开发机构的工作内容和流程。本节从运营层面的4个流程，即培训需求分析、培训计划方案设计、培训计划方案实施和培训效果评估4个方面具体阐述如何构建和实施培训与开发体方案系。

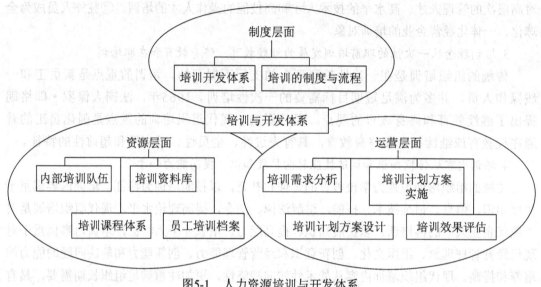

图5-1　人力资源培训与开发体系

5.2.2　培训需求分析

1.培训需求分析的内容

培训需求分析是指在规划与设计每项培训活动之前，由培训部门、主管人员、工作人员等采取各种方法和技术，对组织及其成员的目标、知识、技能等方面进行系统的鉴别与分析，以确定是否需要培训及培训内容的一种活动或过程。培训需求分析是确定培训目标、设计培训规划的前提，也是进行培训评估的基础，因而它是做好培训工作的关键。如何进行培训需求分析，一般来说应从以下几个方面入手。

1）组织分析

组织分析主要是通过对组织的目标、资源、特质、环境等因素的分析，准确地找出组织存在的问题与问题产生的根源，以确定培训是否是解决这类问题的最有效方法。培训需求的组织分析涉及能够影响培训规划的组织的各个组成部分，包括对组织目标的检查、组织资源的评估、组织特质的分析以及环境的影响等方面。组织分析的目的是在收集与分析组织绩效和组织特质的基础上，确认绩效问题及"病因"，寻找可行的解决办法。一般而言，组织分析主要包括下列几个重要步骤。

(1) 组织目标分析。明确、清晰的组织目标既对组织的发展起决定性作用，又对培训规划的设计与执行起决定性作用，组织目标决定培训目标。

(2) 组织资源分析。如果没有确定可被利用的人力、物力和财力资源，就难以确立培训目标。组织资源分析包括对组织的财力、时间、人力等资源的描述。一般情况下，通过组织资源分析，可以了解一个组织所拥有的资源的大致情况。

(3) 组织特质与环境分析。组织特质与环境对培训的成功与否也起重要的影响作用。因为当培训规划和组织价值不一致时，培训效果很难保证。组织特质与环境分析的对象主要是组织的系统结构、文化、资讯传播情况等。

2) 工作分析

工作分析的目的在于了解与绩效问题有关的工作的详细内容、标准，和达成工作所应具备的知识和技能。工作分析的结果也是将来设计和编制相关培训课程的重要资料来源，其侧重点是研究具体的工作者的工作行为与期望的行为标准，找出其间的差距，从而明确此人需要接受哪些培训。工作分析的步骤如下所述。

(1) 撰写全面的工作说明书。

(2) 进行职责任务分析，弄清每个职务的主要任务是什么，每项任务完成后应达到什么标准。

(3) 确定完成任务所需的知识、技能、能力和其他个性特征，为员工培训与开发提供目标和依据。

(4) 确定培训与开发需求。

(5) 确定培训与开发系统的因素级别和开发顺序。

3) 工作者分析

工作者分析主要是通过分析工作人员的现有状况与应有状况之间的差距，来确定谁需要和应该接受培训以及培训的内容。工作者分析的重点是评价工作人员的实际工作绩效以及工作能力，其中包括下列几项内容。

(1) 个人考核绩效记录。主要包括员工的工作能力、平时表现(请假、怠工、抱怨)、意外事件、参加培训的记录、离(调)职访谈记录等。

(2) 员工的自我评量。自我评量以员工的工作清单为基础，由员工针对每一个单元的工作成就、相关知识和相关技能真实地进行自我评量。

(3) 知识技能测验。即以实际操作或笔试的方式测验工作人员真实的工作表现。

(4) 员工态度评量。员工对工作的态度不仅影响其对知识技能的学习和发挥，还影响其与同事间的人际关系，影响与顾客或客户的关系，而这些又直接影响其工作表现。可运用定向测验或态度量表，帮助了解员工的工作态度。

2. 培训需求分析的工作流程

培训需求分析的工作流程如图5-2所示。

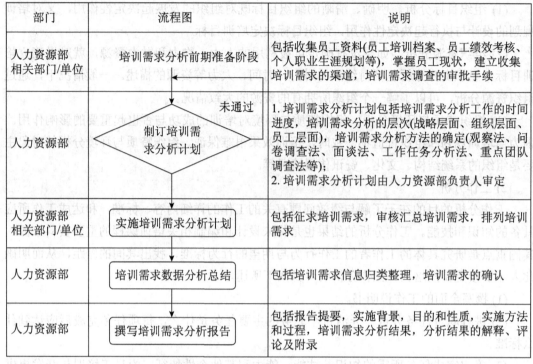

部门	流程图	说明
人力资源部 相关部门/单位	培训需求分析前期准备阶段	包括收集员工资料(员工培训档案、员工绩效考核、个人职业生涯规划等),掌握员工现状,建立收集培训需求的渠道,培训需求调查的审批手续
人力资源部	制订培训需求分析计划 未通过	1.培训需求分析计划包括培训需求分析工作的时间进度,培训需求分析的层次(战略层面、组织层面、员工层面),培训需求分析方法的确定(观察法、问卷调查法、面谈法、工作任务分析法、重点团队调查法等); 2.培训需求分析计划由人力资源部负责人审定
人力资源部 相关部门/单位	实施培训需求分析计划	包括征求培训需求,审核汇总培训需求,排列培训需求
人力资源部	培训需求数据分析总结	包括培训需求信息归类整理,培训需求的确认
人力资源部	撰写培训需求分析报告	包括报告提要,实施背景,目的和性质,实施方法和过程,培训需求分析结果,分析结果的解释、评论及附录

图5-2　培训需求分析的工作流程

3.培训需求分析的方法与技术

任何层次的培训需求分析都离不开一定的方法与技术,而方法与技术又是多种多样的。一般来说,培训需求分析多采用必要性分析方法,即通过收集并分析信息或资料,确定是否通过培训来解决组织存在的问题。它包括一系列的具体方法和技术。各种培训需求分析方法和技术的优缺点如表5-2所示。

表5-2　培训需求分析方法的优缺点

方法	优点	缺点
观察法	1.可以得到有关工作环境的信息; 2.将分析活动对工作的干扰降至最低	1.需要高水平的观察者; 2.员工的行为方式可能因为被观察而受到影响
问卷 调查法	1.调查面广,资料来源广泛; 2.可以从大量人员中收集信息; 3.费用低; 4.易于对信息进行归纳总结	1.耗费时间长; 2.回收率可能很低,有些信息可能不符合要求(虚假或隐瞒); 3.不够具体
资料 查阅法	1.有关工作程序的理想信息来源; 2.目的性强	1.材料可能过时; 2.需要具备专业知识
关键人物 访谈法	有利于发现培训需求的具体问题及产生的原因和解决办法	1.耗费时间长; 2.分析难度大; 3.需要高水平的专家

5.2.3　培训计划方案设计

1. 企业战略分析

战略具有非常重要的作用，能帮助公司获取竞争优势。要使培训更好地为企业的战略目标服务，就必须先进行企业战略分析。分析企业愿景和使命，了解企业当前和长远的经营方针、未来的发展方向及发展重点；为了保证企业的战略得到贯彻和执行，企业需要明确进入哪些目标市场，进行哪些变革。

2. 培训目标分析

培训目标为整个培训计划提供明确的方向和依据。有了明确的目标，才能确定培训的对象、内容、时间、师资、方法等具体内容，并为培训活动的效果评估提供依据。培训目标主要有以下几大类。

(1) 技能方法培训。技能培训归根结底是方法的培训。掌握方法当然离不开思维活动。对较低层级的员工而言，总要涉及具体的操作训练；而对高层员工来说，则主要针对思维活动。例如，分析与决策能力，也要涉及具体的技巧训练；再如，书面、口头表达能力，人际关系技巧等，能够反映一个人的思维能力。

(2) 传授理念知识。传授知识包括概念与理念的理解与纠正、知识的灌输与接收、认识的建立与改变等，这些都属于智力活动。理论与概念必须和实际相结合，才能透彻理解、灵活掌握、巩固记忆。

(3) 转变工作态度。转变工作态度是指受训者接受培训后，在工作岗位上所表现出来的态度与之前相比有了比较大的改变。

(4) 绩效目标。培训方案的绩效目标包括如下几个方面：第一，培训后的行为或绩效目标，对培训计划而言，应该是明确具体的，如操作工每小时的工作量；第二，评估绩效的方法是明确的；第三，绩效标准是可以运用的。

3. 培训计划的制订

培训计划是整个培训过程展开的源头，必须在一开始便获得各级员工直接主管的支持与认可，要让员工及其主管承担培训效果转化的最终责任。培训计划必须从企业战略出发，满足组织及员工两方面的要求，考虑企业资源条件与员工素质基础，考虑人才培养的超前性及培训效果的不确定性，确定员工培训的目标，选择培训内容及培训方式。

(1) 制订培训计划的条件。课程体系搭建完成，形成基本平台；其他人力资源系统开始运作，并形成评估结果。员工的直接主管认同整个基于任职资格体系构建的课程体系构架，并在绩效改进沟通中与员工就知识技能差距达成共识，明确培训目的。

(2) 培训计划的内容。培训计划是培训目标的具体化，为了获得高层管理者的支持，充分阐明培训的意义、作用、效果，培训部门必须在培训计划阶段编制培训计划书(方案)。一个完整的培训计划应包括以下内容，如表5-3所示。

表5-3　培训计划的具体内容

项目	具体内容
1. 培训目的	阐明培训活动期望产生的作用、效果。培训目的要简洁，具有可操作性、可测量性，便于培训效果评估

项目	具体内容
2. 培训对象	培训对象通常包括中高层管理人员、关键技术人员、营销人员、业务骨干、普通员工以及新入职员工等。确定了开发对象后，就可以根据人员对开发内容进行分组或分类，把同样水平的人员放在一组进行开发，这样可以避免资源浪费
3. 培训时间	包括培训执行的计划期或有效期、培训计划中每一个开发项目的实施时间，以及培训计划中每一个培训项目的课时等。培训计划的时间安排应具有前瞻性，要根据培训的轻重缓急安排，时机选择要得当，以尽量不与日常工作相冲突为原则，同时兼顾学员的时间安排
4. 培训地点	包括每个培训项目实施的地点和实施每个培训项目时的集合地点或召集地点。地点安排应充分考虑交通、学习环境等方面的因素。可以选择教室、会议室、工作现场等。
5. 培训课程	确定培训课程要遵循轻重缓急的原则，分为重点培训课程、常规培训课程和临时性培训三类。其中，重点培训课程主要是针对全公司的共性问题、未来发展大计进行的培训，或者是针对重点对象进行的培训。 教材选用应注重操作性、实用性，课程内容范围应根据培训目的确定
6. 培训内容	确定开发计划中每一个开发项目的开发内容。培训内容涉及管理实践、行业发展、企业规章制度、工作流程、专项业务、企业文化等方面
7. 培训形式	培训形式大体可以分为内训和外训两大类。其中，内训包括集中培训、在职辅导、交流讨论、现场观摩、个人学习等；外训包括外部短训、MBA进修、专业会议交流等
8. 培训讲师	培训讲师分为外部讲师和内部讲师。在制订年度培训计划时，可以确定讲师的大体甄选方向和范围，等到具体培训时，再最后确定
9. 考评方式	采用笔试、面试、操作或是绩效考核等方式进行，可采取签到登记、例会汇报、流动检查控制等措施
10. 培训预算	根据培训所需器材和设备的成本，以及教材、教具、外出活动和其他各种活动的费用，列出培训费用预算。预算方法很多，如根据销售收入或利润的百分比确定经费预算额，或根据公司人均经费预算额计算等。培训费用应向高层领导、中层管理者以及技术骨干人员倾斜

5.2.4　培训计划方案实施

培训实施是员工培训系统的关键环节。在实施员工培训时，应完成许多具体的工作任务。要保证培训效果与质量，必须把握以下几个方面。

1. 确定培训时间

为适应员工培训的特点，应确定合适的培训时间。企业一般会在新员工入职、企业技术革新、销售业绩下滑、员工升职、引进新技术、开发新项目、推出新产品时对员工进行培训。在确定具体的培训日期时，企业一般会考虑销售淡季或生产淡季，总之以不影响正常的业务开展为前提。对于新员工，则选择在上岗前进行集中培训。

2. 确定培训场所

选择合适的培训场所是确保培训成功的关键。培训场所应交通便利、舒适安静，能够容纳全部新员工并配有相关设施，并且保证每个学员有足够的活动空间；培训场所的配套设施如电子设备、音响等应当符合培训的要求；培训场所的室内环境和气氛会影响员工的情绪，继而影响培训效果，因此在布置培训场所时，应尽量采用明亮的颜色；培训场所的温度、隔音、通风、光线等条件也应良好。

3. 选择受训人员

要根据专项培训项目的要求和培训内容，选择合适的受训人员。例如，属于一般文化补课性的员工培训，就要根据一般的小学、初中、高中水平的要求选择，并根据不同文化档次接受不同档次的培训，这样便于因材施教，培训效果较好。又如，对专项技术工艺或对管理人员的培训，更要注意挑选合适的受训人员，这样才能收到事半功倍的效果。

4. 安排培训课程

培训课程的安排过程是一个全员参与的过程。培训课程要求精炼、层次分明、通俗易懂，且能充分利用语音、动画等工具，做到图文并茂、生动有趣。具体的培训课程安排流程为：首先，明确通过培训要解决的问题或要达到的效果；其次，明确培训课程要求；再次，设计课程大纲，制作培训教材、PPT文件；最后，进行试讲，完善培训课程。

5. 选择培训讲师

培训讲师是开展培训的授课主体，其知识丰富程度、语言表达方式、授课形式等均会对培训效果产生影响。培训讲师主要有两大来源：企业外聘和企业内部开发。培训管理人员应根据企业实际情况，确定适当的内部和外部培训讲师的比例，尽量做到内外搭配、相互学习、相互促进。培训组织者对培训讲师的备课、培训内容的讲授等方面都要进行适时监督，并制定相应的规范对培训讲师实行科学、严谨的管理。

6. 选择培训方法

培训方法种类繁多，在培训过程中，选择一种适宜的培训方法至关重要。每种培训方法都有不同的侧重点，因此必须根据培训目的、对象等的不同，选择适当的培训方法。在选择培训方法时，除了要考虑人员特点外，还要看企业的客观条件。

7. 培训的评估与管理

要对培训进行定期的总结评估，以便及时发现问题，改进培训工作，提升培训效果。此外，还应制定员工的培训管理制度。培训管理制度包括培训服务制度、培训考核制度和培训激励制度。

5.2.5 培训效果评估

1. 培训效果评估的概念

培训评估是指收集培训成果以衡量培训是否有效的过程。培训评估是培训管理流程中的一个重要环节，是衡量企业培训效果的重要途径和手段。通过评估，管理者可以知道培训使学员的知识得到了怎样的更新，学员的工作表现产生了怎样的变化。同时，企业可以对当年的培训效果有一个反馈，对下一年度的培训工作起到很好的借鉴作用。

培训效果评估也是衡量培训作用、改进培训质量、提升培训效果、降低培训成本的基础和依据。从人的发展角度分析，通过效果评估，可以使学员对个人能力有客观的认识，从而不断提高自己的素质能力；同时，也便于管理者及时了解学员的知识吸收与应用能力，有助于培育和发展人的潜能。

2. 柯克帕特里克四层次培训效果评估模型

1959年，美国威斯康星大学教授唐纳德·柯克帕特里克(Donald Kirkpatrick)提出了"柯氏培训评估模型"，从4个层次评估培训效果(见表5-4)。它是目前最有影响力、被全球职业经理人广泛采用的培训评估手段。

柯克帕特里克认为，培训效果可从4个层次来进行评价。

(1) 反应层评价。即学员在接受培训后对培训本身是否满意及满意程度，包括对培训目标、培训内容、培训方式、培训教师、培训环境等的意见反馈，通常采用《学员意见反馈表》的形式来收集这方面的信息。

(2) 学习层评价。即衡量学员在接受培训后，知识、技术和技能的提高程度，通常采用测试的方法。

(3) 行为层评价。主要评价学员在接受培训后行为的改变程度，即学员所学知识、技术在实际工作中运用的程度。收集信息可以采用问卷以及与员工、同事或经理会谈等形式。

(4) 结果层评价。主要评估学员行为的改变对个人绩效和组织绩效的影响程度。

表5-4　柯克帕特里克培训效果评估模型

评估层级	评估目的	重点评估内容	评估方法	评估时间	评估单位
第一层：反应评估	学员对培训的满意程度	项目设计的针对性：学员认同培训方案及培训目标吗	问卷调查、访谈法、观察法、综合座谈	课程结束时	培训单位
		培训内容的新颖性及实用性：学员喜欢培训课程吗 学员认为课程内容对自己有用吗			
		教师授课：学员对教师授课的态度、内容、方式等有什么意见和要求			
		培训设施：学员对辅助教学的网络、计算机、多媒体等教学设施及运转情况满意吗			
第二层：学习评估	学员对知识、技术和技能的掌握程度	学习成果：学员在培训中学到了什么	笔试、口试、模拟练习与演示、课题研究	课程进行时、课程结束时	培训单位
		学习质量：培训前后，学员在知识及技能方面有多大程度的提高			
第三层：行为评估	培训前后的工作表现	行为变化：培训后学员行为有无改变	问卷调查、行为观察、访谈法、绩效评估	三个月或半年以后	学员的直接主管上级
		知识应用：学员是否在工作中应用所学知识			
第四层：结果评估	学员获得的经营业绩	学员培训对组织绩效的影响：组织是否因为学员参与培训而经营得更好	生产效率、士气、离职率、事故率	半年或一二年以后	学员的单位主管

3. 培训效果评估的标准与方法

培训效果或标准即培训者和企业用来评价培训项目的尺度，具体分为认知成果、技能成果、情感成果、绩效成果及投资回报率。培训效果评估标准和衡量方法如表5-5所示。

表5-5 培训效果评估标准和衡量方法

成果分类	标准举例	测量方法
认知成果	安全规则，电工学原理，绩效考评的步骤	笔试，口试，工作抽样，访谈
技能成果	操作规范，技能等级，质量标准，定额标准	现场观察，工作抽样，专家评定
情感成果	对培训的满意度，工作态度，行为方式	访谈，关注某小组，态度调查
绩效成果	缺勤率，事故发生率，劳动效率，专利项数	现场观察，原始记录，统计日报
投资回报率	直接成本、间接成本	预算，统计分析

对点案例 　　　　　　　　**南京地铁的培训评估体系设计**

一、培训评估体系设计

1. 培训评估组织

培训评估目标不同，每个项目的培训评估组织亦不同。下面以"南京地铁运营公司售检票员自动售检票机器维修技能培训班"为例进行说明。

领导小组：人力资源部、培训中心、站务中心、票务中心分管领导；工作小组：培训中心培训管理员；实施小组：培训中心培训管理员、人力资源部绩效考核员、站务中心站长、票务中心自动售检票系统维护员。

2. 培训评估实施

(1) 培训前评估。主要内容为培训需求整体评估，培训对象知识、技能和工作态度评估，培训对象工作成效及行为评估，培训计划评估。本班需要做好以下几项工作：确定售检票员培训需要达到的标准，明确售检票员目前的人员组成、所具备的维修技能以及对此次培训项目的反应和相关项目。

(2) 培训过程评估。这是培训质量控制的关键阶段，主要是了解学员对整个培训项目的感受和评价。对培训项目的反应包括售检票员对培训项目的设计、培训项目的组织、培训师、培训内容、培训方式以及培训效果等的评价。可以通过问卷调查和重点访谈的方式来进行。

(3) 培训后评估。培训后评估是整个评估体系中最重要的部分，其主要任务是对培训结果进行衡量。这一层次的评估可以借鉴柯式模型，进行4个层次的评估：①反应层评估。了解学员对整个培训项目的主观感受和评价，可以通过问卷调查来收集售检票员对培训项目的评价信息，包括对讲师和培训科目、设施、方法、内容、自己收获的大小等方面的看法、建议等。②学习层评估。主要评估学员通过培训学到了哪些知识，以及是否了解这些知识是如何应用到工作中去的。通过两个层次来调查完成：一是对知识掌握程度的评估，一般以笔试为主；二是对知识应用程度的评估，可以通过售检票机故障排除、现场操作等方式进行。③行为层评估。主要评估学员在培训后的行为是否有改善，是否运用了在培训中所学的知识、技能等。可通过两个不同时点的评估来进行：培训前的行为评估；培训后一段时间维修自动售检票机故障的主动性。④结果层评估。用来判断由于学员行为的改善所导致的学员个人绩效以及组织绩效的提高程度，对有关个人绩效的指标进行比对。个人绩效指标主要有自动售检票机维修工作完成率、准确率、返工率、出错率、优秀率等；有关组织绩效的指标有乘客投诉率、解决问题的效率、协商成功率、服务水平提升状态等。

二、评估结果的反馈和运用

1. 要重视对培训评估资料的归档整理

对于评估工作中的原始数据资料以及分析结果等，都应该完整地记录和保存下来，并建立一个信息系统，以便日后查找分析，为以后的培训工作提供支持。

2. 建立评估结果与员工绩效考核和晋升的关系

把培训评估结果作为员工考核和晋升的标准之一，有助于提高员工参加培训的积极性，提高培训效率；同时也会激励员工将培训所获得的知识转化为个人和组织的绩效。

3. 培训评估工作制度化、规范化

培训效果相对来说是很难衡量的，它有一个时滞，要在培训实施一段时间后才能显现。因此，应该建立完善的培训评估制度，使其贯穿培训的整个过程，使培训制度化、经常化。

资料来源：中国人力资源开发网．www.chinahrd.net.

5.3　员工培训方法

5.3.1　传统培训方法

1. 演示培训法

(1) 讲授法。讲授法是指培训者通过语言表达，系统地向受训者传授知识，期望这些受训者能记住其中的重要观念与特定知识。适用于各类学员知识类培训；企业新政策、制度介绍；专题讲座等。

讲授法的优点是内容多且系统、全面，可同时多人受训；容易掌握和控制学习进度；受训者可系统地接受新知识；可加深理解难度大的内容；培训组织方便，成本低。缺点是培训师的水平直接影响培训效果，容易导致理论与实践相脱节；单向传授，教学双方缺乏互动；传授内容多，学员难以消化、吸收；不能满足学员的个性需求；传授方式较为枯燥、单一。

(2) 视听法。视听法就是利用现代视听技术(如投影仪、录像、电视、电影、电脑等工具)对员工进行培训。录像是最常用的方法之一。特别适合有关工作过程或生产流程方面的培训，对各种装配作业线操作程序和技能的培训也很有效果。

视听法的优点是直观鲜明，易引起受训人员的关注和兴趣；视听教材可反复使用，从而能更好地适应受训人员的个别差异和不同水平的要求；行为模仿性和互动性强；可让受训者接触到不易解释说明的设备、难题、事件，如设备故障、顾客抱怨或其他紧急情况。缺点是视听设备和教材的成本较高，内容易过时；选择合适的视听教材不太容易；受训者处于消极地位，反馈和实践较差，一般可作为培训的辅助手段；易扰乱学习重心，开发难度大。

2. 实践培训法

实践培训法是指员工通过实际做某项工作而学会做某项工作，即在实际工作经历中学会做这项工作，包括现场培训、自我指导、学徒式培训、工作轮换法。这些方法有利于受训者开发特定技能，有利于受训者理解技能和行为在工作中的应用，可使受训者亲身经历一次任务的完成过程，或学会处理工作中发生的人际关系问题。

(1) 现场培训。现场培训是指新雇员或没有经验的雇员通过观察并效仿同事或管理者工作时的行为来学习。现场培训适用于新雇佣的员工，在引入新技术时帮助有经验的员工进行技术升级，在一个部门或工作单位内对员工进行交叉培训，以及帮助岗位发生变化或得到晋升的员工适应新工作。

现场培训的优点是在材料、培训者的工资或指导方案上投入的时间或资金相对较少。某一领域内的专家、管理者和同事都可作为指导者。它的缺点是管理者和同事完成一项任务的过程并不一定相同。他们也许既传授了有用的技能，也传授了不良习惯。同时，他们可能并不了解演示、实践和反馈是进行有效的现场培训的重要条件。没有组织的现场培训将可能导致员工得到不好的培训，他们可能使用无效或危险的方法来生产产品或提供服务，并且会导致产品或服务质量不稳定。

(2) 自我指导学习。自我指导学习是指由雇员自己全权负责的学习，包括什么时候学习及谁将参与到学习过程中来。受训者不需要任何指导者，只需按照自己的进度学习预定的培训内容。培训者只需扮演好辅助者的角色即可。

自我指导学习的优点是受训者可自行制定学习进度并接受有关学习绩效的反馈；可以培养受训者独立思考、系统思考的能力。在差异化企业中，应鼓励员工特别是乐于创新的员工参与这种学习。缺点是要求受训者必须愿意自学，即有学习动力。

(3) 学徒培训法。这是一种向新员工提供工作所需技能的理论和实践知识的综合培训，由管理人员或有经验的员工给予指导和经验传授，在高科技企业被称为导师制，我国传统上称为"师傅带徒弟"。这种方法适用于需要一定技能的行业，如管道维修业、木工行业、电工行业及瓦工行业。

学徒培训法的优点是受训者在学习的同时可以获得收入，同时也是一种有效的学习经历；培训结束后可将受训者吸纳为全职雇员。缺点是有些项目限制了少数人群和妇女的参与；无法保证培训结束后还能有职务空缺；只对受训者进行某一种技艺或某一项工作的培训，内容较为单一。

(4) 工作轮换法。工作轮换法是让受训者在预定的时期变换工作岗位，使其获得不同岗位的工作经验的培训方法。一般主要用于新进员工、新进入企业的年轻管理人员或有管理潜力的未来的管理人员。

工作轮换法的优点是能丰富受训者的工作经验，增加其对企业工作的了解；使受训者明确自己的长处和弱点，找到适合自己的位置；改善部门之间的合作，使管理者能更好地理解相互间的问题。缺点是如果受训者在每个轮换的工作岗位上停留时间太短，所学的知识不精；鼓励"通才化"，适合一般直线管理人员的培训，不适用于职能管理人员。

3. 体验培训法

体验培训法是要求受训者积极参与培训过程，通过亲身体验学会在工作中可能用到的某些技能和行为的方法，包括仿真模拟、案例研究、商业游戏、角色扮演和行为示范。这些方法有利于开发特定技能，有利于员工理解技能和行为在工作中的应用。

(1) 仿真模拟。仿真模拟是一种体现真实生活场景的培训方法，受训者的决策结果能反映出如果他在某个岗位上工作会发生的真实情况。通过仿真模拟，可以让受训者在一个人造的、无风险的环境下看清他们所做的决策的影响，常被用来传授生产和加工技能及管理和人际关系技能。

仿真模拟法的优点是受训者能够迅速掌握实际工作中的机器操作方法，实践性强。缺点是开发成本较高，并且要根据新获得的工作信息对模拟环境加以改进。

(2) 案例研究。案例研究是指由培训者提供某组织面对困境或处理棘手问题的书面描述，让受训者分析和评价案例，提出解决问题的建议。目的是通过训练使他们具有良好的决策能力，帮助他们学习如何在紧急状况下处理各类事件，广泛适用于中层以上管理人员的培训。

案例研究法的优点是将提高受训者解决问题的能力融入知识传授中；有利于促使受训者参与企业实际问题的解决；受训者参与性强，变学员被动接受为主动参与。缺点是案例过于概念化并带有明显的倾向性；案例来源不能满足培训需要；案例准备需要较长时间，且对培训师和学员的要求都比较高。

(3) 商业游戏。商业游戏法是利用计算机商业游戏软件进行学习的一种方法。游戏可模拟商业竞争环境，调动参与者的积极性，寓教于乐。应用这种方法要求受训者收集信息，对其进行分析并做出决策。主要用于开发受训者的管理决策能力和管理技能，适用于中层以上的管理人员培训。

商业游戏法的优点是能够激发受训者的积极性，改善人际关系，有利于受训者深刻理解；可使受训者联想到现实的后果。缺点是游戏的设计和实施费用比较昂贵；模拟游戏的有效性并没有得到证实；易使受训者将注意力放在如何战胜对手上，而忽略对其他潜在内容的学习。

(4) 角色扮演。角色扮演是指在一个模拟的工作环境中，指定参加者扮演某种角色，借助角色演练来理解角色内容，模拟处理工作事务，从而提高处理各种问题的能力。角色扮演与模拟的区别在于受训者可选择的反应类型及情景信息的详尽程度不同，它更适用于训练态度仪容和言谈举止等人际关系技能。

角色扮演法的优点是受训者参与性强，可提高积极性；有利于增强培训效果；可培养受训者的沟通、自我表达、相互认知等社会交往能力；可使受训者认识到自身的不足，提高业务能力；具有高度灵活性。缺点是强调个体差异，不具有普遍性；容易影响受训者态度，不易影响其行为；对场景设计人员要求高，比较费时；实施过程复杂多变。

(5) 行为示范。行为示范是指向受训者提供一个演示关键行为的示范者，然后给他们机会去实践这些关键行为。这种培训方法建立在社会学习理论的基础上，强调学习是通过两方面进行的：其一，观察示范者演示的行为；其二，通过观察示范者实践这些行为而受到强化。

行为示范的优点是能够吸引并保持受训者的注意力，能够提供有针对性的实践和反馈机会，更适用于行为、人际关系和某种技能的学习。缺点是不太适合事实信息的学习，仅适用于学习某一种技能或行为。有研究资料表明，行为示范是传授人际关系和计算机技能最有效的方法之一。

4. 团队建设法

团队建设法是用于提高小组或团队绩效的培训方法，旨在提高受训者的技能和团队的有效性。团队建设法有助于受训者共享各种观点和经历，建立群体统一性，了解人际关系的力量，并审视自身及同事的优缺点。

(1) 探险学习。探险学习注重利用有组织的户外活动来开发团队协作和领导技能，也被称为野外训练或户外培训。最适用于开发与团队效率有关的技能，如自我意识、问题解决、冲突管理和风险承担等方面。

(2) 团队培训。团队培训是指通过协调在一起工作的单个员工的绩效从而实现共同目标，它包括交叉培训、协作培训和团队领导技能培训。交叉培训是指让团队成员熟悉并实践所有人的工作，以便在有人离开团队后，其他成员可介入并取代他的位置。协作培训是指针对团队的信息共享和承担决策责任所做的培训，以实现团队绩效的最大化。团队领导技能培训是指团队管理者接受的培训，包括解决团队内部冲突、协调团队活动等方面。

(3) 行动学习。行动学习是指向团队或工作群体提出一个实际工作中面临的问题，让他们合作解决并制订一个行动计划，然后由他们负责实施这一计划的培训方式。一般团队包括6～30名队员，队员构成可不断变化，有时包括一个有问题需要解决的顾客，有时包括需解决同一个问题的各部门代表，有时包括多个职能部门且都有各自的问题。

相关链接

宝洁: 全方位和全过程的培训

第一是入职培训。新员工加入公司后，会接受短期的入职培训，其目的是让新员工了解公司的宗旨、企业文化、政策及公司各部门的职能和运作方式。

第二是技能和商业知识培训。公司内部有许多关于管理技能和商业知识的培训课程，如提高管理水平和沟通技巧的培训、领导技能的培训等，它们结合员工个人发展的需要，帮助员工成为合格的人才。公司独创了"宝洁学院"，通过公司高层经理讲授课程，确保公司在全球范围的管理人员参加学习，并了解他们所需要的管理策略和技术。

第三是语言培训。英语是保洁公司的工作语言。公司在员工的不同发展阶段，会根据员工的实际情况及工作需要，聘请国际知名的英语培训机构设计并教授英语课程。新员工还会参加集中的短期英语岗前培训。

第四是专业技术的在职培训。从新员工进入公司开始，公司便会派一名经验丰富的经理悉心对其日常工作加以指导和培训。公司为每一位新员工制订个人培训和工作发展计划，由其上级经理定期与员工回顾。这一做法将在职培训与日常工作实践结合在一起，最终使新员工成为本部门和本领域的专家能手。

第五是海外培训及委任。公司根据工作需要，选派各部门工作表现优秀的年轻管理人员到美国、英国、日本、新加坡、菲律宾和中国香港等地的宝洁分支机构接受培训和开展工作，帮助他们积累在不同国家和地区工作的经验，从而得到更全面的发展。

一切企业培训都是为了让员工更好地生存和发展，更好地服务企业，创造更大的价值。很多世界顶级企业培训员工的方法和艺术都值得借鉴。

资料来源：佚名. 宝洁：全方位和全过程的培训[J]. 成长与就业，2010(9)：63-64.

5.3.2 现代培训技术方法

1. 多媒体培训

多媒体培训是将视听培训与计算机培训结合在一起的培训方法。这些培训综合了文本、图表、动画、录像等视听手段，以计算机为基础，参训者可以用互动的方式来学习培训内容。在培训中可以采用交互式录像、国际互联网和公司内部网等多种培训方式。

多媒体培训的优点是可以促进员工学习，提供及时的信息反馈和指导；测试员工的掌握程度，并可以让员工按照自己的进度来学习。缺点是培训费用较高；不太适用于对人际交往技能的培训。

2. 网上培训

网上培训，又称互联网培训，是指通过企业的内部网或因特网对学员进行培训的方式。在网上培训中，采用员工自主式学习的方式，老师将培训课程储存在培训网站上，分散在世界各地的受训者可随时打开电脑上网，利用网络浏览器进入该网站接受培训，学习那些已经由培训总部在网上设计好的培训课程。

网上培训的优点是可以灵活选择学习时间、地点和学习进度；能同时学习大量信息；可充分利用网络资源，增强课堂教学的趣味性，从而提高学员的学习效率；能够及时对学员的学习效果提供反馈；可以节省培训费用，可及时、低成本地更新培训内容。缺点是要求企业建立良好的网络培训系统，这需要大量的培训资金，中小企业由于受资金限制，往往无法花费资金购买相关培训设备和技术；有些培训内容不适合采用网上培训方式，如关于人际交流的技能培训就不适合采用网上培训方式。

3. 虚拟培训

虚拟培训是指利用虚拟现实技术生成实时的、具有三维信息的人工虚拟环境，学员通过运用某些设备接受和响应环境的各种感官刺激而进入其中，并可根据需要通过多种交互设备来驾驭环境、操作工具和操作对象，从而达到提高培训对象各种技能或学习知识的目的。

虚拟培训的优点是具有仿真性、超时空性、自主性、安全性；在培训中，学员能够自主地选择或组合虚拟培训场地和设施，可以在重复操作中不断增强自己的训练效果；更重要的是，这种虚拟环境使他们脱离了现实环境培训中的风险，并能从这种培训中获得感性知识和实际经验。缺点是质量较差的设备达不到使受训者产生身临其境感觉的预期效果，反而会带来受训者生理上的不良反应，如眩晕、恶心或头疼等。

4. 计算机辅助培训

计算机辅助培训是随着个人计算机的兴起而发展起来的，它主要通过设计一些课程程序和软件帮助学员自主学习。计算机辅助培训往往是自适应培训，它特别适合对一些基本知识和概念的培训。这是应用新兴技术培训中最基本的形式。计算机培训(CBT)包括两种：计算机辅助指导(CAI)和计算机管理指导(CMI)。计算机辅助指导系统是通过一个计算机终端在内部联网传送指导性材料的系统，它将培训材料以交互方式直接传输到计算机终端，使受训者可以通过与一台计算机互动来学习。它提供的功能包括：操练与实践、解决问题、情景模拟、游戏指导和完善的个性化教育指导。计算机管理指导(CMI)系统是与计算机辅助指导(CAI)系统共同适用的系统，它用电脑出考题并打分，以确定培训的水平。同时使用计算机辅助指导(CAI)和计算机管理指导(CMI)，能够使培训方法更有效。计算机管理指导(CMI)运用计算机设计考题来测试受训者的能力水平，还可追踪受训者的工作表现，并选择合适的学习材料以满足其特殊要求。计算机管理指导(CMI)能帮助培训者承担一些日常的培训工作，使其能够专心课程开发和指导受训者。

5. 远程学习

远程学习是指通过计算机及网络对处于不同地点的受训者进行培训的技术，其借助现代化的技术将声音、图像、数据、教学软件等传递到各个教学地点，使来自不同地域的受训者可以在同一时间或不同时间接收信息的传递、完成指定的练习任务、提交作业、进行培训效果的反馈等。和以往的培训相比，远程培训突破了地域限制，可以进行多向式沟通，尤其针对一些规模比较大的跨国企业，员工极少有机会同时聚集在一起接受培训，远程学习解决了这个问题，它像一个遍布世界各地的网络系统，可以随时随地开展培训。远程学习的优点在于能为企业节约交通费用，缺点在于缺乏培训教师和受训者之间的沟通。

6. e-学习

e-学习即电子化学习，是使用电子科技来实施教育与培训项目、追踪绩效表现和报告学习者进展情况的一种方式。我们可从两个角度来界定e-学习，广义的e-学习是指运用电子技术进行的学习行为，包括通过所有电子媒介(如因特网，内部网，外部网，卫星广播，视听录像带，互动电视，CD-ROM)发送教学内容；狭义的e-学习是指以网络为基础的学习等。目前，我们所说的e-学习多指狭义的e-学习。

e-学习的特点：①低成本、高效率。e-学习花费的费用少，有助于促进知识及时更新，降低单位成本和个人平均学习成本。②具有可持续性。e-学习成为一种学习形式，逐渐形成自身的教育体系，成为企业投资教育的楷模，其持续性的特点能促进员工的持续学习，表现为e-学习的全员性、适应性、重复性、超前性。③速度快。包括开发速度快和交付速度快两方面。

5.4　人力资源开发

5.4.1　新员工入职培训

1. 新员工入职培训的含义

新员工入职培训是指企业对新录用的员工，在进入职位之前进行的有关企业概况和员工须知的教育，以帮助新员工培养应具备的素质，掌握必要的知识和基本的工作技能，使之能尽快适应新的工作环境。对于没有工作经验的毕业生来说，刚进入职场、踏入社会，他们就像一张白纸一样，身处不同的企业文化之中，会形成不同的工作理念，从一个校园学子转变为企业人；对于那些已有工作经验、从一家企业进入另一家企业的新员工来说，他们是从一种组织文化进入另一种组织文化。

2. 新员工培训的主要内容

(1) 通识培训。通识培训是指对员工进行有关工作认识、观念方面的训练，以及培养员工掌握基本的工作技巧。新员工通识培训一般由人力资源部及各部门行政人员共同组织，具体实施时，由人力资源部门负责实施。人力资源部向每位正式报到的新员工发放《员工手册》，并就企业发展历程、企业文化、管理理念、组织结构、发展规模、前景规划、产品服务与市场状况、业务流程、相关制度和政策及职业道德教育展开介绍、讲解和培训，从而使新员工全面了解、认识企业，加深认识并激发员工的使命感。

(2) 部门工作及规章培训。一般是在新员工通识培训结束后进行，由所在部门的负责人代表部门对新员工表示欢迎，介绍新员工认识部门其他人员，并协助其较快地进入工作状态。部门内的工作引导主要包括：介绍部门结构、部门职责、管理规范及薪酬福利待遇，培训基本专业知识技能，讲授工作程序与方法，介绍关键绩效指标等。要向新员工详细说明岗位职责的具体要求，并在必要的情况下做出行为示范，指明可能的职业发展方向。

(3) 礼仪培训。新员工面临着从社会人或学生到职业人的角色转变，需要有积极的职业心态及规范的职业化举止，以适应职业人的角色需要。新员工培训中的新员工礼仪培训可帮助新员工在融入一个新环境的过程中掌握人际交往的艺术，使工作态度更积极、工作形象更规范、行为举止更得体。礼仪培训主要包括着装与化妆、电话礼仪、指示和命令的接受方式、报告和联络的方式、与上级和同事交往的方式等方面。

3. 新员工入职培训的流程

1) 新员工入职培训计划方案的制定

开展新员工入职培训需要事先制订完整的计划。在入职培训计划阶段，人力资源部门需要明确的关键问题包括入职培训的目的、需要考虑的问题及范围和开展入职培训的时间等方面。还应对公司层次、部门层次和工作层次的主题做出合理的划分，并合理规划入职培训中的技术类内容和社会类内容。培训计划由文字和表格两部分组成：文字部分说明培训的对象、目的、内容、时间、地点等，表格明确培训的具体安排。入职培训计划的内容是固定的，其余部分的内容根据每年的实际情况有所调整。

2) 新员工入职培训计划方案的实施

(1) 培训准备。主要是确定培训的时间、地点和培训教师。如果在一段时间内(如一个月)多次招聘，培训时间就需要特别考虑。在这种情况下，不同时间录用的人员需要统一报到时间、统一培训，以便于组织。培训教师一般由有关业务部门的负责人或业务骨干担任。

(2) 实施培训。培训内容分为一般性培训和专业培训，根据培训内容的不同，可采取集中授课、自学、实地培训等方式。自学适用于规章制度、工作程序与方法、产品技术资料的熟悉与掌握等方面。

(3) 考试、考核。考试适用于对知识、技能的考察。如果想知道新员工对管理实务是否掌握、实习是否有收获，应进行考核。考核有两种形式，一种是利用考核表考核；另一种是让新员工写心得报告，指导者根据心得报告做出评价。

(4) 颁发上岗证或上岗通知书。上岗证和上岗通知书是新员工取得上岗资格的证明。上岗证或上岗通知书的颁发，一般应以考试、考核是否合格为依据。

3) 新员工入职培训内容与效果的跟踪

公司在每一次新员工培训后，都必须对导向培训做系统的评估，从培训的反应层次、学习层次、行为层次及绩效(结果)层次进行系统的跟踪评估。

在培训的反应层次，应侧重评估培训内容是否必要和全面、是否容易理解、能否激发新员工的兴趣或热情，培训活动安排是否高效和经济等问题。

在培训的学习层次，应侧重评估新员工对主要培训内容的理解和掌握情况，如公司纪律、岗位行为规范、工作安全知识、企业文化的核心价值观等。

在培训的行为和绩效层次，应侧重评估培训后新员工的工作行为及工作表现。如在试用期内，员工能否较好地适应新的工作环境和工作要求；在试用期后的第一年里，员工培训的主要成果在工作中的体现情况，培训是否达到预期目标等。

对点案例　联想企业文化"入模子"培训

联想将企业文化比作"模子"。每年有加入公司的新员工，都要进入"模子"里熟悉公司的企业文化。"入模子"利用"文化加战略"的方式，解决新员工、新成员的问题，用效果说话，建立文化纽带，促进新员工缔结心理契约。

我国少数民族热情好客，一定会为客人准备美酒，不同民族有各具特色的敬礼习俗。新员工培训正是企业敬献邀约的"美酒"，而员工"入模子"培训就是感受并接受如此美意的过程。各企业都试图建立独具特色的文化，酿好"美酒"待佳客。

如果将新员工培训比作企业接待工作，则应该遵循接待原则，做到对等接待。新员工培训期是企业与员工的"恋爱期"，双方还处于一种观望状态。新员工群体的不同特性决定了他们对企业心怀不同的期待，因此，只有针对不同群体特征开展企业文化培训工作才能做到落地有声。培训内容层次应明确：基层员工要实惠，中层员工要空间，高层员工要平台。培训方式有区别：对于基层员工，可采取实地参观、现场体验以及集体授课方式；对于中高层员工，可采取"世界咖啡""微办公体验室"以及"企业高层访谈"等方式；

对于高层员工，还可采取老板接待室访谈的方式。为保证企业对等接待式培训的效果产生迭代作用，企业文化建设工程应具有相对成熟的架构。只有这样，当员工真正接触企业实质性工作时，才不会产生落差感。

联想较为重视员工对企业的第一印象，具有独特性的新员工培训为企业文化的植入打下良好基础。一个欢迎仪式，企业老总为每一位新员工颁发企业徽章、员工手册，新员工在企业愿景与使命书上按手印，这些做法都能使员工产生归属感。此外，还可为新员工提供针对企业体验的反馈平台，欢迎各种形式与类型的评论。可以采取微电影、摄影、诗歌、歌唱等各种形式表达对新员工培训的评价，谈论对企业的认识。联想更注重帮助员工创造集体记忆，集体记忆可以是一次活动，比如，参加企业公益项目、企业新员工入职活动；也可以是一个影像，如主题合影、新员工入职第一天拍摄微电影；还可以是一份新员工语录集锦，有图有话，生动有趣。

资料来源：中国人力资源开发网.www.chiahrd.net.

5.4.2　一般员工开发

一般员工开发的内容包括自我开发、职业生涯开发、管理开发、组织开发4部分。

1. 自我开发

自我开发是指依靠员工本人的精力、时间和费用，不占用工作时间，不脱产，利用公司外的培训设施和条件，提高自己的工作能力。自我开发作为企业培训的一个组成部分，能够补充企业资金、人力和物力的不足，调动员工寻求知识、提高能力的主动性和积极性。

自我开发的主要形式是自我学习。一个人在开发潜能的过程中，主要通过各种经验与经历学习适应环境的方法，通过观察、模仿与思考改变自我，通过知识、技能与品性的学习获得个人成长。自我学习的渠道包括学校的基础教育和职业教育、单位或企业内部培训、社会阅历、对大自然的领悟、参加读书会、自我阅读等。

2. 职业生涯开发

职业生涯开发也叫职业生涯发展，是指员工经历一系列学习阶段而成长的过程，每个阶段都有不同的开发任务、开发活动和开发关系。职业生涯开发主要由以下4个方面构成。

(1) 正规教育。包括专门为员工设计的公司外教育计划和公司内教育计划；由咨询公司和大学提供的短期课程；在校园中以听课的方式实施的大学课程教育计划。

(2) 绩效评价。用于收集员工的行为、工作方式以及技能等方面的信息，并且提供反馈；确认员工的潜能以及衡量员工的优点与缺点；挖掘有潜力向更高职位晋升的员工。绩效评价系统有助于员工理解当前的绩效与目标绩效之间存在的差异，找到造成绩效差异的原因，制订改善绩效的行动计划，对员工提供绩效反馈，也有助于管理者了解执行行动计划取得的进步。

(3) 工作实践。即员工在工作中遇到各种关系、需要、任务等方面的问题时，为了能够成功解决，必须学习新的技能，并以新的方式运用其技能和知识，获取新的工作经验。常用的方法有工作扩大化、工作丰富化、工作轮换、工作调动、晋升、降职等。

(4) 开发性人际关系的建立。为了帮助员工通过与更富有经验的其他员工之间的互动来开发技能，公司鼓励员工建立开发性人际关系。可以由公司中富有经验的、生产率较高的资深员工担任导师，与被指导者以一种非正式的形式形成指导关系，一起讨论问题或分享成功经验；也可以由职业辅导人帮助员工明确职业发展方向，使其在职业发展过程中不断改进、提高，从而促进公司和个人的发展，同时保证员工职业生涯指导政策得到贯彻和落实。

3. 管理开发

管理开发是通过管理活动来开发人力资源，把人力资源开发的思想、原则和目的贯穿于日常的人力资源管理活动之中。管理开发是针对员工管理能力、综合素质的一整套培训开发计划和管理过程的总称，是组织为了提高生产力和盈利能力，确定和持续追踪高潜能、高绩效员工，帮助组织内员工成长和提高的项目。

4. 组织开发

组织开发是提高组织能力的一套技术措施，其基本目标是改变组织氛围、组织环境和组织文化。每一个组织都有自己的目标(如以具有竞争性的价格提供产品和服务)，这些目标都是通过对外部环境的观察，针对某些顾客尚未满足的需要来制定的。组织开发的对象主要是组织成员、工作群体、群体间的关系和整个组织系统。组织开发的目的是增进组织的健康发展、开发组织的潜力、提高组织的效能，从而使组织适应不断变化的环境。

5.4.3　管理人员开发

1. 管理人员开发的重要性

管理人员开发是指通过传授知识、转变观念或提高技能来改善当前或未来管理工作绩效的活动。管理人员开发的最终目的是提高企业未来的工作绩效。

管理人员开发的重要性体现在：第一，内部提升已成为管理人才的主要来源；第二，通过帮助员工或现任管理人员顺利胜任更高职务，可以加强组织的连续性；第三，通过让管理受训者树立为本企业工作的正确价值观和态度，帮助这些人完成社会化过程。

2. 管理人员开发的方法

(1) 初级董事会。它是一个由中级管理受训者组成的董事会，并让他们对整个企业的经营政策提出建议，为他们提供分析企业问题的经验。初级董事会通常由10～20位受训者组成，他们来自各个部门，就高层次管理问题(如组织结构、经营管理人员的报酬以及部门之间的冲突等)提出建议，并将这些建议提交给正式的董事会。这种方法可为中级管理受训者提供处理全公司范围的问题的在职培训。

(2) 行动学习。它是一个持续的、高度集中的小组学习过程。在小组学习的过程中，小组成员依靠相互帮助解决当前面临的实际问题，并从中学习经验。经验的主要来源，是学习者为解决生活和工作中遇到的实际问题所采取的持续的行动，以及对这些行动所进行的反思。在行动学习中，学习者以小组为单位，通过共同解决问题、相互支持和协作，从行动、反思中获得经验。行动学习是一个反复进行的、充满体验的过程，体现了实践性知识的社会化共享、外化及转化为新的实践性知识的过程。

(3) 案例研究和商业游戏。案例研究法是管理者以科学的态度，从掌握的文献资料中获取信息、材料，靠相互帮助解决问题，并了解事物之间内在联系的研究方法。案例研究的目的是考察特定事件或事物的发生和变化，回答"为什么"和"怎么样"的问题。商业游戏是指受训者在一些商业竞争规则下收集信息，对其进行分析，做出决策的过程。它是一种良好的管理开发手段，因为它能调动受训者的积极性与主动性，帮助受训者开发解决问题的技能，帮助他们将注意力集中在制订计划的需求上，同时开发受训者的领导能力，培养团队合作精神。

(4) 敏感性训练。敏感性训练是由实验室训练发展而来的一种传统的组织发展技法，又称群体训练、实验训练等。通常由8~14人组成小组，学员事先没有经过组织，是一个无结构的群体，具有很强的自由特性。在培训过程中，学员轮流扮演管理人员的角色感受他人的情绪，并及时引导其他学员做出合理的群体活动，目的是通过学员在共同学习的环境中相互影响，提高学员对自己的感情和情绪、自己在组织中所扮演的角色、自己同别人的相互影响关系的敏感性等，从而改变个人和团体的行为，达到提高工作效率和满足个人需求的目的。

(5) 行为模仿。它是一种常用的管理人员开发技术，主要通过强化某一行为或管理技术，来改进管理人员的管理绩效。对基层管理人员，通过行为模仿可以使他们更好地处理员工之间的关系，例如怎样鼓励员工，纠正员工的错误行为时应注意的问题以及怎样引进变革。对中高层管理人员，行为模仿可以使他们更好地处理与各个部门的协作关系，以及在其管理领域内营造一种良好的人际关系氛围，从而指导他人的行为。

实用模板　　　　**某公司新员工入职培训方案**

第一条　入职培训目的
1. 使新员工了解本公司概况及规章制度，认识并认同企业文化。
2. 使新员工明确自己的岗位职责、工作任务和工作目标，尽快进入岗位角色、融入新环境，更快地胜任拟任岗位并遵守规定，减少双方磨合的时间。
第二条　培训对象
企业新进人员。
第三条　培训时间
新员工入职培训期为1个月，包括15天的集中脱岗培训及后期的在岗指导培训。
第四条　培训内容
1. 企业概况：公司创业发展史，企业现状以及在行业中的地位，发展目标，组织机构，各部门的功能和企业的经营业务。
2. 企业管理制度：薪酬福利制度，企业奖惩制度，员工行为规范等。
3. 职业礼仪。
4. 职业生涯规划。
5. 人际沟通技巧。
6. 介绍交流。

第五条　培训阶段

1. 公司总部培训。

2. 所在部门培训。

3. 现场指导。

第六条　培训计划安排

培训计划安排如表5-6所示。

表5-6　培训计划安排日程表

培训课程	实施时间	培训地点	培训讲师	培训主要内容
军训	7天	××部队		1. 增强学员的国防意识 2. 培养学员的集体主义精神 3. 培养学员吃苦耐劳的品德
企业概况	2个课时	公司培训中心		1. 企业的经营理念和历史 2. 企业的组织结构 3. 企业的经营业务和主要产品 4. 企业在行业中的竞争力状况
职业礼仪	2个课时	公司培训中心		1. 个人仪容仪表规范 2. 待人接物的行为规范 3. 社交礼仪
企业管理制度	2个课时	公司培训中心		1. 薪酬福利制度 2. 奖惩制度 3. 员工日常行为规范 4. 员工考勤制度 5. 劳动关系制度
企业文化	2个课时	公司培训中心		1. 企业价值观 2. 企业战略 3. 企业道德规范
职业生涯规划	2个课时	公司培训中心		1. 职业目标的设立 2. 目标策略的实施 3. 内外部环境分析 4. 自我评估
人际沟通技巧	4个课时	公司培训中心		1. 沟通的意义 2. 沟通的障碍 3. 沟通的技巧 4. 沟通的原则
介绍交流	4个课时	公司培训中心		企业领导和优秀员工与学员开放式的互动交流
企业参观	0.5天	企业公办场所		参观企业

第七条　各部门及现场指导培训的重点在于培训学员的实际操作技术、技能，具体包括：

1. 拟任岗位的工作技能及工作方法；

2. 日常注意事项。

第八条　从事培训指导的人员必须具备丰富的专业知识、熟练掌握工作技巧，并且能耐心、细心地帮助学员解决在培训期间遇到的问题。

第九条　带训人员若表现突出，企业将视情况给予奖励；反之，若带训人员工作不认真、不负责，企业将视情况给予惩罚。

第十条　培训考核

培训期考核分书面考核和实操考核两部分。集中脱岗培训以书面考核为主，在岗培训以实操考核为主，满分均为100分。企业执行3%的末位淘汰率，由员工所在部门的领导、同事及人力资源部共同鉴定。

第十一条　培训效果评估

人力资源部编制调查表进行培训后跟踪，以使今后的培训工作更富有成效并能达到预期目标，具体见表5-7。

表5-7　企业培训效果评估表

姓名		职位		所属部门			评估日期	
课程名称								
培训讲师								
评估人		姓名		职位		所属部门	评估日期	
培训目标								
培训内容的难易程度								
培训方式								
对今后工作的帮助								
讲师风格								
对这堂课程的总体评价								
建议								

第十二条　本制度自发布之日起执行，解释权归企业人力资源部所有。

2017年1月1日

| 课后练习 |

一、名词解释

培训与开发、商业游戏、行动学习、新员工培训、管理人员开发

二、选择题

1. (　　)是第一级评估，即在课程结束时，了解学员对培训项目的主观感觉或满意程度。

　　A. 反应评估　　　　　　　　　　B. 学习评估

　　C. 行为评估　　　　　　　　　　D. 结果评估

2. 适用于训练态度仪容和言谈举止等人际关系技能的培训方法是(　　)。

　　A. 商业游戏　　　　　　　　　　B. 仿真模拟

　　C. 案例研究　　　　　　　　　　D. 角色扮演

3.测量员工培训的绩效成果的方法包括(　　)。

 A.笔试   B.现场观察   C.原始记录

 D.访谈   E.统计日报

4.管理人员开发的常用方法有(　　)。

 A.行为模仿   B.行动学习   C.高级董事会

 D.商业游戏   E.敏感性训练

5.员工的培训成果主要体现为(　　)。

 A.认知成果   B.绩效成果   C.技能成果

 D.情感成果   E.投资回报率

三、思考题

1.简述人力资源培训与开发的意义。

2.柯克帕特里克培训效果评价模型包括哪4个层次的内容?

3.简述培训与开发的流程。

4.简述现代培训与开发的发展趋势。

案例分析　　　　　**方正科技集团的"新员工融入计划"**

方正科技集团股份有限公司在新员工入职前启动"新员工融入计划",并且贯穿整个试用期。

1.入职前的准备

根据确定的新员工入职时间,人力资源部提前3天至一周开始"入职准备"工作。具体内容包括通知行政、信息及用人部门准备入职所需的各项物品;开通必要的权限;提前告知"指导人"如何开展指导工作;做好人力资源部自身的准备工作。

2.制作精美的"欢迎卡"

在入职当天,每位新员工都会收到一张漂亮的"欢迎卡"。"欢迎卡"是用加厚的红色铜版纸制作的。"欢迎卡"的封面上印着"欢迎您加入方正科技"的美术字。翻开内页,首先是一小段欢迎词。欢迎词下面分别是新员工的"一线"和"二线"上级的名字,以及服务于他的HR Partner(来自人力资源部的"事业伙伴")的名字和联系方式。看到这些,新员工就知道自己应向谁汇报,以及在遇到问题时可以找谁咨询,从而消除刚入职时的迷茫感。由于"欢迎卡"制作得非常精美,而且又象征着自己在职场打拼过程中的一个非常重要的起点,很多员工都把它当作纪念品珍藏起来。

3.公司内网的欢迎界面

新员工融入计划是企业和新员工连心的第一步。在IT部门的支持下,人力资源部在公司内网上专门开设了一个栏目,主题就是欢迎新员工。栏目的标题为醒目的"欢迎加入方正科技大家庭!"的欢迎词。该栏目位于公司内网首页的左边,以适应大家从左到右的浏览习惯。每逢周二、周四,也就是在新员工入职的当天,页面上就会滚动播出新员工的姓名。老员工在上班打卡时就会看到欢迎界面,从而在第一时间了解新员工的入职信息。他们还可以直接单击该员工的姓名并写下欢迎词，这些欢迎词自动通过网络转发到新员工的邮箱中。新员工一打开电脑，就会发现自己的名字在屏幕上闪烁，并能即时收到来自老同事的问候。

4. 相关手续办理及入职培训

除了上述安排之外，新员工在入职当天会有专职人员帮他办手续、签合同。同时，新员工也会收到一个"入职包"，里面包含所有需要的办公用品及实用的相关信息，新员工不必在报到后逐一申请。然后是3小时左右的入职培训，培训内容包括"公司介绍"和"工作指南"两大项。

(1) 公司介绍。首先会播放一段振奋人心的企业发展短片，让新员工产生一种被冲击的感觉。之后由HR进行培训，内容包括企业发展历程、公司业务介绍、产品信息介绍、公司各个部门的组织架构和相互之间的关系等。除了对员工进行企业文化的培训外，人力资源部还会通过组织其他形式的后续学习，让新员工进一步理解并认同企业文化。而且，这一套入职培训会通过视频系统延伸到各个分公司，使分公司的新员工也能及时接受同样的入职培训。

(2) 工作指南。工作指南的内容十分丰富、实用，主要包括工作要求、有关制度或规定、HR的相关政策、如何使用公司内网、上下班如何打卡、平时的着装要求等。新员工培训大约持续3小时左右。培训结束后，"Partner"(事业伙伴)就会将新员工领到他所在的部门，并引荐给经理及部门全体同事。随后，各部门一般会自行组织简单而热闹的"欢迎午餐"。

5. 融入系列培训

除了入职当天的基础性培训外，HR还设计了参观、体验等多种培训形式，进一步丰富了培训内容，形成正式的"融入系列培训"。内容包括参观王选院士纪念室、到方正微软体验中心体验公司产品、产品知识培训、对优秀实习生的特殊培训等。

6. 指导人计划

入职当天，简单而温馨的欢迎仪式结束后，"新员工融入计划"并没有结束，而是进入更深层面的安排。从入职当天下午开始，新员工就进入职业辅导流程，其所在部门会安排专门人员做他们的指导人，以指导他们顺利度过入职后的前6个月，从而帮助他们完成由"优秀毕业生"向"优秀员工"的转变。"指导人计划"的具体内容如下所述。

(1) 指导人的选择和分派。指导人可以是经理，也可以是品行端正、业务能力强、表现优秀的骨干员工。一般来说，公司所安排的指导人，都是与该新员工在同一部门或有业务关系的人。同时，考虑到指导人的精力有限，所以规定一个指导人不能同时指导多名新员工。

(2) 指导人的职责。新员工上岗后，指导人首先要让新员工了解其岗位职责和角色定位，主要通过口述并结合职位说明书来实现。接下来是让新员工了解部门的既定工作，如定期填报表或者定期拜访客户等。此外，指导人还要带新员工在办公区走访，特别是要重点拜访那些在业务上有密切联系的部门和同事，使新员工清楚工位布局、工作关系，以方便日后开展工作。然后，指导人要给新员工制定试用期的学习计划和预定目标。而且，指导人还要定期抽出一定时间与新员工面谈，以便及时了解新员工的学习情况与工作动态，指出并帮助其改进不足之处。

（3）指导人手册。为了使"指导人计划"落到实处，人力资源部还专门编写并下发了《指导人手册》。该手册分为几大模块，包括"准备""报到""融入"和"考察"4个阶段，涵盖了从新员工入职前、入职当天、入职一周之内、入职一月之内到入职半年之内指导人需要完成的一系列工作。《指导人手册》的规定，甚至细化到"教会新员工填写常用表单""教会新员工使用复印机"等内容。新员工会被配置到公司各个部门而不同部门具体业务的差别又非常大，所以《指导人手册》规定的是通用的指导模块，而对具体业务上的指导要求则无法一一罗列。为了避免指导人简单地"照方抓药"，《指导人手册》在一开始就明确指出"指导工作包含但不限于以下内容"，以提醒指导人不要只顾着应付差事，还要根据具体情况进行开拓性的指导。

7. 入职一周后的调查与反馈

新员工入职一周后，人力资源部会请新员工对入职工作进行满意度评价。

（1）评价主要以电子问卷的方式进行，以邮件形式回收。

（2）评价内容包括入职手续办理、报到工作及入职培训、准备物品的配备以及其他方面的个人感受和建议。

（3）问题分析与工作改进。对调查中所反映的问题，人力资源部都会认真分析，在找到问题的根源后提出改进措施，或与相关部门人员一起沟通解决方案，并加强相互间的配合协作，以避免问题再次发生。而新员工也会因公司的细心安排、主动倾听、认真征求意见并积极完善工作而倍感温馨，对人力资源工作以及公司管理的认可程度会大幅度提升。

8. 入职一个月后的调查与反馈

新员工入职一个月后，人力资源部会以邮件形式向新员工发放调查问卷，让他们对指导人是否按职责要求开展指导工作，以及指导活动的效果等进行评价。随后，人力资源部会分析问卷中所反映的问题并提出改进措施。

9. 入职半年后的调查与反馈

在试用期内，HR会不定期地主动了解新员工的融入情况和部门对新员工的评价，以及时跟进入职管理并做好相应工作。除了常规的持续关注外，在试用期结束之前，人力资源部还会对新员工进行一次正式调查与反馈。

（1）调查目的。了解新员工的各方面情况，以便对招聘、培训、配置以及新员工的个人能力和发展意愿做出综合评估。

（2）调查形式。问卷与面谈结合使用。

（3）调查内容。调查内容包括新员工的学习情况，新员工的绩效情况，新员工对所在岗位工作的认可程度——是否与个人预期或个人的职业规划相一致，新员工对团队氛围、部门领导及周围同事的评价，新员工对企业文化的适应程度，新员工关于个人发展的其他想法或发展意向等。

（4）综合分析。对招聘效果的评估：从招聘是否成功的角度，分析人与岗位、人与团队、人与企业的匹配程度，从而判断该员工是否适岗，或是否能够达到公司要求。对新员工的重新认识：从个人方面，了解该员工的能力、素质与胜任情况，以及关于工作的想法等。对人力资源配置效果的评估：分析公司是否将合适的员工安排在合适的岗位上，以及该员工的稳定性如何，是否需要提前进行人员储备等。

(5) 结果应用。与业务部门就新员工的想法、意见与岗位匹配情况等进行沟通，并采取相应对策。对潜力尚未完全发挥的员工，建议其所在部门适度扩大其职责范围；对稳定性较差的员工，建议其所在部门提前做好人员储备；对稳定性差的员工，考虑为其更换更合适的岗位。

从上文的介绍中可以看出，招聘的最后一个环节不是"员工报到入职"，而是试用期结束时的考查与总结。方正科技通过对"员工入职"到"试用期结束"全过程的密切关注与反馈控制，帮助新员工尽快融入公司并最终留住难得的人才。这套"新员工融入计划"，在第一时间就给新员工以温馨的关怀和强烈的冲击，使他们既及时接受了教育，又尽快熟悉了工作，同时也促进了相关各部门工作的改进，有效降低了风险，并通过采取相应措施留住了那些才华出众的员工。在这些积极措施的帮助下，公司成功地将新员工的"主动离职率"控制在IT业界平均水平的一半左右。

资料来源：周施恩，柳烨.方正科技的"新员工融入计划" [J].企业管理，2011(7)：48-50.

【案例讨论】

(1) 你认为方正科技的"新员工融入计划"有哪些主要特点？

(2) 新员工流失率高是很多公司面临的一大难题，结合方正科技公司的做法，谈谈企业如何降低新员工流失率。

实训演练 　　　　　**新员工入职培训的职业情境体验**

1. 实训目标

(1) 通过设计并实施新员工培训计划，体验新员工培训的作用和意义。

(2) 熟悉新员工培训的各项内容，为今后走上工作岗位和从事相关工作做准备。

2. 实训内容

(1) 按小组组成不同行业的公司，确定新员工的职位和岗位。

(2) 根据各公司的行业属性及员工的不同职位，拟订新员工培训计划。

(3) 在员工培训方法中选出三种适用于本公司新员工的培训方法，并进行模拟展示。

3. 实训组织

(1) 组织学生分组讨论、查阅资料。

(2) 以学生小组为单位，参照课程内容拟订新员工培训计划。

(3) 以抽签的方式展示培训方法，其他小组在评分表打分。

(4) 各组组长发言说明打分的标准。

(5) 对收集到的资料进行分析整理，形成分析报告，并在班级内进行交流。

拓展阅读

石金涛. 培训与开发[M]. 3版. 北京：中国人民大学出版社，2013.

顾增旺. 员工培训与开发实务[M]. 北京：清华大学出版社，2011.

中国人力资源开发网. http：// www.ChinaHRD.net.

中国人力资源网. http：// www.hr.com.cn.

HR369人力资源论坛. http：//www.hr369.com.

第6章
职业生涯管理

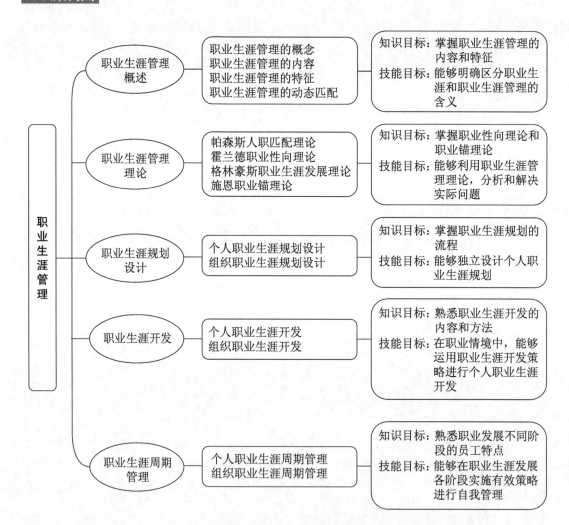

职业生涯管理	职业生涯管理概述	职业生涯管理的概念 职业生涯管理的内容 职业生涯管理的特征 职业生涯管理的动态匹配	知识目标：掌握职业生涯管理的内容和特征 技能目标：能够明确区分职业生涯和职业生涯管理的含义
	职业生涯管理理论	帕森斯人职匹配理论 霍兰德职业性向理论 格林豪斯职业生涯发展理论 施恩职业锚理论	知识目标：掌握职业性向理论和职业锚理论 技能目标：能够利用职业生涯管理理论，分析和解决实际问题
	职业生涯规划设计	个人职业生涯规划设计 组织职业生涯规划设计	知识目标：掌握职业生涯规划的流程 技能目标：能够独立设计个人职业生涯规划
	职业生涯开发	个人职业生涯开发 组织职业生涯开发	知识目标：熟悉职业生涯开发的内容和方法 技能目标：在职业情境中，能够运用职业生涯开发策略进行个人职业生涯开发
	职业生涯周期管理	个人职业生涯周期管理 组织职业生涯周期管理	知识目标：熟悉职业发展不同阶段的员工特点 技能目标：能够在职业生涯发展各阶段实施有效策略进行自我管理

情景导入

王丽离职的苦恼

　　王丽30岁，大学入学时，由于分数问题被学校调配到哲学专业。她对哲学并不感兴趣，也不知道哲学专业毕业后能做什么。毕业时，王丽应聘进入一家私企做文员，因看不到企业与自身的发展，王丽离职去追求更广阔的发展前景，经朋友介绍进入一家国有企业做文员。王丽是个聪明人，敏锐的观察力与理性的分析让她发现，公司总经理对办公室副主任很不满意，所以让他在副手的位置上坐了4年，而主任的位置却一直空着。王丽觉得这也许是自己的一个机会。她能力强，工作积极，总经理也渐渐表现出对她的倚重。功夫不负有心人，3年后，王丽成功担任办公室主任一职。与此同时，她似乎感觉到自己晋升之路的终结。于是在一年半以后，王丽跳槽到一家知名外企做总裁秘书。灵活的处事本领、超强的工作能力再加上一点政府关系背景让王丽在这个位置上如鱼得水。王丽也在暗自计算着如何进入公司的管理层。然而，由于公司业绩下滑，总裁突然辞职，新总裁上任。王丽被视为"前朝余孽"，顺理成章地成为"炮灰"，被赶出公司。离职后的王丽觉得很茫然，自己已经读完MBA，现在突然离开公司，怎么往管理方向转呢？总不能一辈子在行政文秘的岗位上转来转去吧……她有些迷茫和不知所措。

案例分析：在职业发展过程中，每个人都会面临选择，面对一个又一个"坎"。这些都是职业发展中的关键点，决定了自己是更上一层楼，还是在原地踏步。王丽的职业发展过程都是围绕行政类的文职工作，现在想往管理方面发展。虽然有一个MBA文凭在手，但管理经验方面还是很欠缺的。

当职业人士感到迷茫时，要找出导致迷茫的因素，准确、专业地解决。不论是职业方向的明确，还是时机的选择以及之前的准备工作，这一切都必须建立在职业定位和规划的基础之上。王丽的转变是其职业生涯的一次大跳跃。如果王丽早期做好职业定位和规划，就不用"剑走偏锋"而直接向管理岗位发展，也就可以避开这次转型的茫然了。

资料来源：独之秀职业生涯规划网.蝶变：打造你的2008职业神话.www.careerslife.com.

6.1 职业生涯管理概述

6.1.1 职业生涯管理的概念

1.职业生涯的含义

职业生涯(Career)是指从一个人职业能力的获得、职业准备、职业选择、职业发展、职业调整直到退出职业活动的完整的职业发展过程。此定义的内涵包括以下4个方面。

(1) 职业生涯只表示个人的职业经历，而非群体或组织的职业经历。

(2) 职业生涯由行为活动与态度两方面组成。

(3) 职业生涯是一个人一生中的工作任职经历或历程。

(4) 职业生涯蕴含着具体的职业内容，它是一个动态的、发展的概念，它受主客观各方面因素的影响。职业生涯极为丰富，既包含个人主观条件，即个人的素质、价值观、成就感、满足感和收入等，又包括与工作有关的组织状况、职业活动以及社会客观环境等。

它是由主观条件和客观环境综合形成的，因人而异，从而丰富多彩。

2. 职业生涯管理的含义

职业生涯管理(Career Management)是指组织和员工对职业生涯进行设计、规划、执行、评估、反馈和修正的综合性的过程，是组织提供的用于帮助组织内正从事某类职业的员工的行为过程。职业生涯管理分为个人职业生涯管理和组织职业生涯管理。从个人的角度讲，职业生涯管理就是一个人对自己所要从事的职业、要进入的工作组织、在职业发展上要达到的高度等做出规划和设计，并为实现自己的职业目标而积累知识、开发技能的过程。从组织的角度讲，职业生涯管理就是组织为了实现其发展目标，帮助员工规划其职业生涯的发展，建立各种适合员工发展的职业通道，针对员工职业发展的需求适时培训，给予员工必要的职业指导，以促使员工取得职业生涯成功的过程。

6.1.2 职业生涯管理的内容

职业生涯管理的内容主要表现为个人和组织两个层面。两个层面相互联系、互相匹配，从而形成职业生涯管理的内容体系，如图6-1所示。

个人职业生涯管理是由个人提出职业生涯目标、制订实现目标的计划并实施的过程。这个过程包括自我定位、发展环境分析、职业目标确定、职业选择及生涯路线的确定、职业开发和职业生涯周期管理等一系列相关的活动。组织职业生涯管理是组织人力资源管理的重要组成部分，代表组织所进行的一切有计划的、持续化的努力，包括组织职业生涯规划、组织职业生涯开发、职业生涯心理辅导与咨询等一系列组织职业生涯管理活动。

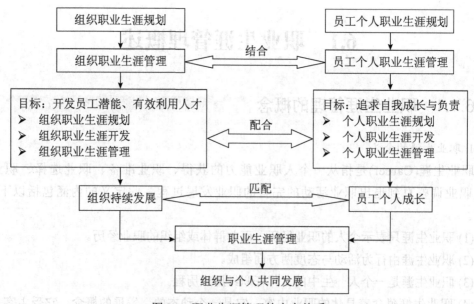

图6-1 职业生涯管理的内容体系

6.1.3　职业生涯管理的特征

1.职业生涯管理是组织与员工双方的责任

人力资源管理强调的是组织对员工的管理，一般是单向的，其目的是提高组织的劳动生产效率。在职业生涯管理中，组织和员工都必须承担一定的责任，双方共同合作才能完成职业生涯管理，其目的是促进员工的全面发展。在职业生涯开发与管理中，员工个人和组织须按照职业生涯管理工作的具体要求做好各项工作。无论是个人还是组织都不能过分依赖对方，因为许多工作是对方不能替代的。从员工角度看，个人职业生涯规划必须由个人决定，要结合自己的性格、兴趣和特长进行设计。而组织在进行职业生涯管理时，所考虑的因素主要是组织的整体目标，以及所有组织成员的整体职业生涯发展，其目的在于通过对所有员工的职业生涯管理，充分发挥组织成员的集体潜力和效能，最终实现组织发展目标。一方面，全体员工的职业技能的提高会带动组织整体人力资源水平的提升；另一方面，在职业生涯管理中心的有意引导下，可使与组织目标方向一致的员工个人脱颖而出，为培养组织高层经营、管理或技术人员提供人才储备。提高人员整体竞争水平和储备人才是组织的需要。

2.职业生涯管理是一种动态性管理

职业生涯管理将贯穿员工职业生涯发展的全过程和组织发展的全过程。每一个组织成员在职业生涯的不同阶段及组织发展的不同阶段，其发展特征、发展任务以及应注意的问题都是不同的。每一个阶段都有各自的特点、各自的目标和各自的发展重点，所以对每一个发展阶段的管理也应有所不同。由于决定职业生涯的主客观条件的变化，组织成员的职业生涯规划和发展会发生相应变化，职业生涯开发与管理的侧重点也应有所不同，以适应情况的变化。

3.职业生涯管理形式多样、涉及面广

凡是组织为员工开展职业活动提供的帮助，均可列入职业生涯管理之中。其中，既包括针对员工个人的，如各类培训、咨询、讲座以及为员工自发地扩充技能、提升学历水平提供便利等；又包括组织的诸多人事政策和措施，如规范职业评议制度，建立和执行有效的内部升迁制度等。职业管理存在于自招聘新员工进入组织开始，直至员工因流向其他组织或退休而离开组织的全过程。职业管理同时涉及职业活动的各个方面。因此，建立一套系统的、有效的职业管理体系是有相当难度的。

4.职业生涯信息在职业生涯管理中具有重要意义

组织必须具备完备的信息管理系统，只有做好信息管理工作，才能实施有效的职业生涯管理。在职业生涯管理中，员工个人需要了解和掌握有关组织各方面的信息，如组织的发展战略、经营理念、人力资源的供求情况、职位的空缺与晋升情况等。组织也需要全面掌握员工的情况，如员工个人性格、兴趣、特长、智能、潜能、情绪以及价值观等。此外，职业生涯信息总是处在变动过程中，组织在不断发展，经营重点在变，人力资源需求在变，员工的能力在变，员工的目标也在变，这就要求必须对管理信息进行维护和更新，以保证信息的时效性。

6.1.4　职业生涯管理的动态匹配

在职业生涯管理过程中分析个人与组织的相互作用时，必须考虑的各种要素如图6-2所示。个人和组织同处于一个统一的社会结构和文化之中，个人与组织职业价值系统的定义、成功的标准、预期的生活通路等有着相通性；社会直接通过政府法规、税收政策、教育系统和其他社会机构影响组织和个人。匹配过程必须是个人与组织彼此受益的过程，而不仅仅是组织实现其目标而完成一项任务的特权。如何管理人力资源活动将影响个人和组织双方的长期发展，为了组织和员工双方的长期健康发展，企业管理者不能忽视管理员工的后果。

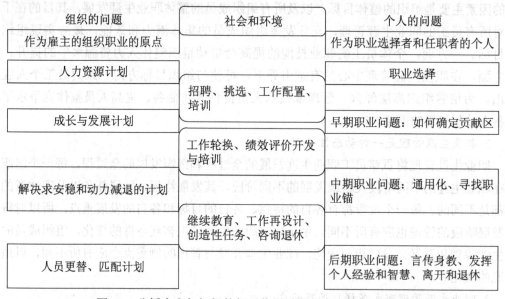

图6-2　分析个人与组织的相互作用时必须考虑的各种要素

📺➕ **相关链接**

联合利华的职业生涯管理

在联合利华的中文网站上，有这样一句话："联合利华的职业生涯发展迅速，能带你体验未曾想象的境界。"

1. 员工、管理者和人力资源部门三方联动

联合利华认为，职业生涯管理是一个三方互动的过程。首先，员工要清楚地了解自己所掌握的知识、技能、兴趣和价值观等，并对自己的职业发展机会负责。其次，管理者鼓励员工对自己的职业生涯负责，并提供有关组织工作、职业发展机会等信息。最后，人力资源部门为员工提供适合其自身的发展目标、政策和计划等，同时帮助员工做好自我评价，提供培训和发展机会。

2. 晋升不是职业生涯发展的全部

在联合利华，升职并不是发展的全部，还包括通过公司提供的锻炼机会和培训等

获得个人能力的提升，以及工作满意度的提高，或者是帮助员工实现工作与生活平衡等多重指标。

3.员工作为职业生涯发展的主导

在联合利华，员工在自己的职业生涯发展方面拥有自由度和话语权。公司的职位信息和相关政策向员工公开，帮助其借助直线领导和人力资源部的支持，使自己的价值得到最大限度的发挥和体现，从而获得新的或者更好的职业发展机会。

资料来源：胡佳佳，王菲.联合利华员工职业生涯管理的分析与启示[J].企业研究，2010(12)：83-84.有改编

6.2 职业生涯管理理论

6.2.1 帕森斯人职匹配理论

美国波士顿大学教授帕森斯(F. Parsons)是职业生涯理论的早期倡导者，他认为人与职业可实现最佳匹配，这种"匹配"是职业选择的核心。每个人在知识、技能、能力、人格和生理上都存在差异，而职业对人的知识、技能、能力、人格和生理要求也存在差异。只有人与职业相匹配，职业选择才是成功的，人力资源才能最大限度地得到开发。因此，我们应在清楚地认识、了解个人主观条件和社会职业岗位需求条件的基础上，将主客观条件与社会职业岗位相对照、相匹配，最后选择一个与个人匹配的职业。人职匹配可分为两种类型：①因素匹配。如需要专门技术和专业知识的职业与掌握该种特殊技能和专业知识的择业者相匹配，或脏、累、苦等条件差的职业与能吃苦、体健者相匹配。②特性匹配。如具有敏感、易动感情、个性强、理想主义等人格特性的人，宜从事具有审美性、注重自我情感表达的艺术创作类职业。

6.2.2 霍兰德职业性向理论

美国职业心理学家约翰·霍兰德(John Holland)于1971年提出了职业性向理论。他认为职业性向(包括价值观、动机和需要等)是决定一个人选择何种职业的重要因素。霍兰德提出个人选择职业的6种基本性向，分别是实际性向、研究性向、社会性向、常规性向、企业性向、艺术性向。霍兰德根据劳动者的心理素质和择业倾向，将劳动者划分为6种类型，相应地他把社会职业也划分为以下6种类型：实际型、研究型、社会型、常规型、企业型、艺术型。这6种不同类型的人的性格特征及其职业选择有明显的差异，如表6-1所示。

表6-1 职业性向、性格特征与职业选择

职业性向	性格特征	职业选择
实际型	• 愿意使用工具从事操作性工作 • 动手能力强,做事手脚灵活,动作协调 • 不善言辞,不善交际	各种工程技术工作、农业工作,如土木工程师、机器操作者、飞行员、农民、卡车司机、木工等
研究型	• 抽象思维能力强,求知欲强,肯动脑 • 善于思考,不愿动手,有学识和才能 • 喜欢独立的和富有创造性的工作 • 知识渊博,但是不善于领导他人	各种科学研究和科学实验工作人员,如物理学家、人类学家、化学家、数学家、生物学家、各类研究人员
社会型	• 喜欢从事为他人服务和教育他人的工作 • 喜欢参与解决人们共同关心的社会问题 • 渴望发挥自己的社会作用 • 比较看重社会义务和道德	各种直接为他人服务的工作,如医生、律师、教师、临床心理学家、咨询师等
常规型	• 喜欢按计划办事,不喜欢冒险和竞争 • 习惯接受他人指挥,自己不谋求领导职务 • 工作踏实,忠诚可靠,遵守纪律	各种与文件档案、图书资料、统计报表之类相关的工作,如会计、打字员、秘书、仓库出纳员、统计员、图书管理员等
企业型	• 精力充沛,比较自信,敢冒风险 • 喜欢竞争,善于交际,具有领导才能 • 喜欢权力、地位和物质财富	各种组织与影响他人共同完成组织目标的工作,如经理、汽车推销员、政治家、采购员、各级行政领导者
艺术型	• 喜欢以各种艺术形式的创作来表现自己的才能,实现自身价值 • 具有特殊艺术才能和个性 • 乐于创造新颖的、与众不同的艺术成果,渴望表现自己的个性	各类艺术创作工作,如诗人、艺术家、小说家、音乐家、雕刻家、剧作家、作曲家、导演、画家等

每个人都偏好于6种职业类型中的一类或多类,然而,大多数人的职业倾向往往呈现复杂的多样性,如一个人可能同时包含社会型、实际型和研究型这三种职业倾向。霍兰德的职业性向理论,其实质在于劳动者的职业性向类型与职业类型相互适应。霍兰德认为,这些倾向越相似或相容性越强,则一个人在选择职业时所面临的内在冲突和犹豫就越少。当个人的个性特征与职业要求相一致时,个人的职业生活是令人愉快的。

6.2.3 格林豪斯职业生涯发展理论

美国心理学博士格林豪斯(J. H. Greenhaus)的研究侧重不同年龄段的职业生涯所面临的主要任务,并以此为依据将职业生涯划分为5个阶段:职业准备阶段、进入组织阶段、职业生涯初期、职业生涯中期和职业生涯后期。

格林豪斯的职业生涯发展理论的具体内容如下所述。

(1) 职业准备阶段。处于该时期的典型年龄段为0~18岁。主要任务是发展职业想象力,培养职业兴趣和能力,对职业进行评估和选择,接受必需的职业教育。

(2) 进入组织阶段。19~25岁为进入组织阶段。主要任务是在一个理想的组织中获得一份工作,在获取足量信息的基础上,尽量选择一种合适的、较为满意的职业。

(3) 职业生涯初期。处于该时期的典型年龄段为26~40岁。学习职业技术，提高工作能力；了解和学习组织纪律和规范，逐步适应职业工作，适应和融入组织；为未来的职业成功做好准备，是该阶段的主要任务。

(4) 职业生涯中期。41~55岁是职业生涯中期阶段。主要任务是对早期职业生涯重新评估，强化或改变自己的职业理想；选定职业，努力工作，有所成就。

(5) 职业生涯后期。从56岁直至退休是职业生涯后期。继续保持已有的职业成就，维护尊严，准备引退，是这一阶段的主要任务。

6.2.4　施恩职业锚理论

美国教授埃德加·施恩(Edgar H. Schein)通过对麻省理工学院斯隆管理学院1961—1963年毕业的44位男性毕业生长达10年的跟踪研究提出了职业锚理论。职业锚(Career Anchor)是指当一个人不得不做出职业选择的时候，他(她)无论如何都不愿意放弃的职业中的至关重要的东西或价值。它是在个人工作过程中依循个人的需要、动机和价值观，经过不断搜索而确定的长期职业定位。

施恩提出了5种类型的职业锚，即技术/职能型、管理能力型、创造型、自主/独立型、安全/稳定型。1996年，丹尔·C.费德曼(Daniel C. Feldman)和马克·C.伯里诺(Mark C. Borino)对施恩的职业锚模型进行了修正和发展，将原有的5种职业锚拓展为8种职业锚，即增加了以下3种职业锚：服务型、挑战型和生活型。它们各自的特点如表6-2所示。

表6-2　8种职业锚及其各自特点

职业锚类型	主要特点
技术/职能型	这种类型的人不喜欢一般性管理活动，喜欢能够保证自己在既定的技术或职能领域中不断发展的职业。这类人的职业价值观是追求个人专业技术能力的不断提高，获得该领域专家的肯定和认可，并通过承担日益增多的富有挑战性的工作来实现职业目标
管理能力型	这种类型的人有着强烈的管理动机，他们的职业经历使他们相信自己有较强的分析能力、人际沟通能力和心理承受能力。这类人具有强烈的升迁动机和价值观，以提升等级和收入作为衡量成功的标准。整个职业生涯都在追求沿着某一组织的权力阶梯逐级攀升，直至达到承担全面管理责任并享有最大权力的最高级管理职位
创造型	这种类型的人追求或喜欢创造完全属于自己的成就。这类人具有强烈的创造需求和欲望，创造力是他们自我拓展的核心，也是他们工作的强大驱动力；意志坚强，敢于冒险创新；要求有自主权，能施展自己的才干
自主/独立型	这种类型的人追求自由和自主的工作。这类人希望能最大限度地摆脱组织约束，追求能施展个人职业能力的工作环境。与其他职业锚有交叉。在工作中显得很愉快，享有自由，有职业认同感，能把工作成果与自己的努力结合在一起
安全/稳定型	极为重视职业稳定、安全。这类人对组织有依赖性。愿意从事能够提供有保障的工作、稳定的收入、安全的地理位置、安全的组织以及可靠的未来生活的职业。个人职业生涯的开发与发展受到限制

职业锚类型	主要特点
服务型	这种类型的人追求的核心价值是：追寻帮助他人的机会，改善人们的安全状态，通过新产品消除疾病、解决问题。喜欢从事有明显社会意义的工作，希望得到他人的承认或认可，适合从事医护、社工等工作，在工作中追求一套特定的价值观。对他们来说，金钱不是最重要的，不过金钱为他们创造了全力追求特定理想的机会
挑战型	征服难度越来越大的挑战，是这种类型的人的主要追求。他们愿意为战胜困难而付出额外的努力。挑战型的人认为他们可以征服任何事情或任何人，并将成功定义为"克服不可能的障碍，解决不可能解决的问题或战胜非常强硬的对手"
生活型	这类员工趋向于围绕个人生活去组织自己的人生。强调个人、家庭和工作的和谐，喜欢允许他们平衡并结合个人需要、家庭需要和职业需要的工作环境。更关注自己如何生活、在哪里居住、如何处理家庭琐事及怎样提升自我等；更关注组织文化是否尊重个人和家庭的需要，以及能否与组织之间建立真正的心理契约

6.3 职业生涯规划设计

6.3.1 个人职业生涯规划设计

1. 个人职业生涯规划的设计原则

个人职业生涯规划是指个人根据对自身的主观因素和客观环境的分析，确立自己的职业生涯发展目标，选择能实现这一目标的职业，以及制订相应的工作、培训和教育计划，并按照一定的时间安排，采取必要的行动实现职业生涯目标的过程。在设计职业生涯规划时应遵循下列原则。

(1) 清晰性原则。进行职业生涯规划时应该做到目标清晰、措施明确、步骤直截了当、安排具体有序。

(2) 挑战性原则。在制定职业发展规划时应考虑目标或措施的挑战性，目标选择能对自己起到内在的激励作用，达到目标能产生成就感。

(3) 发展性原则。职业生涯规划要充分考虑变化与发展性因素，如目标或措施是否具有弹性或缓冲性，是否能依环境及组织、个体的变化而做调整。

(4) 一致性原则。在制定职业生涯规划时要做到主要职业发展目标与次要目标一致、目标与措施一致、个人目标与组织发展目标一致。

(5) 激励性原则。职业发展目标应符合自己的性格、兴趣和特长，能对自己产生内在的激励作用。

(6) 可行性原则。职业生涯规划应从实际出发，考虑个人、社会和组织环境的特点与需要，考虑目标是否符合自己的性格、兴趣和特长，是否对自己有挑战性，在自己的特质和社会、组织环境等规定的范围内能否执行，可行性有多大，能否在规定的时间内实现目标。

(7) 连续性原则。拟定职业生涯规划方案时要考虑到人生各个发展阶段的连贯性，注意主目标与分目标相统一，具体规划与人生总规划相一致。

(8) 可度量性原则。在进行职业规划设计时，要确定职业发展目标，还应制定具体的阶段性步骤，要有明确的时间限制和标准，以便随时掌握执行情况并进行调整和修正。

2. 个人职业生涯规划的流程

个人职业生涯规划是一个分阶段的、相互联系和不断循环往复的过程，在每一个阶段内，个人都将面临不同的决策任务，决策结果不仅影响当前阶段的任务的完成效果，也将影响后续阶段的策略选择。个人职业生涯规划一般包括确定人生目标、自我剖析与定位、职业生涯机会评价、确定职业生涯目标、职业生涯线路选择、制定职业生涯策略、职业生涯规划的反馈与控制7个环节。

1) 确定人生目标

人生目标是一种自我设定，选择怎样的体验、经历、生活，都因其而定。在制定职业生涯规划时，首先要明确人生目标，这是制定职业生涯规划的关键，也是职业生涯规划中最重要的一点。

在个人职业生涯规划中，明确人生目标也就是树立职业理想。职业理想是指人们对未来职业表现出来的一种强烈的追求和向往，是人们对未来职业生活的构想和规划。任何人的职业理想必然要受到社会环境、社会现实的制约。社会发展的需要是职业理想的客观依据，只有符合社会发展需要和人民利益的职业理想才具有现实的可行性。

2) 自我剖析与定位

自我剖析就是通过各种方式对自己进行全面分析，认识自己，了解自己，以便准确地为自己定位。自我剖析的内容一般包括自己的兴趣、爱好、性格、学识、技能、智商、情商、特长以及沟通、组织、协调、决策等能力。自我剖析的过程，实际上是自我暴露和解剖的过程。

(1) 自我剖析的内容。①生理自我。即自己的年龄、性别、相貌、身体健康状况等。②心理自我。即对自我的性格、气质、兴趣、意志、情感、能力等方面优缺点的评判与评估。③理性自我。即对自我的思维方式和方法、知识水平、价值观、道德水平等因素的评价。④社会自我。即对自己在社会上所扮演的角色，拥有的社会资源，在社会中的责任、权利、义务、名誉，他人对自己的态度以及自己对他人的态度等方面的评价等。

(2) 自我剖析的途径。①自我省察。通过对自己生命历程的回顾，从以往的学习、生活经验中，可以对自己的能力、价值观、兴趣爱好有所知觉。②他人反馈。通过与熟悉的亲人、朋友、老师、同学或同事讨论，从他们的反馈中获得对自己的了解。③心理测验与专家资源。通过咨询专业的辅导人员或使用适当的心理测验工具来了解自己。

(3) 自我剖析的方法。常用的方法有两种：橱窗分析法和自我测试法。

① 橱窗分析法。著名心理学家约瑟夫·勒夫(Joseph Luft)和哈里·英格拉姆(Harry Ingram)提出"约哈里之窗"，把对个人的了解比作橱窗(如图6-3所示)。横坐标正向表示别人知道的部分，横坐标负向表示别人不知道的部分；纵坐标正向表示自己知道的部分，

纵坐标负向表示自己不知道的部分。这样，个体对自我的认识就可以划分为4个部分。

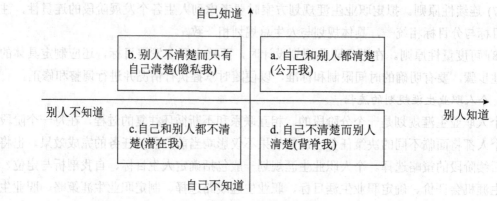

图6-3　约哈里之窗

橱窗a：自己知道、别人也知道的部分，即"公开我"。这部分属于个人外显的方面。例如，个体的长相、身高、体重、性别、籍贯等。

橱窗b：自己知道、别人不知道的部分，即"隐私我"。这部分属于个人内在的、隐藏的方面。例如，身体上的隐疾、童年的经历、内心的冲动等。

橱窗c：自己不知道、别人也不知道的部分，即"潜在我"。例如，如果没有当过班干部，不知道自己原来还有很强的领导能力。这部分是有待开发的部分。

橱窗d：自己不知道、别人知道的部分，即"背脊我"。例如，个人的口头禅或特定的做事方式。这部分是自己应该向别人了解的部分。在征询他人意见和看法时，应该真心实意、心胸开阔，有则改之，无则加勉。

② 自我测试法。自我测试法是通过回答有关问题来认识自己、了解自己的一种方法。测试题目是由心理学家经过精心研究设定的，只要如实回答，就能大概了解自己的有关情况。这是一种比较简便、经济的自我剖析方法。在回答问题时需要注意的是：不要为了寻找标准答案而去回答问题，应该是自己怎么想、怎么认识就怎么回答，这样的测试结果才有意义。常见的自测包括性格测试、人格测试、气质测试、观察力测试、记忆力测试、创造力测试、想象力测试、应变力测试、智力测试、技能测试、分析能力测试、行动能力测试、管理能力测试、情绪测试、人际关系测试等。

3) 职业生涯机会评价

生涯机会评价主要是对内外环境进行分析，确定这些因素对自身职业生涯发展的影响。人必须生活在一定的环境之中，环境为个体提供了活动的空间、发展的条件和成功的机遇等。在制定个人职业生涯规划时，要分析环境的特点、变化趋势、对自身的要求、给自己带来的机遇和挑战等，以此来确定生涯机会的大小，使生涯规划更具有实际意义。环境分析主要从组织环境和社会环境两方面进行考察。一般来说，短期的职业生涯规划比较注重组织环境分析，长期的职业生涯规划更注重社会环境分析。组织环境分析包括组织特征、组织战略、组织文化、组织人力资源状况和组织职业发展政策5个方面。社会环境分析包括经济发展水平、社会文化环境、政治制度和氛围、社会价值观4个方面。

个体在进行生涯机会评估时可以采用SWOT分析法，S代表内部优势(Strengths)，W代表内部劣势(Weakness)，O代表外部机会(Opportunities)，T代表外部威胁(Threats)。个体在进行生涯机会评估时，通过SWOT分析能了解自己的优点和弱点在哪里，并且可以详细地评估自己感兴趣的不同职业道路的机会和威胁所在。例如，组织是否适合长久发展，组织是否能够满足自己当前和未来的职业期望，组织能否提升自己的可雇佣能力，以及在这样的组织中工作，是否存在工作与家庭冲突的隐患等。根据分析结果，制定可行的个人职业规划。个人职业生涯规划的SWOT矩阵如表6-3所示。

表6-3 个人职业生涯规划的SWOT矩阵

	优势(S) 个体可控制的内在优势因素	劣势(W) 个体可控并努力改造的内在薄弱因素
内部个体因素	• 非智力因素：意志力强，勤奋，乐于合作等 • 能力：专业能力、组织能力、技术能力等 • 社会资本：人际关系丰富，社会网络宽泛等 • 教育状况：培训经历丰富，学历水平高等 • 工作经验：丰富的工作阅历，多样化的职业岗位等	• 非智力因素：上进心不强，有惰性，不善于与人交往等 • 能力：缺乏专业技能，学习能力滞后等 • 社会资本：初入职场、初到异地等 • 教育状况：学历低，没受过专业的职业培训等 • 工作经验：初次参加工作等
	机会(O) 个体不可控但可以利用的外部有利因素	威胁(T) 个体不可控但可以弱化的外部消极因素
外部环境因素	• 行业就业机会增加 • 劳动力市场完善 • 经济持续发展 • 组织发展机会 • 新行业出现	• 就业压力增大 • 劳动力市场不完善 • 夕阳行业 • 组织发展停滞

4) 确定职业生涯目标

职业生涯目标是指一个人渴望获得的与职业相关的结果。设定职业生涯目标是职业生涯规划的核心。职业生涯目标的选择是以自己的最佳才能、最优性格、最大兴趣、最有利的环境等条件为依据的。在确定职业生涯目标的过程中，要注意以下几个方面的问题：①目标要符合社会和组织的需要，有需要才有市场，有需要才有位置。②目标要适合自身特点，并使其建立在自身优势之上。③目标要高远但绝不能好高骛远。④目标幅度不宜过宽，最好选择窄一点的领域，并投入全部身心，这样更容易获得成功。⑤要注意长期目标和短期目标相结合，长期目标指明了方向，短期目标是实现长期目标的保证，长短结合更有利于职业生涯目标的实现。⑥目标要明确具体，同一时期的职业目标不要太多，目标越简明、越具体，就越容易促进个人发展。⑦要注意职业目标与家庭目标以及个人生活与健康目标的协调与结合，家庭与健康是事业成功的基础和保障。

5) 职业生涯路线选择

职业生涯路线即职业生涯道路，实质上是指一个人对不同职业发展方向的选择，如向专业技术方向发展还是向行政管理方向发展。职业生涯路线选择是人生发展的重要环节之一，在进行生涯路线选择时可以从三个方面考虑：①个人希望向哪一条路线发展。主要考虑自己的价值观、理想、成就动机，确定自己的目标取向。②个人适合向哪一条路线发展。主要考虑自己的性格、特长、经历、学历等条件，确定自己的能力取向。③个人能够向哪一条路线发展。主要考虑自身所处的社会环境、政治环境、经济环境、组织环境等，确定自己的机会取向。

个人职业生涯路线可以按照三个维度进行选择：①沿职能维度横向移动，即在同一级别的不同职位间水平移动，在组织内部不同职能部门之间轮换，这种移动可以创造学习机会，提升综合技能。②沿等级维度垂直移动，即在组织的职务阶梯上向上提升，提高成就感。③向组织的核心层移动，即在组织中的级别没变，但获得更大的影响力和权力。

6) 制定职业生涯策略

个人职业生涯策略是指为争取职业生涯目标的实现个人所采取的各种行动和具体措施，一般包括工作、训练、教育、轮岗等方面的活动内容。职业生涯策略还包括为平衡职业目标和其他目标(如生活目标、家庭目标等)而做出的各种努力。职业生涯策略的内容越具体，越便于定时检查，当然这也导致行动计划与措施被限制在较短的时间内。与此同时，个人还需要预见阻碍职业发展的障碍和困难，并加以规划。在所有的策略中，教育和培训是贯穿终生的，是个体职业生涯的一个重要组成部分。因此，个体一定要树立终生教育的观念，而不是仅仅将教育和培训当作就职前的准备。

7) 职业生涯规划的反馈与控制

由于社会环境的变化以及其他不确定因素的存在，原来的职业生涯规划与实际情况肯定会存在一定的偏差。对流程中各步骤的实施结果进行即时反馈与控制是个人职业生涯规划最终获得成功的必要条件。职业生涯目标的反馈与控制的作用表现在两方面。首先，它可以测试某一职业生涯策略是否适当，了解这一策略是否真能让人更接近自己的目标。其次，这种反馈可以测试目标本身是否适当，即是否能够继续坚持这一职业生涯目标并有望实现。个人进行职业目标反馈与控制需要从两个方面入手：①反馈与修正方法的选择；②风险意识的养成。总之，随时保持对外部环境及自身目标的反思，不断修正和调整行动策略及措施，是保证职业生涯规划获得成功的条件。

6.3.2 组织职业生涯规划设计

1. 组织职业生涯规划的流程

组织职业生涯规划是组织根据自身的发展目标，结合员工的发展需求，确立职业生涯目标，制定组织职业需求战略，选择职业通道，并采取必要措施有效实施，以实现组织目标与员工职业生涯目标相统一的过程。组织职业生涯的规划，需要遵循一定的流程，具体包括以下5个步骤。

1) 组织职业生涯规划准备

组织职业生涯规划的准备工作包括：建立职业生涯规划机构、职位分析及职位信息发布、编制员工职业生涯指导手册和职业生涯规划培训。

2) 对员工进行分析和定位

组织应当帮助员工进行自我评价，并根据员工自身特点设计相应的职业发展方向和目标。这一阶段的主要任务是：通过对员工的个性特点、智力水平、管理能力、职业兴趣、气质特征、领导类型、一般能力倾向等方面的测评，对员工的优势和劣势有一个较为全面的了解，以便为他们安排合适的工作；针对员工存在的不足，拟定相应的培训方案；根据员工的上述特点，结合岗位分析结果，对其进行具体的职业生涯规划。

3) 确定员工职业生涯目标

职业生涯目标的设定是职业生涯规划的核心。组织在帮助员工确立职业生涯目标时，一方面要结合员工的绩效表现，另一方面要适当观察员工工作以外的其他特点，比如工会工作、集体休闲活动、工作外的交往等。通过工作内外的全面认识，可以使确立的员工职业生涯目标更加科学合理。

4) 制定员工职业生涯策略

职业生涯策略是指组织为了争取实现职业生涯目标而积极采取的各种行动和措施，一般都是具体的、可行性较强的。这里所说的"行动"主要是指落实目标的具体措施，主要包括教育、培训、实践等方面的措施。企业对员工的职业生涯大多进行分层次的管理，确定组织未来的人员需要，为不同员工设计不同的职业阶梯，评估每个员工的潜能和培训需要，为组织建立一个职业生涯规划体系。在积极实施员工职业生涯规划的同时，根据员工的不同情况采取不同的职业生涯策略。

5) 职业生涯规划的评估与修正

组织为员工制定的职业生涯规划和现实之间往往会存在一定的偏差，因此在经过一段时间的工作以后，组织还应当有意识地回顾员工的工作表现，检验员工的职业定位与职业方向是否合适。通过在实施职业生涯规划的过程中评估现有的职业生涯规划，组织就可以修正对员工的认识与判断。通过反馈与修正，可以纠正最终职业目标与分阶段职业目标的偏差。同时，通过评估与修正还可以增加员工实现职业目标的可能性。

2. 组织职业生涯阶段模式与设计

1) 职业生涯阶梯的模式

职业生涯阶梯是组织为内部员工设计的有关自我认知、成长和晋升的管理方案。目前，职业生涯阶梯的模式主要分为4类：①单阶梯模式。它又称为传统的职业道路，是员工在组织内从一项特定的工作到下一项工作纵向发展的途径。单阶梯模式具体表现为职务的晋升和待遇的提高。纵向职业道路最大的优点是直观性、垂直性。②网状职业阶梯模式。即纵向发展的工作序列与横向发展的机会综合交叉。这一职业阶梯设计是因为，员工晋升到较高层次之前需要拓展本层次的经历。③横向技术阶梯模式。即员工跨职能边界的工作变换，允许员工在企业内横向调动。如由技术部门转换到生产部门或营销部门。这种模式有利于扩大个人的知识面，积累阅历和工作经验。④双重/多重阶梯模式。它是发达国家组织激励和挽留专业技术人员的一种普遍做法。双重/多重阶梯模式是指在组织行政职务阶梯之外，为专业技术人员提供两条或多条平等的升迁路径，一条是管理路径，另外一条或多条是技术路径。这些路径的层级结构是平等的，每一个技术等级都有其对应的管理等级。在双重职业路径中，管理人员适用行政职务管理阶梯，专业技术人员适用专业技术能力阶梯。一般来说，要给予不同路径中相同级别的人同样的地位和同样的薪水待遇，以实现公平。有了这种体系，没有管理兴趣或能力的专业技术人员就可以在技术职业生涯路径上升迁，既能保证对他们的激励，又能使他们充分发挥自己的技术特长。

2) 职业生涯阶梯的设计

合理的职业生涯阶梯设计，一般遵循以下几个步骤：①建立组织的职位结构；②建立员工职业发展通道；③建立科学的评估体系；④制订职位替补/晋升计划。

组织职业生涯阶梯设计应注意的问题：①并非所有企业都有必要或需要建立职业生涯阶梯，在决定建立职业生涯阶梯前，组织首先要考虑两个方面的问题：一是组织是否需要一个从内部提拔人才的长久机制；二是组织是否有必要建立一套培训发展方案，以便提供更多的后备人才供提拔选用。②充分考虑各种职业生涯阶梯模式的利弊，为不同类型的员工设计不同的职业生涯阶梯模式；③与组织的考评、晋升、激励制度紧密结合；④应该根据不同行业特点选择不同的职业生涯阶梯；⑤积极开展其他辅助活动。

相关链接

HR管理者的职业生涯规划

一、知识管理总监

未来人力资源管理工作会朝着知识管理的方向发展，知识管理、文化管理将取代现在盛行的人力资源管理。届时，人力资源管理者不仅是管理专家，更是知识专家，拥有丰富的行业知识和专业知识，经济、政治、法律、计算机、网络，无所不包；人力资源部也是一个知识库，进行信息和知识的收存、分发，随时为各个部门提供相关知识。当然，目前这还只是一个趋势，但我们相信，随着时代的发展和人力资源管理者工作的努力，这一定会是一个有前途的职业。

二、财务总监

财务管理人员在管理者中起着越来越重要的作用，企业的每一步发展都离不开财务，不和财务挂钩的人力资源管理是不存在的。在英国，不具备财务知识是做不了中层管理者的。那么，财务总监应如何与人力资源管理联系起来？现在越来越多的外企将财权和人事权划到一个人手中，直接对总经理负责，而企业的最终目的就是盈利，所以财务在企业中的作用可想而知，人力资源总监对财务总监负责也就可以理解了，所以人力资源管理者的升迁目标之一是财务总监。

三、招聘专家

人力资源管理者在工作中可积累丰富的招聘和用人知识，培养独特的用人理念和招聘眼光，在未来的职业生涯中，可以作为招聘专家为企业寻找良马，也可以到猎头公司专做猎头工作。

四、培训专家

在实际工作中，通过行使人力资源的培训职能，可锻炼培训功力。在企业日益注重培训的今天，人力资源管理者抽身出来专做培训工作也不失为一条好的出路。

五、薪酬福利专家

薪酬在企业中的作用不可忽视，人力资源管理者具有丰富的薪酬管理经验和知识，作为薪酬专家一定能有所发展。

六、绩效经理

绩效管理的核心作用使它可以独成一家，拥有丰富绩效管理经验的人力资源管理者做绩效管理工作，能提供独特的管理工具和管理经验。

七、企业管理咨询师

人力资源管理者积累一定的资历之后，凭借自己的丰富阅历和实践经验，为企业提供管理诊断咨询，应该没有太大的问题，只要他愿意做、善于表达并愿意分享。

八、企业总经理或职业经理人

人力资源管理者具有丰富的与人打交道的经验和阅历，更容易把握和适应机遇，有实践经验和阅历是HR管理者做职业经理人的优势。

九、劳动争议处理专家和法规咨询师

人力资源管理者具备丰富的法律法规知识，完全有能力成为这方面的专家。

资料来源：李乐锋，张永武. 连锁企业人力资源管理[M]. 北京：对外经济贸易大学出版社，2010：228-229.

6.4 职业生涯开发

6.4.1 个人职业生涯开发

1. 个人职业生涯开发系统

个人职业生涯开发是指个人在客观分析内在条件和外在条件的基础上，运用一切有效手段，通过传授知识、转变观念、提高技能、改善个人目前或将来的工作绩效，提高与职业生涯目标相适应的潜在职业能力的过程。个人职业生涯开发的根本目的是促进人的全面发展。

个人职业生涯开发系统是指在特定时间(一定职业生涯周期)和空间(主要指组织内外部环境)内，由个人职业生涯开发目标、职业生涯开发策略和职业生涯开发方法等若干相互制约的动态要素所构成的具有特定功能的有机整体。建立个人职业生涯开发系统的目的是使个人的能力与工作岗位要求、组织文化、组织制度规范相匹配，在保证个人职业生涯规划顺利实施的前提下，协调个人职业生涯开发的各个环节，兼顾个人与组织的利益，实现个人和组织效益的最大化。个人职业生涯开发系统由个人职业生涯开发内容、个人职业生涯开发策略及个人职业生涯开发方法3部分组成，具体内容如图6-4所示。

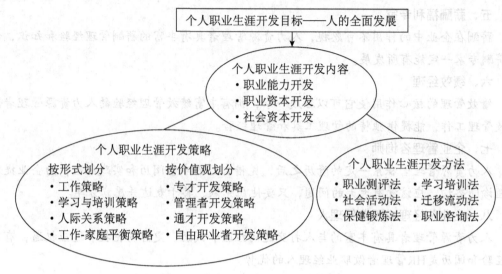

图6-4　个人职业生涯开发系统构成

2. 个人职业生涯开发的内容

一般而言，个人职业生涯开发的内容主要包括职业能力开发、职业资本开发和职业社会资本开发3部分。每部分的开发要求和开发方式都因个人特征差异而有所不同。

1) 个人职业生涯的职业能力开发

(1) 个人职业能力开发的内容具体包括以下几方面：①基础能力开发。包括知识的开发和技能的开发两部分。从职业生涯管理的角度看，知识是指胜任本职工作所需要的基础知识、专业理论知识和工作经验与操作知识。技能是指完成本职工作所需要的技术、技巧、业务熟练程度、经验，它是个人职业生涯开发的关键部分。从不同劳动者的角度看，技能分高低不同的层次，如蓝领、白领的技能。从不同内容的角度看，技能包括身体活动技能和心智活动技能。②业务能力开发。包括理解力、判断力、决断力、应用力、规划力、开发力、表达力、交涉力、协调力、指导力、监督力、统帅力等。③素质能力开发。主要涉及个人生理能力和心理能力，即促使个人在拥有良好身体素质的同时关注自身心理健康的主要方面，是个人作为"社会人"的必然要求。生理能力开发主要依靠先天的生理发育和后天的锻炼来获得、维持和改善。个人心理能力开发主要包括情绪和情感、意志品质和健全人格3个方面。

(2) 个人职业能力开发的策略具体包括以下几方面：①增强自身的职业实力。首先，要不断提升自己的学历；其次，多形式强化专业知识和职业技能的学习；最后，要丰富个人的工作经验。②不断获取新能力。一方面，要抓住关键性的事业变动转折点，获得新能力；另一方面，不断变更职业工作，获得新能力。③适应职业需要，发展个人能力。一方面，必须清楚和找准当前职业必需的能力，并且力争表现出自己非凡的能力；另一方面，根据变更的职业所需要的能力，有针对性、有选择性地学习和发展自己的能力。

2) 个人职业生涯的职业资本开发

(1) 职业资本的构成。职业资本是一个人选择职业、发展自我、运作金钱和创造财富等能力的总和，它是在先天基础上，通过后天的社会生活和教育改造而逐步形成的，其主要构成要素包括职业素质、职业技能和职业阅历等。①职业素质。职业素质的内涵是人在某一时期的职业能力、性格和气质发展水平，是个体进一步获得职业发展和从事工作的条件和保证，其外延包括人们所有的工作活动过程和外部环境条件。②职业技能。即在职业素质的基础上，通过后天的职业教育和训练形成的从事某种职业的能力和本领。职业技能包括感觉技能、心智技能和操作技能。③职业阅历。即从事某种相关工作的资历，以及在从事这种工作中所积累的经验和教训等实战技能。

(2) 职业资本的开发途径。职业资本的保值增值是没有终结的人生课题，提高职业资本的附加值，可以从以下几个方面做起：①努力汲取知识营养，既包括接受系统的学校教育，也包括离开学校后的自我修炼。②树立效率观念，强调功效。③脚踏实地，积极参与。④高瞻远瞩，树立国际化观念。⑤调整态度，理性处世。良好的思维方式可以让你拥有正确的处世态度，而这种态度是个人职业生涯取得成功的关键。态度决定一切，良好的态度是一种责任的体现。

3) 个人职业生涯的职业社会资本开发

(1) 社会资本的含义和内容。从职业生涯开发的角度看，职业社会资本的开发内容包括：①得体的服饰与仪表，注重职业形象的员工往往会赢得更多的职业资本。②对权力关系的把握。③积极争取领导的注意力。④人际关系的处理。⑤构建职业人际关系网的技巧。

(2) 职业社会资本的自我开发途径。职业社会资本的自我开发途径主要有：①建立开拓型的社会关系网络，丰富自己的社会资本。②弥补自身的"结构洞"。③尊重、理解组织规范，获得更广、更深的信任。④整合社会资本和其他资本尤其是人力资本，使总资本构成更加合理。

3. 个人职业生涯开发的策略和方法

1) 个人职业生涯开发策略

个人职业生涯开发策略是对职业目标实现要素的有机整合，它是个人在职业生涯规划的基础上，针对职业生涯开发内容计划采取的活动和相关措施。

(1) 个人职业生涯开发策略按照个人职业生涯价值观的不同，可划分为专才开发策略、通才开发策略、管理者开发策略和自由职业者开发策略。

① 专才开发策略。即致力于开发专门技术人才的策略。对一些痴迷于技术，并希望在技术领域成为"专家"的个人，个人职业生涯开发策略的重点是获得各种机会来实现岗位知识、岗位技能的不断更新。教育学习和在职培训等是个人职业生涯开发的最佳方法。

② 通才开发策略。即致力于开发胜任不同岗位的"通才"的策略。有些员工希望自己在组织中像"万金油"一样可以承担各种棘手的工作，成为组织中不可或缺的"通才"。因此，在个人职业生涯开发中，更需要在通用能力的培养和开发上下功夫，需要了解组织可能提供的各种岗位空缺的信息，以及组织岗位轮换的相关政策，采用轮岗和工作丰富化等方法都能取得良好的效果。

③ 管理者开发策略。即致力于开发、培养组织最高管理者的策略。要成为管理者，

并在职业生涯发展中尽可能达到"组织阶梯"最高点，需要具备一定的专用知识和技能，更需要有过人的领导才能，而人际关系网络的质量是影响个人职位晋升的主要条件。在进行个人职业生涯开发时，应积极参加各种组织活动，通过不同方式引起各级管理者的关注，特别是要给高层管理者留下深刻的个人印象。

④ 自由职业者开发策略。即致力于满足个人自由需求的"自由职业者"的开发策略。致力于做一个"自由人"的个人，一方面，更加关心自己雇佣能力质量的改进及可能获得的雇佣机会；另一方面，工作的不稳定性需要他们更加谨慎地对待生活和婚姻问题。在进行个人职业生涯开发时，通常采用易于拓宽自己的交际圈、易获得潜在机会以及有助于提升能力的开发方法。

(2) 个人职业生涯开发策略按照开发形式的不同，可分为工作策略、学习与培训策略、人际关系策略和工作-家庭平衡策略。

① 工作策略。即个人为实现工作绩效目标而拟定采取的各种针对绩效维持和改进的行动的集合。在一般情况下，胜任当前岗位是个人获得职业生涯发展的必要条件。胜任本职岗位是工作策略的一个基本标准。个人职业生涯发展空间的大小及可能获得资源的多寡往往以组织对个人绩效状况的评价为依据。不管是着眼于胜任本职岗位还是谋求更高岗位的发展，个人必须重视组织对自身绩效的评价，努力从绩效反馈的相关信息中开拓改进绩效的方法。因此，无视当前的工作绩效而去谋求其他职位是很不明智的。积极参加组织举办的各类培训班，并充分利用和老员工交流的机会，把心用在开发现有岗位的技能上，是个人确保胜任岗位的重要途径。作为一名职场新人，虽然不太可能将本职工作做到"十全十美"，但要争取将工作做到"尽善尽美"。对于那些有多家企业工作经历、拥有胜任多个岗位工作能力的员工，争取到其他岗位工作的机会也是工作策略的常见形式。许多公司将拥有胜任多个工作岗位的经历作为提拔人才的重要标准。

② 学习与培训策略。即为获得与工作相关的知识、技能而计划采取的各种措施。在工作中，个人学习能力是获得职业发展的重要条件，学习能力不仅在浅层次上体现为个人知识、技能的更新程度，更深层次地反映在个人对待学习的态度上。具备终身学习意识是21世纪社会和组织对个人的基本要求。从知识管理的视角来看，个人学习能力的获取、维持与发展是个人获得职业生涯发展的原动力，个人不仅要关注自身的存量知识，更应关注流量知识。换言之，拥有学习能力比拥有知识更为重要，个人学习能力是个人学习速度、学习质量的前提和保证，决定了个人学习效率的差异，这种差异正是个人实现职业生涯开发目标的根本所在。

③ 人际关系策略。即个人在职业生涯开发过程中，为获得更广泛的支持而搭建个人人际关系网络所计划采取的各种措施。社会网络理论为我们揭示了社会资本在个人工作及生活中的重要性，也促使个人认识到合理选择人际交往策略的好处。人际交往策略可以拓宽个人的社会交往范围和渠道，为个人实现职业生涯目标提供支持，却同样也可能因其负面效果而阻碍个人职业生涯的发展。为此，个人选择人际交往策略的前提是谨慎，而其核心则是个人的真诚和品德。

④ 工作-家庭平衡策略。即为平衡职业目标和生活目标、家庭目标等计划采取的各种

措施。个人家庭-工作策略形式多种多样，如妥善规划结婚和生育时间、请老人协助抚养小孩、采取灵活雇佣方式(如兼职、合同用工等)等。每一种方法都有其不足和优势，个人可以依据自身情况有选择地加以运用，并采用多种组合模式来规避不利的结果。

2) 个人职业生涯开发方法

个人职业生涯开发的效果取决于个人职业生涯开发方法的选择，常见的开发方法包括以下几种。

(1) 职业测评法。职业测评是个人职业生涯开发策略中工作策略的主要形式。个人职业生涯开发是建立在充分了解自身特征和相关职业环境特征的基础之上的。职业测评法就是通过科学的职业测评手段，充分了解自己和工作环境特征，使个人对职业"有所准备"，在认清自身不足的前提下，确定自己的职业发展优势，在职业发展方面做到扬长避短。

(2) 学习培训法。即个人通过自学和参加职业培训的方法，拓展、更新知识，强化技能训练，不断提升胜任能力，以适应未来职业生涯发展的要求，实现个人自我价值。

(3) 社会活动法。即个人通过积极参与一切可能的社会活动，在社会化过程中获得职业发展所需的知识和信息，搭建自己的人际关系网络，构建职业社会资本，获得更多的职业生涯发展与成功的机会。

(4) 迁移流动法。即通过个人的迁移和流动，拓展个人职业生存和发展的空间，迅速提高人力资本的积累效率，从而增加个人的经济收入，改善生存状态，实现人力资本的快速积累。迁移和流动是贫困地区个人进行人力资本积累的重要方式。

(5) 保健锻炼法。即通过卫生保健与体育锻炼，保持良好的身体素质与快乐的心态，延长工作寿命和改善工作质量，搭建个人职业发展的坚实基础。

(6) 职业咨询法。即个人在规划职业生涯或转换职业时，在专业咨询师的帮助下，寻求良好的职业生涯发展路径。

6.4.2 组织职业生涯开发

组织职业生涯开发是组织为了提升员工的职业知识、技能、态度和水平，进而提高员工的工作绩效，促进员工职业生涯发展而开展的各类有计划、系统的教育训练活动。组织职业生涯开发具有长期性、全局性、战略性、差异性和发展性的特点。

1. 组织职业生涯开发方法

组织职业生涯的开发方法种类繁多，依据职业种类和岗位的不同而不同，主要包括一般培训、岗位轮换、晋升和工作开发等。

(1) 一般培训。包括讲授法、讨论法、案例分析法、角色扮演法、头脑风暴法、网络教学法、情景模拟法、观摩范例法、户外培训法。

(2) 岗位轮换。即在组织的多种不同职能领域中为员工制定一系列的工作任务安排，或者在某个单位的职能领域或部门中为员工提供在各种不同工作岗位之间流动的机会。它是完善职业生涯开发体系、培养和保留优秀员工、培养复合型人才的一种重要措施。岗位轮换培训方法主要适用于新员工实习、培养员工的多种能力、管理骨干员工、激发员工积极性。

(3) 晋升。即员工从一个等级向更高的等级提升，从某一层级向更高层级升迁。主要包含职务的晋升、级别的晋升或职类等级的升迁。确定员工晋升人选的方法通常有配对比较法、主管领导评定法、评价中心法、晋升考试法和综合法。

(4) 工作开发。在对员工进行职业生涯开发时，除了采取培训、轮岗等措施外，还可将工作开发融入日常的员工工作中，使职业生涯开发工作成为组织日常工作的一部分，主要形式包括工作设计、工作专业化、工作扩大化和工作丰富化。

2. 组织职业生涯开发活动

组织职业生涯开发活动主要体现在继任规划、导师计划、退休计划三个方面。

(1) 继任规划。即组织为保障其内部重要岗位有合适的继任者而采取的相应的人力资源开发培训、晋升与管理等方面的制度与措施，也称为接班人计划。组织在成长和发展过程中会不断出现职位空缺，特别是主要岗位，因此继任规划是组织发展战略的组成部分，并融入组织发展的远景规划。有计划地建立继任规划，可以确保一批高素质的人才能够及时补充到组织的重要岗位上。

(2) 导师计划。包括新员工导师计划、骨干员工导师计划、全员导师计划。

(3) 退休计划。即组织针对职业生涯晚期的雇员而采取的组织职业生涯规划措施，它是组织为处于职业生涯晚期的员工提供的，用于帮助其准备结束职业工作并适应退休生活的计划和活动。

6.5 职业生涯周期管理

6.5.1 个人职业生涯周期管理

个人职业生涯周期管理是指根据个人在职业生涯发展的不同阶段及组织的环境特点，按照职业发展的特征、面临的任务和问题采取符合实际需求的对策，具体内容如表6-4所示。

表6-4 个人职业生涯各个周期的管理措施

周期	员工个人特征	员工主要问题	员工自我管理策略
职业生涯准备期（15~25岁）	1. 求学阶段或刚刚完成教育，准备进入职场，学生身份特征明显 2. 精力旺盛、进取心强，敢于接受新生事物，勇于展示自己 3. 无暇顾及个人问题，高喊口号"我要成功，我要致富"，注重工作的报酬高低	1. 缺乏明确的人生目标 2. 缺少职业信息，从而影响对职业选择的判断 3. 缺乏系统的职业生涯规划	1. 求学阶段人生目标的树立 2. 理性分析自身优势和劣势，积极收集职业信息，做好职业选择 3. 制定个人职业生涯规划

(续表)

周期	员工个人特征	员工主要问题	员工自我管理策略
职业生涯早期（25～35岁）	1. 进取心强，具有积极向上、争强好胜的心态 2. 职业竞争力不断增强，希望能做出一番轰轰烈烈的事业 3. 开始组建家庭，逐步具备调适家庭关系的能力，承担家庭责任	1. 现实冲击。即工作期望与工作实际情况之间的差异所引起的新雇员的心理冲击 2. 难以得到信任和重用 3. 组织成员往往会对新雇员心存偏见或嫉妒	1. 职业生涯角色转变。从"就学"到"就业"，完成职场角色的转变 2. 熟悉工作环境，形成良好印象 3. 处理好人际关系
职业生涯中期（35～50岁）	1. 生理特征：从精力旺盛到身心疲惫，显现"职业高原"症状 2. 心理特征：职业认同感受到冲击，家庭结构发生变化，对生命有全新的认识，意识到职业机会有限而产生焦虑 3. 职业特征：职业能力提高，逐渐趋于成熟，职业轨迹呈倒U型曲线	1. 缺乏明确的组织认同和个人职业认同 2. 现实与职业理想不一致 3. 工作急剧转折或下滑 4. 人际关系欠佳	1. 了解职业规律，保持乐观心态 2. 面临新的职业与职业角色选择决策 3. 成为一名良师，担负起言传身教的责任 4. 维护职业工作、家庭生活和自我发展三者间的平衡 5. 提高学习能力，防止技能老化
职业生涯后期（50～退休）	1. 个人生理特征：体能和精力的退化 2. 个人心理特征：更加关注家庭和健康；自我意识上升，怀旧、念友心重；安于现状、淡泊人生 3. 个人职业特征：进取心、竞争力和职业能力明显下降；权力、责任和中心地位下降，角色发生明显变化；优势尚存，可发挥余热	1. 面临职业生涯的终结 2. 不安全感增加，如经济上、生理上的不安全感；疾病增多；不适应退休后的生活，产生不满情绪 3. 带走组织的重要资源	1. 调整心态，迎接变化 2. 丰富个人生活，学会应对"空巢"问题 3. 培养个人兴趣，提前制订退休计划 4. 管理个人财务，确保退休生活质量

6.5.2　组织职业生涯周期管理

职业生涯管理是一个动态发展的过程，每个人在职业生涯的不同阶段，心理和生理都会表现出相应的阶段性特征。而这样的心理或生理特征，必然会影响个人的思考、选择及行为模式，对组织或他人的支配、控制、管理等活动产生相应的反应，进而带来不同的管理效果。组织必须根据员工在不同职业生涯周期的特点和主要问题，采取不同的管理措施，具体内容如表6-5所示。

表6-5　各个职业生涯周期组织职业生涯管理措施

周期	员工特点	员工主要问题	组织对员工的管理措施
职业生涯早期	1. 职业发展方面：员工扮演新手、学徒角色，缺乏经验，应适应环境和进行职业探索 2. 生理方面：年轻、精力充沛，尚未组建家庭，负担轻，有精力应对工作困难 3. 心理方面：个人主要解决依赖与独立的矛盾	1. 个人如何选择喜欢的职业 2. 个人如何确立职业目标 3. 如何处理个人与组织文化的冲突 4. 个人如何适应工作群体	1. 帮助员工认识自己 2. 对新员工进行上岗引导和岗位配置 3. 促进员工的社会化 4. 支持员工的职业探索 5. 严格要求新员工，并开展职业生涯规划活动

（续表）

周期	员工特点	员工主要问题	组织对员工的管理措施
职业生涯中期	1. 职业发展状态方面：经验较丰富，职业稳定，逐步提升自己，事业逐步推向顶点 2. 家庭方面：已经或者准备成立家庭，家庭任务繁重，容易产生工作和家庭冲突 3. 生理机能方面：大量精力用于职业生涯发展和家庭生活。精力下降，健康隐患增加 4. 心理需求方面：注重尊重和自我实现的需要	1. 职业发展的瓶颈问题：升职竞争激烈，感到前途渺茫 2. 职业发展危机问题：把握职业命运，重新评估职业道路 3. 工作和家庭的冲突矛盾加剧 4. 生理、心理的健康问题：生理和心理压力增大	1. 为员工提供更多的职业发展机会 2. 转变组织观念，营造学习型组织氛围 3. 帮助员工形成职业自我概念 4. 丰富员工的工作经验 5. 协助员工解决工作家庭冲突
职业生涯后期	1. 职业活动方面：工作知识和经验丰富，有一定的社会地位、职业威望及影响力；观念及知识、技能相对老化，对新生事物的敏感程度较低，态度趋于保守 2. 心理方面：心理上的不安全感会不断增加，看重安全、社交及他人的尊重	1. 消极等待退休 2. 扩散不满情绪 3. 带走组织的重要资源	1. 进行适当的激励，避免出现消极等待退休等行为 2. 建立经验积累与传承制度，促进员工的经验资源化 3. 帮助员工制订退休计划，规划退休生活

对点案例　麦当劳公司的职业生涯管理：从实习生到经理

麦当劳的发展速度和规模，需要有一个相当成熟的中层管理队伍与之匹配。下面我们来介绍法国麦当劳把一个普通毕业生培养成为成熟管理者的过程。

1. 多样化与后备军

人才多样化是麦当劳员工的一大特点。在法国麦当劳公司，毕业于饮食服务学校的员工占员工总数的30%；有40%的员工来自商业学校；其余的员工则由大学生、工程师和中学毕业后通过进修获得学历的人员组成。

麦当劳公司还有一支由3 500名在校大学生组成的庞大的年轻人才后备军，他们定期到餐馆打工，根据麦当劳公司安排的培训计划担任各种职务，并有可能与现职人员一起担任餐馆经理。

2. 从零开始

在麦当劳公司取得成功的人，都有一个共同的特点，即从零开始、脚踏实地。每一位员工都要从"炸土豆条，做汉堡包"开始做起，这是在公司获得发展并走向成功的必经之路。

3. 快速晋升

法国麦当劳公司实行快速晋升制度：一个刚参加工作的出色的年轻人，可以在18个月内当上餐馆经理，可以在24个月内当上监督管理员。那些有责任感的、有文凭的、独立自主的年轻人在25岁以前，就会成为一个中小型企业的管理者，许多企业都不可能提供这样的好机会。

4. 生涯阶梯步步高

第一阶梯：实习助理。有文凭的年轻人要当4～6个月的实习助理。在此期间，他们以一个普通班组成员的身份投入到公司各个基层工作岗位，从事基础性工作，如炸土豆条、收款、烤牛排等。在这些一线工作岗位上，实习助理应当学会保持清洁和提供最佳服务的方法，并依靠他们最直接的实践来积累管理经验，为日后走上管理岗位做准备。

第二阶梯：二级助理。这个工作岗位具有实际负责的性质。这时，他们每天在规定的一段时间内负责餐馆工作。与实习助理不同的是，他们要承担一部分管理工作，如订货、计划、排班、统计……他们要在一个小范围内展示他们的管理才能，并在日常实践中摸索经验，协调他们负责的这片小天地。

第三阶梯：一级助理。在进入麦当劳8～14个月后，有文凭的年轻人将成为一级助理，即经理的左膀右臂。与此同时，他们肩负更多、更重的责任，每个人都要在餐馆中独当一面，他们的管理才能日趋完善。

第四阶梯：餐馆经理。在进入这个梦寐以求的阶段前，他们还需要跨越一个为期15天的小阶段。他们可以去芝加哥汉堡包大学进修15天。在进修期间，培训人员不但会教授管理一家餐馆所必需的各方面的理论知识，还会传授有关的实践经验。

第五阶梯：监督管理员。一个有才华的年轻人升至餐馆经理后，麦当劳公司依然为其提供了广阔的发展空间。经过一段时间的努力，他们将晋升为监督管理员，负责三四家餐馆的工作。

第六阶梯：地区顾问。3年后，监督管理员将升为地区顾问。届时，他将成为总公司派驻的地区代表。用艾蒂安·雷蒙的话说，成为"麦当劳公司的外交官"。作为"麦当劳公司的外交官"，他的主要职责是往返于麦当劳公司与各下属企业，沟通传递信息。同时，地区顾问还是总公司在这一地区的全权代表。

第七阶梯：董事长。当然，成绩优异的地区顾问依然还会晋升，终有一天会实现艾蒂安·雷蒙所说的——法国麦当劳公司董事长的位子上坐着一个法国的年轻人。

麦当劳公司还有一个与众不同的重要特点，就是培养"接班人"。麦当劳公司有一项重要规则：如果事先未培养出自己的接班人，那么无论是谁都不能提级晋升。可以想象，麦当劳公司会因此成为一个发现、培养人才的大课堂。在这里，缺少的绝不会是人才。

分析：组织职业生涯规划是一项重要的工作。麦当劳法国公司的"步步高"职业生涯阶梯，为员工展示了一个很好的职业生涯预期。按照各个时期职业生涯管理理论分析，麦当劳公司的职业生涯管理可概括为：在早期的员工流动过程中保留下来一部分可能的成功者，以中期的成长为重点，逐级培养，从而培养人才、打造人才。

资料来源：姚裕群.职业生涯规划与发展[M].2版.北京：首都经济贸易大学出版社，2007：284-286.

实用模板

××公司员工职业生涯规划表见表6-6。

表6-6　XX公司员工职业生涯规划表

第　次职业生涯计划　　　　　　　　上次计划时间：　年　月　日

姓名		员工编号	
年龄		性别	
所学专业		学历	
目前任职岗位		岗位编号	

(续表)

目前所在部门		部门编号	
计划制订时间	年　月　日	部门负责人	

职业类型

(在选定种类的题号上打"√"，可选择两个或更多)

1. 管理　2. 技术　3. 营销　4. 操作　5. 辅助

如选择的职业类别更具体、更细化，请进一步说明：

人生目标

1. 岗位目标：

2. 技术等级目标：

3. 收入目标：

4. 社会影响目标：

5. 几大成果目标：

6. 其他目标

人生通道：

(1) 图示：

(2) 简要文字说明：

实现人生目标的战略要点：

长期目标(通常在10年以上)

1. 岗位目标：

2. 技术等级目标：

3. 收入目标：

4. 重大成果目标：

长期通道：

(1) 图示：

(2) 简要文字说明：

实现长期目标的战略要点：

中期目标(通常为5～10年)

1. 岗位目标：

2. 技术等级目标：

3. 收入目标：

中期通道：

(1) 图示：

(2) 简要文字说明：

实现中期目标的战略要点：

短期目标(通常在5年以下)

1. 岗位目标：

2. 技术等级目标：

3. 收入目标：

短期通道：

(1) 图示：

(2) 简要文字说明：

短期计划细节：

(1) 短期内要完成的主要任务：

(2) 有利条件：

(3) 主要障碍及对策：

(4) 可能出现的意外和应急措施：

年度目标及年度计划的细节通常另行安排，以保持职业生涯计划的相对稳定性和可保存性

(续表)

备注
如是修改稿，请说明理由。如有自我申告表，请附在本表后。 部门负责人(签字)： 人力资源部(签章)： 职业生涯规划负责人(签字)：

资料来源：马士斌. 生涯管理[M]. 北京：人民日报出版社，2001：60-63.

│课后练习│

一、名词解释

职业生涯管理、职业生涯规划、职业生涯开发、职业锚

二、选择题

1. 员工跨职能边界的工作变换，允许员工在企业内横向调动的职业生涯阶梯模式是
(   )。

  A. 横向技术阶梯模式   B. 单阶梯模式

  C. 网状职业阶梯模式   D. 双重/多重阶梯模式

2. 个人在进行职业生涯选择或转换职业时，通过专业咨询师的帮助，寻求良好的职业
生涯发展路径的人力资源开发方法是(   )。

  A. 职业测评法   B. 社会活动法   C. 职业咨询法   D. 学习培训法

3. 职业性向理论的提出者是(   )。

  A. 帕森斯   B. 霍兰德   C. 施恩   D. 格林豪斯

4. 美国教授施恩在职业锚理论中，提出的职业锚类型包括(   )。

  A. 技术/职能型   B. 创造型   C. 管理能力型   D. 自主/独立型

5. 组织的职业生涯开发活动主要体现为(   )。

  A. 继任规划   B. 员工关系计划   C. 退休计划   D. 导师计划

三、简述题

1. 简述职业生涯管理的含义和特征。

2. 简述职业生涯规划的编制原则和流程。

3. 简述个人职业生涯开发的内容。

4. 简述个人职业生涯开发的方法。

案例分析   **两个公司CFO的职业成长**

  20世纪80年代末，国内资本市场的出现对中国企业的财务治理结构调整起到了关键作用，股东开始对企业提出要求，如建立董事会、监事会，引进独立董事等，迫使企业建立比较完善的治理结构，并解决信息披露问题，从需求上刺激了中国CFO阶层的崛起。

  1. 从知青到亚信公司CFO

  和今天的韩颖那光彩夺目的专业高度形成鲜明对照的，是她那有些平淡甚至黯淡的早期

经历：15岁时离开课堂，上山下乡到东北建设兵团，等到21岁那年"文化大革命"结束，才返城继续学业；30岁从厦门大学取得西方会计学学位，之后进入中国海洋石油总公司从事财务分析。随后，进入惠普(中国)公司，10年内连升四级成为财务总监，1998年进入亚信担任首席CFO。

从返城知青辗转成为中国海洋石油渤海公司下属运输公司的成本会计后，韩颖开始负责厂部、车间、班组的三级成本核算，也成为中国国内最早接触西方会计实务的人之一。

然而，回顾韩颖走过的职业成长轨迹，她最初的职业是一名汽车修理工。从汽车修理工到会计，她再次证明了自己的学习能力。

对于韩颖来说，职业生涯的最大转机来自中海油。1979年，海上石油作为我国最早有外资注入的领域，开始有所动作。中海油有了第一个和外商合作开发的项目，总部财务部急需财务分析人员，英语不错的韩颖因而有机会从塘沽调到北京。

"一到总部，才发现我要做的事与以往的工作几乎全然不同，最主要的工作叫做'敏感性与可行性分析'，一下子要分析中海油和外商合作的油田从投入到生产乃至最后产生商业价值这长达20年的时间里所有的投入和产出情况！其间的参数有上百个，每个参数的微小变化，比如一个点或者出现的时间提前或推迟一个月，都会令结果大相径庭——这就是敏感性的含义所在。"此时，不仅是年轻的韩颖，包括总部的老会计师、中方所有的财务人员都被这样的题目弄懵了！

好在中海油只是参与项目的开发商之一，合作伙伴还有来自英、法等国家的全球顶级石油商，他们都带来了优秀的财务人员，负责其中相当分量的工作。中方作为拥有51%股权的大股东，要对国外会计师所做的账目进行审计。在查账过程中，韩颖深深感到中国会计制度的发展程度和西方的差距是如此之大。

"震动真的很大。我非常羡慕国外财务人员在公司中扮演的角色，他们和我们形成了非常鲜明的对比和反差。"20多年过去了，韩颖至今对当时的感受记忆犹新。"给我带来深刻触动的有两点。一是外方的财务人员对本公司进入中国的发展战略把握得非常清楚，什么是必须要的，什么是可以放弃的，谈判间取舍有度。二是这些财务人员都有极强的预见未来的能力，仿佛能一眼洞穿未来20年，尤其是对可能发生的风险考虑得非常周到。"对比此前国企中财务人员的工作经历，韩颖从这种巨大的落差中敏锐地感受到中国会计制度和西方接轨的急迫性。更重要的是，她当时每天都在为一种好奇心和陌生感所驱使，第一次有了系统学习西方会计学的强烈冲动和渴望。此后，每天坚持从工作中总结西方会计技术和知识成为韩颖的一种职业习惯，正是在持久的学习过程中，韩颖获得了丰富的会计管理经验，为她1998年进入亚信担任首席CFO奠定了基础。

2. 舍弃仕途，成功转型

1976年，现任联想CFO的马雪征从首都师范大学毕业，被分配在中科院做翻译，开始了她所谓的"纯粹的知识分子"生活。

1990年之前的马雪征一直被认为"仕途一片光明"，不仅身兼中科院两个处的处长，而且即将升迁副局长。除负责管理由中国及欧洲共同合作发展的科技项目外，马雪征还负责世界银行给予中国的科研借贷项目的行政管理及联系工作。

学英美文学出身的马雪征一直称"自己的背景不好"，"我真的不是一个有财务教育背景的人，一开始做的就不是我的最强项。自己做得不好，就改，不能埋怨别人，而且一定得靠团队。即便你现在问我中科院当年的同事，他们还是会说，我是当年最好的团队 leader，是中科院最好的处长"。

在中科院的这段经历，柳传志和中科院的周光召院长给了她很大的启发。"我跟柳总这么多年，他指导自己行为的法则是天下没有做不成的事情——环境不好有环境不好的做法，环境好有环境好的做法。这个思想的形成，包括在中科院的后期和联想的后期，都派上了用场。我一直坚信这一点。"马雪征当时负责中科院国际合作局的合作项目，见过不少大世面。她曾经给邓小平同志做过翻译，接触的都是著名学者、诺贝尔奖获得者、大使、科技部长一类的大人物，李政道亦是她的好朋友。十多年过去，回忆起十几年前与柳传志的第一次见面，马雪征用的还是"震撼"二字。

"当时联想在香港的工作环境非常艰苦，是个坐落在破旧工业区的小公司，但柳总胸怀大志、雄心勃勃，反差太大了。我为什么被震撼？联想当年是中科院一家名不见经传的小公司，柳总和他的部下们谈宏图、谈战略，高谈阔论，如同指挥千军万马、运筹帷幄决胜于千里之外的将军，非常不一般。"多年后，马雪征坦陈，她能从中科院处长的行政位置上下海，在很大程度上是为柳传志的个人魅力所吸引。

有了马雪征的加盟，加上后来脱颖而出的杨元庆，柳传志领导下的联想"三驾马车"才得以成形。柳传志经常自嘲是"替马雪征打工"，杨元庆也在私下开玩笑称马雪征是"权力女性"，但马雪征更强调的是团队的力量和她作为 CFO 的沟通能力。"我觉得自己的最强项还是与别人沟通。上学之前我就想将来做沟通性质的工作，但没想过要做 CFO。其实，在一个团队里，CFO 做的就是沟通，即便那不是你的强项，或者不是你想做的，你也必须这样去做。"

快人快语、干练干脆，以及特有的智慧和优雅风度，是马雪征在许多人眼中的印象定格。1990 年，马雪征正式加盟联想，出任联想香港公司总经理助理，后升任联想香港副总经理。马雪征的加入，为联想迅速打开了资本通路，并由此展开了联想在资本市场呼风唤雨的一幕。

资料来源：林牧. 职业生涯开发与管理[M]. 北京：清华大学出版社，2010：148-150.

【案例讨论】

(1) 在韩颖和马雪征的职业生涯发展中，哪些能力要素为她们的成功奠定了基础？

(2) 结合马雪征的情况，试分析影响其个人职业生涯发展的社会资本具有哪些具体意义。

(3) 你如何看待韩颖和马雪征的职业成功？

实训演练

设计个人职业生涯规划

1. 实训目标

(1) 学会规划自己的职业生涯，写出个人职业生涯规划书。

(2) 熟悉职业生涯规划流程和制定方法。

(3) 运用职业规划方法和技能设计个人职业生涯规划。

2. 实训内容

(1) 通过社会调查或请企业人员做报告等方式，了解所学专业涉及的职业，包括职业的业务范围、对人才素质的要求、职业发展情况等。

(2) 进行自我剖析。

(3) 设计个人职业生涯规划。

3. 实训组织

(1) 教师提出实训任务和具体要求。

(2) 学生参考相关资料，进行小组课后讨论，形成个人职业生涯规划方案。

(3) 让学生走访成功人士，根据他们的意见反馈修改方案。

(4) 让各小组推选较好的设计方案，制作成幻灯片和文稿进行演示，相互交流。

拓展阅读

林枚，李隽，曹晓丽. 职业生涯开发与管理[M]. 北京：清华大学出版社，2010.

HR管理世界. http：// www.hroot.com.

职业生涯规划-向阳生涯. http：// www.careercn.net.

七色花生涯管理网. http：// www.career120.com.

生涯设计公益网. http：// www.16175.com.

第 7 章

绩效管理

知识结构图

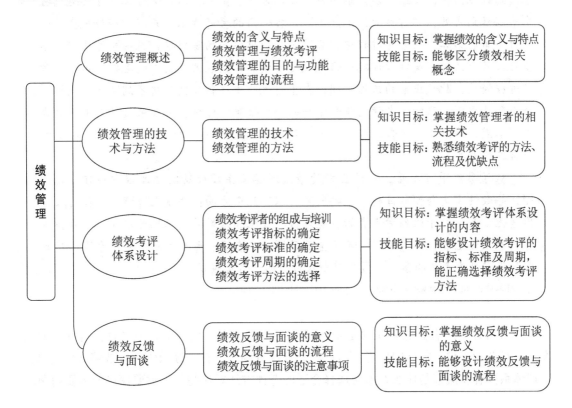

MLK公司的绩效考评

MLK公司是一家机械加工企业，现有员工千余人，成立于20世纪60年代，注册资本2亿元人民币，公司前身是国企，现已转制成为股份制企业。公司年度绩效考评主要分为两大类型：表现考评和目标考评。

1. 年度表现评估

公司于每年的12月初开始启动年度表现评估，对每位员工本年度的工作态度、工作质量、工作能力等方面进行综合考评。由上级经理按照规定的表格内容结合员工的表现进行客观的考评。考评者和被考评人需要进行面对面的沟通，最终打出合理的分值。考评结果分为5个不同的等级，将作为次年调薪方案的重要参考因素。

2.年度目标考评

每年年初，公司最高领导会给部门经理设置部门年度目标，部门经理根据部门目标设置个人目标，次年1月对目标的达成情况进行考评。考评结果分为3等：没有达成目标低限，赋值0；达成目标，赋值1；达成或超过目标最高值，赋值1.5。考评结果直接和年底奖金挂钩，能从某种程度上刺激员工的工作积极性。

虽然公司建立了绩效考评体系，但在具体实践过程中，公司负责人力资源的老总遇到许多困扰，大致可以归纳为以下几个方面：第一，绩效考评工作在实施过程中难以落到实处，"雷声大，雨点小"，各部门的考评者乐于充当"好好先生"，应付了事。第二，在考评过程中，公司员工缺少参与的积极性，抵触情绪很强，不少员工甚至认为，绩效考评就是通过反复地填表、交表来挑员工的毛病。第三，考评过程繁琐，耽误正常的工作时间，在推行过程中往往又因为得不到高层的足够支持而阻力重重。第四，考评过程和结果的公正性难以保证，大多数员工对考评结果心怀不满，导致怨声四起，同事间的关系也往往因考评而变得紧张，不利于公司的日常工作开展。

从该案例中可以看出，该公司的绩效考核体系设计及实施过程中存在一定问题，导致没有达到预期目标，主要表现在以下几个方面：年度表现评估中指标及标准量化不足，过于依赖考评者的主观评价，过程和结果的公正性无法保证；考核主体只有上级主管，比较单一，无法全面了解员工表现；年度目标考核中个人年度目标的设定缺乏员工的参与，员工对个人目标的认可度较低。

资料来源：http://www.chinahrd.net/blog/307/1116280/306602.htm.

绩效考评对所有企业来说都是重点和难点，MLK公司面临的绩效考评问题比较有代表性。对企业来说，如何明确考评目的？怎样区分绩效考评与绩效管理？战略导向的绩效管理体系内容及流程是什么？如何选择合适的考评方法？这些是本章要探讨的主要问题。

7.1 绩效管理概述

7.1.1 绩效的含义与特点

1.绩效的含义

绩效(Performance)是人们在管理活动中最常用的概念之一，一般从工作行为和工作结果两个角度来理解。对员工个人绩效的内涵，学者们提出过各种不同的观点，概括起来主要有三种：第一种观点认为绩效是结果；第二种观点认为绩效是行为；第三种观点认为绩效是行为和结果的统一体，如表7-1所示。

表7-1 有关个人绩效的不同观点

观点划分	观点描述
结果观	《韦氏词典》(Merriam-Webster's Dictionary)将绩效定义为完成某个任务或达到某个目标。 Bemardin and Beatty(1984)认为绩效是在特定的时间范围内,对特定的工作职能、活动或行为产生的结果的记录
行为观	《牛津词典》(Oxford English Dictionary)将绩效定义为执行或完成一项活动、任务或职能的行为或过程。 Murphy(1990)认为绩效是一个人做出的与工作的组织或组织单元的目标有关的一组行为
综合观	Brumbrach(1998)认为绩效指行为和结果。行为由从事工作的人表现出来,将工作任务付诸实施。行为不仅仅是实现结果的工具,行为本身也是结果,是为完成工作任务付出脑力和体力的结果,并且能与工作结果分开进行判断。 Mwita(2000)认为绩效是一个综合的概念,它应包含行为、产出和结果3个因素

无论是"绩效结果观"还是"绩效行为观",都有一定的局限性。在管理实践中,人们常常采用将结果和行为相结合的绩效概念。在此将绩效定义为组织及个人的履职表现和工作任务完成情况,是组织期望的为实现其目标而展现在组织不同层面上的工作行为及其结果。

2. 绩效的特点

(1) 多因性。绩效的多因性是指绩效的优劣并不取决于单一因素,而是受主客观多种因素的影响。研究表明,绩效的影响因素主要有技能、激励、环境、机会。技能指员工工作技巧与能力水平;激励指能调动员工工作积极性的有关方面;环境指企业内部和外部的客观条件;机会则具有偶然性。

(2) 多维性。绩效的多维性是指应沿多种维度或方面去分析和考评绩效。如一个生产岗位上的工人,其工作绩效既体现为他完成的产品产量指标和质量指标,又体现为他为达成一定产量和质量而产生的原材料及能源消耗指标,还体现为他的出勤率、工作态度、组织纪律、协作精神、道德操守等个人行为方面的表现。

(3) 动态性。绩效的动态性是指员工的绩效是会变化的。绩效是员工在特定时期内的工作行为中表现出来的个人特性和工作结果,员工个人的绩效在不同时期会有所变化、有所差别。

7.1.2 绩效考评与绩效管理

1. 绩效考评与绩效管理的含义

1) 绩效考评的含义

绩效考评(Performance Appraisal)是指企业在既定的战略目标下,运用特定的标准和指标,对员工的工作行为及取得的工作业绩进行评估,并运用评估结果对员工将来的工作行为和工作业绩产生正面引导的过程和方法。

2) 绩效管理的含义

20世纪70年代后期,绩效管理(Performance Management)的概念被提出,由于绩效本身具有丰富的含义和认识理解事物的角度不同，在绩效管理思想发展的过程中，人们对绩效管理的认识也存在分歧，主要可以归纳为以下三种观点：第一种观点，将绩效理解为组织绩效；第二种观点，将绩效理解为单纯的员工绩效；第三种观点，将绩效理解为组织绩效和员工绩效的总和。

我们认同第三种观点，认为绩效管理是通过管理者与员工之间达成关于目标、标准和所需能力的协议，在双方相互理解的基础上使组织、群体和个人取得较好的工作结果的一种管理过程。简单来说，绩效管理是管理者用来确保员工的工作活动和工作产出与组织的目标保持一致的手段及过程。

2. 绩效考评与绩效管理的区别与联系

绩效考评与绩效管理并不是等价的，两者的主要区别参见表7-2。

表7-2　绩效管理和绩效考评的区别

项目	绩效考评	绩效管理
方式	判断式	计划式
过程	管理过程中的局部环节和手段	一个完整的过程
时间	只出现在特定的时期	伴随管理活动的全过程
关键点	关注过去的绩效	关注未来的绩效
目的	事后算账	解决问题
结果	注重结果	注重结果和过程
侧重点	侧重判断与评估	侧重信息沟通与绩效提高
评价	成或败	双赢
手段	事后的评估	事先的沟通与承诺
程序	人力资源管理程序	管理程序
管理者与员工之间的关系	紧张、对立关系	绩效合作伙伴关系

绩效考评和绩效管理是紧密联系的两个概念。绩效管理概念的提出本身就是源自绩效考评的片面性和孤立性，从一种孤立的手段发展到系统的管理过程。因此，绩效考评始终是绩效管理过程中的一个十分重要的环节，也是代表绩效管理水平的核心技术。当然，绩效考评的成功与否不仅取决于评估本身，在很大程度上还依赖于与评估相关的整个绩效管理过程。因此，两者是相互依存、相辅相成的关系。

7.1.3　绩效管理的目的与功能

1. 绩效管理的目的

(1) 战略目的。绩效管理的过程就是在组织战略目标的指导下，对组织所要达成的战略目标进行具体分解，这样可使组织战略目标转化为每个具体的岗位可以控制与实现的目标。

(2) 管理目的。组织进行管理决策时需要使用绩效管理的信息，尤其是绩效评估的信息。对组织整体绩效的把握是组织进行战略决策、实现组织具体管理职能的基础，它为组织做出薪资调整、职务晋升、留用或解聘等人力资源决策提供重要依据。

(3) 开发目的。通过绩效管理可以对员工的能力、态度、行为等诸方面进行全方位的评估，从而全面知晓组织员工的素质状况，针对组织战略目标的要求，可以清晰地找出存在的差距。组织可依此实施有针对性的开发培训项目，做到有的放矢，从而提高组织员工开发的合理性与有效性。

2. 绩效管理的功能

(1) 控制功能。绩效管理是人力资源管理体系中的主要控制手段。通过绩效管理循环，管理者可以及时纠正偏差，并使工作过程保持合理的数量、质量、进度和协作关系，使各项管理工作能够按计划进行。

(2) 激励功能。管理者在绩效实施过程中对员工的工作成绩及时给予肯定，在评估后及时反馈结果，这可以让员工获得满足感并强化正确的行为。另外，绩效评估可为与绩效挂钩的薪酬提供确定依据，出色的绩效带来的奖励能激发员工的积极性和工作热情。

(3) 辅助决策功能。绩效评估为各项人力资源管理决策提供了相对客观、公平的依据，绩效评估的过程就是对员工能力、态度、行为等进行全面的评估，为组织员工的晋升、奖惩、调配等提供科学权威的依据。

(4) 发展功能。绩效管理的发展功能主要体现在两方面：一方面，组织可以根据评估结果，制订合理的培训计划，达到提高全体员工素质的目的，以推动组织发展；另一方面，可以发现员工的优点和缺点，并根据其特点确定培养方向和使用方法，充分发挥个人的长处，促进个人的发展。

(5) 沟通功能。沟通贯穿绩效管理的全过程。绩效沟通为上下级提供了交流的机会，可以增进相互之间的了解，协调矛盾。同时，绩效评价指标和目标可以向各级管理者和员工传递组织的战略目标和关注的重点。

7.1.4 绩效管理的流程

绩效管理的过程通常被当作一个循环，这个循环分为4步：绩效计划、绩效实施、绩效评估和绩效反馈。

1. 绩效计划

绩效管理的第一个环节是绩效计划，它是绩效管理过程的起点。在企业战略分解为具体的任务或目标，落实到各个岗位上之后，经理人员就该和员工一起根据本岗位的工作目标和工作职责来讨论绩效计划周期内员工应该做什么工作，做到什么地步，为什么要做这项工作，何时应做完，以及员工权力大小和决策权限等。

2. 绩效实施

在制订了绩效计划之后，被评估者就开始按照计划开展工作。在工作过程中，管理者要对被评估者的工作进行指导和监督，对发现的问题及时予以解决，并随时根据实际情况对绩效计划进行调整。在整个绩效管理期间，需要管理者不断地对员工进行指导和反馈，即进行持续的绩效沟通。这种沟通是双方追踪进展情况、找到影响绩效的障碍以及得到使双方成功所需信息的过程。

3. 绩效评估

绩效评估是绩效管理的核心环节，是根据员工在一定期间的工作绩效进行考察和评估，确定员工是否达到预定的绩效标准的管理活动。在企业人力资源管理中，并不是单纯地对以往的绩效进行评估，还包括选择评价指标与测量方法、绩效信息收集与分析、选择评估主体与客体以及运用绩效评估结果等。这是由一系列相关因素组成的一套复杂的管理系统。

4. 绩效反馈

绩效反馈是绩效管理的一个重要步骤。在绩效评估结束后，管理者应就绩效评估的结果与员工进行面对面的绩效反馈与面谈，就绩效周期内员工的工作表现和目标完成情况交换意见，使之明确绩效不足之处或改进方向以及个人的特性和优点。

7.2 绩效管理的技术与方法

7.2.1 绩效管理的技术

工具与技术是联系管理实践与管理理论的桥梁与纽带。在20世纪50年代之前，绩效管理技术主要是表现性评价。在20世纪50年代以及此后的几十年中，研究者们先后提出了目标管理、关键绩效指标、平衡计分卡等绩效管理的理论、方法与技术，其评价范围不断扩展，开始注重承接组织战略。目标管理、关键绩效指标、平衡计分卡等绩效管理技术本身各有优缺点，但就其在不同组织中的应用而言，并不存在优劣之分，具体要看组织战略以及技术与战略的匹配性。

表7-3 绩效管理技术比较

名称	目标管理	关键绩效指标	平衡计分卡
时代	20世纪50—70年代	20世纪80年代	20世纪90年代以后
性质	管理思想(工作与人的结合)	分解指标的工具/方法	理论体系
对象	个人	组织、群体、个人	组织、群体、个人
特点	员工参与管理，强调自我管理与自我控制，关注结果	战略导向，指标自上而下层层分解，指标之间基本上独立，关注结果	战略导向，战略目标分层制定，强调平衡、协同及因果关系，关注过程和结果
要素	目标、指标、目标值	战略、关键成功领域、关键绩效要素、关键绩效指标	使命、价值观、愿景、战略；客户价值主张；目标、指标、目标值、行动方案

1. 目标管理

1) 目标管理的内涵及实施步骤

目标管理是指一种程序或过程，它促使组织中的上下级一起协商，根据组织使命确定一定时期内组织的总目标，由此确定上下级的责任和分目标，并把这些目标作为组织经营、评估和奖励的标准。目标管理的指导思想以Y理论为基础，即认为在目标明确的情况下，人们能够对自己负责。

目标管理法的具体实施步骤主要包括目标设定、目标实施、结果评价、结果反馈。

(1) 目标设定。目标设定是目标管理最重要的阶段，这一阶段可通过预定的目标，重新审议组织结构和职责分工，确立下级目标，上级和下级可就实现各项目标所需的条件和奖惩达成协议。

(2) 目标实施。在实施过程中要对计划进行监控，即为了保证计划按预想的步骤进行，要随时掌握计划进度，及时发现问题并及时采取适当的矫正行动。

(3) 结果评价。将实际达到的目标与预先设定的目标相比较，找出未能达到目标或实际达到的目标远远超出预先设定的目标的原因，有助于管理者做出合理的决策。

(4) 结果反馈。评价结束后，管理者与员工一起回顾整个周期，对预期目标的达成情况和进度进行讨论，从而为思考制定新目标以及为达到新目标可能采取的新战略做好准备。

2) 目标管理的优缺点

与传统的表现性评价相比，目标管理取得了长足的进步，优点主要有：目标管理强调自我控制、自我调节，将个人利益和组织利益紧密联系起来，有利于调动员工的主动性、积极性和创造性；目标管理有助于改进组织结构的职责分工，实现组织内易于度量和分解的目标，从而带来良好的绩效；目标管理实用易操作，考核成本较低。

任何管理方法在具体的运用中都存在一些自身的局限性，目标管理的局限性主要有：组织内的许多目标难以定量化、具体化；缺乏必要的行为指导；目标的商定需要上下沟通、统一思想，增加了管理成本；目标管理倾向选择短期目标，员工可能会为了达到短期目标而牺牲长期目标。

2. 关键绩效指标

在20世纪80年代，管理学界开始关注绩效管理与企业战略的结合，在考评过程中，将结果导向与行为导向相结合，强调工作行为与目标达成并重。在这种背景下，关键绩效指标(Key Performance Indicators，KPI)应运而生。关键绩效指标是基于企业经营战略的系统性的指标体系，其目的是建立一种机制，将企业战略转化为内部过程和活动，不断增强企业的核心竞争力，使企业获得持续的发展。

关键绩效指标强调对企业业绩起关键作用的指标，而不是与企业经营管理有关的所有指标，它实际上提供了一种管理思路：在绩效管理中，应该抓住关键绩效指标进行管理，通过关键绩效指标将员工的行为引向组织的目标方向。

KPI体系与一般绩效指标体系的区别如表7-4所示。

表7-4　KPI体系与一般绩效指标体系的区别

对比项	战略导向的KPI体系	一般绩效评价体系
考评目的	以战略为中心，指标体系的设计与应用都是为战略目标服务	以控制为中心，指标体系的设计与应用都是为了达到控制的意图，为影响、控制个人行为服务
指标产生	在组织内部自上而下对战略目标层层分解产生	自下而上根据个人以往的绩效与目标产生

(续表)

对比项	战略导向的KPI体系	一般绩效评价体系
指标构成及作用	结合财务与非财务指标，关注短期效益，兼顾长期发展，指标本身不仅传达了结果，也传递了产生结果的过程	以财务指标为主，以非财务指标为辅，注重对过去绩效的评价。指导绩效改进的出发点是过去绩效存在的问题，绩效改进行动与战略需要脱钩
指标来源	来自组织战略目标与竞争的需要，有助于推进组织战略实施	来自特定的程序，是对过去行为与绩效的修正，与个人绩效的好坏相关

1) 关键绩效指标体系设计

企业建立绩效评估的指标体系，通常可按以下几个步骤进行。

(1) 确定工作产出。不同层次的绩效指标都是由组织战略目标分解形成的，因此在设定不同层次的关键绩效指标时，应首先回顾组织整体的目标和各个业务单元的工作目标。由于关键绩效指标体现了绩效对组织目标增值的部分，关键绩效指标是根据对组织绩效目标起增值作用的工作产出来设定的。

(2) 建立评估指标。选择关键绩效指标最常用的方法是成功关键分析法。通过成功关键分析法选择关键绩效指标，分为以下三个步骤：首先，通过鱼刺图分析，寻找企业成功的关键领域。在此过程中，涉及三方面问题：第一，这个企业为什么成功，过去成功靠什么；第二，分析在诸多成功因素之中，哪些因素能够使企业持续成功，哪些因素已经成为企业持续成功的障碍；第三，企业未来的追求目标是什么，未来成功的关键因素究竟是什么。其次，确定关键绩效要素。对关键领域进行解析和细化，确定关键绩效要素，它为企业提供了一种"描述性"的工作要求，是对维度目标的细化。最后，确定关键绩效指标。对关键绩效要素进一步细化，经过甄选，可确定关键绩效指标。

(3) 设定评估标准。完成指标设置之后，就需要对指标设置评估标准。一般来说，指标指的是从哪些方面对工作产出进行衡量或评估，而标准指的是各个指标应该分别达到什么水平。指标解决的是需要评估的内容，标准解决的是被评估者的工作"做得怎么样"或"完成多少"的问题。

当界定好绩效指标之后，设定绩效的评估标准就成为一件比较容易的事情。对数量化的指标，标准通常是一个范围。对非量化的绩效指标，在设定绩效标准时往往从客户的角度出发，需要回答如下问题：客户期望被评估者做到什么程度？表7-5列举了一些绩效指标与标准的实例。

表7-5　绩效指标与标准实例

指标类型	具体指标	绩效标准
数量指标	年销售额	年销售额为5 000万～6 000万元
质量指标	体现公司形象	使用高质量的材料、合适的颜色和式样，代表和提升公司的形象
时限指标	预定的时间表	能在指定的期限之前提供关于竞争对手的总结数据
成本指标	实际费用与预算的变化	实际费用与预算相差在5%之内

(4) 审核关键绩效指标。审核关键绩效指标的目的主要是确认这些关键绩效指标能否全面、客观地反映被评估对象的工作绩效，以及是否适合评估操作，从而为适时调整工作产出、绩效评估指标和具体标准提供所需信息。审核应主要从以下几个方面进行：工作产出是否为最终产品；关键绩效指标是否可以证明和观察；多个评估者对同一个绩效指标进行评估，结果能否取得一致；这些指标的总和是否可以解释被评估者80%以上的工作目标；是否从客户的角度来界定关键绩效指标；跟踪和监控这些绩效指标是否可以操作；是否留下超越标准的空间等。

2) 关键绩效指标法的优缺点

关键绩效指标法的优点主要有：目标明确，能够集中体现团队与员工的工作产出即价值，有利于公司战略目标的实现；提出了客户价值理念；有利于组织利益与个人利益达成一致；能跟踪团队与员工的实际表现并进行对比分析，及时发现潜在问题和需要改进的领域，并反馈给相应部门和个人。

关键绩效指标法也存在一定的局限性，主要有：绩效指标很难保证客观和可量化；关键绩效指标之间没有明确的内在联系；KPI并不适用所有岗位，如部分职能型的职务，给出绩效周期需要很长时间，而且外显的绩效行为不明显，运用KPI来考核就不是很适合；KPI会使考核者误入机械的考核状态，过分地依赖考核指标，而没有考虑人为因素和弹性因素，会产生一些考核上的争端和异议。

3. 平衡计分卡

1) 平衡计分卡的含义

平衡计分卡(Balanced Scorecard)是20世纪90年代初由美国哈佛商学院教授罗伯特·卡普兰(Robert S. Kaplan)和大卫·诺顿(David P. Norton)提出的一种全新的战略性绩效管理技术。平衡计分卡以组织战略为导向，寻找能够驱动战略成功的关键成功(CSF)因素，并建立与之具有密切因果联系的关键指标体系(KPI)，通过对关键绩效指标的跟踪与监测，衡量战略实施过程的状态并采取必要的修改措施，以实现战略的成功实施及绩效的持续增长。

平衡计分卡的核心思想就是从财务、客户、内部流程、学习与成长4个不同角度衡量企业的业绩，从而帮助企业解决两个关键问题：有效的绩效评价和战略的实施。设计平衡计分卡的目的就是建立"实现战略指导"的绩效管理系统，从而保证企业战略得到有效的执行。因此，人们通常称平衡计分卡是加强企业战略执行力的最有效的战略管理工具。平衡计分卡适用于战略导向型企业、竞争激烈压力大的企业、注重民主化管理的企业和成本管理水平高的企业。平衡计分卡的应用比较广泛，包括IT业、生产制造业、服务业、上市公司、改制企业等。

2) 平衡计分卡的内容

作为一种新型的绩效管理系统，平衡计分卡从财务、客户、内部流程、学习与成长4个维度，将组织战略落实为可操作的衡量指标和目标值。平衡计分卡的基本框架如图7-1所示。

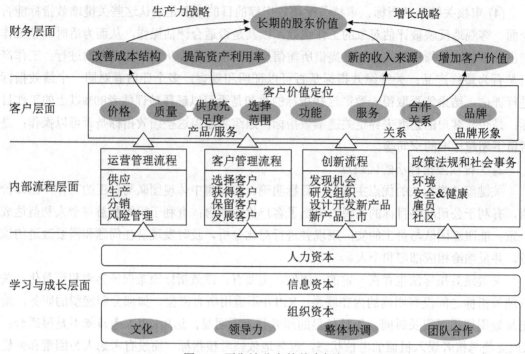

图7-1　平衡计分卡的基本框架

3) 平衡计分卡的优缺点

平衡计分卡的优点是：强调绩效管理与企业战略之间的紧密关系，能有效地将组织战略转化为组织各层的绩效指标和行动；有助于各级员工对组织目标和战略的沟通和理解；有助于克服财务评估方法的短期行为，使整个组织行动一致，服务于战略目标；有利于组织和员工的学习成长和核心能力的培养；符合财务评价和非财务评价并重的业绩评价体系的设置原则；通过实施平衡计分卡，可提高组织整体管理水平。

平衡计分卡的缺点是：实施难度大，成本高；建立衡量绩效的指标体系较困难；指标数量过多，指标间的因果关系很难做到真实、明确；当组织战略或结构变更的时候，平衡计分卡也应当随之重新调整，保持平衡计分卡的随时更新与有效需要耗费大量的时间和资源。

7.2.2　绩效管理的方法

绩效管理方法的确定是绩效管理中一个技术性很强的问题，也是绩效管理的重点和难点。绩效内容不同，其绩效表现形式、可测量性及测量难易程度对绩效管理方法的要求也不同。目前，企业经常采用的绩效管理方法主要有以下几种。

1. 比较法

比较法也称为排序法，是指通过比较，按员工绩效的相对优劣程度确定每位被考评者的相对等级或名次，即排出全体被考评者的绩效的优劣顺序。按照实施绩效比较过程的不同，比较法又有多种具体的形式。常用的比较法有直接排序法、交替排序法、配对比较法与强制分布法。

1) 直接排序法

直接排序法是指将员工按工作绩效由好到坏依次排列，这里所说的"绩效"既可以是整体绩效，也可以是某项特定工作绩效。它的优点是设计和应用成本都很低，比较简单，便于操作，能够有效避免宽大化倾向、中心化倾向及严格化倾向。但这种方法是主观的、概括性的、不精确的，所评出的等级或名次只有相对意义，无法确定等级差。而且，当几个人的绩效水平相近时，难以排序，容易发生晕轮效应。

2) 交替排序法

交替排序法也称间接排序法。该方法的应用基于个体所具有的知觉选择性的特征——人们比较容易发现群体中最具差异化的个体。在绩效考评中，人们往往最容易辨别群体中绩效最好的及最不好的被考评者。交替排序法的操作过程：首先，将绩效最好的员工列在名单开头，把绩效最差的员工列在名单末尾；然后，从剩余的被考评者中挑选绩效最好的列在名单第二位，相应的绩效最不好的列在名单倒数第二位，依此类推，不断挑选剩余被考评者群体中绩效最好的和最不好的员工，直到排序完成。表7-6是使用交替排序法进行考评时所使用的考评表格。

表7-6　交替排序法实例

顺序	等级	员工姓名
1	最好	张小明
2	较好	王亮
3	一般	李莉
3	差	赵飞
2	较差	刘大宇
1	最差	钱壮壮

3) 配对比较法

配对比较法也称为成对比较法或两两比较法，是指用配对比较的方法决定被考评者的优劣次序。具体的操作过程：将每一个考评对象按照所有的考评要素与其他考评对象一一进行比较，根据比较结果排出名次，即两两比较，然后排序。这种比较方式比排序法的简单排序方式更为科学、可靠。

对点实例

天星科技公司人力资源部在2016年底运用配对比较法对产品研发部6名员工进行绩效考评，根据员工的研发能力，将6名员工逐一比较，并将比较结果填入考评表，结果如表7-7所示。

请先将表7-7中的空白处填好，并进行数据汇总，再对这6名员工按照绩效从高到低进行排序。

(1) 填写表7-7中的空白处，计算得分，如表7-8所示。

(2) 根据得分对这6名员工按照绩效从高到低进行排序，如表7-8所示。

表7-7　配对比较法实例

考核要素：研发能力

比较对象 被比较对象	马毅强	牛立伟	于德水	朱忠诚	苟德利	杨柳清
马毅强	-	1	1	1	1	1
牛立伟		-	1	1	0	1
于德水			-	0	0	1
朱忠诚				-	0	1
苟德利					-	1
杨柳清						-
得分						
最终排序						

注：表中纵列员工与横行员工进行对比，以横行员工作为对比的基础，如果比本员工(例如马毅强)优，填"1"；如果比本员工差，填"0"。本表以横行员工作为对比的基础，如果以纵列员工作为对比的基础，所得出的结果正好相反。

表7-8　配对比较法结果

考核要素：研发能力

比较对象 被比较对象	马毅强	牛立伟	于德水	朱忠诚	苟德利	杨柳清
马毅强	-	1	1	1	1	1
牛立伟	0	-	1	1	0	1
于德水	0	0	-	0	0	1
朱忠诚	0	0	1	-	0	1
苟德利	0	1	1	1	-	1
杨柳清	0	0	0	0	0	-
得分	0	2	4	3	1	5
最终排序	杨柳清、于德水、朱忠诚、牛立伟、苟德利、马毅强					

4) 强制分布法

强制分布法假设员工的工作行为和工作绩效整体呈正态分布，那么按照正态分布的规律，员工的工作行为和工作绩效(好、中、差)的分布存在一定的比例关系，位于中间的员工应该最多，好的、差的是少数。强制分布法的优点：考评过程简易、方便；可以避免考核者偏宽、偏严或高度趋中等偏差；利于管理控制。它的缺点：无法与组织战略目标联系；各考核等级间的差异内涵不清；主观性强；当考核对象人数太少时则不适用。在使用强制分布法时，应根据部门业绩决定部门员工的绩效等级分布比例，而不是平均分配给每个部门相同的比例，具体实例如表7-9所示。

表7-9 绩效考评分数比例分配

部门绩效考评分数	部门内员工绩效考评分数				
	5	4	3	2	1
5	20%	40%	不限	不限	不限
4	15%	30%	不限	不限	不限
3	10%	20%	45%	不限	不限
2	5%	15%	50%	不限	不限
1	0%	10%	45%	20%	不限

2. 量表法

量表法是指将一定的分数或比重分配到各个绩效考评指标上，使每项考评指标都有一个权重，然后由考评者根据考评对象在各个考评指标上的表现情况，对照标准对考评对象做出判断并打分，最后汇总计算总分，得到最终的绩效考评结果。应用量表法进行绩效考评时，通常要先进行维度分解，再沿各维度划分出等级，并通过设置量表来实现量化考评。实际使用量表法时，要设计出一套可操作的考评表格。

量表法的形式有多种，常见的有以下几种。

1) 等级择一法

等级择一法是指在事先规定各等级标准的基础上，由考评人员根据考评对象的实际状况决定其属于某一等级。等级择一法是一种简单而又实用的考评方法(具体见表7-10)。

表7-10 等级择一法实例

考评指标	考评尺度				
	优秀	良好	满意	尚可	不满意
专业知识	5	4	3	2	1
沟通能力	5	4	3	2	1
判断能力	5	4	3	2	1
管理技能	5	4	3	2	1
人际关系能力	5	4	3	2	1
主动性	5	4	3	2	1
创造性	5	4	3	2	1
解决问题能力	5	4	3	2	1

2) 行为观察量表法

行为观察量表法是指描述与各个具体考评项目相对应的一系列有效行为，由考评者判断、指出被考评者出现各相应行为的频率，以此来考评被考评者的工作绩效。应用行为观察量表法的关键在于界定特定工作的成功绩效所要求的一系列合乎期望的行为。行为观察量表的开发需要收集关键事件，并按照维度分类。表7-11是一个应用行为观察量表法的实例。一个5分的量表被分为由"极少"或"从不"到"总是"的5个等级，相应分值为"1"到"5"。将员工在每一个行为项上的得分相加得到总评分，绩效分值高就意味着这个员工经常表现出合乎期望的行为。

表7-11　行为观察量表法实例

说明：通过判断被考评者在考评期内出现下列行为的频率，用下列评定量表在指定区间给出评分。

5——总是　4——经常　3——有时　2——偶尔　1——极少或从不

中层管理人员的管理技能考评表

考评项目：管理技能

行为	打分
为员工提供培训与辅导，以提高绩效	
向员工清晰说明工作要求	
适度检查员工的表现	
认可员工重要的表现	
告知员工重要的信息	
征求员工意见，提高自己工作水平	

行为观察量表法的优点：能够向员工提供有效的信息反馈，指导员工的行为；利于管理人员利用量表中的信息监控员工的行为；使用方便，员工参与性强，容易被接受。它的主要缺陷：需要花费大量的精力和时间用于开发行为观察量表；不同的工作要求有不同的行为，因此每一种工作需要一份单独的量表，除非一项工作有许多任职者，否则专门为某项工作开发一个行为观察量表不具备成本效率；考评者的主观性影响较大，如对"有时"与"偶尔"的区分不容易界定。

行为观察量表法比较适合对行为比较稳定、不太复杂的工作进行考评。

3) 行为锚定量表法

行为锚定量表法是由美国学者帕特里夏·凯恩·史密斯(Patricia Cain Smith)和洛恩·肯德尔(Lorne Kendall)于1963年提出的，它是量表法与关键事件法的结合。使用这种方法，可以对源于关键事件的有效和非有效的工作行为进行更客观的描述。在使用过程中，可通过一张登记表反映不同的业绩水平，并且对员工的特定工作行为进行描述。考虑到熟悉某项特定工作的人能够识别这项工作的主要内容，因而由他们对每项内容的特定行为进行排列和证实。表7-12是生产主管行为锚定等级标准实例。

表7-12　生产主管行为锚定等级标准实例

等级	考评要素：计划的制订与实施
7——优秀	制订综合工作计划，编制好文件，获得必要的批准，并将计划分发给所有的相关人员
6——很好	编制最新的工作计划完成图，使按要求修改的计划最优化，偶尔出现小的操作问题
5——好	列出每项工作的所有组成部分，对每一部分工作做出时间安排
4——一般	确定工作日期，但没有记载反映工作进展的重大事件，时间安排上出了疏漏也不报告
3——较差	没有很好地制订计划，编制的时间进度表通常是不现实的
2——很差	对将要从事的工作没有计划和安排，对分配的任务不制订计划或者很少作计划
1——不能接受	因为没有计划，且对制订计划漠不关心，所以很少完成工作

行为锚定量表法的优点：绩效考评尺度更为精确；工作绩效考评标准更为明确；具有良好的反馈功能，能将企业战略与企业所期望的行为有效结合，可以向员工提供有效的指

导和信息反馈；绩效考评要素之间的独立性较强。它的局限性主要表现为：设计和实施的成本较高；对企业的基础管理水平及考评者的素质要求较高；考评者在尝试从量表中选择一种代表某员工绩效水平的行为时，往往会有困难，因为有时一个员工的行为表现可能出现在量表的两端。

3. 描述法

描述法是考评者用文字描述和评论被考评者的能力、态度、行为、成绩、优缺点等的一种方法，具有使用简单、成本低、适应性强的特点。常用的描述法包括关键事件法和评语法。

1) 关键事件法

关键事件法是由美国学者福莱·诺格(John C. Flanagan)和伯恩斯(Burns)在1954年创立的。关键事件是指那些会对组织或部门的整体工作绩效产生积极或消极的重大影响的事件。关键事件法是指通过对被考评者在关键工作中极为成功或极为失败的事件的观察和分析，来判定该员工在类似事件或在介于关键事件与非关键事件之间可能的行为和表现。

关键事件法的优点：能够将企业战略和它所期望的行为结合起来；能够向员工提供指导和信息反馈，提供改进依据；可以避免近因效应的误区；设计成本很低；以事实为依据，容易被接受。它的局限性主要表现为：考评结果依赖于考核者个人的考核标准，主观随意性较强；对关键事件的定义不明确，不同的人常有不同的理解；无法在员工之间进行横向比较，人力资源决策的参考性较差；考评者记录关键事件会耗费大量时间，应用成本很高；容易引起员工与管理者(或记录事件的人)之间的摩擦，造成关系紧张。

2) 评语法

所谓评语法是指由考核者用描述性的文字表述员工在工作业绩、工作能力和工作态度方面的优缺点，以及需要加以指导的事项和关键性事件，由此得到对员工的综合考核。评语法最适合小企业或小规模的工作单位，而且主要目的是开发员工的潜能，激发员工的工作积极性。

评语法的优点：操作灵活简便，针对性强；能够减少考核者的偏见和晕轮效应。评语法的缺点：考评者撰写考核评语，需要花费较多的时间；缺乏具体的标准规范，难以相互对比，掺入的主观成分也很多。因此，这一方法必须与其他绩效考评方法结合使用。

7.3 绩效考评体系设计

7.3.1 绩效考评者的组成与培训

绩效考评主体的组成和考评者培训是决定绩效考评系统科学性和有效性的关键因素。

1. 绩效考评者的组成

绩效考评者是指对员工绩效进行考核的人员，即考评主体。绩效考评系统中可能的考评主体包括：直接上级、同事、员工本人、下属，以及客户、供应商等组织外部人员。考评者的确定，直接关系绩效考评工作的结果。不同的考评主体所提供的信息都有自身的特点和不足，具体如下所述。

(1) 直接上级考评。员工的直接上级通常是最熟悉下属工作情况的人，而且他们对考评内容通常也比较熟悉，因此直接上级是最常见的考评者。

(2) 同事考评。一般而言，员工的同事能够观察到员工的直接上级无法观察到的某些方面。当然，同事考评有时会受到个人感情因素、关系因素等影响而带有主观性。研究结果表明，同级考评非常适用于制订员工发展计划，对人力资源管理决策似乎并不适合。

(3) 自我考评。关于员工自我考评的作用问题长期以来一直充满争议。这一方法能够减少员工在考评过程中的抵触情绪，当工作考评和员工个人工作目标结合在一起时很有意义。但是，自我考评的问题是自评者过于自我宽容，倾向夸大自我的优点。因此，自我考评比较适合人员开发，而不适合人事决策。

(4) 下属考评。下属考评有助于主管人员的个人发展，因为下属人员能够直接了解主管人员的实际工作情况、信息交流能力、领导风格、平息个人矛盾的能力与计划组织能力。通常情况下，下属考评只作为整个考评系统的一部分。

(5) 客户考评与供应商考评。将客户和供应商纳入考评主体之中，有助于了解那些只有特定外部成员才能够感知的绩效情况，或通过设定特殊的考评主体引导被考评者的行为。

2. 绩效考评者的培训

考评者就是考评主体，是在绩效考评中对考评对象的绩效表现做出考评的人。绩效考评中的考评主体在绩效管理的过程中扮演着重要的角色。考评者培训对于实现绩效考评目标乃至绩效管理目标而言都是非常重要的一个环节。

考评者培训通常由人力资源部负责，由主管人员和员工共同参与完成。一般来说，考评者培训包括广泛层面的理念、制度等的培训和具体操作层面的培训。由于理念、制度培训的内容比较宽泛，在此，主要介绍绩效考评操作层面的培训。

1) 考评者误区培训

考评者培训中的一项重要内容就是通过培训告诉考评者在考评过程中可能会产生的考评误区类型，以防止这些误差的发生。在绩效考评中，常见的考评者误区一般有以下几种。

(1) 晕轮效应。即由于个别特性考评而影响整体印象的倾向。例如，某位主管人员对下属的某一个绩效要素(如口头表达能力)的考评较严格，导致其对此员工其他绩效要素的考评也较为严格。

(2) 逻辑误差。即考评者在对某些有逻辑关系的考评要素进行考评时，使用简单的推理而造成的误差。例如，很多考评者认为"社交能力和谈判能力之间有很密切的逻辑关系"，于是，他们在进行绩效考评时往往会依据"社交能力强"，而对某员工做出"谈判能力当然也强"的考评结论。

(3) 宽大化倾向。宽大化倾向是目前最为常见的考评误差行为。受这种行为倾向的影响，考评者对考评对象所做的考评往往高于其实际成绩。这种现象产生的原因主要有以下几个方面：考评者为了保护下属，希望自己部下的成绩优于其他部门员工的成绩；考评者对考评工作缺乏自信心，担心引起考评争议；考评要素的考评标准不明确等。

(4) 严格化倾向。即考评者对员工考评过分严格的倾向。在现实中，有些考评者在考评下属员工时喜欢采用比组织制定的标准更加苛刻的标准。

(5) 中心化倾向。即考评者对一组考评对象做出的考评结果相差不多，或者都集中在考评尺度的中心附近，导致考评成绩拉不开距离。

(6) 首因效应。又称第一印象误差，是指员工在绩效考评初期的绩效表现对考评者考评其以后的绩效表现产生延续性影响。例如，有一名员工在进入某个部门之初工作热情很高，常常超额完成业务量，给上级留下了极为深刻的印象。实际上他的热情只持续了一两个月，在以后的工作中表现得并不出色，但上级还是根据最初的印象给他较高的考评分数。

(7) 近因效应。即考评者只依据员工近期(绩效考评期间的最后阶段)行为表现的好坏进行考评，导致考评者对其在整个考评期间的业绩表现得出相同的结论。例如，有的员工在最近一个月内表现不佳，因而得到了较差的考评，实际上，他在之前的若干个月内都保持着优异的绩效记录。

2) 绩效标准培训

考评者如何理解绩效标准将在很大程度上影响他们对每个被考评者的考评结果，被考评者如何理解绩效标准将对其绩效完成情况影响很大。进行绩效标准培训是实现绩效管理程序公平的前提条件。

3) 绩效考评指标培训

绩效考评指标培训是指通过培训考评者和被考评者，让他们熟悉在考评过程中将使用的各个绩效指标，并了解它们的真正含义。

4) 绩效信息收集方法培训

为了使考评结果更有说服力，并且为考评之后的绩效反馈提供充分的信息，考评者必须充分收集各种与员工绩效表现相关的信息。这方面的培训一般以讲座的形式进行。另外，还可以通过生动的录像来进行现场演示或练习。

5) 绩效考评方法培训

通过考评者培训可使考评者充分掌握在实际考评时需要采用的各种操作方法、了解填写表格的注意事项等，以充分发挥该考评方法的优势，并使考评者对考评方法产生认同和信任感。

6) 绩效反馈培训

绩效反馈并不是简单的谈话，考评者应该通过沟通的过程帮助被考评者更好地认识自身在工作中存在的问题。通过考评者培训，管理者能够掌握绩效反馈中应当运用的各种技巧。

应该注意的是，绩效培训的主要内容要根据不同组织的具体情况来确定，并没有统一的模式，每一次的培训内容可以针对不同的问题来进行计划和安排。

7.3.2 绩效考评指标的确定

1. 绩效评价指标的含义及类型

所谓评价指标，就是评价因子或评价项目。在评价过程中，人们要对被评价对象的各个方面或各个要素进行评估，而指向这些方面或要素的概念就是评价指标。绩效考评指标有多种分类方式，常见的有以下两种。

(1) 按照绩效考评的内容，可分为工作业绩指标、工作能力指标和工作态度指标。工作业绩指标是员工本职工作完成情况的体现，通常表现为工作的数量、质量、效率以及成本费用等方面。工作能力指标一般分为专业技术能力指标与综合能力指标。工作态度指标可以从工作主动性、工作责任感、工作纪律性、工作协作性及考勤状况等方面进行设定。

(2) 按照绩效考评的量化程度，可分为客观评价指标和主观评价指标。客观评价指标是指那些以统计数据为基础，把统计数据作为主要评价信息，建立评价数学模型，以数学手段求得评价结果，并以数量表示评价结果的评价指标。主观评价指标是指主要通过人的主观评价得出评价结果的评价指标，这类指标的优势在于不受统计数据的限制，可以充分发挥人的智慧和经验。

2. 绩效考评指标的设计步骤

(1) 岗位分析。根据考评目的，对被考评对象的岗位的工作内容、性质以及完成这些工作所具备的条件等进行研究和分析，从而了解被考评者在该岗位工作所应达到的目标、采取的工作方式等，初步确定绩效考评的各项要素。

(2) 工作流程分析。根据被考评对象在流程中扮演的角色、承担的责任以及同上游、下游之间的关系，来确定其衡量工作的绩效指标。

(3) 绩效特征分析。可以使用图标标出各指标要素的绩效特征，按需要考评的程度分档，如可以按照非考评不可、非常需要考评、需要考评、需要考评程度低、几乎不需要考评5档对上述指标要素进行评估，然后根据少而精的原则按照不同的权重选取。

(4) 理论验证。依据绩效考评的基本原理与原则，对所设计的绩效考评要素指标进行验证，保证其能有效、可靠地反映被考评对象的绩效特征、考评目的和要求。

(5) 要素调查，确定指标。根据上述步骤初步确定的要素，灵活运用多种方法进行要素调查，最后确定绩效考评指标体系。

(6) 修订。为了使确定的指标更趋合理，还应根据考评及考评结果应用之后的效果等情况进行修订，使考评指标体系更加理想和完善。

7.3.3 绩效考评标准的确定

绩效考评标准是考评者通过测量或通过与被考评者约定所得到的衡量各项考评指标得分的基准。绩效考评标准可以分为绝对标准和相对标准两类。

(1) 绝对标准。它又分为业绩标准、行为标准和任职资格标准。①业绩标准，如对生产工人的定额要求，对独立核算单位的利税指标等；②行为标准，如上班时间不许看报纸，工作场所不准抽烟等；③任职资格标准，如企业财务主管必须有大学本科以上学历，具有高级会计师职称，有5年以上从事财会工作的经历等。在绩效考评时，大多采用绝对标准。如废品率不要超过2%、出勤率要达到90%、文化程度至少为大学本科等都是绝对标准。这种标准以现实为依据，不随被考核员工的不同而改变，因而有较强的客观性。

(2) 相对标准。如评定先进，规定20%的指标。此时每个员工既是被考评的对象，又是考评的尺度，因而标准在不同的被考评群体中往往有差别，而且无法对每一个被考评员工单独做出"好"或是"不好"的评价。

绩效考评标准的确定包括选择标准的种类、对绩效考评内容进行调查分析、确定各等级标准、绩效考评标准的修订和主管部门审查定稿5个步骤。

7.3.4 绩效考评周期的确定

绩效考评周期是指员工接受工作绩效考评的间隔时间。考评时间的选择没有一定的标准，典型的考评周期是一季、半年或一年，也可在一项特殊工作任务或项目完成之后进行。但原则上讲，组织的绩效考评不应该太频繁，但周期也不宜太短，一般以半年为宜。

在设计考评周期时要考虑考评目的、公司所在行业、职位的性质、考评对象的职务、考评指标和标准的性质、奖金发放的周期和员工数量的多少等因素。只有综合考虑各类因素，才能设计出符合企业实际的考评周期。

对员工的绩效考评有年度考核、平时考核、专项考核3种类型。

(1) 年度考核。每年七月份进行年中考核，第二年一月份进行年终考核，公司部分人员，如营销人员每季度考核一次。

(2) 平时考核。各级直属主管根据平时工作、能力、品德、知识、敬业精神等对所辖人员随时做出考核，并在平时考核记录表上记录下来，以便作为年度考核或专项考核的重要参考资料。

(3) 专项考核。在考核年度内，要对员工特别优秀或特别恶劣的行为进行考核，并随时进行。

7.3.5 绩效考评方法的选择

1.绩效管理考评方法比较

从企业管理实践来看，绩效管理考评方法多种多样，各有千秋，大多数企业结合自身特点，综合使用多种方法。表7-13对几种常见的绩效考评方法进行了简单的比较。

表7-13　常见的绩效考评方法的比较

考评方法	成本最小化	员工开发 (提供反馈和指导)	分配奖金 发展机会	有效性 (避免考核错误)
比较法	好	不确定	不好或一般	不确定
强制分配法	好	不好	不好或一般	一般

(续表)

考评方法	成本最小化	员工开发 (提供反馈和指导)	分配奖金 发展机会	有效性 (避免考核错误)
等级择一法	好	一般	一般	一般
行为观察量表	一般	一般	好或一般	好
行为锚定等级考评法	一般	好	好	好
关键事件法	好	不确定	不好	一般
目标管理法	不好	非常好	不好	非常好
关键绩效指标法	一般	不确定	不好	不好
平衡计分卡法	不好	非常好	一般	一般

2. 绩效考评方法选择角度

在绩效管理中，选择绩效考评方法时，可以从以下几个方面入手。

(1) 从企业的主导目标来考虑。例如，有的企业追求快速实现企业绩效目标，非常看重员工"做出什么"，员工留用与淘汰、奖励与惩罚的依据完全取决于员工完成预定目标的情况，目标考评法比较适合这类企业。而追求建设一支高素质员工队伍的企业，多采用强制分配法进行末位淘汰，以此促进员工队伍在合理的范围内新陈代谢，提升员工队伍的素质。

(2) 从不同的岗位特征来考虑。程序化程度(即员工在工作过程中遵循某种程序化的工作规范的程度)高的工作，如对在流水线上工作的工人适合采用以工作标准为考评尺度的各类量表法；相反，对程序化程度较低的工作可采用目标管理法或非结构化的比较法、描述法来进行绩效考评。

(3) 从员工工作的独立性程度来考虑。独立性程度(即员工在工作中进行独立决策的权限大小)较高的工作，不适宜采用量表法和目标管理法等以客观考评尺度进行考评的方法。

(4) 从绩效考核方法自身特性的角度来考虑。KPI与平衡计分卡都强调绩效考核的战略导向，能适应大企业更重视管理的策略需要；目标管理法比较适应中小企业追求成长的策略要求。强制分布法强行将员工的绩效分为好、中、差几个等级，在人数越多的企业或部门中的应用效果越好。

(5) 从工作环境的变动程度来考虑。当工作环境变动程度较高时，要制定明确的工作标准或绩效目标通常比较困难，应选择结构化程度较低的考核方法；当工作环境变动程度较低时，可选择结构化程度较高的量表法和目标管理法。

(6) 从绩效考核的操作成本来考虑。量化评价的考评方法的成本通常要高于定性评价的方法，但定性评价又会因为信息传递过程中失真程度较高而增加管理运作成本和组织成本。企业规模越大，绩效考评信息传递的失真程度就会越高，甚至会超过量化的形式。因此，大企业倾向于采用量化的形式。此外，绩效考评的成本高低与企业规模的大小也有一定的关联。

总之，现有的绩效考评方法都有各自的优缺点，企业应该根据自身的实际情况来选择合适的绩效考评方法。只有这样，才能达到绩效考评的目的，全面提高企业的绩效水平，促进企业的健康发展。

7.4 绩效反馈与面谈

7.4.1 绩效反馈与面谈的意义

1. 有助于正确评估员工

在实践中，员工即便在工作中有同样的行为表现，往往也会得到不同的评价；即使对行为表现的评价一致，对产生这种行为的深层次原因，不同的人掌握的信息也是不一样的。因此，管理者和员工进行绩效沟通，对员工的绩效表现达成一致看法是非常重要的。

2. 使员工正确认识自己的工作成绩

绩效考评面谈的重要内容就是肯定员工的成就和优点，从而对员工起到积极的激励作用。有效的绩效反馈可以使员工真正认识到自己的潜能，从而知道如何发展自我。

3. 保证绩效考评的公开、公正

面谈是一种比较有效的沟通方式，可以把很多问题摆在明面上，使员工相信绩效考评是公平、公正和客观的，否则员工就有可能怀疑绩效考评的真实性。反馈面谈可以促使管理者认真对待绩效考评工作，而不是仅凭个人好恶来进行考评。

4. 有助于达成绩效改进计划

通过绩效反馈面谈，双方对绩效评定的结果达成一致意见后，员工和管理人员可以在绩效考评面谈中一起制订绩效改进计划。员工可以提出自己的绩效改进计划并向管理者提出所需要的资源支持；管理者和员工应该充分讨论改进计划的可行性，并协助员工制订具体的行动计划。

7.4.2 绩效反馈与面谈的流程

1. 拟订面谈计划

负责面谈的主管人员应根据自己的工作安排，与员工进行适当的沟通，然后拟订一个行之有效的面谈计划。拟订面谈计划时需要注意以下几个方面：选择合适的时间；准备面谈场地；准备较全面的面谈信息；做好充分的心理准备；制定面谈程序等。

2. 收集各种与绩效相关的信息资料

考评者确认了面谈计划以后，可有目的地整理汇总被考评者的各种相关资料，一般情况下需做好以下两方面工作。

1) 面谈者应准备的资料

首先要拟定面谈大纲，根据面谈目的明确面谈内容与流程。在此期间应注意，不管面谈的重点是什么，出发点永远是"帮助属下成长、明确工作方向、改进绩效"。其次要准备员工绩效的相关资料。收集资料的重点有：公司、部门、模块、现阶段的目标及工作重点；下属的本年度工作计划；下属上一阶段的工作表现记录和评估结果；下属下一阶段的工作计划；其他人的评价(其他同事的日常工作反馈、投诉等)。

2) 被考评者应准备的资料

在面谈之前，如果考评者能够将自己所掌握的有关资料与下属的自评报告及所提供的资料进行对比，将会大大提高绩效面谈的质量，提高绩效考评的针对性和有效性。被考评者应该准备的资料主要包括以下几个方面：表明自己绩效的相关资料或证据；个人的发展计划；互动的准备等。

3. 实施绩效反馈面谈

绩效反馈面谈的实施应在做好充分计划后开始。绩效反馈面谈是人力资源的深层次管理，绩效考评是对员工发展过程的"诊断"，反馈面谈则是对员工发展过程的"治疗"。在组织的绩效管理中，通过面谈能够增进组织与员工的沟通和理解，帮助员工发现自身的不足，是员工学习工作方法、纠正问题、明确方向和目标的大好时机。面谈中的信息可为组织进行员工培训和企业发展提供有利依据。

4. 制订绩效改进计划

绩效改进是绩效考评的后续应用阶段，是连接绩效考评和制定下一个循环计划目标的关键环节。绩效改进计划是管理者与员工充分讨论后，由员工自己制定的，包括改进项目、原因、目前水平和期望水平、改进方式、期限。在制订绩效改进计划时要注意切合实际、时间约束和具体明确三方面。

对点案例　　　　　　　　**一个典型的绩效面谈失败案例**

刘经理：小张，有时间吗？

小张：什么事情，头儿？

刘经理：想和你谈谈，关于你年终绩效的事情。

小张：现在？要多长时间？

刘经理：嗯……就一小会儿，我9点还有个重要的会议。哎，你也知道，年终大家都很忙，我也不想浪费你的时间，可是HR部门总给我们添麻烦。

小张：……

刘经理：那我们就开始吧。

(于是小张就在刘经理堆满文件的办公桌的对面，不知所措地坐了下来)

刘经理：小张，今年你的业绩总体来说还算过得去，但和其他同事比起来还差了许多，但你是我的老部下了，我还是很了解你的，所以我给你的综合评价是3分，怎么样？

小张：头儿，今年的很多事情你都知道的，我认为我自己做得不错，年初安排到我手里的任务我都完成了呀，另外我还帮助其他同事做了很多工作……

刘经理：年初是年初，你也知道公司现在的发展速度，在半年前部门就接到新的市场任务，我也对大家宣布过，结果到了年底，我们的新任务还差一大截没完成，我的压力也很大啊！

小张：可是你也并没有因此调整我们的目标啊？！

这时，秘书直接走进来说："刘经理，大家都在会议室里等您呢！"

刘经理：好了好了，小张，写目标计划什么的都是HR部门要求的，他们哪里懂公司的业务！现在我们是计划赶不上变化，他们只是要求你的表格填得完整好看，而且，他们还向每个部门分派了指标。大家都不容易，你的工资也不错，你看小王，他的基本工资比你低，但工作比你做得好，所以我想你心里应该平衡了吧。明年你要是做得好，我相信我会让你满意的。好了，我现在很忙，下次我们再聊。

小张：可是头儿，去年年底评估的时候……

刘经理没有理会小张，和秘书匆匆离开了自己的办公室。

资料来源：http://www.chinahrd.net/article/2012/12-24/32518-1.html.

7.4.3 绩效反馈与面谈的注意事项

1. 绩效反馈与面谈中容易出现的5种角色

(1) 审判官。倾向于突出下属的不足，或者包办谈话，绩效面谈往往变成批评会、批斗会，员工慑于主管的权力，口服心也不服。

(2) "一言堂"的长辈。面谈者"一言堂"，不给下属发言的机会，将商讨问题变成下达指示，这根本就不是绩效反馈面谈。

(3) 老好人。怕得罪人，打分非常宽松，导致每一个人的分数都很高，绩效面谈变成走过场的行为，让下属感觉面谈没有实际作用。

(4) 挑战者。给予很高的绩效目标，对员工要求很高，不愿意妥协，员工真正做到多少，不做公正合理的衡量。

(5) 报复者。心胸狭窄，处事不公，以一个人的好恶作为判断标准，拼命揪住"小辫子"不放，致使员工愈发抵触，双方矛盾重重。

2. 绩效反馈与面谈应该注意的问题

(1) 对事不对人。绩效面谈的重点是以客观数据为基础的绩效结果，先不要责怪和追究当事者个人的责任与过错，语气尽量不带威胁性。针对个人的批评很容易引起反感、强辩与抵制，这就达不到考核的真正目的，所以要强调客观结果。例如，一位计划科科长在讲评手下一位组长的绩效缺陷时说："你们组的计划工作这回很不理想啊，你瞧瞧这些数据，你们这次是全科任务完成得最糟的一个组，是不是？"这种说法产生的效果，就比当头一句"你是很差劲的计划员"好多了。考核者要先表明他所关心的是哪方面的绩效，再谈下级的实际情况与要求达到的目标间的差距，要上下一起来找差距。

(2) 谈具体，避一般。不要做泛泛的、抽象的一般性评价，要拿出具体结果来支持结论，引用数据，列举实例。例如，如果计划科长对他手下的组长说"你对计划工作根本不重视，太不认真"，就不如说"你上回要求追加预算、增拨设备，还要增加加班工时，当时事态紧急，我确实批了，但你们事先为什么没有仔细考虑，为什么没有预料到这种可能发生的情况呢？这说明你们的计划做得很马虎"。要引用事例说明你想看到的改进结果，引导下级看到差距在哪里。

(3) 不仅要找出缺陷，更应诊断原因。这点常被忽略，我们发现问题后通常马上追问"该怎么办"，这就绕过了对病因的挖掘，导致制定措施时无的放矢，不能对症下药。找原因本身可以变成提问的过程，借此可以找出应采取的措施。要引导和鼓励被考评者自己分析造成问题的原因，即使牵强，也不可反驳和取笑，而要启发他继续挖掘原因直到找准为止。

(4) 要保持双向沟通。解决问题是个双向过程，不能由上级单方面说了算，不能由他主宰一切、教训下级。这样只会造就傀儡，不能造就人才；只会激起抵制心理，难以激起改正缺点的热情。

(5) 落实行动计划。绩效面谈只有促成改进实效，才算成功。所以找出病因后，就应共同商量出有针对性的改进计划。计划不能只列出干巴巴的几条，而要多想出一些备选方案。不过重点只能放在一两项重要的行动计划上，而且由谁做、做什么、几时做，都应逐一落实。计划必须是书面的，要强调改正缺点的好处，使计划带有激励性。

3. 针对不同类型下属的绩效反馈与面谈

(1) 优秀的下属。这种情况面谈起来最顺利，但考评者要注意两点：一是要鼓励下属的上进心，为他制订个人发展计划；二是不要急于许愿，如答应几时提拔或给予何种特殊物质奖励之类。

(2) 与前几次绩效考评相比没有显著进步的下级。考评者应开诚布公，与他讨论是不是现职不太适合他，是否需要对他进行一些培训，让他意识到自己有哪些不足。

(3) 绩效差的下级。造成绩效差的原因可能有多种，如工作态度不良、积极性不足、缺乏训练、工作条件恶劣等。必须具体分析，找出真正的原因并采取相应措施。切忌不问青红皂白，认准就是下级的过错。

(4) 年龄大的或年龄长的下级。对这种下级一定要特别慎重。他们看到比自己年轻且资历浅的人后来居上，自尊心会受到伤害，此外他们还会对未来的出路或退休生活感到焦虑。对他们要尊重，要肯定他们过去的贡献，要耐心而关切地为他们出主意。

(5) 过分雄心勃勃的下级。对他们要耐心开导，说明绩效政策是论功行赏，用事实说明他们还有一定差距。但不能泼冷水，可以与他们讨论未来进展的可能性与计划，但不要让他们产生错觉，以为达到某一目标就一定能获奖或晋升，要向他们说明努力进步，待机会到来，自然水到渠成的道理。

(6) 沉默内向的下级。这种人不爱开口，对他们只能耐心启发，用提出非训导性的问题或征询其意见的方式促使其做出反应，再根据反应了解其内心想法，然后遵循以上技巧与原则灵活处理。

(7) 爱发火的下级。首先要耐心地听他讲完，尽量不要马上与他争辩和反驳。从他发泄的话中可以听出他气愤的原因，然后与他共同分析，冷静地、建设性地找出解决问题的办法。

有的企业为了促成双方认真谈话，避免主管人员单方面评价后对员工隐瞒结果，会使用谈话记录单，要求记录双方的重要谈话内容并予以签字确认。

相关链接

经理人必知：绩效沟通十忌

良好的绩效沟通能够及时排除障碍，最大限度地提高绩效。因此，在进行绩效沟通时，主管经理首先要注意培养自己的倾听技术。

一忌面无表情。作为一个有效的倾听者，经理应通过自己的身体语言表明对下属谈话内容的兴趣。肯定性点头、适宜的表情并辅之以恰当的目光接触，可表明：你正在用心倾听。

二忌不耐烦的动作。看手表、翻报纸、玩弄钢笔等动作表明：你很厌倦，对交谈不感兴趣，不予关注。

三忌盛气凌人。可以通过面部表情和身体姿势表现出开放的交流姿态，不宜交叉胳膊和腿，必要时上身前倾，面对对方，去掉双方之间的阻隔物。

四忌随意打断下属。在下属尚未说完之前，尽量不要做出反应。在下属思考时，先不要臆测。仔细倾听，让下属说完，然后再发言。绩效沟通的另一个重要内容是通过绩效面谈，将员工的绩效表现回馈给员工，使员工了解在过去一年中工作上的得与失，并作为来年改进的依据。

五忌少问多讲。发号施令的经理很难适应从上司到"帮助者""伙伴"的角色转换。我们建议管理者在与员工进行绩效沟通时遵循"80/20法则"：80%的时间留给员工，20%的时间留给自己，而自己在这20%的时间内，用80%的时间发问，用20%的时间"指导""建议""发号施令"，因为员工往往比经理更清楚本职工作中存在的问题。换言之，要多提好问题，引导员工自己思考和解决问题，自己评价工作进展，而不是发号施令，居高临下地告诉员工应该如何做。

六忌用"你"沟通。在绩效沟通中，多使用"我们"，少用"你"。例如，"我们如何解决这个问题""我们的这个任务进展到什么程度了""我如何才能帮助您"等。

七忌笼统反馈。管理者应针对员工的具体行为或事实进行反馈，避免空泛陈述。例如，"你的工作态度很不好"或是"你的出色工作给大家留下了深刻印象"。模棱两可的反馈不仅起不到激励或抑制的效果，反而易使员工产生不确定感。

八忌对人不对事。当员工犯了某种错误或做出不恰当的事情时，应避免用评价性标签，如"没能力""失信"等，应当客观陈述发生的事实及自己对该事实的感受。

九忌指手划脚地训导。当下属绩效不佳时，应避免说"你应该……，而不应该……"，这样会让下属感受到某种不平等，可以换成"我当时是这样做的……"。

十忌"泼冷水"。当员工犯了错误后，最好等其冷静后再做反馈，避免"趁火打劫"或"泼冷水"；如果员工做了一件好事，则应及时表扬和激励。

资料来源：世界经理人网站．www.ceconline.com.

实用模板

管理员工考核表如表7-14所示。

表7-14　管理员工考核表

姓名：　　　　　　部门：　　　　　　岗位：　　　　　　考评日期：

评价因素	对评价期间工作成绩的评价要点	评价尺度				
		优	良	中	可	差
勤务态度	把工作放在第一位，努力工作	14	12	10	8	6
	对新工作表现出积极态度	14	12	10	8	6
	忠于职守，严守岗位	14	12	10	8	6
	对部下的过失勇于承担责任	14	12	10	8	6
业务工作	正确理解工作指示和方针，制订适当的实施计划	14	12	10	8	6
	按照部下的能力和个性合理分配工作	14	12	10	8	6
	及时与有关部门进行必要的工作联系	14	12	10	8	6
	在工作中始终保持协作态度，顺利推动工作	14	12	10	8	6
管理监督	在人事关系方面部下没有不满或怨言	14	12	10	8	6
	善于放手让部下去工作，鼓励乐于协作的精神	14	12	10	8	6
	十分注意生产现场的安全卫生和整理整顿工作	14	12	10	8	6
	妥善处理工作中的失误和临时追加的工作任务	14	12	10	8	6
指导协调	经常注意提高部下的工作积极性	14	12	10	8	6
	主动努力改善工作和提高效率	14	12	10	8	6
	积极训练、教育部下，提高他们的技能和素质	14	12	10	8	6
	注意进行目标管理，使工作协调进行	14	12	10	8	6
工作效果	正确认识工作意义，努力取得最好成绩	14	12	10	8	6
	工作方法正确，时间和费用使用得合理有效	14	12	10	8	6
	工作成绩达到预期目标或计划要求	14	12	10	8	6
	工作总结汇报准确、真实	14	12	10	8	6
考核结果	1. 通过以上各项评分，该员工的综合得分是：_____分 2. 你认为该员工的等级是：(选择其一)　[　]A　[　]B　[　]C　[　]D A：240(含)分以上　　B：200(含)～240分　　C：160(含)～200分　　D：160分以下 3. 考核者意见： 考核者签字：　　日期：　年　月　日					

以下部分为行政人事部及总经理填写

人力资源部评定	
评语	
处理方式	1. [　]转正：在_____任____职 [　]升职至_____任_____ 2. [　]续签劳动合同 自____年____月____日至____年____月____日 3. [　]降职为_____ 4. [　]提薪/降薪为_____ 5. [　]辞退 6. [　]其他_____ 　　　　　　经理：　　日期：　年　月　日

(续表)

总经理核准

总经理：　　　　　　　　　　　　　日期：　年　月　日

| 课后练习 |

一、名词解释

绩效、绩效管理、绩效考评、比较法、量表法

二、选择题

1. 绩效管理的核心环节是(　　)。

　　A. 绩效计划　　　　　B. 绩效实施　　　　　C. 绩效考评　　　　　D. 绩效反馈

2. 绩效的特点包括(　　)。

　　A. 多因性　　　　　　B. 多维性　　　　　　C. 系统性

　　D. 动态性　　　　　　E. 经济性

3. 在平衡计分卡中学习和成长层面包括的内容有(　　)。

　　A. 物质资本　　　　　B. 人力资本　　　　　C. 组织资本

　　D. 信息资本　　　　　E. 环境资本

4. 按照考评内容，可将绩效考评指标分为(　　)。

　　A. 工作业绩指标　　　B. 工作能力指标　　　C. 工作态度指标

　　D. 软指标　　　　　　E. 硬指标

5. 绩效管理的功能有(　　)。

　　A. 发展功能　　　　　B. 控制功能　　　　　C. 激励功能

　　D. 沟通功能　　　　　E. 辅助决策功能

三、简述题

1. 简述KPI体系与一般绩效指标体系的区别。

2. 简述关键绩效指标法的优缺点。

3. 简述考评者培训的主要内容。

4. 选择绩效考评方法时所需考虑的主要因素有哪些？

5. 简述绩效反馈与面谈的意义。

案例分析　　　　　　　　　**IT部门绩效考评：糊涂账?**

　　Z公司半年一考评，眼见着离考评的日子越来越近，公司信息中心主管张童心里却很不是滋味，原来他听到了公司其他部门对信息中心的批评意见。现在公司的信息中心简直就是服务部门，哪里单子急就朝哪里去，谁有服务需求都不敢怠慢。可是IT部门就这么几个人，而且一有需求都说是特急的事儿，也拿不准该听谁的。在这种情况下，IT部门就像一支救火队，根本没有时间做技术储备和超前研发，对未来发展毫无计划。

最重要的是，在张童的印象里，公司对信息中心的考评始终没有一个明确的标准。在总结大会上，领导总是以"信息中心为我们实现今年的目标做出了突出贡献"之类的概括性极强的话一笔带过。至于信息中心人员的考评，人事部参照的是业务部门的考评体系，只不过稍微更改了几项考评指标。去年，人事部在信息部门的绩效考评中又增加了一项：其他部门给信息中心打分。对此，人事部给出这样的解释：既然信息中心的自我定位是服务部门，那么就应该考评服务满意度。结果，信息中心的考评成绩比公司平均水平低了一大截。张童觉得人事部的做法不妥，但究竟怎样考评才算科学、公平，他也说不出个所以然。"都说信息中心的功过得失看不清楚、投入产出比难以量化，这话不假啊！"张童时常感慨。前不久，他从朋友那里听说"平衡计分卡"可以解决这个问题，但到底效果如何，实施过程中会遇到哪些问题，他一头雾水。跟人事部的人提起来，他们的反应居然是："有这个必要吗？多半会使简单问题复杂化。"为了让他放心，他们信誓旦旦地说："我们一定会找到更合理的考评方法，不用平衡计分卡，也能把信息中心的绩效问题整得像小葱拌豆腐一样，一清二白。"

话虽说得掷地有声，但张童一直很困惑："为什么不用平衡计分卡？人事部所谓的'更合理的考评方法'在哪儿呢？"半年考评很快就要到了，张童很想在此之前给自己部门的人一个说法。

资料来源：http://www.chinahrd.net/article/2013/05-15/32653-1.html.

【案例讨论】

(1) Z公司对信息中心的绩效考评存在哪些问题？

(2) 完整的绩效考评体系建设应包括哪些内容？

(3) 从该案例中，你对设计IT部门绩效考评体系有什么认识？

实训演练

绩效考评量表的设计与应用

1. 实训目标

(1) 初步学会运用绩效考评方式及知识设计绩效考评量表。

(2) 熟悉绩效考评的过程及方法等知识。

(3) 掌握运用绩效考评方法及知识设计绩效考评量表的技能。

2. 实训内容

(1) 绩效考评量表的设计。

(2) 员工个人绩效考评工具的选取。

(3) 员工个人绩效考核表格所涉及的内容。

(4) 理解绩效考评量表的几种设计方式。

3. 实训仪器设备、材料

计算机、投影仪、纸张等。

4. 实训组织

(1) 教师提出实训任务和具体要求。

(2) 实训采用分组阅读、讨论的形式，教师分好各组，选好组长。

(3) 学生参考相关资料，分小组阅读讨论，教师现场指导。

(4) 讨论确定具体的考核方法并说明采用本方法的理由。

(5) 小组各成员合理分工，在有限的时间内在计算机上完成表格设计。

(6) 提交本小组的工作成果并对本小组的最后成果进行讲解。

(7) 组长总结测试情况，相互交流。

拓展阅读

方振邦. 战略性绩效管理[M]. 4版. 北京：中国人民大学出版社，2014.

赫尔曼·安吉斯. 绩效管理[M]. 3版. 北京：中国人民大学出版社，2015.

杨新荣. 绩效管理实务[M]. 北京：电子工业出版社，2010.

世界经理人网. http：//www.ceconline.com.

HR管理世界. http：//www.hroot.com.

厦门大学国家精品课程"人力资源管理". http：//xmujpkc.xmu.edu.cn/rlzygl.

第8章
薪酬与福利管理

知识结构图

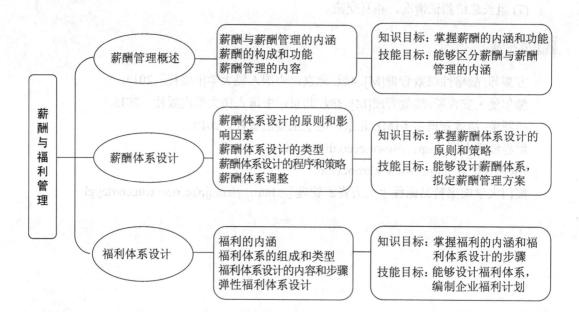

| | | 薪酬管理概述 | 薪酬与薪酬管理的内涵
薪酬的构成和功能
薪酬管理的内容 | 知识目标：掌握薪酬的内涵和功能
技能目标：能够区分薪酬与薪酬管理的内涵 |

薪酬与福利管理

薪酬管理概述：薪酬与薪酬管理的内涵／薪酬的构成和功能／薪酬管理的内容
知识目标：掌握薪酬的内涵和功能
技能目标：能够区分薪酬与薪酬管理的内涵

薪酬体系设计：薪酬体系设计的原则和影响因素／薪酬体系设计的类型／薪酬体系设计的程序和策略／薪酬体系调整
知识目标：掌握薪酬体系设计的原则和策略
技能目标：能够设计薪酬体系，拟定薪酬管理方案

福利体系设计：福利的内涵／福利体系的组成和类型／福利体系设计的内容和步骤／弹性福利体系设计
知识目标：掌握福利的内涵和福利体系设计的步骤
技能目标：能够设计福利体系，编制企业福利计划

情景导买

工资年年涨，员工年年走

2013年春节之后，广州市周边的劳动力密集型企业又迎来新一轮的"招工难"问题，有的小型企业甚至出现年后没有工人返厂的现象。据业内人士估计，这类企业大多数节后需招聘30%～40%的新员工。企业最想要招聘的是技术熟练的技工，但成为一名熟练的技工需要有相当丰富的经验，可是有些工人熟练之后并不能安心留在企业。有位制衣厂的经理诉苦道："企业成立了五六年，技工的工资平均每年增加一两百的月薪，但还是留不住人。"有些熟练的技工认为，做"临时工"的收入比正式工要高，因此，他们更愿意打零工，而不愿意"进厂"成为正式工。

这种现象令企业管理者们苦恼不已："为什么工资年年涨，但工人还是年年走呢？"这是他们心中共同的疑惑。

案例分析： 很多企业都出现过这种情况，"涨工资"已不再是企业留住员工的有效方式，企业薪酬体系设计不当，忽略员工其他方面的需求，如福利、奖金、津贴等，将会导致员工满意度下降和优秀员工流失。因此，如何设计一个科学合理的薪酬体系对企业而言意义重大，关系企业的正常经营以及长远发展。

资料来源：张俊杰.工资年年涨，工人年年走[N].南方都市报，2013-03-11.有改编

8.1　薪酬管理概述

8.1.1　薪酬与薪酬管理的内涵

1. 薪酬的内涵

薪酬在英文中为Compensation，字面意思是平衡、补偿。从经济学的角度而言，薪酬是指劳动者依靠劳动所获得的所有劳动报酬的总和。从企业人力资源管理的角度而言，薪酬是指员工从事组织所需要的劳动而得到的，以货币形式和非货币形式所表现的补偿，是企业支付给员工的劳动报酬。从其构成来讲，薪酬包括经济性薪酬与非经济性薪酬两部分，即广义的薪酬。经济性薪酬(外在薪酬)是指企业针对员工所做的贡献而支付给员工的各种形式的收入，又包括直接经济薪酬和间接经济薪酬两部分。直接经济薪酬是指员工个人获得的工资(薪水)、奖金、福利、津贴、利润分享、股票期权以及佣金形式的全部薪酬；间接经济薪酬(福利)是指除直接经济薪酬以外的其他各种经济回报，包括以各种间接货币形式支付的福利等。非经济性薪酬(内在薪酬)是指员工个人对工作本身或者对工作在心理与物质环境上的满足感。狭义的薪酬是指经济性薪酬，即员工因被组织雇佣而获得的各种形式的经济收入、有形服务和福利。薪酬的构成如表8-1所示。

表8-1　经济薪酬和非经济薪酬的项目构成

类型	组成	内容
薪酬	经济性薪酬 (外在薪酬)	直接经济薪酬 (激励性薪酬)	基本工资、奖金、津贴、补贴、佣金、股金、股权、期权、利润分享
		间接经济薪酬 (保健性薪酬)	保险计划：人身健康、医疗健康、社会援助、意外灾害
			各种福利：社会保险(五险)、教育培训、劳动保护、退休计划、教育补助、工人的伤病补助、缺勤、节假日、病假、带薪休假、旅游休假、免费的职业指导、免费的法律咨询和心理咨询
	非经济性薪酬 (内在薪酬)	工作本身	有趣的工作、有挑战性的工作、能够愉快地胜任工作、工作有责任感和成就感、能够发挥才华、有发展机会和空间、有晋升和获得褒奖的机会、有社会地位、有荣耀的头衔
		工作环境	有能力且公正的领导、合理的政策、称职的管理、志趣相投的同事、舒适的工作条件、合适的职务、恰当的社会地位标志、弹性时间工作制、缩减的周工作时数、共担工作、自助食堂式报酬、便利的通信、固定的兼职工作

2. 薪酬管理的内涵

所谓薪酬管理，是指在组织发展战略指导下，对员工薪酬支付原则、薪酬策略、薪酬水平、薪酬结构、薪酬构成进行确定、分配和调整的动态管理过程。薪酬管理要为实现薪酬管理目标服务，薪酬管理目标是基于人力资源战略设立的，而人力资源战略服从企业发展战略。因此，薪酬管理是企业人力资源管理的一项重要职能活动，也是一项影响企业经营目标实现程度的战略管理活动。

薪酬管理目标是公平、合法、效率。薪酬效率目标的本质是用适当的薪酬成本给组织绩效带来最大的价值。薪酬公平目标包括三个层次，即分配公平、过程公平、机会公平。分配公平是指组织在做出人事决策、制定各种奖励措施时，应符合公平的要求。过程公平是指在做出任何奖惩决策时，组织所依据的决策标准或方法符合公正性原则，确保程序公平一致、标准明确、过程公开等。合法目标是企业实施薪酬管理的基本前提，要求企业实行的薪酬制度符合国家、省区的法律、法规、政策条例要求。

8.1.2　薪酬的构成和功能

1. 薪酬的构成

在薪酬和薪酬管理中，我们通常所说的薪酬实际上指的是狭义的薪酬，即经济性薪酬，它由以下5个方面构成。

(1) 基本工资。又称"不变薪酬"，是以员工劳动的熟练程度、复杂程度、责任及劳动强度为基准，结合工龄、学历、资历等因素，按照员工实际完成的劳动定额、工作时间或者劳动消耗而计付的劳动报酬。基本工资是企业员工劳动收入的主体部分，具有常规性、固定性、基准性和综合性的特点，具体包括等级薪酬、岗位薪酬、结构薪酬、技能薪酬和年功薪酬等几种主要类型。

(2) 绩效薪酬。亦称为奖励薪金或"可变薪酬"，它是与员工工作绩效直接挂钩的薪酬形式，是企业为奖励员工的超额绩效部分或劳动绩效突出部分而支付的奖励性报酬。它的目的是鼓励员工提高劳动效率和工作质量，具有灵活可变、随员工绩效的变化而浮动的特点。常见的绩效薪酬形式有计件工资、销售提成、绩效分红，以及与绩效挂钩的浮动工资和其他绩效薪酬。

(3) 附加薪酬。包括津贴和补贴两种形式。津贴，是企业对员工在特殊劳动条件下所付出的额外劳动消耗和生活费开支的一种物质补偿形式。包括额外劳动消耗的津贴、额外生活费支出的津贴和地区差异津贴等形式。补贴，又称补贴性薪酬，是企业受一些外部因素的影响，例如物价上涨、国家福利政策变动等，造成企业员工的实际收入水平下降，企业为补偿本企业员工过去的劳动付出，维持当前的实际薪酬水平不降低，或者防止员工外流而发放的补贴性收入。

(4) 福利。福利是指企业为满足劳动者的生活需要，在工资收入之外，向员工本人及其家属提供的各种保障、带薪休假、健康计划、补充保险、补贴、服务及实物报酬。

(5) 长期激励。即股票期权，包括员工持股计划和股票期权计划。员工持股计划主要针对企业中的中基层员工，而股票期权计划则主要针对管理人员、核心业务和技术人才。

2. 薪酬的功能

薪酬的功能是薪酬本质的体现，我们可以从员工、企业和社会三个方面来考察。

1) 薪酬对员工的功能

(1) 补偿功能。薪酬是员工的基本生活保障。员工通过劳动取得报酬来补偿在劳动过程中的脑力与体力消耗，以恢复劳动能力，使劳动能力继续发挥作用。员工还要使用报酬投入学习和养育子女，以满足个人和家庭的基本生活需要，从而实现劳动力的再生产和劳动力素质的提高。

(2) 保障功能。在市场经济条件下，薪酬仍是企业员工获取本人及其家庭生活费用，满足物质生活需要的主要来源，它是劳动者保障日常生活的主要手段。

(3) 价值功能。薪酬是员工工作业绩的显示器，是对员工工作业绩、综合能力的认可和回报，是晋升和成功的信号，是员工身份地位的象征，是个人价值得以实现的重要信号。薪酬获得的过程也是价值实现的过程。

(4) 享受功能。员工通过劳动取得的报酬可用于各种娱乐和改善生活条件，从而享受人生的快乐。

(5) 激励功能。合理的薪酬能够调动员工的工作积极性，激发员工的潜力，提高其工作效率和劳动生产率。在进行薪酬分配时，根据劳动者贡献的劳动数量和质量及岗位对技术水平要求的高低等加以区分，使优秀员工多劳多得，相对较差的员工少劳少得，这就是薪酬的激励功能。

2) 薪酬对企业的功能

(1) 资本增值功能。薪酬既是组织用来购买劳动力而支付的特定成本，也是用来交换劳动者劳动力的一种手段，同时它还是一种活劳动投资，一种预付资本，它能给投资者带来预期的大于成本的收益，这也正是用人单位用人的动机所在。科学地设计和管理薪酬，能够促进劳动数量与质量的提高，从而使组织提高活劳动的资本增值。

(2) 资源配置功能。薪酬是劳动力市场的价格，也是优化企业人力资源配置的杠杆。在劳动力市场上，劳动技能稀缺、劳动经济效益高的行业价格高，劳动力资源多流向这些高效率的行业。在企业内部人力资源流动方面，人力资源流入薪酬水平较高的部门和岗位。在薪酬的引导下，企业人力资源的内外部流动满足了企业对各层次人力资源的匹配。因此，薪酬可以引导人力资源的流向，促进人力资源的有效配置。

(3) 组织协调功能。一方面，组织可以通过薪酬水平的变动，把组织目标、管理者的意图传递给员工，促使个人行为和组织行为融合起来，形成员工和组织间的协调关系；另一方面，合理的薪酬结构可化解员工之间的矛盾，减少人际摩擦，协调员工之间的人际关系。

(4) 文化塑造功能。合理并富有激励性的薪酬制度有助于企业塑造良好的企业文化，或者对已经存在的企业文化起到积极的强化作用。员工认同组织的价值分配观念，薪酬方案会强化员工的企业认同感，增强员工的凝聚力，因此，薪酬制度和薪酬政策对企业文化具有塑造功能。

(5) 控制成本功能。企业支付较高水平的薪酬对于吸引和保留优秀员工意义重大，但较高的薪酬水平会使企业的经营成本上升，使企业在产品市场上处于劣势，企业需要在控制人工成本和获得必不可少的人力资源之间进行平衡。薪酬成本的可控程度较高，通过合理控制企业的薪酬成本，企业将降低总成本。

3) 薪酬对社会的功能

(1) 宏观调控功能。薪酬水平直接影响国民经济的正常运行，政府可以通过薪酬成本调控来影响企业经营成本，从而影响企业的发展方向。对国家支持发展的产业给予低薪酬成本的支持，可以增强其产品在市场上的竞争力，使国家产业结构调整目标得以实现。

(2) 价格信号功能。薪酬是劳动力市场的价格信号，政府通过制定法律、发布政策对薪酬进行干预，使薪酬合理地反映劳动力市场价格，确保劳动力市场供需平衡。薪酬分配不仅能调节劳动力的供求与流向，还可以调节人们对职业和工种的评价，调节职业观念和价值取向。

(3) 公平标准功能。薪酬是居民收入的主要来源，在一定程度上可以反映社会公平。通过薪酬的变动，可以发现不同社会群体、层面的收入分配和收入差距的问题。合理的薪酬水平有利于市场经济的公平，并能提高市场经营效率。对薪酬指标的统计和监督可以为国家制定收入政策提供依据。

8.1.3 薪酬管理的内容

1. 薪酬战略目标管理

薪酬管理的实施必须围绕组织战略以及远景目标。组织在其不同的发展阶段有不同的战略与经营目标，因此，如何充分利用薪酬管理，支持企业战略及远景目标的实现，是人力资源部门的一项重要任务。

2. 薪酬水平管理

薪酬水平是指整个组织、各个部门以及各个岗位的平均薪酬水平，决定了组织吸引人才、保留人才的外部竞争性。薪酬水平管理就是薪酬要满足内部一致性和外部竞争性的要求，并根据员工绩效、能力特征和行为态度进行动态调整。主要包括确定管理团队、技术团队和营销团队的薪酬水平，确定稀缺人才的薪酬水平，以及参考竞争对手确定相应的薪酬水平等。

3. 薪酬体系管理

薪酬体系是发放员工基本薪酬的依据。薪酬体系管理既包括基础工资、绩效工资、奖金与福利、期权期股的管理，又包括为员工提供个人成长机会、提升工作成就感、提高职业预期和提升就业能力等方面的管理。

4. 薪酬结构管理

薪酬结构是关于薪酬的构成要素及确定各要素所占比例的管理。薪酬结构管理，既包括正确划分合理的薪级，确定合理的级差和等差，还包括适应组织结构扁平化和员工岗位大规模轮换的需要，合理地确定工资宽带。

5. 薪酬制度管理

薪酬制度是为规范薪酬分配和管理所制定的系统性准则和规章、分配形式和标准、实施措施和方法的总称，是薪酬管理的中心内容。薪酬制度管理就是明确薪酬决策应在多大程度上向所有员工公开和透明化，谁负责设计和管理薪酬制度，薪酬管理的预算、审计和控制体系又该如何建立和设计的过程。

6.薪酬日常管理

薪酬日常管理是一项长期工作，具体包括：开展薪酬调查；统计分析调查结果；制订薪酬计划；适时计算、统计员工的薪酬，进行薪酬调整；支付员工工资、福利；调整奖金体系与福利体系的具体制度。

8.2　薪酬体系设计

8.2.1　薪酬体系设计的原则和影响因素

1.薪酬体系设计的原则

薪酬管理的目的是建立科学合理的薪酬制度，既能够吸引高素质人才，又能保持优秀的人力资源，激励其为组织更好地工作，同时，实现个人的职业目标。为达到这一目的，在设计薪酬体系时应始终坚持以下几项原则。

(1) 公平性原则。它是薪酬体系设计的基本原则和首要考虑的因素。公平可以分为外部公平、内部公平和员工公平。要求薪酬分配全面考虑员工的绩效、能力及劳动强度、责任等因素，考虑外部竞争性、内部一致性要求，达到薪酬的内部公平、外部公平和个人公平，避免人为因素主导薪资区分。

(2) 战略性原则。即在薪酬体系设计中，必须从企业战略的角度进行分析，充分考虑企业的可持续发展，核心价值观，战略实施步骤，人力资源的积极性、主动性和创造性。此外，薪酬政策、制度和体系的设计应充分体现企业发展战略的要求。通过薪酬体系设计，实现企业外部环境、企业实力和战略目标三者之间的动态平衡。

(3) 竞争性原则。在进行薪酬体系设计时，其薪酬标准要略高于市场平均水平，使其具有较强的外部竞争力，这样有利于吸引和留住企业所需的人才。

(4) 激励性原则。即在企业内部各类、各级职务的薪酬水准上，要适当拉开距离，真正体现按贡献分配的原则。企业在设计薪酬时，必须从激励人力资源的积极性出发，充分考虑影响激励的各种因素，使薪酬发挥其最大的激励效果，激发员工的责任心和工作热情。

(5) 人性化原则。奖金、福利等元素要充分考虑员工的多元化需要，尽量避免一刀切，体现"以人为本"的特点。

(6) 经济性原则。企业在设计薪酬体系时，必须充分考虑企业自身发展的特点和支付能力。

(7) 合法性原则。企业在设计、执行和管理薪酬体系时，必须遵循国家和地区的相关政策与法律。

(8) 动态性原则。企业整体薪酬结构以及薪酬水平应根据企业经营效益、薪资市场行情、宏观经济因素变化等适时调整，能动地适应企业发展和企业人力资源开发的需要。

2. 薪酬体系设计的影响因素

影响薪酬管理体系的因素很多，具体可分为企业外部环境因素、企业内部因素和员工个人因素三大类。企业在设计实施薪酬体系的时候，应该根据实际情况的需要，通盘考虑并做出合适的选择。影响薪酬管理体系的因素如表8-2所示。

表8-2　影响薪酬管理的因素

企业外部环境因素	企业内部因素	员工个人因素
1. 人力资源市场的供求状况	1. 企业管理理念与组织文化	1. 员工劳动与绩效的差别
2. 国家或地方的政策和法律	2. 企业发展战略与发展规划	2. 员工对薪酬的心理期望
3. 当地生活费用与物价水平	3. 企业经营状况与盈利能力	3. 员工年龄与工龄
4. 地区或行业平均薪酬水平	4. 企业性质与分配方式	4. 员工职务或岗位
5. 工会的力量	5. 产品需求弹性	5. 员工综合素质与技能

8.2.2　薪酬体系设计的类型

按照确定薪酬的基本依据，企业薪酬体系可以划分为职位薪酬体系、技能/能力薪酬体系和绩效薪酬体系。不同的组织有不同的薪酬哲学、不同的薪酬政策、不同的薪酬制度、不同的薪酬结构和不同的薪酬决定方式，因而呈现出不同的薪酬体系特征。职位薪酬体系是指根据员工在组织中的不同职位、岗位特征来确定其薪酬等级与薪酬水平的制度。技能/能力薪酬体系是指根据员工所掌握的与工作有关的技能或知识的广度和深度来确定员工等级和水平的薪酬制度。绩效薪酬体系是将员工的薪酬和业绩之间挂钩，根据员工个人和所在团队的绩效确定薪酬水平，是一种结果导向的价值分配方式。三种薪酬体系的特征比较如表8-3所示。

表8-3　职位薪酬体系、能力薪酬体系和绩效薪酬体系的比较

内容	职位薪酬体系	技能/能力薪酬体系	绩效薪酬体系
薪酬设计基础	市场价格和工作职位	市场价格和技能/能力	市场价格和工作结果
价值评价依据	工作责任、复杂程度、工作强度、工作时间等	技能/能力素质(知识、技能、经验、行为和态度等)	工作结果
薪酬决定机制	职位价值评价结果	技能/能力评价结果	绩效考核结果
管理者关注的重点	· 职位分析 · 员工与职位的匹配	· 技能/能力分析 · 有效利用技能/能力 · 技能培训和能力开发	· 员工的晋升 · 绩效目标的确定 · 绩效结果的达成
员工关注的重点	寻求职位的晋升	寻求技能/能力的提升	寻求绩效结果的改善
核心环节	职位分析、职位评价	技能/能力分析、技能/能力评价	确定绩效目标、实施绩效考核

（续表）

内容	职位薪酬体系	技能/能力薪酬体系	绩效薪酬体系
优点	• 简单，易于操作 • 体现内部公平 • 应用广泛	• 有利于组织核心能力的培养和提升 • 淡化官本位思想 • 有利于提高员工综合素质 • 有利于吸引和保留高素质人才	• 简单，易于操作 • 体现内部公平 • 激励作用较强
缺点	• 激励作用不强 • 容易形成官本位思想，限制员工发展 • 对职位分析和职位评价要求较高	• 应用不成熟 • 技能/能力评价困难	• 导致企业和员工的短期行为 • 不利于团队合作 • 绩效评价困难，成本高
适用范围	企业内部工作内容和工作方式比较稳定、知识结构和水平要求较低的职位，传统产业和管理职位	知识型企业的员工，如研发人员、高层管理人员	绩效容易直接评价且短期内易达到绩效目标的职位，如销售人员

8.2.3　薪酬体系设计的程序和策略

1. 薪酬体系设计程序

薪酬体系设计的目的是建立科学合理的薪酬制度，薪酬体系设计的程序应包括以下几个步骤。

1) 制定付酬原则和策略

制定付酬原则和策略既是企业薪酬体系设计的前提，也是企业文化建设的重要内容。制定企业付酬原则和策略要在企业各项战略的指导下进行，根据企业的使命、愿景和核心文化价值观等，集中反映企业各项战略的要求，同时必须体现薪酬制度的外在公平性与内在公平性。

2) 工作分析

工作分析的目的是明确企业内部各项工作的职责和范围。企业根据经营目标确定相应的组织机构，形成一定的组织结构系统，并配合企业的组织发展计划做好岗位设置。在岗位设置的基础上，进行工作分析，确定每一个岗位的工作内容、职责和任职资格，由人力资源部和各部门主管合作编写职位说明书。工作分析是员工薪酬体系设计的基础和前提。

3) 工作评价

工作评价是指根据各种工作的技能要求、努力程度要求、岗位职责和工作环境等因素来决定各种工作之间的相对价值。它是实现薪酬体系内在公平性的关键一步。它有两个目的：一是比较企业内部各个职位的相对重要性，得出职位等级序列；二是为薪酬调查建立统一的职位评估标准，消除不同公司间由于职位名称不同或即使职位名称相同但实际工作要求和工作内容不同所导致的职位难度差异，使不同职位之间具有可比性，为确保工资的公平性奠定基础。工作评价常用的方法有排序法、分级法、因素比较法和要素计点法。

4) 薪酬调查

薪酬调查是通过各种正常的调查手段获得相关企业各职务的薪酬水平及相关信息的活动，重点解决薪酬对外公平性问题。调查内容是本地区、本行业尤其是竞争对手的薪资状况。参照同行或同地区其他企业的现有工资水平来调整本企业相应职务的工资，可使企业薪酬制度对外具有竞争力。在薪酬调查中，有20%～25%的企业采用正式的问卷调查方式。

薪酬调查的步骤包括：①确定薪酬战略；②确定薪酬调查的范围和对象；③进行薪酬调查；④形成薪酬对策报告；⑤应用薪酬调查结果。

5) 薪酬结构设计

所谓薪酬结构是指在一个企业的组织机构中，各个职位的相对价值与其对应的实付薪酬间保持着什么样的关系。这种关系和规律通常以"薪酬结构线"来表示。薪酬结构线是一个企业的薪酬结构的直观表现形式，它清晰地显示企业内各个职务的相对价值与其对应的实付薪资之间的关系。薪酬结构线是二维的，绘制在薪酬结构图上，职务评价分数为横坐标，所付薪资值为纵坐标。典型的薪酬结构线如图8-1所示。

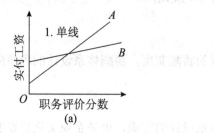
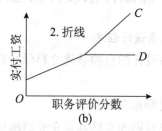

图8-1　典型的薪酬结构线

设计薪酬结构线的用途：①开发企业薪资系统，使每一个职务的薪资都对应它的相对价值，具有一定的内在公平性，并反映企业的薪酬政策与管理价值观。②用来检查已有薪资制度的合理性，作为改进的依据。③根据市场状况，调整企业薪酬结构。

6) 薪酬分级和定薪

重点解决员工薪酬公平性问题。薪酬分级就是把相对价值相近的各个职位合并成一组，统一规定一个相应的工资率，称为一个工资等级。这样，企业所有职位都可以划入不同的工资等级。在职务评价后，企业根据其确定的薪酬结构线，将众多类型的职务工资归并组合成若干等级，形成一个薪资等级(或称职级)系列。通过这一步骤，就可以确定企业内每一个职务具体的工资范围，保证员工薪酬的公平性。

7) 薪酬体系的实施与调整

在制定和实施薪酬体系的过程中，如何保证正常运作并实行适当的控制与管理，使其发挥应有的功能，是一个相当复杂的问题，也是一项长期的工作。为了保证薪酬体系的实用性，必须对薪酬体系进行定期调整：①预演薪酬体系的实施流程，根据预演情况对薪酬体系做调整。②及时做好员工的沟通、宣传、培训工作，让薪酬分配尽量公平。③建立严格的考核制度，根据考核结果的好坏，调整员工工资。④在保证薪酬方案相对稳定的前提下，根据企业经营状况和市场薪酬水平的变化做出相应的调整。

2. 薪酬体系设计策略

薪酬策略是指将企业战略和目标、文化、外部环境有机地结合起来，从而制定针对薪酬管理的指导原则。薪酬策略对薪酬制度的设计与实施提出了指导思想，它强调的是相对于同规模的竞争性企业来讲其薪酬支付的标准和差异。薪酬策略是薪酬体系设计后续环节的前提，对后续工作起着重要的指导作用。薪酬体系设计策略通常包括以下三种类型。

1) 薪酬水平策略

薪酬水平策略是指企业相对于当地市场薪酬行情和竞争对手薪酬水平的薪酬策略。供企业选择的薪酬水平策略有：①市场领先策略。采用这种薪酬策略的企业，薪酬水平在同行业的竞争对手中处于领先地位。②市场跟随策略。采用这种策略的企业，一般都建立或找准了自己的标杆企业，企业的经营与管理模式都向自己的标杆企业看齐，同样薪酬水平跟标杆企业差不多就行了。③滞后策略。也称成本导向策略，即企业在制定薪酬水平策略时不考虑市场和竞争对手的薪酬水平，只考虑尽可能地节约企业生产、经营和管理的成本，这种企业的薪酬水平一般比较低。④混合薪酬策略。顾名思义，就是在企业中针对不同的部门、不同的岗位、不同的人才，采用不同的薪酬策略。

2) 薪酬结构策略

薪酬结构策略是指明确薪酬由哪些部分构成、各占多大比例，即明确企业薪酬整体中基本薪酬和绩效薪酬所占的比例。比例大小不同，所体现的薪酬体系设计策略也有很大差异。可以选择的策略有：①高弹性薪酬模式。这是一种激励性很强的薪酬模式，绩效薪酬是薪酬结构的主要组成部分，基本薪酬等处于次要地位，所占的比例非常低(甚至为零)。②高稳定薪酬模式。这是一种稳定性很强的薪酬模式，基本薪酬是薪酬结构的主要组成部分，绩效薪酬等处于次要地位，所占的比例非常低(甚至为零)。③调和型薪酬模式。这是一种既具有激励性又具有稳定性的薪酬模式，绩效薪酬和基本薪酬各占一定的比例。当两者比例不断调和变化时，这种薪酬模式可以演变为以激励为主的模式，也可以演变为以稳定为主的薪酬模式。

3) 薪酬组合策略

薪酬组合策略是指明确企业向员工支付的总薪酬有哪些薪酬形式以及这些薪酬形式之间是以怎样的形态组合的。薪酬组合策略包括组合类型策略和组合比例策略。组合类型策略是指企业对不同员工所采用的策略，包括：①简单型策略。即对部分员工薪酬只采用单一的薪酬形式，而没有其他薪酬形式。②复合型策略。即对员工薪酬采用多元的薪酬方式。组合比例策略是指企业对不同员工采用的薪酬形式有哪些侧重，如销售人员实行以激励薪酬为主的策略，行政人员实行以职位薪酬为主的策略等，企业应根据其主要的薪酬形式决定采用何种薪酬组合比例策略。

8.2.4　薪酬体系调整

薪酬体系调整是指薪酬体系运行一段时间后，随着企业发展战略以及人力资源战略的变化，现行的薪酬体系可能不适应企业发展的需要，这时需要对企业薪酬管理做出系统的诊断，确定最新的薪酬策略，同时对薪酬体系做出调整的措施。薪酬体系调整是保持薪酬关系动态平衡、实现组织薪酬目标的重要手段，也是薪酬管理的一项重要工作。企业薪酬体系调整是指企业对薪酬水平、薪酬结构以及薪酬组合的调整，特指为促进薪酬管理的有效性所进行的薪酬体系的调整或改变。

1. 薪酬水平调整

薪酬水平调整是指薪酬结构、等级要素、构成要素等不变，调整薪酬结构上每一个等级或每一个要素的数额。

1) 薪酬水平调整的类型

(1) 奖励型调整。它也称功劳型调整，主要对员工的优良业绩进行奖励，旨在促使受奖员工保持优良的工作绩效。

(2) 生活指数型调整。它是指为了补偿因通货膨胀而导致的员工实际收入的减少和损失，而普遍调高薪酬的类型。常用的方式有等比式调整和等额式调整两种。

(3) 年资(工龄)型调整。它是指随着员工工龄的增加，逐年等额调升员工工资。常见的形式有等额递增、工龄与绩效结果相结合两种。

(4) 效益型调整。它是指根据组织经济效益的变化状况，全体员工都从中分享利益或共担风险的薪酬调整类型。

2) 薪酬水平调整的方法

(1) 等比调整法。即所有员工以原有薪酬为基数，按同样的百分比调整。

(2) 等额调整法。即所有员工都按同样的数额调整薪酬。

(3) 不规则调整法。根据员工的岗位重要性、相对价值贡献、员工资历等因素的不同，确定不同的调整比例。

(4) 经验曲线调整法。即参照员工经验曲线，确定不同职位员工的年资薪酬水平调整的百分比。经验曲线即员工从事工作的熟练程度、经验积累会随着工作时间的延续而逐步增加，产生工作效率提高、成本降低的效应。

(5) 综合调整法。即综合考虑通货膨胀、员工资历、员工绩效等因素，对薪酬水平进行调整。

2. 薪酬结构纵向调整

薪酬结构调整体现了企业对员工的激励导向，合适的薪酬结构对维持薪酬体系适应性和激励性都有非常重要的作用。薪酬结构的调整包括纵向结构和横向结构两个领域。纵向结构是指薪酬的等级结构；横向结构是指各薪酬要素的组合。

纵向等级结构常用的调整方法包括：①增加薪酬等级。增加薪酬等级的主要目的是将岗位之间的差别细化，从而明确按岗位付薪的原则。增加薪酬等级的方法很多，关键是选择在哪个层次上或在哪类岗位上增加等级。②减少薪酬等级。减少薪酬等级就是将等级

结构 "宽带化"，是薪酬管理的一种流行趋势。目前倾向于延长薪酬等级线，减少薪酬类别，由原有的十几个减少至三五个。在每种类别中，包含更多的薪酬等级和薪酬标准，各类别之间的薪酬标准交叉。③调整不同等级的人员规模和薪酬比例。公司可以在薪酬等级结构不变动的前提下，定期对每个等级的人员数量进行调整，即调整不同薪酬等级中的人员规模和比例，实质是通过岗位和职位等级人员的变动进行薪资调整。

3. 薪酬组合的调整——薪酬结构横向调整

横向薪酬结构调整的重点是考虑是否增加新的薪酬要素。在薪酬构成的不同部分中，不同的薪酬要素分别起着不同的作用。其中，基本薪酬和福利薪酬主要承担适应劳动力市场的外部竞争力的功能；而浮动薪酬则主要通过薪酬内部的一致性达到降低成本与刺激业绩的目的。

薪酬要素结构的调整有两种方式，一是在薪酬水平不变的情况下，重新配置固定薪酬与浮动薪酬之间的比例；二是通过薪酬水平变动的机会，增加某一部分薪酬的比例。相比之下，后一种方式比较灵活，引起的波动也较小。员工薪酬要素结构的调整需要与企业薪酬管理制度和模式改革结合在一起，使薪酬要素结构调整符合新模式的需要。

对点案例　　　　　　　**德国大众汽车公司的动态薪酬体系**

德国大众是当今世界排名第5的大型跨国汽车工业公司，2015年在美国《财富Fortune》杂志按营业额评选的世界500强企业中排名第8位，总部设在德国沃尔夫斯堡，在我国的一汽大众和上海大众分别占有49%的股份。

1. 明确提出建立动态薪酬体系的哲学理念

1994年，大众汽车公司提出建立德国大众公司人事经营哲学思想，其核心就是 "两个成功"。第一个成功是指使每个员工获得成功，达到人与机器、人与事的有机配合；开发岗位，让上岗员工符合岗位的要求；人尽其才，使个人才能得到充分发挥；让员工提出合理化建议，增强主人翁意识，参与管理。第二个成功是指企业的成功，使企业创造出一流的业绩，使企业规模像雪球一样越滚越大。企业要构建动态薪酬体系，以适应经济状况的变动，使企业成为在市场经济海洋中 "有呼吸的企业"。

2. 构建动态薪酬体系

所谓动态薪酬体系有两层含义：一是根据公司生产经营和发展情况，以及其他有关因素的变动情况，对薪酬制度进行及时更新、调整和完善；二是根据调动各方面员工积极性的需要，如调动管理人员、科研开发人员和关键岗位员工积极性的需要，随时调整各种报酬在报酬总额中的比重，适时调整激励对象和激励重点，以增强激励的针对性和效果。

大众公司现行的动态薪酬体系是经过七八年的动态调整，特别是根据两个 "成功" 的哲学理念和动态薪酬体系的 "两层含义" 逐步建立起来的，包括基本报酬、参与性退休金、奖金、时间有价证券、员工持股计划、企业补充养老保险共6项。

(1) 基本报酬。保持相对稳定，体现劳动力的基本价值，保证员工家庭的基本生活。

(2) 员工参与性退休金。1996年建立，员工自费缴纳费用，相当于基本报酬的2%，滞后纳税，交由基金机构运作，确保增值，属于员工自我补充保险。

(3) 奖金。1997年建立，一为平均奖金，每个员工都能得到，起保底奖励作用；二是绩效奖金，起进一步增强激励力度的作用，使员工能分享公司的新增效益和发展成果。

(4) 时间有价证券。1998年开始实施。

(5) 员工持股计划。1999年制订，体现员工的股东价值。

(6) 企业补充养老保险。2001年建立，设立养老基金。企业补充养老保险相当于基本报酬的5%。

3. 实行以岗位工资为主的工资制度

动态薪酬体系中的基本报酬部分，采取岗位工资制度。

(1) 建立职位分析和岗位评价制度。公司内设岗位工种描述委员会，由劳资双方派人员组成，定期开会。随时根据经济情况、立法环境变化对岗位工种的描述做出改进。

(2) 建立以职位分析和岗位评价制度为基础的岗位(职位)职务等级工资制，共分22级。其中，蓝领工人的基本报酬是1～14级，白领是1～22级。蓝领最高级的基本工资是最低级的2.34倍；白领最高级的工资是最低级的3.47倍。基本报酬占全部报酬的比重，蓝领占90%，白领占60%～70%，高层管理人员占50%～60%。

(3) 根据员工业绩和企业效益建立奖金制度。按照劳资协定，蓝领工人绩效奖金约占工资总额(基本报酬+奖金)的10%；白领占30%～40%；高级管理人员占40%～50%。

(4) 提高工资水平，理顺报酬关系。2000年，大众公司总部全体员工年平均工资为4.72万马克，最高工资是最低工资的6.25倍。2000年，员工持股人数达到52%。其中，高级管理人员持股占全部员工持股的10%；高级管理人员平均持股数量是普通员工平均持股数量的4倍。公司将员工收入的20%转化成股权分配，参加这项股权分配计划的员工必须首先参加时间有价证券项目。

4. 动态薪酬的决定机制

通过劳资协议决定员工工资不包括高级管理人员的年度工资增长，年度工资增长主要通过劳资协议确定。劳资谈判一方是工会代表，另一方是资方代表，资方代表由中央人力资源部和分厂企业代表担任。工资的增长主要是根据公司效益和通货膨胀率等因素来决定的。

分析：德国大众公司动态薪酬体系主要包括基本报酬、参与性退休金、奖金、时间有价证券、员工持股计划、企业补充养老保险6项。并对职位高低不同的管理人员设立相当于不同金额的职位消费权力。适时调整激励对象和激励重点，可以增强激励的针对性和效果。

资料来源：徐振斌.德国大众汽车公司的动态薪酬体系[J].职业，2003(2)：40-42.

8.3 福利体系设计

8.3.1 福利的内涵

1. 福利的含义和特点

福利是指企业为实现战略目标，依据国家相关法律规定以及组织自身情况，向员工提供的用以提高其本人和家庭生活质量的各种以非货币工资和延期支付形式为主的补充性报酬与服务的总称。

与其他形式的报酬相比，企业员工福利具有以下6个特点。

(1) 补偿性。企业员工福利是对劳动者为企业提供劳动的一种物质性补偿，也是员工薪资收入的一种补充分配形式，是额外的保障。

(2) 均等性。即履行了劳动义务的本企业员工均有享受各种企业福利的平等权利。它在一定程度上起着平衡劳动者收入差距的作用。

(3) 集体性。企业兴办各种集体福利事业，员工集体消费或共同使用公有物品等是企业员工福利的主体形式，也是企业员工福利的一个重要特征，不存在单个员工享受福利的特例。

(4) 多样性。企业员工福利的给付形式多种多样，包括现金、实物、带薪休假以及各种服务，而且可以采用多种组合方式，要比其他形式的报酬更为复杂，更加难以计算和衡量。最常用的方式是实物给付形式，并且具有延期支付的特点，这与基本薪酬差异较大，这样才能增强公司人性化的色彩。

(5) 潜在性。福利消费具有一定的潜在性。基本工资、绩效工资以及奖金是员工能拿到手中的货币工资，而福利则是员工所消费或享受到的物质或者服务。所以，员工可能会低估企业的福利成本，并抱怨某些要求得不到满足。同样，管理人员也可能难以意识到福利的成本及作用。

(6) 延迟性。福利中的很多项目是免税的或者税收是延迟的。这在无形中减少了企业的开支，使企业能把更多的资金花在改进工作效率或者改善工作条件、提高员工的福利水平上。

2. 福利的功能

(1) 传递企业的文化和价值观。员工对企业文化和价值观的认同，关系员工对企业工作环境和组织环境的认同。福利恰恰体现了企业的管理文化，能够传递企业对员工的关怀。

(2) 为员工提供安全保障。企业各种福利项目比如养老保险、医疗保险等，可以帮助员工应对患病等突发事件，也为员工退休后的养老做好安排，从而使员工消除后顾之忧，安心本职工作。

(3) 增强员工的凝聚力和归属感。福利体现了企业的人情化关怀，有利于凝聚人心，增强员工的归属感，激发员工的动力和活力。

(4) 增加企业的招聘优势。求职者在寻找工作时，并不完全"唯钱是从"，考虑更多的是企业的知名度、工作的挑战性和薪酬福利等。好的福利规划，不仅可以高效率地运用人力资源预算，而且可以增强企业的竞争力。

(5) 留住企业核心员工。核心员工是企业发展的宝贵资本，关系企业的成败。根据"80/20"定律，组织内部资源应该分配给能创造企业80%利润的20%的成员。因此，要充分重视对企业内部核心员工的福利安排，建立一套符合企业特性的福利规划，既可以适度提升员工士气，又可以达到留住核心员工的目的。

8.3.2　福利体系的组成和类型

福利管理的目的在于提高员工的全面生活质量，其形式和内容花样繁多，具体可以分为两大类：法定福利和企业福利。法定福利包括社会保险福利、住房公积金和法定休假。企业福利又分为经济性福利和非经济性福利两大类。具体内容如表8-4所示。

表8-4　福利体系的组成和类型

类型		内容
法定福利	社会保险福利	养老保险、医疗保险、失业保险、工伤保险、生育保险
	住房公积金	由国家承办，单位及在职职工按照工资比例共同缴费的住房储蓄计划
	法定休假	节日、公休假日、法定休假日、探亲假、带薪年休假以及有偿的病假等
企业福利（非法定福利）	经济性福利	补充保险计划	补充养老保险、补充医疗保险、集体人寿保险、个人财产保险、离退休福利
		额外及超时酬金	年终奖、法定节日等津贴、加薪、分红、物价补贴、购物券、超时加班费等
		住房性福利	住房贷款利息给付计划、住房津贴、免费单身宿舍、夜班宿舍、公房廉价出租或出售给本企业员工、提供购房低息或无息贷款、购房补贴等
		交通性福利	免费通勤车，市内公交费补贴以及报销，优惠车、船、机票，个人交通工具低息贷款或津贴，保养费或燃料费补助等
		饮食性福利	免费或低价的工作餐、工间休息的免费饮料、餐费报销、伙食补助、公关应酬饮食报销、免费发放食品、内部优惠、集体折扣代购食品等
		文体旅游福利	为员工祝贺生日，集体旅游，提供疗养机会，折扣价电影票、戏票、演出票和球赛票，体育锻炼设施购置等
		教育培训福利	在职或短期的脱产培训、企业外公费进修(业余、部分脱产或脱产、出国深造)、员工子女入托补助、子女教育补助、报刊订阅补贴、专业书刊购买补贴等
		医疗保健、意外补偿福利	免费体检和防疫注射、药费或滋补营养品报销或补贴、职业病免费防护、免费或优惠疗养、举办健康讲座、意外工伤补偿费、伤残生活补助、死亡抚恤金等
		金融性福利	信用储金、存款户头特惠利率、低息贷款、预支薪金、额外困难补贴等
		特种福利	针对特殊优秀人才设计的高档轿车服务、出差时的星级宾馆住宿；针对有特殊贡献的人才设计的股票期权、股票优惠购买权、高级住宅津贴；针对有特殊困难的员工提供的困难补助
		其他生活福利	洗澡、理发津贴，降温、取暖津贴，生日礼金、结婚礼金，服装津贴或直接提供的工作服，优惠价提供本企业产品或服务等
	非经济性福利	咨询性服务	免费为员工个人职业发展设计的咨询服务，心理健康咨询，法律咨询等
		保护性服务	平等就业权利保护(反种族、性别、年龄、歧视等)，投诉检举反报复保护，隐私保护，性骚扰保护等
		工作环境保障	实行弹性工作时间，缩短工作时间，进行工作环境设计，实施企业内部提升政策，员工参与民主化管理等
		文体娱乐性服务	免费提供计算机或其他学习设施，免费制订教育培训计划，免费使用文体设施(运动场、游泳池、健身房、阅览室，书法、棋、牌、台球等活动室)，组织文体活动(晚会、舞会、郊游、野餐、体育竞赛等)，免费娱乐票等

8.3.3　福利体系设计的内容和步骤

1. 福利体系设计的内容

企业福利体系设计首先体现为员工福利计划的制订。制订员工福利计划是实施福利管理、提高福利效益、降低福利成本的前提。企业应该根据自身情况和员工特点来设计福利制度体系，这样才能发挥福利制度的有效性。一个完整的员工福利计划应包括"5W2H"，具体内容如下所述。

(1) Why。企业为什么要向员工提供福利？明确提供福利的目的是企业在设计员工福利计划体系时首要考虑的问题。

(2) What。企业要向员工提供哪些福利？即为员工提供的福利内容是什么。福利内容直接决定了员工需求的满足程度，是影响员工满意度的主要因素。

(3) How。企业以哪种形式向员工提供福利？即为员工提供的福利形式是什么。企业需要对各种福利形式进行比较，从中选择最合适的形式。

(4) Who。由谁来向员工直接提供福利？即员工福利的实施主体是谁。

(5) Whom。企业要向哪些员工提供福利？即员工福利实施的具体对象是谁。不同的福利项目具有不同的特点，其适合的对象也是不同的。企业应当根据福利的具体内容来选择实施对象。

(6) How much。企业要向员工提供多少福利？即企业提供的福利应当保持什么水平。福利水平的确定主要涉及两个层次的内容：一是确定企业整体的福利水平；二是确定员工个人的福利水平。

(7) When。在什么时间向员工提供福利？即福利实施的时机。

2. 福利体系设计的步骤

(1) 了解与福利相关的国家立法。企业必须提供法律规定的福利项目，这是企业必须承担的福利成本。在总体薪酬水平一定的情况下，它不仅制约着弹性福利的空间，而且制约着直接薪酬的水平，提高福利水平要以降低直接薪酬水平为代价。

(2) 明确福利目标。员工福利体系应建立特定的目标，且该目标应该考虑企业的规模、企业所处的地区环境、企业的盈利能力及行业竞争对手的情况等。最重要的是要与企业经营战略相一致，以及考虑企业的目标与薪酬策略等。既要考虑员工的眼前需要与长远需要，还要能调动大部分员工的积极性，吸引优秀人才，并将其成本控制在企业能力范围之内。

(3) 福利调查。企业要想吸引和留住员工，保持在劳动力市场上的竞争力，就必须了解竞争对手所提供的福利组合、福利水平等情况。一般的福利调查对象包括市场上普遍存在的福利项目的形式、内容及其覆盖范围方面的信息。

(4) 福利基金的筹集。员工的福利基金是企业依法筹集的、专门用于员工福利支出的资金。管理者在设计福利体系时，必须确定基金的来源渠道。不同国家与地区的企业有不同的资金来源，一般有3种典型渠道，即按法规从企业财产和收入中提取、企业自筹、向员工个人征收。我国企业也必须按照国家法令的规定来提取或兑现员工福利基金。

(5) 对福利体系方案绩效进行成本—效益分析。企业在进行福利投资时，应进行成本核算。以员工对企业的重要性及工龄为基础，确定每一个员工福利项目的成本，当有多种方案可满足员工需求时，要进行成本—效益的比较分析，选出既满足员工需要又经济有效的福利体系方案。

(6) 福利的组织与实施。在组织与实施员工福利体系过程中，应做好以下几个方面的工作：①利用各种有效的渠道宣传各项福利，做好福利沟通工作，了解员工的福利需要；②进行员工的福利调查，收集员工对企业各项福利项目的态度、看法与要求；③组织实施福利规划体系时要落实福利规划与预算，定期检查实施、反馈、改进情况，以增强员工对企业的认同感、增强企业的凝聚力。

8.3.4 弹性福利体系设计

1. 弹性福利计划的含义

弹性福利计划又称为"自助食堂计划""自助餐式的福利管理方式"，源自20世纪70年代的美国。所谓的弹性福利计划是指企业为满足员工的多样化需求，提供列有多种福利项目的"菜单"，员工可以从中自由选择自己所需要的福利，组合自己"专属"的福利"套餐"，使福利效用达到最大化。"弹性福利计划"与"传统福利计划"最大的区别在于给予员工选择权和决定权，最大限度地满足员工个性化需要，大大提高了员工对福利的感知度与体验值。

2. 弹性福利计划的类型

由于企业经营环境的多样化和企业内部的特殊性，弹性福利制在实际操作过程中逐渐演化为以下几种有代表性的类型，企业可以根据自身特点选择合适的类型。

(1) 附加型。这是最普遍的弹性福利制，即在现有的福利计划之外，再提供其他不同的福利措施或提升原有福利项目的水准，让员工去选择。例如，某家公司原先的福利计划包括房租津贴、交通补助费、意外险、带薪休假等，如果该公司实施附加型弹性福利制，便可以将现有的福利项目及其给付水准全部保留下来当作核心福利，然后根据员工的需求，额外提供不同的福利措施，如国外休假补助、人寿保险等，但通常都会标上一个"金额"作为"售价"；根据每一位员工的薪资水准、服务年资、职务高低或家眷数量等因素，发给数目不等的福利限额，员工再以分配到的限额去认购所需要的额外福利。有些公司甚至规定，员工如未用完自己的限额，余额可折发现金，不过现金部分于年终必须合并计算缴纳所得税。此外，如果员工购买的额外福利超过限额，也可以从自己的税前薪资中扣抵。

(2) 核心＋选择型。它由两部分构成：核心福利和选择福利。核心福利是基本保障型福利，所有员工都必须享有，不能随意选择；弹性福利包括可自由选择的项目，并附有购买价格。员工所获得的福利限额，通常是未实施弹性福利制前所享有的，福利总值超过其所拥有的限额，差额可以折发现金。

(3) 弹性支用账户。这是一种比较特殊的弹性福利制。员工每一年可从其税前总收入中拨取一定数额的款项作为自己的"支用账户"，并以此账户去选择购买雇主所提供的各种福利措施。拨入支用账户的金额不需扣缴所得税，不过账户中的金额如未能于年度内用完，余额就归公司所有，既不可在下一个年度中并用，亦不能以现金的方式发放。各种福利项目的认购款项如经确定就不能留用。此制度的优点是福利账户的钱不必缴税，等于增加净收入，所以对员工极具吸引力，不过行政手续较为繁琐。

(4) 福利套餐型。福利套餐型是指由企业同时推出不同的、固定的福利组合，每一种组合所包含的福利项目和优惠的水准都不一样，员工只能自由选择某种福利组合，而不能选择每种组合所包含的内容。在规划此种弹性福利制时，企业可依据员工群体的背景(如婚姻状况、年龄、有无眷属、住宅需求等)来设计。

(5) 积分型。积分型的弹性福利计划是体现业绩激励的福利制度。它是按福利项目的内容、成本设立不同的分数，然后结合业绩考核评价分数抵兑福利项目分数，次年进行积分累计。员工随时可以根据抵兑的福利分数，享受抵兑的福利项目。这样不仅与业绩挂钩，同时也与企业贡献年限相关，可完善企业的留人机制。

(6) 选高择低型。它是在现有的固定福利的基础上，推出几种项目不等、程度不同的福利组合供员工选择。如果员工选择价值较高的组合，需从工资中扣除比原固定福利高的差额；如果员工选择价值较低的组合，可以得到比原固定福利低的差额，但员工必须对所得差额纳税。

3. 弹性福利体系设计的步骤

企业在设计弹性化的福利体系时，一般可以遵循以下几个步骤。

(1) 系统地清点企业目前所提供的有关法律、税制的福利项目和自行设立的福利项目。

(2) 查明自行设立福利项目的原因。

(3) 对按规定向员工个人和员工整体提供的和自行设立的福利项目进行精确的年度预算，包括绝对数值和所占的百分比(例如占工资总额、销售额、盈利和行业平均数的比例)。

(4) 定期开展员工调查，了解他们对所设立的福利项目的重要性和满意程度的意见。

(5) 定期将公司的福利政策与工会和其他行业协会政策以及人力资源市场上存在竞争关系的企业的政策(依据相关的薪酬和福利调查)进行比较。

(6) 为了达到随时为员工提供有吸引力的福利的目标，需要不断调整企业的福利政策以适应环境条件的变化，当然这样做必须符合经济原则。

(7) 为保证福利政策和实践的统一，必须将其全面、系统地编写到员工手册中。

对点案例　　　　　　　　　　**雅虎公司弹性工作制引发的争议**

2013年2月，雅虎公司CEO玛丽莎·迈耶(Marissa Mayer)推出了一项新制度，要求原本远程办公的雅虎员工必须到离家最近的雅虎办公室中办公，不遵守该制度的员工将会被要求离职。她表示，一般情况下，人们独处时工作效率比较高，但一起办公会增强团队的凝聚力和创新力，而最好的创意总是在思想不断碰撞的情况下产生的。公司人力资源部主管杰基·瑞瑟斯(Jackie Reses)也表示，在家办公往往会带来工作效率与质量的下降，目前，我们的目标是成为一个整体的雅虎，而要做到这一点，首先就要求员工在一起办公。

迈耶取消在家办公政策，引发了员工的强烈不满。许多员工表示，当初之所以加盟雅虎主要是因为其工作具有灵活性，并认为该政策"蛮横无理"且"打击员工士气"。

外界也对此发表了不同的看法，并引起了是否应该采用"弹性工资制"的争议。事实上，当前大多数科技公司都鼓励员工在办公室工作，并通过提供免费餐饮以及补贴等福利来激励员工，但通常不会强制要求员工到公司办公。Wordpress创始人马特·穆伦维格(Matt Mullenweg)表示，支持员工在世界任何角落办公，并提到在其公司的150名员工中，就有130名不在旧金山地区办公。

资料来源：汤姆.雅虎取消在家办公政策，引发员工强烈不满[N].腾讯科技，2013-02-24.有改编.

实用模板

A集团工资管理制度

第一章 总 则

第一条 制定目的。为了谋求A集团的可持续发展，并统一工资管理规范，特制定本制度。

第二条 适用对象。本制度适用A集团公司全体在册员工。

第三条 工资结构。本集团的工资结构由基本工资、津贴、奖金和职务工资4个部分组成。

第四条 确定依据。确定工资的依据是职务，以及在履行职责过程中表现出来的业绩、贡献、才干与姿态。在确定工资的依据方面，不考虑员工的工龄、年龄与家庭负担。

第五条 工资方针。A集团的工资方针是，鼓励每位员工承担起职务工作的责任，按职业化的要求努力工作，从而充分发挥所担当的职务价值。

第六条 工作宗旨。A集团将通过工资杠杆，吸引优秀人才，留住关键人才，激发人力资源潜力，提高市场竞争力，提高响应顾客需求的速度。

第二章 基本规范

第七条 计算期。工资的计算期间，一年为12个月，一月为22天，一天为8小时。在实施缺勤扣除时，原则上按工资计算期进行，计算方法如表8-5所示。新员工若在10日之前进入企业，按全月计算职务等级工资；若在10日以后进入企业，按半月计算职务等级工资。

表8-5 缺勤计算单位

缺勤时间	符号	扣除标准
缺勤小时	t1	扣1/176月职务等级工资
缺勤天	t2	扣1/22月职务等级工资
缺勤月	t3	扣月职务等级工资

第八条 缺勤分类。凡在制度工作时间内不能出勤者，为缺勤，共包括6类，如表8-6所示。

表8-6　缺勤类型及含义

类型	含义
因公缺勤	派出学习培训、休法定产假、休法定婚丧假以及企业认定的其他非因私缺勤
因私缺勤	凡迟到、早退、因私外出与串岗者，为因私缺勤
旷工缺勤	凡事先不请假而缺勤，事后无正当理由补假者，为旷工缺勤
事假缺勤	凡因私请假并获主管同意而缺勤，为事假缺勤
公伤缺勤	凡因公负伤且在住院治疗期间缺勤，为公伤缺勤
病假缺勤	凡非因公负伤、因公负伤康复期与治疗期缺勤且有市级指定医院证明者，为病假缺勤

第九条　缺勤计算。各类缺勤扣除基准如表8-7所示。

表8-7　缺勤月薪扣除基准表

类型	月不满1小时	月满1小时	月满1天	年满1月	年满3月	满半年
因公	*	*	*	*	1/3 t3	2/3 t3
因私	t1	1.3 t1	3 t22	自动离职	自动离职	*
旷工	t1	1.3 t1	6 t2	自动离职	*	*
事假	*	t1	t2	t3	*	*
工伤	*	*	*	*	*	*
病假	*	*	*	1/3 t3	2/3 t3	t3

说明：*表示不予考虑(扣除为0或者已经没有扣除的意义)。

第十条　工资扣除。在支付工资前作如下统一扣除：

- 扣除个人所得税及法定的有关税费；
- 扣除法定的保险费及本企业契约规定的保险费；
- 扣除企业契约规定的代扣金额；
- 扣除企业其他制度规定的超支费用；
- 扣除员工私人借款偿还金；
- 扣除缺勤工资及惩戒规则规定的金额。

第十一条　工资支付。工资支付日为每月的26日，奖金支付日为次月10日。支付日如遇公休日或节假日，则提前至放假前一日。工资以现金方式支付给本人或直系亲属。

第十二条　提前支付。员工本人若按下列理由提出申请，主管领导确认后可提前支付当月工资。

- 婚丧、疾病、分娩与灾害；
- 其他本企业认可的非常事件。

第十三条　辞退处理。员工被辞退或解聘后，本企业向该员工或直系亲属一次性付清其应得的工资性收入。

第十四条　自动离职。员工从自动离职日起，本企业不予支付工资性收入。

第三章　工资分类

第十五条　工资结构。员工按不同的类别实行不同的工资结构，如表8-8和表8-9所示。

表8-8 工资结构

工资分类	范围	工资结构	系数
第一类	总部职员	$A+K\times B+C+D$	$K=10$
第二类	营销人员	$A+K\times B+C+E$	$K=0.5$
第三类	要职人员	$A+K\times B+C+F$	$K=0.5$
第四类	外聘临时工	G	

表8-9 工资结构说明

代号	A	B	C	D	E	F	G
名称	基本工资	职务工资	津贴补助	业绩奖金	提成奖	年薪	固定工资

第四章 基本工资(A)

第十六条 基本工资的含义。基本工资是指公司每月发给员工的基本工资,这一部分工资不受公司月度经济效益的影响,只与员工是否在册有关。

第十七条 基本工资数额的确定。基本工资按《中华人民共和国劳动法》及地方法规性文件确定,集团总部所有员工的基本工资都以当地法定最低工资水平为基准,为人民币1 500元。

第十八条 所有员工的基本工资应保持一致,没有特例。

第五章 职务工资(B)

第十九条 职务等级。职务等级工资的发放依据是职务等级,即各类职务对实现集团公司战略目标的相对价值。职务等级越高,相对价值越大。

第二十条 等级因素。影响职务等级确立的因素包括:

● 承担工作所需要的知能或体能;

● 工作的目标、任务、责任以及责任范围;

● 工作的重复性;

● 工作的复杂性;

● 与人接触的差异性;

● 与人接触的复杂性;

● 工作的环境。

第二十一条 职务评价。依据职务等级因素,对各类职务的价值进行评价,确定职层,如表8-10所示;然后确定各类职务的职等,如表8-11所示,进而确定职级。

表8-10 A集团部分职务归类示例

职类	职层	职务(岗位)示例
决策类	董事长	董事长、
管理类	高层管理	总经理、副总经理
	中层管理	部门经理:财务经理、生产经理、行政经理、人力资源部经理等
	基层管理	部门主管:财务主管、审计主管、供应部主管等
专业类	总工程师	
	高级工程师	
	工程师	会计、工程、经济
	助理工程师	
	技术员	

(续表)

职类	职层	职务(岗位)示例
业务类	特级业务员	
	高级业务员	
	中级业务员	
	特初业务员	
操作类	高级工	
	中级工	生产、维修、调试
	初级工	
事务类	事务员	打字员、后勤、司机、炊事员、门卫等

表8-11　A集团职务等级表

职层	职类职等	决策	管理	专业	业务	操作	事务
M	十	董事长					
	九	总裁					
	八		总经理				
S	七		副总经理	总工程师			
	六		部门经理	高级工程师			
	五		部门副经理	工程师			
	四		部门主管	助理工程师	特级业务员		
I	三			技术员	高级业务员	高级工	
	二				中级业务员	中级工	
	一				特初业务员	初级工	事务员

第二十二条　职能工资等级表。A集团工资等级设置为10等10级，也就是设置10个职等，每个职等又设置10个职级，如表8-12所示。

表8-12　A集团职能工资等级表

职级＼职等	一	二	三	四	五	六	七	八	九	十
M	1 900	2 200	2 600	3 100	3 700	4 500	5 450	6 650	8 050	9 850
	1 920	2 240	2 660	3 180	3 800	4 630	5 610	6 850	8 290	10 150
	1 940	2 280	2 720	3 260	3 900	4 760	5 770	7 050	8 530	10 450
S	1 960	2 320	2 780	3 340	4 000	4 890	5 930	7 250	8 770	10 750
	1 980	2 360	2 840	3 420	4 100	5 020	6 090	7 450	9 010	11 050
	2 000	2 400	2 900	3 500	4 200	5 150	6 250	7 650	9 250	11 350
	2 220	2 440	2 960	3 580	4 300	5 280	6 410	7 850	9 490	11 650
I	2 240	2 480	3 020	3 660	4 400	5 410	6 570	8 050	9 730	11 950
	2 260	2 520	3 080	3 740	4 500	5 540	6 730	8 250	9 970	12 250
	2 280	2 560	3 140	3 820	4 600	5 670	6 890	8 450	10 210	12 550

第二十三条　职能等级进入。具体到某个员工，如果要确定薪等薪级，必须进行评估，促使现任职务(职位)发挥应有的价值，或者确认职务担当者预期的职务贡献。评估的

主要依据是职务担当者以往的人事考核结果，以及在职务上所做的工作计划与承诺。

第二十四条 薪等进入基准。根据职务等级表以及各类职务价值，确定各类职务担当者的薪等区间，如表8-13所示。例如，凡进入"管理类职务"者，最低薪等可确定为三等，最高薪等可确定为八等；同理，凡进入"事务类职务者"，最低薪等可确定为一等，最高薪等可确定为三等。

表8-13 职类区间

职层	职等	决策类	管理类	专业类	业务类	操作类	事务类
M	十						
	九						
	八						
S	七						
	六						
	五						
	四						
I	三						
	二						
	一						

第二十五条 薪级进入基准。薪级的进入基准为学位，如表8-14所示。例如，凡取得博士学位者，最低薪级可确定为五级，最高薪级可确定为十级；同理，取得高中(中专)以下学位者，最低薪级可确定为一级，最高薪级可确定为三级。

表8-14 薪级进入基准表

职级	初中(小学)	高中(中专)	大学(大专)	硕士	博士(博士后)
十					
九					
八					
七					
六					
五					
四					
三					
二					
一					

第二十六条 考核计分。人事考核结果分为S、A、B、C、D共5等，对应计分值如表8-15所示。

表8-15 绩效考核结果记分表

评语	极佳	优秀	良好	合格	不合格
考核结果	S	A	B	C	D
分值	5	4	3	2	1

第二十七条 薪级调整基准。薪级调整每半年1次。依据半年2次的季度考核结果累计分值决定薪级调整幅度，调整基准如表8-16所示。

表8-16 薪级调整基准

累计分值(半年2次)	升(降)级	备注
10	+2	如果员工在某一职等上已经达到最高职级，则考核成绩高时不再考虑职级的变化，而是考虑为其提高职等；反之，如果员工在某一职等为最低职级，若考核成绩低则考虑为其降低职等
9、8	+1	
7、6、5	0	
4、3	−1	
2	−2	

第二十八条 薪等调整每年1次。依据一年4次绩效考核结果的累计分值，决定薪等的调整幅度，薪等调整基准如表8-17所示。

表8-17 薪等调整基准

累计分值K	升(降)等
$18 \leqslant K \leqslant 20$	+1
$12 \leqslant K \leqslant 17$	0
$8 \leqslant K \leqslant 12$	−1
$K \leqslant 8$	下岗

第二十九条 调整顺序。年终的工作调整顺序如下所述。

● 先按照三四季度的2次考评结果调整薪级，再依据1年4次的考评结果调整薪等；

● 晋等后薪级确定，依工资表对应全额上靠；

● 退等后薪级确定，依工资表对应全额下靠。

第三十条 自然升等。在某一等中薪级升满10级，若有升级情况出现，则自然过渡到比其高一等的金额对应的薪级。

第三十一条 薪点值。将由薪等(10等)、薪级(30级)组成的职能工资表中的数值看作薪点，且暂定为1∶1关系(即1点为人民币1元)

第三十二条 薪点值调整。将来集团根据外部经济状况、市场物价指数与实际经济效益，于每年年底调整一次薪点值。例如，若明年净利润增长50%，则可定为1点为人民币1.2元；若明年净利润减少50%，则可定为1点为人民币0.8元。

第六章 津贴补助(C)

第三十三条 津贴类型。津贴补助的具体类型由A集团根据《中华人民共和国劳动法》及地方相关政策并结合公司实际情况予以制定实施，包括以下几种。

(1) 加班津贴：

● 加班定义。凡制度工作时间以外的出勤为加班，主要指休息日、法定休假日加班，以及8小时工作日的延长作业时间。

● 加班认定。加班时间必须经主管认可。

● 计算标准。以主管认可的加班时间，按加班者"小时职务工资"计算，加班以小时为计算单位，不足一小时略去。具体的计算标准如表8-18所示。

表8-18　加班津贴计算表

类型	计算公式	说明
延长工作时间	$1.5 \times N \times 1/(22 \times 8) \times A$	
休息日加班	$2.5 \times N \times 1/(22 \times 8) \times A$	
法定休假加班	$3 \times N \times 1/(22 \times 8) \times A$	

● 发放时间。每月与职能等级工资一起发放。

(2) 出差津贴：

● 发放对象。凡离开工作所在地到外省市出差者(培训除外)。

● 发放标准。根据员工在职务等级工资表中的位置进行确定，如表8-19所示。

表8-19　出差津贴计算表

职务等级	一等～三等	四等～六等	七等、八等	九等、十等
出差津贴/元/天	30	50	80	150

● 发放时间。每月与职能等级工资一起发放。

(3) 管理津贴：

● 发放对象。向各级决策层领导与管理职务担当者支付管理津贴。

● 发放标准。根据员工在职务等级工资表中的位置确定，如表8-20所示。

表8-20　管理津贴计算表

职务等级	五等	六等	七等	八等	九等	十等
管理津贴/元/月	100	200	300	400	500	600

● 发放时间。每月与职能等级工资一起发放。

● 注意事项。享受此津贴者不享受加班津贴。

第七章 业绩奖金(D)

第三十四条 业绩奖金的分配在年终按一年4次的考核结果一起发清，相关基准如表8-21所示。

表8-21　业绩奖金发放基准

累计分值K(一年4次之和)	奖金额	说明
20、19、18	3×月工资额	
17、16、15	2×月工资额	此处的"月工资额"是指全年月平均实得职务工资
14、13、12	1×月工资额	
其他	0	

第八章 销售提成奖(E)

第三十五条 销售提成奖。销售部门或个人在完成本年度销售目标的基础上超额完成的一定部分按照销售收入的一定百分比提取奖金，提成率由公司每年年初制定。

第九章 年薪(F)

第三十六条 年薪适用对象。对集团公司的要职要员实行年薪制。

第三十七条 发放依据。年薪额度根据职务工资等级以及考核结果确定，相关基准如表8-22所示。

表8-22　年薪发放基准

累计分值K (一年4次之和)	各等级对应年薪/万元/年		
	十等	九等	八等
20、19、18	50	40	20
17、16、15	35	20	15
14、13、12	20	15	10

第三十八条　与职能工资制的结合。职能等级工资是决定各项报酬的基础，因此，无论是否进入年薪制系列，都必须依据考核结果对所有员工的工资等级进行调整，以便退出年薪制后，顺利进入等级工资体系。

第十章　固定工资(G)

第三十九条　公司外聘临时工实行统一定价制，不浮动，暂定为1 750元/月。

第十一章　退职金

第四十条　发放范围。被企业解除劳动合同的员工(包括被公司辞退与除名的员工，以及劳动合同期满不续订劳动合同的员工)，除第四十二条规定外，企业将按相应的支付标准向其支付退职金。

第四十一条　支付标准。退职金的支付标准：

● 在本企业工作每满1年，支付1个月的月平均实得职务工资，最多不超过12个月；6个月以上不满1年的，按1年计算；不满6个月的，支付半个月的平均实得职务工资。

● 月平均实得职务工资按员工被解除合同前3个月实得职务工资的平均数计算。

第四十二条　凡符合下列情况之一者，不享受退职金。

● 因违法乱纪被强制解雇者(开除)。

● 试用期内被证明不符合录用条件者。

● 给企业造成重大损失者。

● 不经允许辞职，擅自脱离公司(自动离职)者。

● 其他企业认为不应支付退职金的情况。

|课后练习|

一、名词解释

薪酬、薪酬管理、薪酬结构、福利、弹性福利计划

二、选择题

1.既是薪酬体系设计的基本原则，又是薪酬管理应考虑的首要因素的是(　　)。

　　A.战略性　　　　　　B.公平性　　　　　　C.经济性　　　　　　D.竞争性

2.福利的特点不包括(　　)。

　　A.补偿性　　　　　　B.延迟性　　　　　　C.公平性　　　　　　D.潜在性

3. 薪酬对企业而言具有( )功能。

    A. 补偿保障   B. 文化塑造   C. 资本增值

    D. 资源配置   E. 控制成本

4. 薪酬体系设计的内容包括薪酬的( )。

    A. 水平管理   B. 结构管理   C. 体系管理

    D. 日常管理   E. 制度管理

5. 弹性福利计划的类型包括( )。

    A. 选低择高型   B. 弹性支用账户   C. 福利套餐型

    D. 附加型   E. 记分型

三、简述题

1. 试述薪酬的功能。

2. 简述薪酬管理的内容。

3. 简述福利的功能。

4. 简述薪酬体系设计的程序。

5. 简述福利体系设计的步骤。

案例分析　　**壳牌: 薪酬体系对外具竞争力、对内公平透明**

壳牌对员工幸福感的诠释: 优化薪酬福利制度; 薪酬对外具有竞争性; 薪酬对内做到公平、透明。

"壳牌所在的行业是能源行业, 在做项目和投资时都会看15～30年的收益, 业务模式很长, 也很稳定。所以壳牌非常希望自己的员工把在壳牌的事业当成自己的终生职业。"壳牌公司人力资源经理王颖说。

实际上, 在吸引和保持人才方面, 壳牌给员工提供了足够大的舞台, 我们选择其中一个角度——薪酬福利, 可发现其中有值得借鉴的亮点。

亮点1　薪酬制度公平、透明

2010年3月, 在壳牌的年度调薪中, 壳牌人力资源部在全国连续做了40多场沟通会, 壳牌中国有1 000余名员工, 超过80%的人参与了面对面的沟通, 了解到壳牌整体的薪酬方案与理念。

作为薪酬制度最重要的一部分工作, 壳牌每年都会制定调薪方案。对全年总体薪酬制度的调研和回顾, 成为调薪方案的制定基础。回顾内容既包括整个外界市场的变化(中国的经济环境有什么变化, 包括CDP的变化、CPI的变化), 也包括内部(企业今年总体状况如何, 目前是否遇到瓶颈)和员工的情况。壳牌人力资源部门每年都要通过各种渠道, 向同事们阐释制定调薪方案的原因和理念所在, 让员工有期望值, 知道公司的薪酬制度是靠一套完备的系统来运作的。

对于一个员工来说, 透明的制度能够保证自己的劳动得到认可, 公平的机制能激励员工更加努力工作。

亮点2 休假的制度保障

竞争性和长期性的理念从宏观层面保证了壳牌员工的利益，而微观层面的保障性则被壳牌从制度层面做到了极致。

壳牌采取非常灵活的办公时间，员工只要保证在10点到16点的核心办公时间高效率工作即可，而具体的上下班时间可以根据自身情况调整，不实行上下班打卡制度。

在壳牌，员工年假的最低标准为15天，在制订年度工作计划时，壳牌的员工都会把年假计划包含在内。每一个壳牌的部门主管，都有义务支持下属完成年假计划，使员工每年最少休10天假。如果主管没有保证员工正常的休假权利，会受到人事部门的监管，这在一定程度上会影响他的职责考评。

对企业来说，能提出"在10点到16点的核心办公时间高效工作即可"，非常需要勇气！

亮点3 补充养老金

靠分红式的短期刺激，还是靠逐年递增的职位薪酬长期累积，成为靠薪酬福利制度吸引、保持人才理念的分歧。出于对"终生事业"观念的培养，壳牌的内部政策更倾向逐年提高薪金，而不是发奖金、津贴和分红等传统方式。员工在年度内出色地完成工作后，会得到与其工作级别相对应的薪资涨幅和年终奖金。当员工符合一定的晋升条件时，公司则给予其晋升(职位，工资级别)，使他们能够在个人事业的阶梯上逐步攀升。

壳牌中国从1993年开始实行养老金制度，通过两个维度(员工在壳牌服务年限、退休前最后一个月的薪金)计算出数额，为壳牌退休员工发放养老金。在中国的社会保障体系中，一个重要的概念就是养老金替代率。在中国，目前很少有企业实行养老金制度，而壳牌补充金、养老金制度的出现，有效地补充了社会养老金制度，让壳牌的员工在退休之后没有任何后顾之忧。

另外，壳牌还为长期服务的员工发放长期服务奖。长期服务奖是员工连续在壳牌服务超过10年、15年、20年、25年等时段的时候，由壳牌发放的一笔奖金。在这里工作的年限越长，长期服务奖就越高，会在员工离职时一次性结算发放。

作为这项制度的一个正面回应，在壳牌中国超过1 000人的团队中，超过150人是服务10年以上的老员工。包括新加入壳牌的年轻人，所有的壳牌员工的平均在职年限超过5年。

亮点4 生育保障、大病保障、配偶保障

每个人的一生，都会遇到诸如结婚、生子或者生病等或喜或悲的转折，企业在这些时刻发挥作用比平时任何时候都要重要。

在壳牌，每一位生育的女员工都是幸福的新妈妈。诞生新生命的她们，在休息时间，不会有一点后顾之忧。壳牌的薪酬制度，可以保证她们在产假期间所有薪酬一分不少，另外还会收到公司送到的礼金和津贴。

如果员工不幸身染大病，公司会第一时间安排员工放假使其安心治病。而治病的费用，除了社保报销的额度，壳牌还会额外提供一笔很大数额的大病津贴，连带一系列到位的住院津贴和补助，帮助员工顺利度过治疗的过程，以良好的心态返回工作岗位。

而对于员工无业的配偶，壳牌会给这些人缴纳各项社会保险，为员工的家庭解除后顾之忧。"如果每一个企业都能够像壳牌一样负责任，所有人的生活质量都会提高很多。"王颖的话，代表了每一位壳牌员工的心声，也让我们看到壳牌100多年来历经风雨最终磨砺出的人文关怀。

对于壳牌员工的幸福感，我们仅仅对薪酬福利一个方面有所了解，但壳牌员工的凝聚力，绝不仅仅源于这一个方面。

无数实践证明，在员工面临人生大事时施予关怀和体贴，员工的幸福感会倍增。

资料来源：壳牌：薪酬体系对外具竞争力、对内公平透明. 腾讯教育. http//edu.qq.com/a/20110218/000320.htm，2011-2-18.

【案例讨论】

(1) 壳牌公司的薪酬体系有哪些特别之处？

(2) 在壳牌公司薪酬体系的亮点中，哪些措施能够保障薪酬体系的公平、透明？

(3) 壳牌公司的薪酬体系对我们有什么启示？

实训演练

设计薪酬管理方案

1. 实训目标

通过实训演练，使学生掌握工资制度的主要内容，同时了解企业奖金应如何分配。

2. 实训内容

学生可以通过网络、期刊等途径收集一家企业的背景资料，了解该企业工资制度的相关信息，以及奖金如何分配。

3. 实训组织

建立实训小组(3～5人)，以小组为单位开展以下各项活动。

(1) 在小组内部讨论目标公司的工资制度属于哪种类型，工资体系设计的原则是什么，包含哪些内容，奖金所占的比重有多大。

(2) 根据所学的薪酬制度设计方法，制定该公司的薪酬制度改进方案。

(3) 在班级开展讨论。各组制作演示幻灯片说明对该企业工资制度的看法，然后，由同学提问。

拓展阅读

刘昕. 薪酬管理[M]. 4版. 北京：中国人民大学出版社，2014.

中国薪酬调查网. http：// www.xinchou114.com.

中华薪酬网. http：// www.xinchou.com.cn.

中国人力资源网. http：// www.hr.com.cn.

中国薪酬管理高层论坛. http：// www.xinchouluntan.com.

美国薪酬学会. http：// www.ameriapayroll.org.

第9章
劳动关系管理

知识结构图

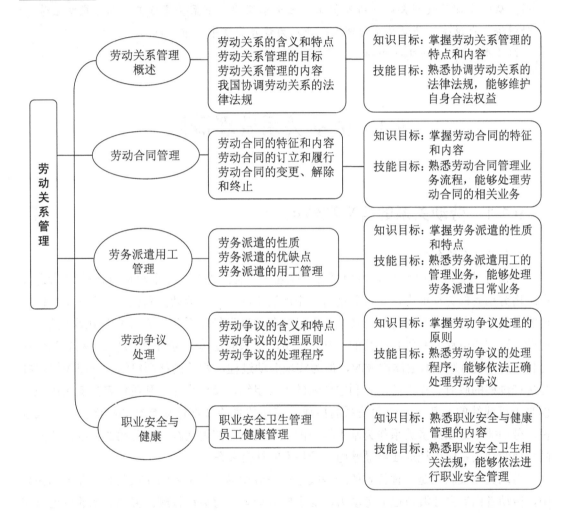

劳动关系管理 —
- 劳动关系管理概述
  - 劳动关系的含义和特点
  - 劳动关系管理的目标
  - 劳动关系管理的内容
  - 我国协调劳动关系的法律法规
    - 知识目标：掌握劳动关系管理的特点和内容
    - 技能目标：熟悉协调劳动关系的法律法规，能够维护自身合法权益
- 劳动合同管理
  - 劳动合同的特征和内容
  - 劳动合同的订立和履行
  - 劳动合同的变更、解除和终止
    - 知识目标：掌握劳动合同的特征和内容
    - 技能目标：熟悉劳动合同管理业务流程，能够处理劳动合同的相关业务
- 劳务派遣用工管理
  - 劳务派遣的性质
  - 劳务派遣的优缺点
  - 劳务派遣的用工管理
    - 知识目标：掌握劳务派遣的性质和特点
    - 技能目标：熟悉劳务派遣用工的管理业务，能够处理劳务派遣日常业务
- 劳动争议处理
  - 劳动争议的含义和特点
  - 劳动争议的处理原则
  - 劳动争议的处理程序
    - 知识目标：掌握劳动争议处理的原则
    - 技能目标：熟悉劳动争议的处理程序，能够依法正确处理劳动争议
- 职业安全与健康
  - 职业安全卫生管理
  - 员工健康管理
    - 知识目标：熟悉职业安全与健康管理的内容
    - 技能目标：熟悉职业安全卫生相关法规，能够依法进行职业安全管理

情景写实

上海家化与王茁终审判决继续履行案件

2014年5月13日，王茁被上海家化解除总经理及董事职务，理由是王茁的工作责任心不强，致使普华永道对该公司内部控制出具否定意见的审计报告，从而导致媒体负面报道，对公司造成恶劣影响，为严重失职。王茁于2014年6月4日向上海市虹口区劳动人事争议仲裁委员会申请仲裁，要求恢复劳动关系。仲裁裁决支持了王

苗的要求，上海家化不服起诉。

一审法院认为上海家化并无证据证明内部控制审计报告中指出的重大缺陷是由王苗个人的严重失职、严重违纪造成，其诉求未得到一审法院的支持。上海家化不服上诉。2015年9月25日，上海二中院做出终审判决，维持一审上海家化联合股份有限公司与王苗恢复劳动关系的判决。随后上海家化为王苗安排了新职务，要求每周提交不少于2万字的关于中国文化研究的进展报告，薪酬为6 000元/月。

案件分析： 这是一个万众瞩目的案件，公司原总经理与公司打起了劳动关系官司。从一个侧面说明公司内所有员工，上至总经理，下至普通员工，都可能发生劳动纠纷，也说明了劳动关系管理在企业人力资源管理中的重要性。

资料来源：http://www.chrm.gov.cn。

9.1 劳动关系管理概述

9.1.1 劳动关系的含义和特点

1. 劳动关系的含义

所谓劳动关系是指用人单位(包括各类企业、个体工商户、事业单位等)与劳动者之间在运用劳动者的劳动能力，实现劳动过程中所发生的关系。劳动关系包含以下三个方面的内容：其一，劳动关系的目的。劳动关系是与劳动过程相联系并在劳动过程中形成的，实现劳动过程是劳动关系的直接目的。其二，劳动关系的主体。劳动关系是以劳动者和劳动力使用者(雇主)为基本主体构成的，但为实现劳动过程，相关的社会组织——组织协调社会生产过程的政府、作为劳动者利益代表的工会组织以及作为雇主利益代表的雇主组织，也是不可或缺的。其三，劳动关系的性质。劳动关系的基本性质是社会经济关系，或者说，劳动关系是以经济关系作为基本构成的社会关系。在现代社会，劳动的社会形式的趋同性使劳动关系成为经济社会最普遍、最基本的社会关系。

劳动关系反映的是一种特定的经济关系——劳动给付与工资的交换关系。在劳动关系中，劳动者向雇主让渡自己的劳动力，雇主向劳动者支付劳动报酬。劳动关系的稳定与和谐，直接关系社会经济、政治的稳定与和谐。

2. 劳动关系的特点

1) 个别性与集体性

就劳动关系主体而言，可分为个别劳动关系与集体劳动关系。个别劳动关系，是个别雇员与管理方之间的关系，是个别劳动者在从属的地位上提供职业性劳动，而管理方给付报酬的关系。集体劳动关系，则是劳动者的团体如工会，为维持或提高劳动条件与管理方之间建立的互动关系。

2) 平等性与隶属性

劳资双方都是独立自主的主体，在法律上拥有平等的地位。同时经济组织内部的劳动关系是按照平等协商的原则建立起来的，这种相互选择的关系可以说是一种平等关系，这种平等关系是由劳动法来调整的。但在现实中，劳动力使用者却占有优势地位。这是因为资本具有稀缺性和独占性的特点。劳动者本身不占有资本，只能通过提供劳动来换取经济报酬，因而劳动者实际上依附于资本，处于被管理和被支配的地位，具有隶属性。

3) 对等性与非对等性

就劳动关系双方相互应履行的义务而言，具有对等性与非对等性之别。所谓对等性义务，是指一方没有履行某一义务时，他方可以免除对另一相对义务的履行。所谓非对等性义务，则是指一方即使没有履行某一相对义务，他方仍不能免除履行另一义务。如雇员提供劳动与管理方支付劳动报酬之间具有对等性；但雇员提供劳动与管理方的照顾义务，雇员的忠实义务与雇主的报酬给付，以及雇员的忠实义务与雇主的照顾义务之间则均无对等性。对等性义务属于双方利益的相互交换，而非对等性义务则属于伦理上的要求。

4) 经济性与社会性

劳动关系本质上是一种经济利益关系。劳动者提供的劳动是一种特殊的商品，劳动者以符合用人单位需要的工作能力和技能从事劳动，可以获得相应的劳动报酬。用人单位取得劳动者的劳动成果后，可以实现产品的增值，可以获得较高的利润。从这个角度来看，劳动关系具有经济利益的性质。劳动者和用人单位是由于特定的利益目标而结合的，是由处于一定社会环境下的期望、人际关系、行为特征组成的。劳动者在得到经济回报的同时，同样需要从工作中获得心理上的满足，主要体现为尊严、归属感、成就感、荣誉等。因此，劳动关系既是一种经济关系，又是一种社会关系。

9.1.2　劳动关系管理的目标

劳动关系管理是为了促进组织经营活动的正常开展，缓解和调整组织劳动关系的冲突，以实现组织劳动关系的合作、提高组织劳动效率为目标的各种措施和手段。劳动关系管理的总体目标是缓解、调整组织劳动关系的冲突，创造组织良好的工作氛围和良好的人际关系环境，最大限度地促进劳动关系合作，以提高组织管理效率，实现组织目标。

具体来说，劳动关系管理的目标体现在以下诸方面。

(1) 把工作中的干扰降到最低程度，减少冲突的可能性。

(2) 降低单位劳动成本，而不必降低工资。

(3) 通过商定的程序，宣泄不满情绪，建立更稳定的雇员关系。

(4) 提高生产力和劳动力的利用效率。

(5) 增强协作与承诺，以提高对必要的变化的适应能力。

(6) 增强对劳动过程的控制。

9.1.3　劳动关系管理的内容

劳动关系管理涉及人力资源管理的方方面面，同时与员工及组织的利益息息相关，主要包括以下内容。

1. 劳动合同管理

劳动合同管理是人力资源管理中的重要环节。加强劳动合同管理，提高劳动合同的履约率，对提高劳动者的绩效、激发劳动者的积极性、维护和谐的劳动关系、促进企业的健康发展来说具有十分重要的意义。主要内容包括：①劳动合同履行的原则。②员工招收录用条件、招工简章、劳动合同草案、有关专项协议草案等。③员工招收录用计划的审批、执行权限的划分。④劳动合同的订立、履行、变更、续订、解除和终止的审批和管理办法。⑤试用期考察办法。⑥员工档案管理办法。⑦集体合同的拟定、协商等管理办法。⑧劳动合同管理制度修改、废止管理办法等。

2. 劳动纪律管理

劳动纪律是企业依法制定的全员在劳动过程中都必须遵守的行为规则。主要内容包括：①时间规则。作业时间、考勤办法、请假程序及管理办法等。②组织规则。企业各部门或各组成部分及各类层级权责结构之间的指挥、服从、接受监督、保守商业秘密等规定。③岗位规则。劳动任务、岗位职责、操作规程、职业道德等。④协作规则。各工种、工序、岗位之间的关系，上下层级之间的连接、配合等规则。⑤品行规则。言语、着装、用餐、行走、礼节等规则。⑥其他规则等。

3. 劳动定员定额管理

劳动定员定额管理的内容包括劳动定员定额机构的设置，以及劳动定员定额标准的制定、实施和修订等工作。

4. 劳动岗位规范管理

劳动岗位规范管理是企业根据劳动岗位的职责、任务和生产手段的特点对上岗员工提出的有关客观要求的综合规定。在协调劳动关系、组织劳动过程中，劳动岗位规范是安排员工上岗、签订上岗协议和对员工进行岗位考核的依据和尺度，包括岗位名称、岗位职责、生产技术规定和上岗标准等。

5. 劳动安全卫生管理

国家为了保护劳动者在生产过程中的安全和健康，根据生产的客观规律和生产实践经验的总结，规定了企业必须执行的安全生产管理制度，主要包括：安全生产责任管理、安全技术措施计划管理、安全生产教育管理、安全生产检查管理、重大事故隐患管理、安全卫生认证管理、伤亡事故报告和处理、个人劳动安全卫生防护用品管理和劳动者健康检查管理等。

除此之外，我国的劳动关系管理还包括劳动争议管理、职工民主管理、劳动保护、劳动就业管理等内容。

9.1.4　我国协调劳动关系的法律法规

随着我国社会、经济的不断进步与发展，在借鉴发达国家相关法律法规的基础上，我国关于规范和调整劳动关系的法律法规越来越多、越来越细化，这体现了我国劳动关系管理规范化和法制化的趋势。我国协调劳动关系的重要法律法规如表9-1所示。

表9-1　我国协调劳动关系的重要法律法规

类别	法律法规	发布部门	实施日期
综合法	中华人民共和国劳动法	全国人大常务委员会	1995.01.01
劳动合同制	中华人民共和国劳动合同法(修订)	全国人大常务委员会	2013.07.01
	中华人民共和国劳动合同法实施条例	国务院	2008.09.18
	劳务派遣暂行规定	人力资源和社会保障部	2014.03.01
	集体合同规定	劳动和社会保障部	2004.05.01
用工与就业	禁止使用童工规定	国务院	2002.12.01
	中华人民共和国就业促进法	全国人大常务委员会	2008.01.01
	关于加强职业培训促进就业的意见	国务院	2010.10.20
工资薪酬	工资支付暂行规定	劳动和社会保障部	1994.12.06
	关于工资总额组成的规定	国家统计局	1990.01.01
	最低工资规定	劳动和社会保障部	2004.03.01
	关于进一步健全最低工资制度的通知	劳动和社会保障部	2007.06.12
	工资集体协商试行办法	劳动和社会保障部	2000.11.08
工作时间、休息休假	关于职工工作时间的规定	国务院	1995.05.01
	国务院关于修改〈全国年节及纪念日放假办法〉的决定	国务院	2008.01.01
	职工带薪年休假条例	国务院	2008.01.01
	企业职工带薪年休假实施办法	人力资源和社会保障部	2008.09.18
劳动保护	女职工劳动保护规定	国务院	1988.09.01
	女职工劳动保护特别规定	国务院	2012.04.28
	中华人民共和国安全生产法	全国人大常务委员会	2002.11.01
	生产安全事故报告和调查处理条例	国务院	2007.06.01
	中华人民共和国职业病防治法	全国人大常务委员会	2011.12.31
社会保险	中华人民共和国社会保险法	全国人大常务委员会	2011.07.01
	关于完善企业职工基本养老保险制度的决定	国务院	2005.12.03
	关于建立城镇职工基本医疗保险制度的决定	国务院	1999.01.01
	失业保险条例	国务院	1999.01.22
	工伤保险条例	国务院	2011.01.01
	工伤认定办法	人力资源和社会保障部	2011.01.01
	企业职工生育保险试行办法	劳动和社会保障部	1995.01.01
劳动争议	中华人民共和国劳动争议处理调解仲裁法	全国人大常务委员会	2008.05.01
	企业劳动争议协商调解规定	人力资源和社会保障部	2012.01.01
职代会、工会	全民所有制工业企业职工代表大会条例	国务院、中共中央	1986.10.01
	中华人民共和国工会法	全国人大常务委员会	2001.10.27
	中国工会章程	中华全国总工会	2008.10.21

9.2　劳动合同管理

9.2.1　劳动合同的特征和内容

1. 劳动合同的含义

劳动合同是劳动者与用人单位之间确立劳动关系、明确双方权利和义务的协议。订立劳动合同的目的是在劳动者和用人单位之间建立劳动法律关系，规定劳动合同双方当事人的权利和义务。《中华人民共和国劳动合同法》(以下简称《劳动合同法》)第3条规定：订立劳动合同，应当遵循合法、公平、平等自愿、协商一致、诚实信用的原则，依法订立的劳动合同具有约束力，用人单位与劳动者应当履行劳动合同约定的义务。按照《中华人民共和国劳动法》(以下简称《劳动法》)的规定，订立劳动合同应采取书面形式。

2. 劳动合同的特征

劳动合同作为合同的一种，它具有经济合同的一般特征，即合同是双方的法律行为，而不是单方的法律行为；合同以在当事人之间产生权利、义务为目的；合同是当事人之间的协议，只有当事人在平等自愿、协商一致的基础上达成一致时，合同才成立；合同一经签订，就具有法律约束力。劳动合同除具有上述一般特征外，还有其自身的基本特征。

(1) 劳动合同主体具有特定性。劳动合同的主体由特定的用人单位和劳动者双方构成，劳动合同主体一方是劳动者，另一方是用人单位，双方在实现劳动过程中具有支配与被支配、领导与服从的从属关系。

(2) 劳动合同内容具有劳动权利义务的统一性和对应性。劳动合同双方当事人的权利和义务是统一的，即双方当事人既是劳动权利主体，又是劳动义务主体，劳动合同当事人的法律地位平等，但在组织管理上具有隶属关系。

(3) 劳动合同客体具有单一性，即劳动行为。劳动客体的单一性是指劳动合同的标的是劳动者的劳动行为，以劳动行为作为劳动合同标的，要求劳动者按照用人单位的指示提供劳动，劳动者提供劳动本身便是劳动合同的目的。

(4) 劳动合同具有诺成、有偿、双务合同的特征。劳动者与用人单位就劳动合同条款内容协商达成一致意见，劳动合同即成立。用人单位根据劳动者劳动的数量和质量给付劳动报酬，不能无偿使用劳动力。劳动者与用人单位均享有一定的权利并履行相应的义务。

(5) 劳动合同往往涉及第三人的物质利益关系。由于劳动法律关系的主体是劳动者和用人单位，当用人单位招用与其他用人单位尚未解除或者终止劳动合同的劳动者时，会给其他用人单位造成损失。

3. 劳动合同的内容

劳动合同的内容是指双方当事人在劳动合同中必须明确各自的权利义务及其他问题。劳动合同的内容是劳动关系的实质，也是劳动合同成立和发生法律效力的核心问题，劳动合同的内容可以分为法定条款和约定条款两部分。

1) 法定条款

法定条款是依据法律规定劳动合同双方当事人必须遵守的条款，不具备法定条款，劳动合同不能成立。2013年7月1日起修订实施的《中华人民共和国劳动合同法》规定，劳动合同应当具备以下条款：①用人单位的名称、住所和法定代表人或者主要负责人；②劳动者的姓名、住址和居民身份证或者其他有效身份证件号码；③劳动合同期限；④工作内容和工作地点；⑤工作时间和休息休假；⑥劳动报酬；⑦社会保险；⑧劳动保护、劳动条件和职业危害防护；⑨法律、法规规定应当纳入劳动合同的其他事项。

2) 约定条款

劳动合同的某些内容是非常重要的，关系劳动者的切身利益，但是这些条款不是在每份劳动合同中都应当具备的，所以法律不能把它作为必备条款，只能在法律中予以特别提示。约定条款包括以下内容。

(1) 试用期限。试用期是劳动者与用人单位为了相互了解、选择约定的考察期，当事人分别用于考察劳动者是否符合录用条件、用人单位所介绍的劳动条件是否符合实际情况。《劳动法》规定，以完成一定工作任务为期限的劳动合同或者劳动合同期限不满3个月的，不得约定试用期；劳动合同期限3个月以上不满1年的，试用期不得超过1个月；劳动合同期限1年以上不满3年的，试用期不得超过2个月；3年以上固定期限和无固定期限的劳动合同，试用期不得超过6个月。试用期包含在合同内。劳动者有法律规定情形之一的，用人单位可以解除劳动合同，但应当向劳动者说明理由。劳动者在试用期内提前3日通知用人单位，可以解除劳动合同。

(2) 服务期。用人单位为劳动者提供专项培训费用，对其进行专业技术培训的，可以与该劳动者订立协议，约定服务期。劳动者违反服务期约定提前终止劳动合同的，应当按照约定向用人单位支付违约金。违约金的数额不得超过用人单位提供的培训费用。对已经履行部分服务期限的，用人单位要求劳动者支付的违约金不得超过服务期尚未履行部分所应分摊的培训费用。在特定情形下，劳动者可以在服务期内依照法律规定解除劳动合同，用人单位不得要求劳动者支付违约金。

(3) 保守商业秘密和竞业限制。用人单位与劳动者可以在劳动合同中约定保守用人单位的商业秘密和与知识产权相关的保密事项。对负有保密义务的劳动者，用人单位可以在劳动合同或者保密协议中与劳动者约定竞业限制条款，并约定在解除或者终止劳动合同后，在竞业限制期限内按月给予劳动者经济补偿。劳动者违反竞业限制约定的，应当按照约定向用人单位支付违约金。

(4) 补充保险和福利待遇。根据法律、法规的有关规定和企业的经营发展战略及企业效益，选择协商确定补充养老、医疗等保险和适应企业特点的福利待遇，如住房补贴、交通补贴、通信补贴、子女就学、家属安排工作等。

(5) 其他事项。用人单位可以针对其他事项在劳动合同中做出约定。如果劳动合同条款做出的具体约定不违反国家法律和行政法规的规定，一经双方商定，均为合法有效，对当事人具有法律约束力。

9.2.2　劳动合同的订立和履行

1. 劳动合同的订立

劳动合同的订立，是指劳动者与用人单位之间为建立劳动关系，依法就双方的权利义务协商一致，设立劳动合同关系的法律行为。

劳动合同的订立应当遵循以下原则：①合法原则。劳动合同的订立不得与法律、法规抵触。包括：订立劳动合同的主体必须合法、目的合法、内容合法、程序合法。②公平原则。公平原则就是要求在劳动合同订立过程中及劳动合同内容的确定上应当体现公平。③平等自愿原则。任何一方不得强迫另一方接受其意志，劳动合同的双方当事人具有相同的法律地位，除合同管理机关依法监督外，任何第三方都不得干涉合同的订立。④协商一致原则。当事人双方应采用协商的办法依法就劳动合同订立的有关事项达成一致协议。⑤诚实信用原则。依法订立的劳动合同具有约束力，用人单位与劳动者应当履行劳动合同约定的义务。《劳动合同法》规定，用人单位招用劳动者时，应当如实告知劳动者工作内容、工作条件、工作地点、职业危害、安全生产状况、劳动报酬，以及劳动者要求了解的其他情况；劳动者应当如实说明与劳动合同直接相关的基本情况。

用人单位与劳动者在订立劳动合同时一般遵循以下程序和步骤：①公布招聘简章。用人单位根据自己的生产经营需要，通过报纸、杂志、网站等方式，按照有关规定向社会公布招聘简章，吸引求职者报名。②全面考核、择优录用。用人单位依法对应聘人员进行考核，并公布考核结果。对于经考核合格的应聘者，择优录用，并向本人发出录用通知。③协商签约，鉴证备案。用人单位与录用者应通过平等协商，以书面形式确定劳动合同的具体内容，并在经协商一致所形成的劳动合同文本上签字盖章。按照国家规定或当事人要求鉴证的合同，应当将文本送交合同签订地或合同履行地的合同鉴证机构进行鉴证。凡需要鉴证的劳动合同，经鉴证后方可生效。

2. 劳动合同的履行

劳动合同的履行是指劳动者和用人单位按照劳动合同的规定，双方各自履行合同规定的义务及附随义务，享受合同规定的权利的行为。

劳动合同的履行应当具备以下条件：①履行的主体必须明确。②履行的期限必须明确。③劳动合同对工作时数、工作任务以及用人单位支付的劳动报酬等必须明确。④履行地点必须明确。

劳动合同的履行应遵循以下原则：①实际履行原则。即劳动合同双方当事人都必须按照合同条款规定的义务实际履行合同。如果当事人一方不履行合同，另一方有权请求法院强制执行。②全面履行原则。即劳动合同双方当事人都必须严格、全面地履行合同规定的义务和责任。这是合同履行最理想的模式，只有这样，当事人双方全部的权利和义务才能实现，合同的目的才能达到。③亲自履行原则。合同当事人双方都必须以自己的行为履行各自依据劳动合同所应承担的义务，而不得由他人代理。其中，劳动者的义务只能由本人履行，用人单位的义务只能由单位行政管理机构和管理人员在其职责范围内履行。④协作履行原则。劳动合同双方当事人在履行劳动合同的过程中，有互相协作、共同完成劳动合同规定的义务。任何一方当事人在履行劳动合同遇到困难时，他方都应该在法律允许的范围内尽力给予帮助，以便双方尽可能地全面履行劳动合同。

9.2.3　劳动合同的变更、解除和终止

1. 劳动合同的变更

劳动合同的变更是指劳动合同依法订立后，在合同尚未履行或者尚未履行完毕之前，经用人单位和劳动者双方当事人协商同意，对劳动合同内容做部分修改、补充或者删减的法律行为。劳动合同的变更仅限于劳动合同内容的变化，而不是主体的变更。主体变更须另行订立劳动合同。提出劳动合同变更的一方应提前书面通知对方，并经平等协商一致方能变更合同。

劳动合同的变更必须符合以下条件：①订立劳动合同时所依据的法律法规已经修改或废止。②企业经有关部门批准转产、调整生产任务，或者上级主管机关决定改变单位的工作任务。③企业严重亏损或发生自然灾害，确定无法履行劳动合同规定的义务。④当事人双方协商同意。⑤法律允许的其他情况。

劳动合同变更的程序，一般分为以下三个步骤：①及时提出变更合同的要求。当事人一方要求变更劳动合同时，应及时向对方提出变更合同的要求，说明变更合同的理由、内容、条件以及请求对方答复的期限等内容。②按期做出答复。当事人一方得知另一方提出变更合同的要求，应在对方规定的期限内做出答复，可以表示同意，也可以提出不同意见，另行协商，还可在不违背相关法律规定的情况下表示不同意。③双方达成书面协议。当事人双方就变更劳动合同的内容经过协商，取得一致意见，应当达成变更劳动合同的书面协议，载明变更的具体内容、变更的生效日期，经双方签字盖章生效。

对点实例　　　　　　　**企业经济效益下滑 如何协商合同变更**

A公司是一家上市公司，由于市场原因效益突然下滑。因为A公司是一家公众公司，非常注重财务报表和企业的公众形象，如果效益下滑又不减员降低成本，股价会跌得更厉害。所以董事会决定减员，减员15%，经过多方工作，减员效果良好。一个月以后，董事会又有一个新的决议，每人平均降薪10%，也就是说留下来的人都要减薪10%。这样面临的情况是，刚刚减员15%，直接后果就是留下来的每个人的工作量增加了15%，按理这些人是应该加薪的，现在还要降10%，员工能接受吗？

通过调用外界顾问的力量，总经理接受降薪25%，随后A公司便与总经理签订了降薪25%的变更协议。

协议签完以后，总经理召集副总们谈话，宣布董事会有这样一个决议：所有的副总以上的管理团队，如果不愿意同舟共济、共渡难关，可以选择离开；愿意留下来的，那就需要降薪，总经理已经降了25%，其余每个人要把能接受的降薪幅度报上来。这些副总报上来的数字是25%、30%、20%，因为总经理都降25%，副总是不会不同意降薪的。A公司最后决定，副总降薪20%，并签订变更协议。然后，公司安排副总与其下属主管部门的经理

签订降薪协议，采取同样的办法，每个部门经理降薪15%，并逐一签订变更协议。

这件事早就传给所有职工了，总经理降薪25%，副总降薪20%，部门经理降薪15%。接着，A公司正式宣布，根据董事会的要求，由于公司经营业绩下滑，各个级别的领导都接受降薪并签署了变更协议，也希望愿意留下来的员工能接受降薪10%的条件。如果没有意见，就要签署劳动合同变更协议，结果员工全签了。

分析：在企业遇到不利情况时，通过协商一致变更劳动合同不是不可能的，但要注意以下两点：首先，要有一个诚恳的态度，让员工觉得没有恶意，确实有一些客观原因，需要解决一些现实问题，需要大家共同努力；第二，要制定科学的步骤，并采取一些技巧。

资料来源：http://wenku.baidu.com。

2. 劳动合同的解除

劳动合同的解除是指当事人双方提前终止劳动合同的法律效力，解除双方的权利义务关系。劳动合同的解除既可以是双方的法律行为，也可以是单方的法律行为；既可以由当事人双方协商一致解除劳动合同，也可以由当事人一方提出解除劳动合同。

1) 劳动合同的协议解除

用人单位与劳动者协商一致，可以解除劳动合同。协商解除劳动合同没有规定实体、程序上的限定条件，只要双方达成一致，内容、形式、程序不违反法律禁止性、强制性规定即可。双方协议解除劳动合同时，应书面提前通知对方。由用人单位提出解除劳动合同的，用人单位应根据劳动者在本单位的工作年限，每满一年发给相当于一个月工资作为经济补偿金，最多不超过12个月；6个月以上不满1年的，按1年计算；不满6个月的，向劳动者支付半个月工资的经济补偿。

2) 用人单位单方可以解除劳动合同

(1) 过错性辞退。即在劳动者有过错性情形时，用人单位有权单方解除劳动合同。过错性解除劳动合同在程序上没有严格限制。用人单位无须支付劳动者解除劳动合同的经济补偿金。若规定了符合法律规定的违约金条款，则劳动者须支付违约金。

劳动者有下列情形之一的，用人单位可以解除劳动合同：①在试用期间被证明不符合录用条件的；②劳动者严重违反劳动纪律或者用人单位规章制度的；③严重失职，营私舞弊，给用人单位的利益造成重大损害的；④劳动者同时与其他用人单位建立劳动关系，对完成工作任务造成严重影响，经用人单位提出，拒不改正的；⑤因劳动者以欺诈、胁迫的手段或者乘人之危，使对方在违背真实意思的情况下订立或者变更劳动合同致使劳动合同无效的；⑥被依法追究刑事责任的。

(2) 非过错性辞退。即劳动者本人无过错，但由于主客观原因致使劳动合同无法履行，用人单位在符合法律规定的情形下，履行法律规定的程序后有权单方解除劳动合同。

劳动者有以下情形之一的，用人单位应提前30日以书面形式通知劳动者本人或者额外支付劳动者1个月工资后，才可以解除劳动合同，并承担经济补偿责任：①劳动者患病或者非因工负伤，在规定的医疗期满后不能从事原工作，且未能就变更劳动合同与用人单位协商一致的；②劳动者被证明不能胜任工作，经过培训或者调整工作岗位，仍不能胜任工作的；③劳动合同订立时所依据的客观情况发生重大变化，致使劳动合同无法履行，经用人单位与劳动者协商，未能就变更劳动合同内容或者中止劳动合同达成协议的。

(3) 经济性裁员。有下列情形之一，需要裁减人员20人以上或者裁减不足20人但占企业职工总数10%以上的，用人单位应当提前30日向工会或者全体职工说明情况，听取工会或者职工的意见后，裁减人员方案经向劳动行政部门报告，可以裁减人员：①依照《中华人民共和国企业破产法》规定进行重整的；②生产经营发生严重困难的；③企业转产、重大技术革新或者经营方式调整，经变更劳动合同后，仍需裁减人员的；④其他因劳动合同订立时所依据的客观经济情况发生重大变化，致使劳动合同无法履行的。

裁减人员时，应当优先留用下列劳动者：①与本单位订立较长期限的固定期限劳动合同的；②订立无固定期限劳动合同的；③家庭无其他就业人员，有需要扶养的老人或者未成年人的。用人单位在6个月内重新招用人员的，应当通知被裁减的人员，并在同等条件下优先招用被裁减的人员。

3) 用人单位不得解除劳动合同

劳动者有下列情形之一的，用人单位不得解除劳动合同：①从事接触职业病危害作业的劳动者未进行离岗前职业健康检查，或者疑似职业病病人在诊断或者医学观察期间的；②在本单位患职业病或者因工负伤并被确认丧失或者部分丧失劳动能力的；③患病或者非因工负伤，在规定的医疗期内的；④女职工在孕期、产期、哺乳期的；⑤在本单位连续工作满15年，且距法定退休年龄不足5年的；⑥法律、行政法规规定的其他情形。

4) 劳动者单方可以解除劳动合同

劳动者提前30日以书面形式通知用人单位，可以解除劳动合同。劳动者在试用期内提前3日通知用人单位，可以解除劳动合同。

用人单位有下列情形之一的，劳动者可以随时通知用人单位解除劳动合同：①用人单位未按照劳动合同约定提供劳动保护或劳动条件的；②用人单位未及时足额支付劳动报酬的；③用人单位未依法为劳动者缴纳社会保险费的；④用人单位的规章制度违反法律、行政法规的规定，损害劳动者权益的；⑤因劳动者以欺诈、胁迫的手段或者乘人之危，使对方在违背真实意思的情况下订立或者变更劳动合同致使劳动合同无效的；⑥法律、行政法规规定的其他情形。

用人单位以暴力、威胁或者非法限制人身自由的手段强迫劳动者劳动的，或者用人单位违章指挥、强令冒险作业危及劳动者人身安全的，劳动者可以立即解除劳动合同，无须通知用人单位。

3. 劳动合同的终止

劳动合同终止是指劳动合同关系的消灭，即劳动关系双方权利、义务的失效。有下列情形之一的，劳动合同终止。

(1) 劳动合同期满的。

(2) 劳动者开始依法享受基本养老保险待遇的。

(3) 劳动者死亡或者被人民法院宣告死亡或者宣告失踪的。

(4) 用人单位被依法宣告破产的。

(5) 用人单位被吊销营业执照，责令关闭、撤销或者用人单位决定提前解散的。

(6) 法律、行政法规规定的其他情形。

劳动合同依法解除或终止时，用人单位应同时一次付清劳动者工资，依法办理相关保险手续。用人单位破产时，应将劳动者工资列入破产清偿顺序，首先支付劳动者工资。

对点案例   **是否该支付终止劳动合同经济补偿金**

肖某于2000年8月参加工作，与单位签订了书面劳动合同，最近一期签订的劳动合同期限自2014年1月1日起至2015年12月31日止。2015年6月22日起，肖某因自身原因再未到单位上班，单位以旷工为由停发了肖某的工资，并于7月22日起停止为其续缴社会保险费。2016年2月，肖某以合同期限已满，单位未与其续订劳动合同为由，申请劳动仲裁，要求单位支付终止劳动合同经济补偿金。劳动人事仲裁委员会裁决不予支持，肖某不服提起诉讼。法院判决驳回其诉讼请求，判决依据是：《中华人民共和国劳动合同法》(以下简称《劳动合同法》)第二十九条规定，用人单位与劳动者应当按照劳动合同的约定，全面履行各自的义务。劳动者负有向用人单位提供劳动的义务和忠实勤勉的义务；用人单位则有给付报酬的义务和保护照顾的义务。本案中，肖某在劳动合同履行期间，因自身原因自行中止劳动合同，用人单位做出相应处理后，其没有提出异议，却在劳动合同期满后，要求用人单位承担《劳动合同法》规定的支付经济补偿金的义务，有违《劳动合同法》规定的诚实信用和公平原则。

资料来源：http://blog.sina.com.cn/u/2200887595.有改编.

9.3 劳务派遣用工管理

9.3.1 劳务派遣的性质

1. 劳务派遣的概念

劳务派遣源于美国，自20世纪90年代以后，这一用工形式在世界各国得到了迅猛发展。

劳务派遣是指劳务派遣单位与接受单位签订劳务派遣协议，由劳务派遣单位招用雇员并派遣该劳动者到接受单位工作，劳动者和派遣机构从中获得收入的经济活动。派遣劳动者受接受单位指挥监督，为接受单位提供劳动；派遣劳动者的接受单位因为使用劳动力，按照劳务派遣协议向劳务派遣单位支付费用，派遣劳动者获得就业岗位及工资、福利和社会保险待遇，劳务派遣机构从派遣业务中获得收入。

劳务派遣是一种特别的劳动法律关系，劳动者与劳务派遣公司是法律上的劳动关系，与实际用工单位是事实劳动关系。按照《劳动合同法》的规定，劳务派遣用工作为我国企业用工的补充形式，只能在临时性、辅助性或者替代性的工作岗位上实施。临时性工作岗位是指存续时间不超过6个月的岗位；辅助性工作岗位是指为主营业务岗位提供服务的非主营业务岗位；替代性工作岗位是指在用工单位的劳动者因脱产学习、休假等原因无法工作的一定期间内，可以由其他劳动者替代工作的岗位。

2. 劳务派遣的性质

劳务派遣作为一种新型的用工形式，也是一种典型的非正规就业形式。劳务派遣是一种组合劳动关系。在劳务派遣中，存在三个主体和三重关系。三个主体是劳务派遣机构、用工单位和被派遣劳动者；三重关系是劳务派遣机构与被派遣劳动者的关系，劳务派遣机构与用工单位的关系和用工单位与被派遣劳动者的关系。在劳务派遣中，劳务派遣机构与被派遣劳动者依法订立劳动合同，建立劳动关系，即雇主是劳务派遣机构，雇员是将被派遣的劳动者。订立劳动合同之后，劳务派遣机构将被派遣劳动者派遣到用工单位，被派遣劳动者在用工单位的组织管理下从事劳动。

劳务派遣的本质特征是雇佣和使用相分离。劳务派遣机构与被派遣劳动者签订劳动合同，但他只是形式上的雇主，被派遣劳动者要为用工单位工作。劳务派遣机构既然是劳动关系中的雇主，有义务向被派遣劳动者支付工资、缴纳社会保险、提供福利待遇等。用工单位作为实际得到劳动给付的一方，行使和承担劳务派遣协议中规定的权利和义务，包括为劳动者提供实现劳动给付的工作岗位和其他劳动条件，实施劳动组织和监督管理、劳动安全卫生教育等，并承担向派遣单位支付派遣费用的义务。劳务派遣中，劳务派遣机构和用工单位与被派遣劳动者的关系都是劳动关系。但是这两种劳动关系都是不完整的劳动关系。前者，即劳务派遣机构与被派遣劳动者的关系属于有"关系"没劳动的形式劳动关系；后者，即用工单位与被派遣劳动者的关系属于有劳动没"关系"的实际劳动关系，因而都是不完整的劳动关系。但是，将两者结合起来观察，它们则构成了一种完整的劳动关系，一种特殊的组合劳动关系，其运行适用于劳动法的规范。两种不完整的劳动关系能够组合在一起的桥梁或纽带是劳务派遣单位与接受单位的劳务派遣协议。该协议规定派遣单位与接受单位双方的权利和义务，从而使派遣单位与接受单位建立起民事法律关系。正是通过这种民事法律关系将不完整的形式劳动关系和实际劳动关系合并构成组合劳动关系。劳务派遣的性质见图9-1。

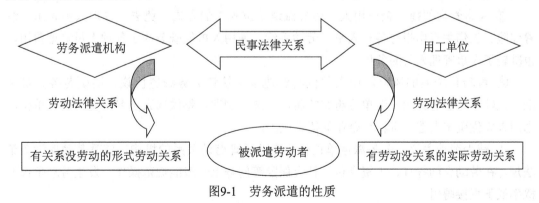

图9-1　劳务派遣的性质

对点实例　　　　　　**劳务派遣工遭车祸，两东家均被裁赔偿**

常某是某劳务派遣公司派遣至某食品公司的员工，在2013年1月下班途中遭遇车祸，经工伤部门鉴定，其所受伤害已经达到职工工伤与职业病致残等级标准柒级。常某要求劳务派遣公司、食品公司向其支付工伤待遇。劳务派遣公司以社会保险应由食品公司缴纳、《劳务派遣协议》约定由该公司支付工伤待遇为由拒绝了常某的要求。食品公司则认为常某是劳务派遣员工，与劳务派遣公司存在劳动关系，也拒绝了常某的要求。常某于是申请劳动仲裁。

仲裁委经审理后认为，按照法律规定，劳务派遣公司属于用人单位，而食品公司则属于用工单位，《劳动合同法》规定，用工单位应当履行支付加班工资、绩效奖金以及与工作岗位相关福利待遇的义务。常某的社会保险本应由用人单位也就是劳务派遣公司缴纳，因未缴纳社会保险造成的工伤待遇损失应由劳务派遣公司承担。同时按法律规定，食品公司作为用工单位，承担工伤保险待遇的连带赔偿责任。

分析：劳务派遣员工发生工伤，用人用工两东家都有责任。所谓连带责任就是指将来如果劳务派遣公司不按照裁决书的裁决结果向常某支付相关的工伤保险待遇时，常某可以向人民法院申请强制执行，在申请强制执行时他既可以将劳务派遣公司作为被执行人，也可以把食品公司作为被执行人，谁有偿还能力就让谁做被执行人，多了一个选择更有利于保护常某的合法权益。连带责任的设立就是法律对于劳务派遣工的一项特殊保护措施。

资料来源：http://www.clssn.com/html1/report/13/2549-1.htm.

9.3.2 劳务派遣的优缺点

1. 劳务派遣的优点

(1) 从用工需求方看，劳务派遣的意义主要在于能够大大降低企业在人力资源管理上的隐性成本，减少企业承担的用工风险，具体包括以下几方面。

① 可降低企业成本。包括生产成本、人力资源管理成本、税收成本和解约成本等，有利于提高企业的经济效益和管理效率。

② 人事管理便捷。企业用人、劳务派遣单位管人的方式，免去了办理人员聘用、统筹保险、工伤生育申报等各种人事、劳动手续，使用人单位既节约了各种人员管理费用，也减轻了人事管理人员的负担。

③ 可转移企业的风险。用人单位与派遣单位签订劳务派遣协议，明确劳务人员标准、人数、待遇等；由派遣单位组织招聘、筛选、测评，将候选人员名单交给用人单位，由用人单位确定人选，可转移企业的招聘风险。

④ 减少劳动争议。劳务派遣单位作为专业处理劳动关系的机构，熟悉劳动保障政策法规，在劳动合同签订、工资支付、社会保险等问题上一般能规范操作，发生劳动争议的概率低于直接聘用。

(2) 从供给方来看，劳务派遣变零散、无序的外出务工为有序、有组织的行为，具体表现为以下几方面。

① 劳务派遣机构的出现，将原有零散的外出务工形式变成了有组织、成规模的派遣

形式，形成职业介绍、岗前培训、输出安置的用工流程，并负责社会保险的缴纳、工资支付、权益维护等事宜，减少了外出务工的盲目性。

② 满足了劳动者对灵活多样化就业方式的需求。随着我国高等教育从精英教育向大众教育的转化，就业人口的高学历比例大幅度提高。

③ 使维权有了一定的组织保证。在违反劳动者权益的事件时有发生，劳动者的劳动法律意识和维权意识有待提高，以及劳动保障监察工作力度尚需加强的现实条件下，通过劳务派遣工与劳务派遣机构签订《劳动合同》，劳务派遣机构对劳务派遣工的工资、福利待遇负责，发生侵权事件，由劳务派遣机构代表员工出面维权，变劳务派遣工的个人维权为组织维权，客观上有利于更好地维护劳务派遣工的权益。

(3) 从调节劳动力市场供求的作用看，当劳动力市场就业形势比较严峻时，正规部门的就业岗位相对减少，会促使更多的人通过非正规部门寻求就业，使严峻的就业形势得到缓解；当劳动力供不应求时，通过劳务派遣可以实现社会对劳动力的分享，实现劳动力资源的有效配给。

2. 劳务派遣的缺点

(1) 就业稳定性差。许多用人单位为了降低劳动成本，试图在很多岗位上用劳务派遣工代替常规雇员，而且用人单位可能在劳务派遣合同期未满时就要求更换劳务派遣工。结果，派遣单位不得不再次进行劳务派遣或解雇劳务派遣工，这种做法导致了就业的不稳定。

(2) 被派遣劳动者与正式劳动者不公平待遇问题。被派遣劳动者往往从事的是替代性的工作，受派单位给予被派遣劳动者的劳动条件一般较正式劳动者的条件差，用人单位的一些福利往往也享受不到。

(3) 雇主责任不明，劳动者权益缺乏保护。劳务派遣导致雇佣劳动与使用劳动相分离，被派遣劳动者在劳动过程中发生的事故与纠纷往往没有明确的法律加以规范，当事方也可能约定不清，容易产生无人负责的问题，无法保障被派遣劳动者的合法权益。

9.3.3　劳务派遣用工管理

1. 劳务派遣机构的管理

1) 劳务派遣机构的设立条件

经营劳务派遣业务的劳务派遣单位应当依照《中华人民共和国公司法》(以下简称《公司法》)的有关规定设立，并且应当具备以下条件：①注册资本不得少于200万元，是依法设立的法人治理机关；②有与开展业务相适应的固定的经营场所和设施；③有符合法律、行政法规规定的劳务派遣管理制度；④法律、行政法规规定的其他条件。

2) 劳务派遣机构的职责

劳务派遣机构是形式劳动关系的主体之一，是以劳务派遣形式用工的用人单位，其职责包括：①被派遣劳动者的招聘、甄选、考核和录用；②将劳动者派遣到用工单位；③支付工资、提供福利待遇、为受派遣劳动者缴纳社会保险、督促被派遣劳动者的用工单位执行国家的劳动标准、提供劳动条件；④收取被派遣劳动者的用工单位支付的派遣服务费；⑤行使和履行与劳动者订立的以劳务派遣形式用工的劳动合同，以及与用工单位订立的劳动者派遣协议约定的应由本方享有的权利和义务。

3) 劳务派遣机构对被派遣劳动者的义务

作为经营劳务派遣业务的劳务派遣单位应当对被派遣的劳动者承担以下义务：①应当将劳务派遣协议的内容告知被派遣的劳动者；②不得克扣用工单位按照劳务派遣协议支付给被派遣劳动者的劳动报酬；③派遣单位不得向被派遣劳动者收取费用；④在跨地区派遣时，被派遣劳动者享有的劳动报酬、劳动条件，按照用工单位所在地的标准执行；⑤保障劳动者享有与用工单位招用的劳动者同工同酬的权利；⑥保障被派遣劳动者依法参加或者组织工会的权利；⑦对劳动者承担连带赔偿责任。

2. 劳务派遣用工单位的管理

1) 劳务派遣用工单位的职责

被派遣劳动者的用工单位是实际劳动关系的主体之一，是获得被派遣劳动者实际劳动给付的用工单位。它的职责包括：①为被派遣劳动者提供工作岗位和其他劳动安全卫生条件；②实施劳动安全卫生管理；③制定和实施与派遣劳动者相关的内部劳动规则，实施其他的劳动管理事务；④向劳务派遣单位支付派遣服务费；⑤行使和履行劳务派遣协议约定的应由本方享有和承担的其他权利义务。

2) 劳务派遣用工单位对被派遣劳动者的义务

被派遣劳动者的接受单位是实际用人主体，作为组合劳动关系的有机组成部分，享有获得劳动给付的权利，对派遣雇员行使生产性劳动组织、指挥、管理等权利，严格履行劳动者派遣协议规定的义务，具体包括：①执行国家劳动标准，提供相应的劳动条件和劳动保护；②告知被派遣劳动者的工作要求和劳动报酬；③支付加班费、绩效奖金，提供与工作岗位相关的福利待遇；④对在岗被派遣劳动者进行工作岗位所必需的培训；⑤连续用工的，实行正常的工资调整机制；⑥不得将被派遣劳动者再派遣到其他用人单位；⑦不得向被派遣劳动者收取费用。

3. 被派遣劳动者的管理

对劳务派遣主体之一的被派遣劳动者的管理，应当注意以下几点：①被派遣劳动者应当享有与正式雇员平等的法定劳动权利，如参加工会的权利、民主参与的权利、提请劳动争议处理的权利等，工作时间、休息休假、劳动安全卫生等劳动标准统一适用，实际用工单位的集体合同规定的劳动条件标准同样适用于被派遣劳动者。②在同一岗位使用的被派遣劳动者与正式雇员应当同等待遇，同岗同酬。被派遣劳动者与正式雇员待遇的差别对应于劳动义务的差别，而不能有身份的差别。③实际用工单位的内部劳动规则的实施，包括劳动定额标准、劳动纪律、绩效评价等对被派遣劳动者与正式雇员一律平等。④被派遣劳动者可以依据《劳动合同法》的有关规定，与劳务派遣单位解除劳动合同。⑤被派遣劳动者如果有严重违纪、严重失职、营私舞弊以及不能胜任工作等《劳动合同法》规定的相应情形的，用工单位可以将被派遣劳动者退回派遣单位，派遣单位依法可以与被派遣劳动者解除劳动合同。⑥被派遣劳动者的派遣期限到期，应提前告知，并应协同派遣单位办理劳动合同的终止手续和工作交接。

9.4 劳动争议处理

9.4.1 劳动争议的含义和特点

1. 劳务争议的含义

劳动争议是指劳动法律关系双方当事人，即劳动者和用人单位，在执行劳动法律、法规或履行劳动合同的过程中，就劳动权利和劳动义务关系所产生的争议。劳动争议的范围，在不同的国家有不同的规定。根据《劳动争议调解仲裁法》的相关规定，劳动争议的范围包括以下几方面。

(1) 因企业开除、除名、辞退职工和职工辞职、自动离职发生的争议。

(2) 因执行国家有关工资、保险、福利、培训、劳动保护的规定发生的争议。

(3) 因履行劳动合同发生的争议。

(4) 法律、法规规定应处理的其他劳动争议。

2. 劳务争议的特点

1) 劳动争议的当事人是特定的

劳动争议的主体必须是符合《劳动法》规定的劳动关系当事人，即一方是用人单位，另一方是依法与企业确定劳动关系的劳动者。劳动争议主体之间必须存在劳动关系，即劳动者与用人单位之间存在隶属性劳动关系，劳动争议是在这种劳动关系的存续期间发生的。不具有劳动法律关系主体身份者之间发生的争议，不属于劳动争议。如果争议不是发生在劳动关系双方当事人之间，即使争议内容涉及劳动问题，也不构成劳动争议。

2) 劳动争议的内容是限定的

我国劳动争议的内容是限定的，即只能是劳动权利和义务，劳动关系是劳动权利、义务关系。如果劳动者与用人单位之间不是为了实现劳动权利和劳动义务而发生争议，就不属于劳动争议的范畴。只要属于法律规定范围内的劳动争议，比如工资纠纷、合同纠纷、社会保险纠纷等，当事人均可向当地劳动争议仲裁委员会申诉。

3) 劳动争议的手段和法律关系是特定的

争议手段是指争议双方当事人坚持自己主张和要求的外在表达方式。企业劳动争议的手段不仅包括劳动者的怠工、联合抵制排工等方式，还包括企业劳动关系双方主体经常使用的抱怨、旷工、工作周转、限制产量、工业意外事故、破坏以及罢工等方法。这些构成了企业劳动争议特定的手段。劳动争议的双方当事人存在纵横交错的法律关系。虽然用人单位与劳动者在劳动合同中的法律地位是平等的，但是由于劳动关系主体之间存在一种单向隶属关系，导致在生产劳动过程中劳动关系当事人——用人单位与劳动者之间存在特定的管理与被管理的隶属关系。

9.4.2　劳动争议的处理原则

1. 依法处理原则

在处理劳动争议时，必须对争议的事实进行深入、细致、客观的调查、分析，查明事实真相。在查清事实的基础上，应当依照法律规定依法进行调解、仲裁和审判。处理争议要以法律为准绳，以劳动法律法规为依据，程序要依法，处理的结果要合法。

2. 着重调解原则

《劳动法》规定："调解原则适用于仲裁和诉讼程序。"在劳动争议处理的过程中，劳动争议处理机构应当注重运用调解的方式解决劳动争议，不仅劳动争议调解机构应当注重协商调解，促使当事人达成调解协议，而且仲裁机构在仲裁前、审判机构在判决前，对适合调解的劳动争议案件也应当先行调解。如果调解不成，再进入下一步审理程序。

3. 平等公正原则

在处理劳动争议的过程中，不论劳动者的民族、种族、性别、职业、社会出身、宗教信仰、教育程度、财产状况等如何，都应当平等对待当事人，法律面前一律平等，劳动争议处理程序和处理结果不得偏向任何一方。

4. 及时处理原则

对解决劳动争议的部门和机构来讲，对当事人申请处理的劳动争议，应当依法及时处理、及时审查、及时做出处理决定、及时将处理结果告知当事人，以便及时结案。对已经生效的调解协议、仲裁裁决、法院判决，当事人应当及时执行。有关部门、机构在当事人拒不执行时，要及时对当事人进行教育，必要时应当依法请求人民法院对处理决定给予强制执行，以保证劳动争议案件的顺利解决。

9.4.3　劳动争议的处理程序

近年来，因劳动用工引起的劳动争议案件越来越多。如何妥善处理劳动争议中用人单位与劳动者之间的关系，切实保障双方的合法权益，是摆在人力资源管理者面前的一个难题。同时，这对劳动者来说，也是应当深入了解的内容。根据《中华人民共和国劳动法》和《中华人民共和国劳动争议调解仲裁法》等规定，发生劳动争议的当事人，可以采取以下4种解决方式。

1. 协商解决

劳动争议发生后，当事人双方就争议事项进行充分协商，以利于自愿达成协议，解决争议，使双方消除矛盾，加强团结，共同生产。如果争议双方经过协商达成一致，应将达成的协议报请当地劳动行政机关审查备案，劳动行政机关在审查过程中对不合法的协议会令其修改或确认其无效。当事人双方自行协商不是处理劳动争议的必经程序。双方当事人可以自愿协商，并提倡协商解决争议，但任何一方或他人都不能强迫另一方进行协商。因此，不愿协商或者协商不成的，当事人可以向本企业劳动争议调解委员会申请调解。

2. 企业调解

劳动争议发生后，当事人可以直接向用人单位内部设立的劳动争议调解委员会申请调解。劳动争议调解委员会调解劳动争议的程序如下所述。

(1) 申请与受理。发生劳动争议后，当事人可以口头形式或者书面形式向劳动争议调解委员会提出调解申请，填写《劳动争议调解申请书》。调解委员会接到调解申请后，对属于劳动争议受理范围且双方当事人同意调解的，应当在3个工作日内受理。对不属于劳动争议受理范围或者一方当事人不同意调解的，应当做好记录，并书面通知申请人。

(2) 调查和调解。调解委员会调解劳动争议一般不公开进行。受理劳动争议后，为保证顺利和及时调解，应事先审查申请书内容，如发现内容欠缺，应及时通知申请人补充；要求对方当事人就调解请求、事实、理由提出意见及证据；指派调解委员对争议事项进行全面调查核实，收集有关证据；拟定调解方案和调解建议；告知双方当事人调解时间和地点等事宜。调解委员会根据案件情况指定调解员或者调解小组进行调解。

(3) 制作调解协议书。经过调解，双方达成和解协议，即由调解委员会撰写调解协议书。双方当事人应当自觉执行调解协议。如在执行调解协议过程中反悔，调解委员会只能劝解说服当事人执行，无权强制执行或限制当事人申请仲裁或诉讼。

3. 劳动仲裁

劳动争议仲裁是指劳动争议当事人依法向法定专门处理劳动争议的劳动争议仲裁委员会提出申请，由仲裁委员会依法对双方的争议进行裁决的活动。它是目前我国处理劳动争议的一种主要方式。

劳动争议仲裁委员会进行劳动争议仲裁的程序如下所述。

(1) 申请与受理。《劳动争议调解仲裁法》规定：劳动争议申请仲裁的时效期间为1年，仲裁时效期间从当事人知道或者应当知道其权利被侵害之日起计算。自收到仲裁申请书之日起5日内做出受理或不予受理的决定。决定受理的，自做出决定之日起5日内将申请书副本送达被申请人，并组成仲裁庭。被申请人收到仲裁申请书副本后，应当在10日内向劳动争议仲裁委员会提交答辩书。劳动争议仲裁委员会收到答辩书后，应当在5日内将答辩书副本送达申请人。决定不予受理的，书面送达申请人并说明理由。对不予受理决定不服的，可自收到不予受理决定通知书之日起15日内向人民法院起诉。

(2) 案件审理。仲裁庭于开庭5日前，将开庭时间、地点以书面通知的形式送达当事人。当事人接到书面通知，无正当理由拒不到庭或者未经仲裁庭同意中途退庭的，对申请人按撤诉处理，被申请人可以缺席裁决。仲裁庭裁决劳动争议案件，应当自劳动争议仲裁委员会受理仲裁申请之日起45日内结束；案情复杂需要延期的，经劳动争议仲裁委员会主任批准，可以延期并书面通知当事人，但是延长期限不得超过15日。逾期未做出仲裁裁决的，当事人可以就该劳动争议事项向人民法院提起诉讼。

(3) 结案。劳动争议仲裁法律文书送达当事人后，仲裁案件即告结束。当事人如不服仲裁裁决，可自收到仲裁裁决书之日起15日内向有管辖权的人民法院起诉。期满双方当事人均不起诉的，仲裁裁决即发生法律效力。一方当事人逾期不起诉，又不自觉履行的，对方当事人可以申请人民法院强制执行。

4. 法院判决

劳动争议诉讼是指法院在劳动争议双方当事人和其他诉讼参与人的参加下，依法审理和解决劳动争议案件的活动。根据《劳动法》和《中华人民共和国劳动争议调解仲裁法》的规定，当事人向人民法院提起劳动争议诉讼，必须符合两个条件：一是劳动争议已经过仲裁，当事人对仲裁裁决不服；二是必须在法定的期限内提出，即自收到裁决书之日起15日内向人民法院提起诉讼。期满不起诉的，裁决书即发生法律效力。未经仲裁的劳动争议，法院将拒绝受理。劳动争议案件由人民法院民事审判庭审理。一方当事人在法定期限内既不起诉又不履行仲裁裁决的，另一方当事人可以申请人民法院强制执行。劳动争议诉讼实行二审终审制。

9.5 职业安全与健康

9.5.1 职业安全卫生管理

1. 职业安全卫生的含义

职业安全卫生又称劳动安全卫生，是指为了保障劳动者在生产和工作过程中的生命安全与身体健康，在法律、制度、组织管理、教育培训、技术设备等方面所采取的一系列综合措施。职业安全卫生是劳动者实现宪法赋予的生命权、健康权的具体保障，其目的在于保护劳动者在劳动过程中的安全与健康。

《劳动法》规定，用人单位必须建立、健全劳动安全卫生制度，对劳动者进行劳动安全卫生教育，防止事故，减少职业危害。为劳动者提供符合国家规定的劳动安全卫生条件和必要的劳动保护用品，对从事有职业危害作业的劳动者进行定期的健康检查，对从事特种作业的劳动者进行专门培训。劳动保护包括劳动安全和劳动卫生两个方面。职业安全与卫生，既相互联系又彼此独立，共同组成劳动者劳动保护的屏障。

2. 职业安全卫生管理制度

职业安全卫生管理制度是指为了保障劳动者在劳动过程中的安全和健康，在组织劳动和科学管理方面的各项规章制度。国家根据生产的客观规律和生产实践经验的科学总结，规定了企业必须执行的各项安全生产管理制度，来保护劳动者在生产过程中的安全与健康。为了防止劳动安全卫生事故的发生，企业必须全面完善并严格执行各项劳动安全管理制度。

1) 职业安全管理制度

目前，我国职业安全管理制度主要有：①安全生产责任制度。②安全技术措施计划管理制度，包括安全技术措施，劳动卫生措施，辅助性设施建设、改善措施以及劳动安全卫生宣传教育措施等。③安全生产教育制度。④安全生产检查制度。⑤重大事故隐患管理制度。⑥安全卫生认证制度。包括：有关人员资格认证；有关单位、机构的劳动安全卫生资格认证；与劳动安全卫生联系特别密切的物质技术产品的质量认证等。⑦伤亡事故报告和处理制度。主要包括：企业职工伤亡事故分类；伤亡事故报告；伤亡事故调查；伤亡事故处理。⑧个人劳动安全卫生防护用品管理制度。⑨劳动者健康检查制度，包括员工招聘健康检查和员工的定期体检两类。

2) 职业卫生管理制度

职业卫生管理制度，是指为了保障劳动者在劳动过程中的安全和健康，用人单位根据国家有关法规的规定，结合本单位的实际情况所制定的有关劳动安全卫生管理的规章制度。《劳动法》第五十二条明确规定：用人单位必须建立、健全劳动安全卫生制度，严格执行国家安全卫生规程和标准，对劳动者进行劳动安全卫生教育，防止劳动过程中的事故，减少职业危害。

3. 职业安全卫生管理方面的法律规范

我国现行的职业安全卫生管理法规，其内容大体可概括为：劳动安全技术法规、劳动卫生法规和特殊群体的劳动保护制度三个方面。

1) 劳动安全技术法规

劳动安全技术法规，是指国家为做好安全生产工作，防止和消除生产中的灾害事故，保障职工人身安全而制定的法律规范。我国现行的安全法规主要有：全国人大颁布的《中华人民共和国海上交通安全法》《中华人民共和国矿山安全法》《中华人民共和国煤炭法》；国务院颁布的《工厂安全卫生规程》《建筑安装工程安全技术规程》《矿山安全条例》《锅炉压力容器安全监察暂行条例》《化学危险物品安全管理条例》《中华人民共和国消防条例》；国务院有关部门颁布的《生产安全事故报告和调查处理条例》《煤矿安全规程》《电气安全工作规程》《起重机械安全管理规程》等。

国家规定的安全法规，是针对一些比较突出或有普遍意义的安全问题规定其基本要求。对于一些比较特殊的安全技术问题，国家有关部门也制定并颁布了专门的安全技术法规。包括：①设计、建筑工程的基本安全规定。②机器设备的安全装置。③特种设备的安全措施。④防火防爆安全规则。⑤工作环境的安全条件。⑥个体安全防护等。

2) 劳动卫生法规

劳动卫生法规，是指国家为了改善劳动条件，保护职工在生产过程中的健康，预防和消除职业病和职业中毒而制定的各种法规规范。我国现行劳动卫生方面的法规主要有：全国人民代表大会颁布的《中华人民共和国环境保护法》《中华人民共和国乡镇企业法》《中华人民共和国煤炭法》《中华人民共和国职业病防治法》等；国务院颁布的《工厂安全卫生规程》《中华人民共和国尘肺病防治条例》《放射性同位素射线装置防护条例》等；其他相关部门颁布的《工业企业设计卫生标准》《工业企业噪声卫生标准》《微波辐射暂行卫生标准》《防暑降温暂行办法》《化工系统健康监护管理办法》《乡镇企业劳动卫生管理办法》《职业病范围和职业病患处理办法》《职业病分类和目录》等。

与安全法规一样，国家劳动卫生法规也对具有共性的劳动卫生问题提出具体要求。包括：①工矿企业设计、建设的工业卫生规定。②防止粉尘危害。③防止有毒物质的危害。④防止物理危害因素和伤害。⑤劳动卫生个体防护。⑥工业卫生辅助设施等。

3) 特殊群体的劳动保护制度

特殊群体的劳动保护制度主要是指女职工与未成年工的特殊保护制度。

(1) 女职工劳动保护制度。女职工劳动保护具有两层含义：①保护女职工的劳动权利。②保护女职工在生产劳动中的安全与健康。基本任务是：防止职业有害因素对女职工的健康及生殖机能造成不良影响，保护女职工健康并能繁育健康的下一代。

女职工劳动保护的内容主要包括4个方面：①保护女职工的劳动权利。②研究职业因素对女性生理机能的影响。③安排女职工从事无害女性生理机能的工作。④做好女性生理机能变化过程中的劳动保护，即"四期保护"(经期保护、孕期保护、产期保护、哺乳期保护)。

女职工禁忌从事的劳动范围包括：①矿山井下作业。②森林业伐木、归楞及流放作业。③《体力劳动强度分级》(GB 3869—1997) 标准中第四级体力劳动强度的作业。④建筑业脚手架的组装和拆除作业，以及电力、电信行业的高处架线作业。⑤连续负重(指每小时负重次数在6次以上)每次负重超过30公斤，间断负重每次负重超过25公斤的作业。

(2) 未成年工劳动保护制度。具体包括以下几个方面：①最低就业年龄的规定。我国的最低就业年龄为16周岁，某些特殊行业需招用16周岁以下的少年，必须经劳动部门批准。②禁忌劳动范围。任何用人单位招用未成年工，应当在工种、劳动时间、劳动强度、保护措施等方面执行国家有关规定，不得安排其从事过重、有毒有害的劳动或者危险作业。③未成年工实行定期健康检查制度。④使用未成年工实行登记制度。⑤未成年工必须在上岗前接受职业安全卫生教育、培训。

9.5.2　员工健康管理

1. 员工健康管理的内涵

健康管理源自美国，其产生的主要原因是医疗成本的上升、商业保险的发展及医疗健康的进步。员工健康管理是一种现代化的人力资源管理模式。它是人力资源管理模式从对"物"的管理转向对"人"的管理的反映，体现了企业对员工的人文关怀，体现了对人的尊重和对人力资本的重视。

健康管理是对个体和人群的健康风险进行全面控制的过程，是旨在提高社会健康意识、改善健康行为、提高个体生活质量的有计划、有组织的系统。员工健康管理则是一种企业管理行为，它是通过企业自身或借助第三方的力量，应用现代医疗和信息技术从生理、心理角度对企业员工的健康状况进行跟踪、评估，系统维护企业员工的身心健康，降低医疗成本支出，提高企业整体生产效率的行为。

2. 员工健康管理的作用

1) 有利于降低企业总医疗费用和成本

美国的企业健康管理经验表明：健康管理对任何企业及个人都适用这样一条规律，即"90%和10%"。具体地说，就是90%的个人和企业通过健康管理后，医疗费用降到原来的10%；而10%的个人和企业未做健康管理，医疗费用比原来上升90%。原因很简单，实施了健康管理的企业，其员工的患病率、住院率明显降低，绝大部分的疾病风险都以各种方式被消灭在萌芽状态；即使万一患病，也会因为"三早"(早检查、早诊断、早治疗)而很快得到痊愈。因此，企业在员工医疗保健方面的支出总额明显下降，从而降低成本。

2) 有利于提高员工的劳动生产率和组织绩效

实施健康管理的企业，员工人均年产出总值提高了50%以上。人力资源专家经过调研找到了原因：一方面，相较于未实施健康管理的企业，实施健康管理的企业的员工更能感受到企业对他们的关怀，更有归属感和工作热情，这项福利更能吸引优秀的员工加盟企业，自然会为企业注入更多的创新思路；另一方面，通过健康管理的实施，企业员工的身心更健康，精力更充沛，员工之间更加团结互助，从而直接提高企业的劳动生产率。企业实施员工健康管理，一方面，降低了员工健康风险对其能力发挥带来的限制，改善了企业人力资本的质量；另一方面，使员工感到企业的关怀，解除了员工的后顾之忧，优化了员工的工作动机与意愿，进而提升其努力程度，提高工作绩效。

3) 有助于增强企业凝聚力，促进企业可持续发展

凝聚力是企业作为一个团队生存的基础，也是企业发展壮大的必要条件。这种力量使组织成员心甘情愿留在组织中，为组织贡献自己的聪明才智。员工健康管理体现了以人为本的管理理念，可以增强员工的组织认同感和归属感，提高企业的凝聚力。实践证明，实施员工健康管理的企业，员工的离职率相应有所降低。实施员工健康管理可降低人才流失的风险，有助于形成可持续的人力资本，为企业的可持续发展奠定良好的基础。

4) 有利于减少经济损失

健康管理的推行，能降低员工自身患病的几率，同时通过对家人生活方式等方面的积极影响而降低他们患病的可能性。这样，企业通过实施健康管理，既减少了员工的病假工时，又减少了其为照顾家人的健康事假工时，从而大大减少了因此带给企业的间接经济损失。

3. 员工健康管理的实施方法

1) 营造尊重员工的文化氛围

员工健康管理源于"以人为本"的企业文化。因此，要实施员工健康管理，必须先从企业文化着手。首先，企业要树立人性化的管理理念，营造尊重员工、重视员工的文化氛围，塑造"以人为本"的企业形象。其次，在具体的管理实践中，实行柔性管理和爱心管理，倾听员工需求，帮助员工进步，让员工参与决策等，使员工切实体验到受尊重的感觉，并找到归属感。

2) 创造舒适的工作环境

舒适的工作环境有利于身心健康，也有利于调动员工的工作积极性，发挥员工的创造力。例如，从空间、装饰、光线、整洁度等方面对工作环境加以优化，为员工提供舒适的办公环境；对于一些枯燥的重复性劳动，可通过带领员工做工间操、播放背景音乐等形式，达到舒缓压力、调节情绪的目的。

3) 完善企业的激励、沟通机制

通过完善企业的激励、沟通机制来解决员工的后顾之忧，扫清员工健康发展的障碍。

关注员工个人发展，提供广阔的发展空间，完善职业晋升通道，给员工以动力和希望；提供有竞争力的薪酬和奖励制度，激励员工朝着积极、健康的方向迈进。同时，建立畅通的沟通渠道，让员工之间、上下级之间可以平等对话、互通信息、交流思想。积极举办各种形式的文化体育活动，舒缓工作的压力，增强员工之间的情感交流，提高团队凝聚力。

4) 设置员工健康管理相关岗位

加强人力资源方面的投入，设置员工健康管理的相关岗位，负责对员工的健康进行管理和监督。例如，华为公司于2008年首次设立首席员工健康与安全官，以进一步完善员工保障与职业健康计划。除此以外，华为还专门成立了健康指导中心，规范员工餐饮、饮水、办公等健康标准和疾病预防工作，提供健康与心理咨询服务。

5) 实施EAP计划

EAP(Employee Assistance Program)即"员工帮助计划"，是由组织为员工提供的一套系统服务，通过专业人员对企业员工提供诊断、辅导、咨询和培训等服务，解决员工的各种心理和行为问题，改善员工在组织中的工作绩效。EAP主要包括初级预防、二级预防和三级预防三方面内容，作用分别是消除诱发问题的来源、教育和培训、员工心理咨询与辅导。

📰 相关链接

从富士康事件来看我国企业劳动关系管理存在的问题

1. 富士康跳楼事件回放

2010年5月27日4时10分许，深圳市公安局110接到报警称：龙华富士康宿舍E楼有一男子割脉。接警后油松派出所民警迅速赶到现场调查，及时联系120将伤者送往医院救治。

2010年5月26日晚11点，富士康深圳龙华厂区大润发商场前发生第12起员工跳楼事件，现场尚存血迹。死者是C2宿舍的一位男性。

2010年5月25日早晨6点20分，华南富士康观兰分厂观兰镇樟坑径村一男子坠楼，当场死亡，据悉死者叫李海，是精加厂员工。

2010年5月21日早晨5时许，深圳龙华富士康员工宿舍发生一名男子坠楼事件，该男子经送医院抢救，于5点40分宣布抢救无效死亡。该员工21岁，姓南。同年同月同日早晨7点15分左右，广东工业大学一位已签约富士康的大四男学生，通宵喝酒狂欢后，从宿舍七楼走廊护栏处坠至一楼身亡。

2010年5月14日晚间，在深圳富士康龙华厂区北大门附近的福华宿舍，一名梁姓员工坠楼身亡，安徽籍，21岁。现场发现一把带血匕首，死者身上有4处刀伤。

2010年5月11日，24岁的河南许昌姑娘祝晨明在宝安区龙华街道水斗富豪新村11巷某栋住宅楼9楼楼顶跳楼自杀身亡。

2010年5月6日，龙华厂区男工卢新从阳台纵身跳下身亡，24岁。

2010年4月7日，观澜厂区外宿舍，宁姓女员工坠楼身亡，18岁。同时当天租住在观澜樟阁村的一位富士康男员工身亡，22岁。

2010年4月6日，观澜C8栋宿舍饶姓女员工坠楼，仍在医院治疗，18岁。

2010年3月29日，龙华厂区一男性员工从宿舍楼上坠下，当场死亡，23岁。

2010年3月17日，富士康龙华园区一名新进女员工从3楼宿舍跳下，跌落在一楼受伤。

2010年3月11日晚9时30分，富士康龙华基地一名20多岁的李姓男员工在生活区C2宿舍楼5楼坠亡。

2010年1月23日，凌晨4时许，富士康19岁员工马向前死亡。警方调查，马向前系"生前高坠死亡"。

这十几条年轻的生命，是什么让他们选择了离开，离开挚爱他们的亲人，离开这个他们还没有完全看清的世界？作为人力资源管理工作者，除了深表惋惜外，更希望知道他们集体跳楼背后的问题。

2. 富士康跳楼事件折射出的劳动关系问题

跳楼事件在短时间内集中出现在富士康，存在一定的社会背景，如青年一代的心理承受力极低、人际关系越来越冷漠、人们的生活成本越来越高、独生子女与人相处能力差、心理健康教育与疏导的缺失、社会变革期的价值紊乱、分配不公等一系列问题。但富士康职工跳楼事件同时突显了当前我国劳动关系的严峻形势。虽然《劳动法》规定加班自愿，可结果却不尽然。在大多数情况下，工人自己不能为自己做主，如果不愿加班，那么你当月只能拿到最低工资。如果愿意加班，你这个月天天都要加班，没有休息时间。此外，工会没有起到很好的作用，它没有为工人发挥作用，工人得不到及时、有效的帮助。

从富士康的管理方式来看，也存在一些不当的地方。据深圳当代社会观察研究所调查，2009年富士康员工每月加班达117小时，有的甚至高达140小时。自2005年1月1日开始实施的《劳动法》规定，劳动者每日延长劳动时间不超过3小时，每月不超过36小时。郭军说："每月加班超过100小时，这还不算违法？如果与职工协商过就不叫违法，那就没有违法了。"富士康的问题不仅仅体现在工时、工资方面，最大的问题在于企业管理。富士康采取福特式的企业管理，追求各个生产环节最优化、效率最大化，员工如同卓别林在《摩登时代》中扮演的角色，8小时外还不一定有自由。此外，富士康还具有"半军事化管理"特色。如此情况下，让员工以怎样的心态去面对跳楼事件？如何化解工作重压？

富士康的问题，首先是企业的责任，但主要责任应该在当地政府。当地政府对劳资问题确实存在监管不到位、不作为的情况，导致很多想做好、想承担社会责任甚至承担法定责任的企业都感觉吃亏。公司对"中干"(大陆籍员工)分管理职位、薪资资位、岗位职系三条线管理，以多重标准考核员工和定岗定编。最简单的是岗位职系，即"工种"。最复杂的是资位，分为"全叙"和"不全叙"。"全叙"又分为员级和师级，员级分为员一、员二、员三，师级又分为师一到师十七，每个级别的薪资都不同。至于管理职位，也从组长、课长、专理，到经理、协理，再到副总经理、总经理、副总裁等，一个事业群的级别高达12层。富士康有12个这样的大事业群，之间还存在竞争，每年都要根据业绩进行排名。

富士康实行"检讨制"和"集合训话制"。每周业务检讨，每日交接班集合训话，常有工人被训到哭。在日夜排班、高速运转的流水线生产体系中，基层管理似乎奢谈"人性"和细致，常伴以训斥与责罚。"早期会有员工因为检讨而受到严重处罚，后来实质性处罚已经比较少了，这也跟媒体的一些曝光有关。"有内部人士对本刊记者坦陈，很多员工的心理压力还是很大，主要是没有归属感，大家都是机械化地工作，很少互相交流。另外，富士康要求员工具备高度的执行力。"客观地说，富士康员工的福利待遇还是不错的，也不欠薪，很多人为了挣钱愿意到那里打工，这是事实。"也有富士康的离任员工对记者这样说。但公司上下对执行力和效率的惊人要求，加之种种严苛管理，确实让人精神压抑。一些曾被富士康引以为傲的人才激励政策，近年来也逐渐消失，如"1-3-8留才计划"(即工作满1年奖励3个月薪水；满3年再奖励3个月薪水；满8年可获得一套住房)。当然这里不是全盘否定富士康的管理制度。对于一个大规模企业来说，没有一套适合自己的管理制度，那么它的内部管理将是一盘散沙，最终可能导致企业倒闭，但如何权衡制度化管理和人性化管理是值得深思的管理难题。

3. 转型时期对我国企业劳动关系管理的探索与思考

和谐的劳资关系和人本管理的关键是倡导建设健康型组织，这在很大程度上取决于政府、企业高层领导者的支持和参与。针对富士康或者其他企业可能发生的类似问题，从人力资源管理的角度来看，劳动关系主要面临的问题包括：解决基层员工尤其是一线员工工资低的问题；改善劳动条件问题；界定工会的作用问题；工资的增长机制问题；充分发挥政府的作用问题；有效利用三方协调机制的问题；教育工人增强法律意识的问题；解决企业的人文关怀问题等。这需要企业家、企业管理者、政府、社会、学者等各方人士共同探索、思考，共同努力，寻求理想的解决方案。

资料来源：百度文库. http://wenku.baidu.com/view/ebae77264431b90d6c85c7e9.html；http://wenku.baidu.com/view/101bd3e3b14e852459fb5704.html. 经整理改编而得.

实用模板   **劳动仲裁申请书**

申请人：王××，女，汉族，××××年××月××日生；住址：××省××市；电话：

被申请人：××市××有限公司；法定代表人：陈××；地址：××市××区××街；电话：

请求事项：

一、请求裁决被申请人为申请人补缴自2010年12月起至2012年2月劳动关系存续期间的各项社会保险。

二、请求裁决被申请人支付拖欠申请人的2010年11月至2012年2月份的工资，共计7000元。

三、请求裁决被申请人支付申请人因未签订书面劳动合同而应付的双倍工资，共计21 400元整。

四、请求裁决被申请人支付申请人经济补偿金2 000元整。

事实与理由：

申请人于2010年12月27日应聘到被申请人处工作，职位为会计，试用期1个月。2011年1月27日经公司实际负责人董××同意转正，并注明转正后工资为前3个月1 800元/月，其后工资为2 000元/月，工资发放形式为转账支付，每月月末发上个月工资。被申请人未与申请人签订书面劳动合同，也未为申请人缴纳相关社会保险。

申请人入职后工作兢兢业业，获得公司肯定。但在2011年下半年由于未能及时回收工程款造成公司财务紧张，被申请人从11月份开始拖欠申请人工资。申请人在2012年初提出辞职，在向公司负责人董××提出辞职并讨要工资时均被其以公司没钱、若辞职需等招到新的会计后办理完交接等理由拖延，故申请人又一直在被申请人处工作到2012年2月底。现被申请人财务状况改善，但仍恶意拖欠申请人的工资。

被申请人未与申请人签订书面劳动合同，违反了《劳动合同法》的相关规定，应依《劳动合同法》的相关规定赔偿申请人自入职第2个月起至离职共计11个月的双倍工资。同时，为员工缴纳社会保险也是用人单位必须履行的义务。申请人因被申请人原因提出辞职，亦符合主张经济补偿金的法律规定。因此申请人请求贵委依法支持相关请求，维护申请人的合法权益。

此致

敬礼

××市××区劳动争议仲裁委员会

|课后练习|

一、名词解释

劳动关系、劳动合同、劳务派遣、劳动争议、员工健康管理

二、选择题

1. 用人单位与劳动者之间在运用劳动者的劳动能力，实现劳动过程中所发生的关系是（　　）。

　　A. 劳动法律关系　　　B. 劳务派遣关系　　　C. 劳动关系　　　　D. 劳务关系

2. 《劳动争议处理调解仲裁法》规定，劳动争议申请仲裁的时效时间为（　　）。

　　A. 30日　　　　　　　　　　　B. 60日

　　C. 90日　　　　　　　　　　　D. 1年

3. 劳动合同客体具有单一性是指劳动合同的标的是劳动者的（　　）。

　　A. 法律行为　　　　　　　　　B. 社会行为

　　C. 劳动行为　　　　　　　　　D. 劳动权力

4. 劳动合同的订立原则是（　　）。

　　A. 合法　　　　　　B. 协商一致　　　　　C. 诚实信用

　　D. 平等自愿　　　　E. 公平

5. 劳动争议的处理原则是（　　）。

　　A. 依法处理　　　　B. 诚实信用　　　　　C. 着重调解

　　D. 及时处理　　　　E. 平等公正

三、简述题

1. 什么是劳动关系？它有哪些特点？

2. 劳动合同的法定条款包括哪些内容？

3. 简述劳动合同终止应该符合的情形。

4. 简述劳务派遣的优缺点。

5. 简述员工健康管理的措施。

案例分析 **A公司单方解除劳动合同的行为是否合法**

张骅于2010年6月1日与天津A公司签订了为期5年的劳动合同。劳动合同约定张骅的岗位为市场部经理，职责是开拓市场等，试用期8个月，月工资8 000元，此外还对其他劳动合同必备条款进行了相关约定。2012年4月，因内勤部经理调离，公司总经理认为张骅更适合从事内勤部工作，于是在未与张骅协商的情况下，便安排张骅将市场部的工作移交，接手内勤部的工作。对此，张骅表示不同意，认为原劳动合同约定的岗位是市场部经理，公司的调岗行为违反合同约定。总经理认为张骅与公司已签订劳动合同，已成为公司的员工，就应当服从公司的安排，仍坚持由张骅去做内勤部的工作。张骅坚决不同意，仍到市场部上班。该公司于2012年4月20日以张骅拒不服从工作安排、严重违反公司的规章制度为由，依据《劳动合同法》第三十九条第二项的规定与其解除劳动合同。张骅不服，申请仲裁。庭审中，该公司并未提交相关规章制度，但双方对岗位变更未达成一致的事实均予以认可。

【案例讨论】

(1) 张骅与A公司签订的劳动合同有哪些错误？

(2) 该公司未经张骅同意，直接安排张骅去内勤部工作的做法是否正确？为什么？

(3) 该公司单方解除劳动合同的行为是否合法？请围绕此类解除情形应具备的要件简述理由。

(4) 张骅的劳动合同如被解除，可采取什么方式维护自己的合法权益？

实训演练

劳动争议仲裁角色扮演

1. 实训目标

(1) 通过劳动争议仲裁案例角色扮演，使学生充分掌握劳动争议仲裁处理的知识、方法，提升学生对劳动争议处理的实践操作能力。

(2) 了解我国劳动争议仲裁的一般工作流程、需要准备的材料、注意事项等。

(3) 通过实训提高学生对本章内容的学习兴趣和热情，提升实际学习效果。

2. 实训内容和组织

(1) 任课教师为各小组准备劳动争议仲裁的案例素材，并指导各组根据案例素材编写案例剧本。

(2) 根据案例实际情况进行分组。小组成员根据案例需要分配角色，分别扮演案例中的双方当事人以及劳动部门仲裁人员等。

(3) 各组根据案例剧本进行劳动争议仲裁的模拟演示，模拟现实劳动争议仲裁的实践过程。

3. 实训成绩判定

本实训的成绩根据小组成绩和个人成绩结合给分。根据小组对剧本的撰写编排质量，角色扮演过程中的整体安排、完成质量、参与度以及个人在小组中的发挥程度等综合评价给分。

拓展阅读

唐镛.劳动关系管理概论[M].北京：中国人民大学出版社，2012.

中国劳动关系在线网.http：∥www.Cn-LaBor.com.

中国劳动争议网.http：∥www.btophr.com.

中国劳动关系咨询网.http：∥www.chinalr.org.cn/.

中国劳动网.http：∥www.labournet.com.cn.

中国劳动保障网.http：∥www.china-ldf.com.

中国劳动咨询网.http：∥www.51labour.com.

第10章

跨文化企业人力资源管理

知识结构图

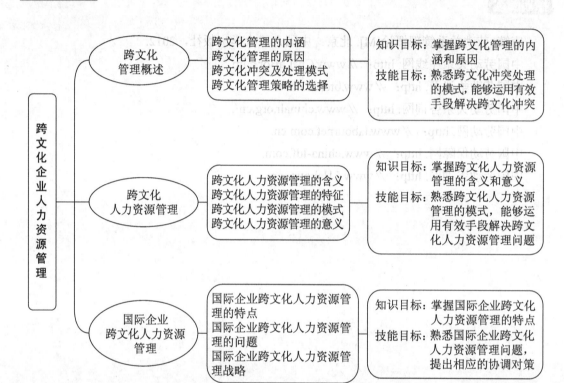

中远集团跨国经营的人力资源管理挑战

一、意料之中的使命

　　中远集团在全球拥有近千家成员单位、7万余名员工，标有"COSCO"醒目标志的船舶和集装箱在世界160多个国家和地区的1 300多个港口往来穿梭。2004年底，中远在境外已拥有区域公司9家，其中中方职工410多人，堪称国内最名副其实的国际化企业。中远的主要业务是国际航运，因此中远早年就开始了外派经理的储备工作。面对全球化的业务，中远还曾专门招聘了一批"小语种"的外语人才。

　　1970年出生的冯波在北京外国语大学学习西班牙语，1995年加盟中远，先后在中远集运做过南美线、美国线、日本线的远洋业务。1998年4月，鲍旭安排冯波到智利开发南美线，负责商务和销售工作。

时年28岁的冯波结婚刚一年，妻子已有孕在身，但同是学习西班牙语的妻子完全理解和支持爱人的选择。其实，从应聘中远那天起，冯波就已明白自己注定的海外使命："学外语的人，不到国外工作，那才叫不正常。我的同学们都在国外工作。对两地分居也没觉得有什么不能承受的。大多时候，在个人机会和家庭生活之间，肯定有一方面要做出牺牲，不可能鱼与熊掌兼得。"

此外，外派经理及其家属必须重新学习，以便与生活在母国文化中的朋友和同事沟通，顺利开展日常工作。这对绝大多数生活在母国的人来说不可思议，但是，许多外派经理的确需要时间来适应基本的生活环境。通常，外派经理自身并未意识到他们回国后，会使用不同的沟通和生活方式。尽管冯波不认为在中远这个国际化企业中，大家在沟通上存在问题，但这种问题在很多公司都普遍存在。其实，2001年回国后，冯波也有一段时间是不适应的，觉得国内的软环境以及人的素质还是不行。过马路的时候，这种感觉就更强烈了。而且冯波发现他周围的人都买了手机，他们的手机更新速度快得令人咂舌。中国人比较喜欢赶时髦，而智利人注重实用主义。在智利，很少有人有手机，即使有，手机大都很笨重。

二、人力资源部问题

已经在中远做了14年人力资源薪酬管理工作的邓睿瑗，仍然能感觉到这份工作带来的挑战。她经常要面对的问题是：如何根据各个国家的具体情况，把针对海外人员的薪酬政策设计在相对概括的体系里，并让大部分员工认可？

案例分析：邓睿瑗面对的挑战，也一度让很多中国国际化企业人力资源部的工作人员感到困扰。一旦企业做出到全球舞台上竞争的选择，就必须想办法去管理那些来自不同国家的雇员，建立一个符合国际化要求、具有竞争力、公正规范和科学高效的人力资源平台，使具有不同文化背景的员工能融合在统一的文化框架下，有效地开展工作。

企业的性质类别不同，它所要做的具体准备工作也不同。在制定适合的人力资源管理体制之前，人力资源部门必须熟悉企业的整体运作，对企业国际化战略方向有全盘的概念。他们还必须仔细分析海外市场的经营模式与特点，并积极地研究东道国的文化、政治和法律，了解当地的风俗习惯、生活方式、薪资福利标准和工作时间等。

资料来源：http://hr.yjbys.com.

10.1 跨文化管理概述

10.1.1 跨文化管理的内涵

1.跨文化管理产生的背景

跨文化管理问题是伴随企业的跨国经营活动而产生的。企业跨国或跨文化经营活动早在15世纪末便开始了。自20世纪50年代以来，由于受全球市场配置资源的需要以及科技进步、国际分工和国家管制的开放等因素的影响，跨国公司有了空前的发展，同时面临越来越多的由跨文化挑战引起的管理困境。这种跨文化管理问题随着经济全球化的加深和知识经济的兴起而变得更为复杂和重要，于是在20世纪70年代后期，跨文化管理(Cross Cultural Management)在美国逐步形成和发展起来。

2. 跨文化管理的定义

跨文化管理又称为"交叉文化管理"，即在全球化经营中，对子公司所在国的文化采取包容的管理方法，在跨文化条件下克服任何异质文化的冲突，并据以创造出企业独特的文化，从而形成卓有成效的管理过程。

跨文化管理的基础是人的文化价值观。跨文化管理的目的是在不同形态的文化氛围中设计出切实可行的组织结构和管理机制，在管理过程中寻找超越文化冲突的企业目标，以维系具有不同文化背景的员工共同的行为准则，从而最大限度地控制和利用企业的潜力与价值。全球化经营企业只有成功地进行跨文化管理，才能使企业的经营得以顺利运转，竞争力得以增强，市场占有率得以扩大。

跨文化管理的关键是对人的管理。一方面，跨文化管理的目的就是融合不同的文化，形成一种新型文化，而这种新型文化只有根植于企业所有成员心中，通过企业成员的思想、价值观、行为体现出来，才能真正实现跨文化管理的目的，否则跨文化管理将会流于形式。另一方面，在全球化经营企业中，母公司的企业文化可通过企业的产品、经营模式等转移到国外分公司，但大多是通过熟悉企业文化的经营管理人员转移到国外分公司。因此，全球化经营企业在跨文化管理中必须要强调对人的管理，既要让经营管理人员深刻理解母公司的企业文化，又要选择具有文化整合能力的经营管理人员到国外分公司担任跨文化管理的重要职责，同时还要加强对企业所有成员的文化管理，让新型文化真正在管理中发挥重要作用，从而使全球化经营企业在与国外企业的竞争中处于优势地位。

3. 跨文化管理的特点

跨文化管理作为一门研究多元文化企业管理的一般规律的学科，相较于其他学科，有其自身特点。

(1) 复杂性。跨文化管理在以往管理的基础上增加了新的文化维度，扩大了管理的范围和难度，把管理的复杂性提到一个新高度。与一般意义上的管理不同，在跨文化管理中，除了个人人格和组织人格之外，还需考虑国家人格(民族人格)。从管理实践来看，就是整合具有两种或两种以上不同文化背景的大型国际企业，融合全球几十个国家分公司里拥有几十种不同文化背景的职员。

(2) 特殊性。管理是围绕各项管理职能，如计划、组织、控制、领导等展开的，管理的内容十分广泛，包括生产、营销、人事、财务等许多方面，而跨文化管理主要研究国际企业对来自不同文化环境中的人的管理。

(3) 共同性。跨文化管理不能按照某一个国家的管理文化进行，它是一种最大限度地追求人类共同性的管理，或者说应尽量按照国际惯例进行管理。

(4) 协商性。跨文化管理在没有国际惯例参照的情况下，只能采取协商的方式，遵循

"求同存异"的原则解决管理中的冲突，任何一方都不能把自己的意愿强加给另外一方。

4. 跨文化管理的意义

1) 有利于解决文化差异、文化冲突所带来的问题

跨国公司的母公司与子公司之间以及各个子公司之间存在文化差异，因此在管理思想、经营理念、管理方法、管理制度等方面会产生一定差异，从而在公司内部引起文化冲突。文化冲突不仅指因跨国企业在他国经营时与东道国的文化观念不同而产生的冲突，还包含在一个企业内部由于员工拥有不同文化背景而产生的冲突。在跨国公司中，对文化差异、文化冲突管理不当势必会影响公司的经营管理，造成不良后果，甚至导致合作的失败。

2) 有利于解决跨国度、跨文化的管理移植问题

管理移植是指将一个国家、一种文化环境中行之有效的企业管理思想、管理制度、管理方法和管理技术转移到另一个国家、另一种文化环境中去，其目的是取得相应的效果、获得相应的利益。跨国公司的母公司与子公司分布在不同的国家、地区，这些国家、地区的经济、政治、社会、文化背景不同，因此从发达国家移植过来的管理方法，发展中国家的企业要根据自身的具体情况进行修改和改进，使之与原有的管理方法融为一体，从而提高管理移植的效果，获取相应的收益，达到管理移植的目的。

3) 对跨国公司及其员工具有导向作用

跨国公司通过跨文化管理形成母公司与各个子公司都要遵循的企业文化，形成员工共有的价值观念、信念、行为准则及具有相应特色的行为方式、物质表现等。跨国公司通过跨文化管理形成的企业宗旨、最高目标、共同愿景、价值观念等对跨国公司的母公司及各个子公司以及所有的员工的价值取向和行为取向起引导作用，使之符合公司所确定的总目标。这种导向是通过塑造跨国公司共同的企业文化来引导公司员工的行为心理，使员工在潜移默化中接受共同的价值观念，自觉地把企业的目标作为自己追求的目标。

10.1.2　跨文化管理的原因

1. 企业文化冲突的内涵

所谓文化冲突是指不同形态的文化或者文化要素之间相互对立、相互排斥的过程，它既指因跨国企业在他国经营时与东道国的文化观念不同而产生的冲突，又包含在一个企业内部由于员工拥有不同文化背景而产生的冲突。

企业文化是企业发展的内动力，每个企业在其发展历程中都会形成自己独特的文化，独特的企业文化是企业成功的基础。但如果发生企业并购，两个或多个企业重新组合，企业文化的差异很可能会引发文化冲突。因此，企业并购后的文化整合及管理，是解决并购双方(或多方)文化冲突、减少并购风险的重要方法。

2. 企业文化冲突的体现

1) 经营理念的冲突

不同的企业具有不同的经营理念，优秀企业往往着眼于长远，制定适宜的远景战略规划。在激烈的市场竞争中，诚信经营，追求"双赢"或"多赢"；而有些企业只注重短期

利益，忽视长期发展。这些企业在生产经营过程中，热衷于一次性博弈，目光短浅，较少顾及企业信誉，更谈不上企业品牌的创建。因此，企业并购后，可能在经营理念上并不统一，从而产生冲突。

2) 决策管理方面的冲突

不同的经营思想将会导致企业决策机制的迥异。有的企业长期以来习惯于集体决策、集体论功过以及集权管理；有的企业则强调分层决策、独立决断和个人负责，以适应市场快速多变的要求。这种决策机制的冲突在来自不同的管理体制的领导层中表现得尤为明显。

3) 价值观方面的冲突

共同的价值观是企业文化的核心。价值观方面的冲突往往表现为更深层次的、更大范围的矛盾。价值观具有极强的主观性，它决定了人们的行为准则，构成企业文化的核心内容。不同国家和民族有不同的价值观体系，每个人都会在长期的生活实践中形成独特的价值观。企业并购时，企业文化冲突首先集中反映在员工个体不同的价值观上。具有差异性的价值观一经接触，必然会相互摩擦、相互碰撞。每一个个体出于本能，都会极力维护自己长时间形成的价值观，轻视别人的价值观，使之不能形成统一的行为准则。

4) 劳动人事方面的冲突

由于经营思想和价值观的差异而导致用人制度的不同，也会引起冲突。一些企业在选人用人上长期习惯于套用行政机关那套衡量标准，片面强调政治素质、职务对等、个人经历、人际关系等，因而选拔的企业管理者不一定有管理才干。而优秀企业已经打破这种用人制度，更多地强调创新素质，强调贡献、成就和企业管理能力，认为只有这些素质才是企业发展所需要的。由此形成的观念冲突，不仅给企业重组后的管理带来矛盾，也会给员工带来巨大的心理压力和困惑。

3. 跨文化冲突产生的原因

跨文化现象是伴随着经营和生产的国际化，特别是国际企业的生产和发展而日趋成为世界性的文化现象的。不同文化背景的人具有不同的价值取向、不同的思维方式和不同的行为表现。这些人在一个企业内共事，在日常的生活和生产经营管理中按照各自的文化定式行事，必然会产生文化上的碰撞，从而导致国际企业内部的文化摩擦，并引起跨文化冲突。跨文化管理的基础是人的文化价值观，其产生的主要原因来自以下几个方面。

1) 信息理解与沟通的差异

不同国家语言不同、文化背景不同，对同一信息的翻译、理解会产生差异，甚至会得出截然不同的结论，从而导致信息理解的差异。同时，不同的文化模式有不同的沟通方式，如果沟通双方来自不同的文化便会存在沟通障碍。例如，人们对时间、空间事物、风俗习惯、价值观等的不同认识，常会导致沟通误会；信仰不同，对文化含义符号的不同理解，对语境的不同理解，忽视文化传统所塑造的不同民族性格，以及对生活的不同态度，都会导致跨文化冲突。

2) 管理风格不同

对世界上大多数人来说，管理是一种艺术，而并非一种教条。一个精明的跨国公司的管理者不仅要具备在本土经营和管理公司的能力，更应具备在不同文化环境中从事综合管理的能力。如果片面地以自我为中心进行管理，死守教条，不知变通，势必导致管理失败。在中国企业管理协会的一项研究中，将企业管理风格分为专断型、混合型、民主型三种。专断型表示管理者很少征求下属意见，采取个人专断的领导方式；民主型表示管理者通过民主协商征求下级意见并取得一致的管理风格；混合型介于上述两种风格之间，指管理者在一定范围内进行咨询和说服，然后做出决策。

3) 法律和政策意识

从国际法的角度看，要求跨国公司承担环境法律责任，离不开东道国与国际社会特别是其母国的合作，这是由跨国公司的全球经营的特征所决定的。一般说来，各国通常遵循地域管辖原则，对本国跨国公司在海外的子公司的行为不加干涉，子公司的行为受东道国国家法律的约束。目前，许多发达国家的法律政策比较完善，如合资企业的经理享有较多的权力。相比之下，中国的厂长、经理受到约束较多，这种情况也容易导致双方的摩擦与冲突。

4) 民族个性差异

不同的民族文化孕育了不同的民族心理和精神气质。来自不同民族的群体及个体有着特定的价值取向，遵循特定的风俗习惯和文化规范。人们往往习惯于根据自身文化的个性和价值观念去解释和判断其他一切群体的行为，因而产生了对异文化的偏见。同时，对另一种文化先入为主的刻板印象也会影响我们的判断。例如，法国人浪漫，德国人严谨，日本人工作努力等，这些就是刻板印象。人们过分注重事物的整体印象，而忽视个体差异，会导致我们不能客观地观察另一种文化。另外，民族中心主义即按照本民族文化的观念和标准去理解和衡量其他民族文化中的一切，包括人们的行为举止、交际方式、社会习俗、管理模式以及价值观念等也会导致文化冲突。

5) 思维方式上的差异

在思维方式上，一般认为中国人与西方人存在明显的差异。在逻辑特征方面，一般认为西方人是就事论事的象棋逻辑，而中国人则是顾虑全局的围棋逻辑：围棋逻辑重在构筑包围圈，尽可能多地扩展地盘；象棋逻辑则重在挑战主帅，"将军"致胜。此外，一般认为西方人在思维方式上是团队取向，侧重事物的方面，忠诚于原则和注重个人感受；而中国人则注重等级，侧重人的方面，因时因地制宜和注重整体。

相关链接

跨文化管理需文化情商

越来越多的人意识到，在海外并购中，资金、技术这些有形的方面比较易于把握，但涉及文化内涵的撞击是无形的，更加微妙难测。曾有一组调查数据表明，80%的企业"败走麦城"，是因为管理者对跨文化管理缺乏了解。

针对文化冲突管理，新加坡国立大学管理学院院长柯理思教授提出了文化情商的概念。通过提高文化情商，往往会激增双方的了解和认同。

文化情商是基于文化差异应运而生的。它的核心不是强调差异，而是强调共性，强调从不同之处寻找共同目标。面对中方员工(2%)和外籍员工(98%)的悬殊比例，Addax石油公司发掘不同文化的共同属性，进而确立了文化融合的目标：让不同信仰、不同肤色、不同背景的员工能够以愉悦的心情去创造最大的价值。

管理者应当对全球化企业形态与企业社会价值有特殊的洞察与深刻的理解，在此认知的基础上进行具体化的运作与表现。Addax的管理者在接管之初，便以包容和尊重的态度，允许各方在基本价值观一致的前提下，保留各自的文化特色，包括员工至上原则、开拓者精神、文化多样性等。经过3年的沉淀，Addax循序渐进地实现了从物质渗透到非物质渗透再到文化融合的整合目标。

Addax的经验告诉我们：走出去是企业间相互借鉴与吸收、梳理与扬弃并逐渐形成核心文化价值观的过程，也是以和平、真诚和包容的方式，积极参与全球双边、多边对话的过程。在这个过程中，文化情商作为指南针，可以迅速地帮助我们在复杂的全球商务地图中找到前进的方向。

资料来源：中国石化新闻网.www.sinopecnews.com.cn.

10.1.3 跨文化冲突及处理模式

跨文化冲突是指不同形态的文化或者文化要素之间相互对立、相互排斥的过程，它既指由于跨国企业在他国经营时与东道国的文化观念不同而产生的冲突，又包含在一个企业内部由于员工拥有不同文化背景而产生的冲突。冲突可能来自价值取向不同、宗教信仰不同、风俗习惯差异、语意翻译及表达上的误解等。

从企业外部看，企业从事跨国经营活动进入东道国后，会受到来自东道国外在文化环境的影响，这种文化环境(包括有关政府机构、政府所颁布的有关法律和法规、中介组织、有关团体等)会在某些方面与企业原有的文化产生冲突。文化冲突的结果往往导致跨国企业遭到来自企业内部和外部的打击。

跨文化冲突不可避免，跨国公司可以采取以下4种模式处理冲突，确保公司的顺利发展。4种模式的特点、效果及最终结局如图10-1所示。

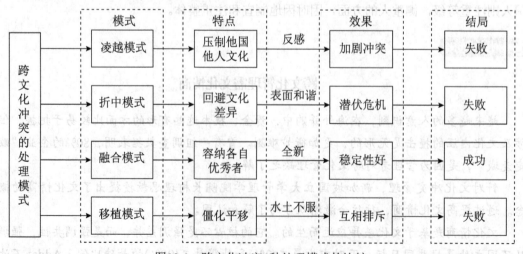

图10-1 跨文化冲突4种处理模式的比较

10.1.4　跨文化管理策略的选择

跨文化冲突不可避免，跨国公司在实施跨文化管理时，有以下几个策略可供选择。

1. 本土化策略

本土化策略即根据"思维全球化和行动当地化"的原则来进行跨文化管理。国际化经营企业在国外需要雇佣相当一部分当地员工，因为当地员工熟悉当地的风俗习惯、市场动态以及政府的各项法规，并且与当地的消费者容易达成共识。雇佣当地员工不仅可节省部分开支，更有利于在当地拓展市场、站稳脚跟。

2. 文化创新策略

文化创新策略即将母公司的企业文化与国外分公司当地的文化进行有效的整合，通过各种渠道促进不同的文化相互了解、适应、融合，从而在母公司文化和当地文化的基础之上构建一种新型的企业文化，以这种新型文化作为国外分公司的管理基础。这种新型文化兼容性强，可容纳不同文化、观念，取各自长处进行融合创新，从而增强企业竞争优势，成为国际上许多大型企业实施跨文化管理的首选。

3. 文化渗透策略

文化渗透策略即跨国公司派往东道国工作的管理人员，凭借母国强大的经济实力形成文化优势，对子公司的当地员工逐步进行文化渗透，并使其逐渐适应母国文化，进而使东道国员工逐渐成为该文化的执行者和维护者。

4. 借助第三方文化策略

第三方文化是指与母公司的企业文化已达成共识的第三国文化。当跨国公司无法在短时间内完全适应东道国的经营环境时，为避免母国文化与东道国文化发生直接冲突，可采用第三方文化管理策略。如欧洲的跨国公司想要在加拿大等美洲地区设立子公司，就可以先把子公司的海外总部设在思想和管理比较国际化的美国，然后通过在美国的总部对在美洲的所有子公司实行统一管理。而美国的跨国公司想在南美洲设立子公司，就可以先把子公司的海外总部设在与其国际思想和经济模式较为接近的巴西，然后通过巴西的子公司总部对南美洲其他的子公司实行统一管理。

5. 文化规避策略

当母国文化与东道国文化之间存在巨大的差异，母国文化虽然在整个公司的运作中占主体地位，但无法忽视或冷落东道国文化的时候，由母公司派到子公司的管理人员，就应特别注意对双方文化的重大不同之处进行规避，不要在这些"敏感地带"造成文化冲突。特别是在宗教势力强大的国家，更要特别注意尊重当地人的信仰。

6. 文化相容策略

根据不同文化相容的程度，文化相容策略可分为：①文化的平行相容策略。这是文化相容的最高形式，习惯上称为"文化互补"，即在国外的子公司中不以母国的文化作为主体文化。这样母国文化和东道国文化之间虽然存在巨大的差异，但并不互相排斥，反而互为补充、同时运行，可以充分发挥跨文化的优势。②隐去两者主体文化的和平相容策略。即管理者在经营活动中刻意模糊文化差异，隐去两者文化中最容易导致冲突的主体文化，保存两者文化中比较平淡和微不足道的部分，使不同文化背景的人均可在同一企业中和睦共处，即使发生意见分歧，也可通过双方的努力和妥协达到协调的效果。

7. 占领式策略

占领式策略是一种比较偏激的跨文化管理策略，是指全球营销企业在进行国外直接投资时，直接将母公司的企业文化强行注入国外的分公司，对国外分公司的当地文化进行消灭，国外分公司只保留母公司的企业文化。这种方式一般适用于文化强弱对比悬殊，并且当地消费者能完全接受母公司文化的情况。但从实际情况来看，这种模式应用得非常少。

对点案例 广州标致合资为什么失败

广州标致是1985年由广州汽车制造厂、法国标致汽车公司合资经营的汽车生产企业，注册资本为3.25亿法郎，由广州汽车制造厂和法国标致汽车公司共同管理。截至1997年8月，广州标致累积亏损10.5亿元人民币，实际年产量最高时只有2.1万辆，未能达到国家产业政策所规定的年产15万辆的标准。同时，中法双方在一些重大问题上存在分歧，合作无法继续。1997年9月，中法签订协议，广州汽车工业集团与法国标致汽车公司宣布中止合作。

广州标致合资失败源自双方文化差异导致的跨文化管理冲突，主要体现在以下几个方面。

(1) 目标期望差异。法国标致的主要经营目标是通过建立合资企业在短期内获得高额利润。在这样的经营思想指导下，法方人员的决策带有明显的短期行为色彩，工作重点就放在向中国出口技术、设备、零配件上，旨在短期内获利。中方的主要经营目标则是通过建立合资企业，带动汽车工业及整个地区的发展，所以推进国产化进程是工作重点。合资双方在指导思想和目标期望上的差异，导致双方在决策行为、工作重点、工作方式上出现分歧。

(2) 制度文化差异。广州标致按照法国标致的直线职能制组织机构设置方式，实行层级管理，强调专业化分工和协作，同时采用法国标致的全套规章制度。法国标致的规章制度是总结了它在全球20多个国家建立合资企业的经验而制定的，有一定的科学性和合理性。法国人工作严谨，要求员工丝毫不差地遵守各项规章制度，100%达到标准。但中方员工由于长期在一种缺乏就业竞争的环境中工作和生活，对规章制度的执行不够严格，而且受人员素质及机器设备先进性的影响，有些工作难以完全达到有关标准。

分析：广州标致合资失败是跨文化管理冲突的结果。没有协调或统一各方的投资目标，在合作初期就出现投资目标的差异；在合作过程中又没有致力于协调或取得一致，导致双方在工作中出现了难以协调的意见分歧。广州标致的管理层没有足够重视双方的文化冲突，没有意识到共同价值观的塑造可以减缓文化冲突，没有提炼比较符合广州标致的企业精神，更没有运用各种方式将企业精神灌输给员工，这就使中法双方未能齐心协力、统一行动。中外合资企业跨文化管理的核心是成功地实现中外文化的融合，建立一种新的管理模式。无数实践证明，浅层次的文化融合是比较容易实现的，但深层次的文化融合则比较困难，这需要中外双方长期的努力。深层次的文化融合对企业的发展具有长久的影响，企业更要注重决策目标、共同价值观等深层次文化因素的沟通与融合。

资料来源：张鹏.跨文化管理成功与失败——以广州标致与合肥利华为例[J].合作经济与科技，2008(4)：57-58.

10.2 跨文化人力资源管理

10.2.1 跨文化人力资源管理的含义

1.跨文化人力资源管理的内涵

从管理对象来看，跨文化人力资源管理是指对来自不同文化背景的、存在文化差异的员工进行人力资源管理，是以提高劳动生产率、工作生活质量和取得经济效益为目的，对拥有不同文化背景的人力资源进行获取、保持、评价、发展和调整等一体化管理的过程。

跨文化因素对人力资源的影响是全方位、全系统、全过程的。它包括三个层次：双方母国或民族文化背景差异；双方母公司自身特有的"公司文化"风格差异；个体的文化差异。

2.跨文化人力资源管理的构成要素

(1) 跨文化人力资源管理的主体：企业。它可以是跨国企业，也可以是跨地区的企业。

(2) 跨文化人力资源管理的对象：拥有不同文化背景的群体。它既可以来自企业外部，如东道国政府部门、其他民族、人才中介机构、当地社区等；也可以来自企业内部，如各级管理者、各部门员工等。

(3) 跨文化人力资源管理的目的：当拥有不同文化背景的群体在相互作用、影响的过程中出现矛盾和冲突时，从矛盾解决和文化协调中找到最有效的人力资源管理模式，提高人力资源的整体协作水平，实现人力资源的最优配置。

10.2.2 跨文化人力资源管理的特征

跨国公司在国际化经营的过程中，跨文化环境、国际化运营以及管理人员的态度会对跨文化人力资源管理活动产生重要影响，使其形成独有的特征，具体表现在以下几个方面。

1.多元性特征

多元性特征是指国际企业人力资源的多种民族文化并存的特征。首先，跨国公司的员工拥有不同文化背景，存在文化差异，对跨国公司管理目标的理解、执行和评价都可能不一样，因此国际化员工所组成的工作群体容易形成不同文化派别，使人力资源管理更加复杂和困难；其次，从管理环境和过程看，企业的国际化过程就是从单一文化环境向多元文化环境转化的过程；最后，跨国公司人力资源管理的对象是拥有不同文化背景、具有不同文化特征的员工，因此，人力资源管理的任务既包含对多元文化背景人力资源的管理，也包含管理方法和管理内容的多元化。

2. 变革性特征

从企业国际化运营过程来看，在不同的国际化运营阶段，人力资源管理具有不同的任务和目标。在国际化初级阶段和发展阶段，跨国公司实施的是母公司战略下的人力资源管理和多国战略下的人力资源管理。前者以总部的外派人员管理为主，人员的招聘选拔、工作分析、工作业绩考评和薪酬管理主要针对来自母国和第三国的总部外派人员；而后者重视多国市场的发展，对当地人员的管理成为核心任务。在全球化阶段，跨国公司实施全球战略，全球性招聘和人员管理是管理的主要任务。由此可见，跨文化人力资源管理的重点对象是在不断变化的。

3. 适应性特征

不同的文化环境，对人力资源管理的要求会有所不同。在一国所积累的管理经验，到了另一国可能不再适用。跨文化人力资源管理就是要在不同文化环境下有效地开展人力资源管理活动，因此具有很强的适应性。

4. 实践性特征

跨文化人力资源管理的成功与否，需要靠具体的实践效果来体现。公司的领导者需要解决在跨文化人力资源管理过程中面临的文化差异问题，靠自己或他人的经验，找出管理规律，并在人力资源管理的各个环节中去实践管理原则。

10.2.3 跨文化人力资源管理的模式

从各国跨国公司的管理实践来看，在怎样处理跨文化人力资源管理的问题上，主要有4种基本模式：民族中心模式、多元中心模式、全球中心模式和地区中心模式。

1. 民族中心模式

民族中心模式也称为母国中心模式。母公司人员认为自己的科学技术最发达，管理方法最先进，管理经验最丰富，有在国外照搬母国管理方式的趋向。人事政策的核心是：各子公司的中上层管理岗位都由母国人员担任；东道国雇员只占据低层次的和辅助性的岗位；在人事考核方面，一般将母公司的标准作为评价和晋升子公司员工的标准；在人员薪酬方面，对外派人员支付额外的报酬和奖励而不是按照东道国的薪酬标准来支付等。一般来讲，民族中心模式适合于实施无差异策略推广单一产品的特大型跨国公司，典型例子是美国麦当劳公司。

民族中心模式的优点：①母公司对子公司拥有很大的控制权，两者在决策上能够保持高度一致，母公司的政策和决议在分公司较易贯彻执行。②东道国员工只能占据较低层次的职位，因此对东道国雇员的要求不高，容易在当地招聘到合适的员工。③子公司采取与母公司完全相同的管理模式和规章制度，所以对母公司外派人员不需要进行额外的培训。

民族中心模式的缺点：①由于东道国和母国存在文化差异，在子公司内仍然会存在文化冲突现象，可能无法与母公司保持一致。②东道国员工的职业生涯发展受到很大的限制，提升不到高级管理岗位，不利于调动东道国雇员的积极性。此外，重要的决策都在母公司做出，这可能使外派人员的职业生涯发展受到很大的限制。

2. 多元中心模式

多元中心模式承认文化有差别，认为本国的管理模式未必适合东道国，因此主张入乡随俗。该模式人事政策的核心是：不以母公司的人事政策为标准，各海外子公司遵循东道国的人力资源管理习惯；在人事安排方面，除了少数高层管理职位和技术职位由母国公司人员担任以外，其余岗位一般倾向于在东道国招聘和选拔合适的人选，在招聘和选拔的过程中，一般也遵循东道国当地人才的选拔标准，但是否具备应用母国公司国家语言的能力成为一个必要条件；在人事考核方面，子公司有自己的一套考核指标；在人员薪酬方面，对外派人员按照母国公司的标准支付额外的报酬和奖励，对东道国员工采取当地的补偿标准。

多元中心模式的优点：①东道国人员语言娴熟，熟悉本国法律制度，深知本地的市场需求和本地劳动力的供给情况，有多年形成的人际关系，能够增强公司与东道国政府打交道的能力，提高在东道国经营管理的效率。②允许东道国员工担任子公司的较高层职务，能够调动当地员工的积极性，吸引优秀的人才加盟。③大量使用东道国雇员，可以降低公司的工资成本。④有利于东道国经济安全、增加就业机会、加速与国际接轨，从而得到东道国当地政府的大力支持。

多元中心模式的缺点：①母公司对子公司的控制力较弱，有时母公司和子公司的利益会产生冲突。②尽管东道国员工能够担任一些中高层职务，但高层职位还是由母公司的外派人员担任，东道国员工的职业生涯发展机会仍然有限。③对东道国当地雇员的要求较高，随着跨国公司的发展，本地国际化人才不足以满足跨国公司的需求。

3. 全球中心模式

该模式认为最佳管理方式、最佳管理人才应该是没有国籍色彩的，主张在选择海外子公司的管理模式时，应该根据实际情况制定适合的管理模式。该模式人事政策的核心是：在人事安排方面，倾向于在世界范围内挑选优秀的雇员，只要能力出众，就有可能成为最高领导；在人事考核方面，按对整个企业贡献大小的全球标准来衡量雇员的业绩，并决定其能否获得提升；在人员薪酬方面，采用全球相似的标准，只是根据地域差别进行必要的调整。可口可乐公司在中国采取全球中心模式，目前的中国区总裁是英国人，各部门的高级管理人员基本上来自世界各地。可口可乐公司在世界范围内招聘和选拔雇员，以满足当地对高管人员的需求，同时在全球范围内培养和配备人才。

全球中心模式的优点：①由于人才的选拔是在世界范围内进行，挑选面更广，也更易挑选到更好的人选。②因地制宜地选择企业的人力资源管理模式，有利于吸收两种模式的长处，取长补短，更好地适应东道国的需求。

全球中心模式的缺点：①由于一些国家制定了相关的法律规定，要求跨国公司管理人员本地化，在实施中有一定的政治风险。②对人才的要求较高，有时很难在世界范围内找到真正合适的人才。③由于实行全球相似的薪酬标准，加之培训费用的大幅增加，使得企业的管理费用居高不下。

4. 地区中心模式

除了以上三种模式，还有一种模式介于多元中心模式和全球中心模式之间，被称为地区中心模式。在这种管理模式中，子公司按照地理因素在全球范围划分区域，如亚洲区、欧洲区等。区域内各国子公司的人力资源政策是协调一致的，但区域间及各区同总部间的联系则是非常有限的。2000年3月，法国的达能集团收购了乐百氏公司54.2%的股份。新收购的乐百氏公司在中国设置的高管职位遵循母国模式——按照地区配备，从整个东亚地区来设置。由来自中国香港地区、中国台湾地区、马来西亚、新加坡、印度的人员组成，中国子公司的高管人员也可以在整个东亚地区任职。

地区中心模式有利于各子公司的经理人员在本地区流动，可加强地区内部各子公司的合作，有利于逐渐向全球中心的人力资源管理模式过渡。

以上4种模式的特征比较如表10-1所示。

表10-1　4种不同人力资源管理模式的比较

模式 特征	民族中心模式	多元中心模式	全球中心模式	地区中心模式
企业文化	母国文化	东道国文化	全球文化	地区文化
组织复杂程度	总部复杂，子公司简单	各不相同且相互独立	复杂，全球性网络或全球联盟	区域内组织相互依赖
人力资源决策者	母公司	当地子公司	母公司和子公司合作	地区总部
沟通协调	垂直命令为主，母公司与当地公司沟通较多	子公司之间以及子公司与母公司之间沟通较少	子公司之间完全由总公司的网络系统联络	子公司与总公司之间很少联系，地区内的子公司较多或联系较多
招聘与选拔	母公司标准适用于所有人员	依据东道国确定	标准既适用全球又极具当地特色	依据区域确定
人员配置	子公司高层管理人员由总部派遣	子公司经理由所在国人员担任	管理人员的选拔是全球性的	子公司经理来自本地区内的某个国家
绩效评估	母国标准	各国当地标准	全球通用标准	在区域层次上决定
员工管理	母国经理管理员工	当地经理管理员工	将最佳的人选分配到最合适的地方	区域经理管理员工
奖励政策	总部远远高于子公司	各子公司奖励差别大	按各子公司贡献度决定	总部自主决定

10.2.4　跨文化人力资源管理的意义

1. 跨文化人力资源管理有助于理解各种文化差异，进行文化沟通

人们表达自我的方式、思维方式、行为方式等，这些在一般情况下被人们熟视无睹的文化侧面，以深刻和微妙的方式影响着人们的行为。现实中，一个文化群体容易曲解另一个文化群体。从我们所置身的文化环境中，我们能够判定某一事物的特征与联系，但对外来文化，我们往往习惯用自己的文化作为解释他人文化的工具，这就很难客观地、全面

地理解他人的文化。对不同文化的认识以及在这种文化环境中形成的管理理论的研究，有助于我们客观地认识和理解他人的文化，有助于理解和感知各种文化差异，进行跨文化沟通，从事跨文化经营。

2. 跨文化人力资源管理有利于企业管理的创新

每个国家都会在自己的文化背景基础上形成独特的管理文化、管理理论。任何企业管理理论都是根植于既定文化之上的，企业管理系统必须与民族文化环境相适应。特定的社会文化不仅影响社会中人们的行为，而且影响将企业管理理论与企业管理方式成功地从一种文化转入另一种文化的可能性。在企业管理过程中，内化为"企业文化"或"组织文化"的文化是一种管理手段。然而，每一个企业在运用这些手段时都将文化渊源作为先决条件。跨文化的管理模式有利于将先进的管理理论与自身的民族特性、价值观念和文化传统融为一体，从而创造新的管理思想、管理风格和管理哲学。企业所面临的是多元的文化环境，而且其员工也带有多元文化的背景，对此我们应该善于吸收融合不同文化的精华，在不同文化的结合点上创造出新的企业管理理论和管理方式。

对点案例 **欧莱雅: 如何聘用"文化混血儿"**

欧莱雅集团的"全球普及化战略"及其全球化经营格局是以多元化的用人策略为支撑的。欧莱雅相信，只有聘用多元化人才，才能创造出满足消费者多样化需求的产品。多元化是欧莱雅的基因，也是核心价值所在，它能够点亮团队的创意与灵感。欧莱雅把来自不同国家与民族、不同文化背景、不同肤色与性别的人吸引在一起，融合为一体。在欧莱雅(中国)，员工来自中国内地、中国香港、中国台湾、法国、印度和泰国等18个国家和地区。在选拔人才时，非常注重发掘员工身上的多元化特点和能力，比如他们的忍耐力、开放心态、开放性思维、好奇心、积极性，这些特点和能力都与企业人才的多元化息息相关。

欧莱雅通过高校巡回宣讲、商业案例比赛等渠道，在应届毕业生中寻找最优秀的人才。2013年上半年，欧莱雅在巴黎举办了校园市场策划大赛的全球总决赛，来自中国的对外经贸大学代表团获得了最佳互动营销奖。在比赛中，他们提供了一个真实的商业案例，并为参赛者提供接触欧莱雅广告商和数据的机会。最终，每个国家的参赛队在欧莱雅全球高层面前展示了他们的创意和想法。对参赛选手而言，这是一个接触全球多元文化的机会，而欧莱雅则可以利用这一良好的平台发掘更多的多元化人才。

欧莱雅开发了一个在海外发掘中国籍人才的新项目。他们通过与一些海外分公司人力资源团队合作，在美国、欧洲等地寻找那些有意在欧莱雅发展的中国籍人才。欧莱雅先让他们在所留学的国家入职工作，最终再选择是否回到欧莱雅(中国)工作。此外，他们还在社交网络上开展大量的营销和招聘活动。作为一家日化公司，他们需要在社交网络上保持良好的可见度，不断提升公司形象，这样才能够更有效地找到丰富的人才资源。

新员工在进入公司后，还需要接受他们的人才培养计划。首先，进入欧莱雅(中国)的每一位新员工都需要参加"融入计划"(Follow-up and Integration Track，FIT)。这是一项针对欧莱雅新员工的个性化指导计划，可使新员工尽快获取必要的知识和技能，找到适合自己的职业发展道路。另外一个重要的项目是"导师"项目。它搭建起欧莱雅新员工与高层经理之间的沟通桥梁。导师与新员工没有直接的上下级关系，而是以自己的经验，给予新员工关于工作和生活的建议和指导，使新员工尽快顺利地融入公司。对初出校门的管理培训生而言，除了导师，他们还会得到本部门一位资深经理的直接指导，在目标设定、项目制定和发展规划等方面得到有益指导，从而有望在两三年内成为某一领域的专家。

储备多元化人才，建立多元化文化，是欧莱雅实施全球普及化战略、把握全球经济转型机遇的重要保障。

资料来源：贝瀚青口述，李茂采访整理.如何寻找"文化混血儿"[J].哈佛商业评论，2013(9).

10.3 国际企业跨文化人力资源管理

10.3.1 国际企业跨文化人力资源管理的特点

与传统的人力资源管理不同，国际企业跨文化人力资源管理的内容更加多样化、更加复杂，主要体现在以下几个方面。

1. 管理活动的范围和内容更加广泛

国际企业跨文化人力资源管理活动涉及两个或两个以上国家，除了国际企业总部所在的母国以外，有关的国际人力资源管理活动必须在东道国或第三国实施。由于国际企业在国外或多国设有大量的分公司、子公司，它更需要综合考虑跨国企业内部不同国家的子公司之间以及母公司与子公司之间的关系，综合企业发展需要，进行人力资源的协调、配置、计划、调动、控制和指挥。国际企业跨文化人力资源管理涉及来自不同国家的员工，涉及不同国家的文化和民族感情，人力资源管理面临更大的风险。跨国公司的人力资源管理者，除了管理母国员工以外，还必须管理来自东道国或第三国的员工。

2. 对人力资源管理者的素质能力要求更高

国际企业的跨文化人力资源管理者必须承担更多的职能。相较于国内人力资源管理者，国际人力资源管理者的职能范围增加了许多额外的内容。例如，重新安置和职前引导那些来自他国或即将派往他国的员工；参与语言方面的翻译、培训服务；另外，随着跨国企业的规模日益扩大，人力资源管理者还必须加强对东道国员工的培训，以实现管理的本土化。跨国公司人力资源管理者必须具备更多的专业知识。例如，东道国的风土人情和工作习惯；东道国在人力资源管理方面的实践和相关的法律知识等。另外，人力资源管理者还必须了解母国和东道国在这些方面的差异性，以及这些差异性对外派人员的工作绩效所产生的影响等。

3. 管理的手段方法更加灵活化和人性化

人力资源管理本身体现着极强的能动性和灵活性，在跨国公司中这种管理更具有多样性的特点。跨国公司要综合考虑东道国的法律和政治环境、管理水平、教育程度、公司产品特征和组织的生命周期，要采用更加灵活多样的管理手段和方法进行人力资源管理。在国际化经营的跨国公司里，人力资源管理者追求人本化的管理，更多地关心外派员工的个人生活。人力资源管理部门需要确保驻外人员的旅途、住房、子女教育、签证、医疗保险及提供各种薪酬福利等。许多跨国公司还设有国际人力资源服务部门，负责协调上述工作。

4. 管理决策的难度和风险更大

国际企业人力资源价值观、信念和文化传统的差异，导致他们有着不同的需要和期望，以及与此相一致的为满足需要和期望的不同的行为规范和行为表现。同时，在国际企业中，员工相同的行为表现并不意味着具有一致的意义。国际企业能够针对不同文化的特点实施沟通、激励、领导和控制等管理活动，这使得国际企业的管理活动变得更加复杂，也增加了管理的难度。首先，对于企业的决策方案和管理制度，拥有不同文化背景的职员往往有着不同的理解，因而在工作中有着不同的行为表现；其次，即使对决策和管理制度的理解是相似的，也有可能导致不同的工作行为；再次，"民族中心主义"有可能使职员为了显示其存在而故意做出与众不同的行为。由此可见，跨国公司在决策时一方面要受到不同国家的政治和法律等因素的制约，另一方面要考虑不同国家的文化差异，具体表现为员工的价值观、经验、行为方式及个人需要的差异。国际企业人力资源管理必须适应这种跨国界和跨文化的环境。

10.3.2 国际企业跨文化人力资源管理的问题

1. 国际企业跨文化人力资源管理的复杂性

1) 跨国企业雇员来自不同的国家

当地员工来自业务单位(如工厂、销售机构等)所在的东道国，被称为东道国公民；外派人员来自跨国企业业务所在国之外的其他国家，来自母国的海外雇员被称为母国公民，既不来自东道国也不来自母国的海外雇员被称为第三国公民。通常情况下，母国和第三国海外雇员属于管理雇员和专业雇员，而非低层次的劳动力。

2) 跨国企业人力资源的协调方式必须是立体的

一个有效的国际人力资源管理体系既包括公司范围内的人力资源管理政策与程序，也包括适应不同国家与地区的人力资源管理政策和程序，甚至对跨国公司而言，通常需要调整公司的人力资源管理方式，以适应东道国的传统、国家文化和社会制度。当涉及非管理职位的雇员时，调整人力资源管理政策更是具有特殊的必要性。这些雇员很可能是东道国公民，他们更可能期望跨国企业的人力资源管理方式符合当地的传统。将不适当的人力资源管理方式强加给东道国公民，就可能带来触犯当地文化标志和价值观念的风险。

3) 跨国企业人力资源管理过程中会受到法律等因素的制约

不同国家的雇员都习惯于自己国家的文化和人力资源法律，有时一句简短的问话可能就触犯了对方的法律或习俗。在处理人际关系过程中，如果此方面处理不当便会产生不利影响。

4) 跨国企业母国雇员优越感强

优越感产生于这些雇员与高层管理人员来自同一国家，而公司的主体文化和管理方式也是他所熟悉的，自然滋生的优越感将使协调工作更具复杂性。

影响国际企业跨文化人力资源管理的复杂性的因素如图10-2所示。

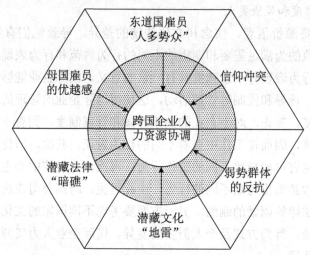

图10-2　国际企业跨文化人力资源管理的复杂性

2. 国际企业跨文化人力资源管理的冲突

1) 国际企业跨文化人力资源管理冲突的内涵

研究表明，70%的企业管理人员把企业中的"冲突管理"的重要性排在决策、计划和领导等职能之前，管理者处理各类冲突的时间占其整个管理工作总时间的20%。在企业国际化过程中，不同的国家、民族由于文化差异导致企业内部员工文化差异巨大，容易造成文化冲突。国际企业跨文化管理中的文化冲突内涵体现在以下三个方面。

(1) 国际企业跨文化冲突的发生区间。企业文化冲突是在多元企业文化组织中发生的，发生于跨文化企业组织中的各个成员之间，而且发生于具有不同文化背景的企业员工之间。

(2) 国际企业跨文化冲突的产生原因。在国际化企业中，员工的不同价值观和行为方式必然会导致组织成员之间的价值观和行为方式的不一致。企业文化冲突的根源在于：由于同一个企业组织中存在不同的文化形态，从而影响组织成员的思想意识、价值观和行为模式。

(3) 国际企业跨文化冲突的表现形式。文化冲突的表现形式主要是心理上的对抗和行为上的对抗。首先，在心理层面，表现为企业员工对企业文化差异的认知过程和情绪情感反应；其次，在行为层面，由于企业员工难以控制企业文化差异而导致认知失衡，只能通过行为对抗来表现认知失衡感和发泄不良情绪。

2) 国际企业跨文化人力资源管理冲突的来源

(1) 民族性格、思维模式的不同直接导致文化冲突。传统文化是民族文化的深层积淀，它融于民族性格之中，使各民族表现出不同的个性。民族的责任、个性与人性的冲突，往往构成跨文化沟通的困难；思维模式是民族文化的具体表征，如西方人的实证主义思维模式与东方人的演绎式思维模式常常是企业跨文化管理中构成冲突的原因。

(2) 行为模式的不同导致文化冲突。行为模式是民族文化的外显形式，它以固定的结构，在相同或相似的场合为人们所采用，成为群体表达认同的直接沟通方式。不同民族文化造成不同的行为模式。在相同的环境中，不同的行为模式会表现出很强烈的冲突。例如，一家中美合资企业是由中方母企业拿出一部分资产和美方成立的。中方母企业专门针对合资企业建立了一个开发企业，下设十多家具有独立地位的分企业。尽管合资企业在选择配套服务时采取公开招标的形式，但中方经理人员不管开发企业是否具备条件，常常会优先考虑开发企业，这就导致合资企业的成本增加、质量下降。外方经理对中方经理的这种"肥水不流外人田"的举动十分不满，坚决主张择优中标，中外方经理的矛盾就会越来越大。

(3) 对文化意义符号的不同理解导致文化冲突。不同的文化采用不同的符号表达不同的意义；或者符号虽然相同，表达的意义却迥然不同。例如，美国一家企业在英国大力推出一种药品，但该药品在英国几乎无人问津。因为这种药品的包装盒上注有"打开盖后，请按下底部"的字样。对英国人来说，"底部"是指屁股，所以此话的含义颇为滑稽。

(4) 语境障碍导致文化冲突。在相同的意义符号中，人们的文化背景不同，会对意义符号赋予不同的语境而加以理解。索尼的盛田昭夫曾举例说："我经常对助手说'不要信任任何人'。如果助手是日本人，他对这句话的理解不是'不相信别人'，而是办一件事绝不要相信别人会完全按照你的意图办；如果助手是美国人，他会认为这句话的意思是对任何人都不要相信，包括政府、企业、经理和亲人。"

(5) 政治体系不同导致文化冲突。不同国家的政治体系尤其特殊，人们信奉特殊的价值观，企业产品有时会在无意中冒犯某种政治价值观而受到抨击和抵制。例如，欧洲的某家软饮料企业的商标是六角星图案，与以色列的国旗图案相似，这就大大激怒了一部分阿拉伯消费者，最后这家企业不得不收回所有产品，重新包装。

(6) 不同宗教信仰导致文化冲突。由于不重视宗教差异而导致文化冲突的最著名的例子，莫过于东印度公司在18世纪时，把涂有猪油蜡的子弹发给印度士兵，而发射这些子弹前必须先咬掉子弹上的蜡。印度士兵大多数是印度教徒和伊斯兰教徒，他们认为英国政府发这种子弹给他们，是对他们宗教信仰的严重侮辱，因而奋起反抗，掀起了印度独立战争的序幕。

3) 国际企业人力资源管理中跨文化冲突的表现

跨文化冲突的现象具有广泛性和普遍性，几乎所有的国际企业人力资源管理中都存在跨文化冲突的问题，主要表现在思想观念、行为方式、管理方法、管理程序及组织沟通等方面。

(1) 思想观念方面的冲突主要表现为：外方管理人员不了解中国国情，以"我"为主，以己度人，盲目使用"自我参照原则"，带有明显的种族偏见，歧视中方员工等。

(2) 行为方式方面的冲突主要表现为：外方人员做事直率而中方人员做事含蓄，外方人员的行为计划性强而中方人员的行为缺乏计划性，遇到问题时外方人员会立即解决而中方人员往往拖到以后解决。

(3) 管理方法上的冲突主要表现为：外方管理体制非常数字化、程序化、制度化；而中方管理缺乏完善的制度和程序，管理过程中也不太重视数字的作用，主要依赖经验的判断。

(4) 管理程序方面的冲突主要表现为：绩效评估、人员激励、制定决策等存在差异。例如，对员工的绩效进行评价时，外方只注重实际业绩，而且只关心工作结果，不理会过程；而中方人员不但注重实际业绩和结果，而且很关心员工的思想、道德等方面的表现以及工作过程。

(5) 跨国企业在组织沟通方面也存在冲突，主要表现为：外方上司不善于与下属沟通及听取并采纳下属的意见，没有有效的沟通制度和渠道，组织结构不适合中国国情等。

4) 国际企业跨文化人力资源管理冲突的危害

(1) 文化冲突产生"非理性反应"。文化冲突影响了跨国管理者与当地员工之间的和谐关系，这使得管理者也许只能按照呆板的规章制度来控制企业的运行，而对员工更加疏远。与此同时，员工则会对工作变得更加不思进取，管理者的行动计划实施起来也会更加艰难，结果是双方都不可能有所作为，他们之间的社会距离也会进一步加大，必然也将影响彼此的沟通。

(2) 文化冲突导致工作低效和市场机会损失。随着跨国企业的经营趣味和员工的国际多元化，这种日益增多的文化冲突就会表现在企业的内部管理和外部经营中。在内部管理方面，来自不同国家的员工有着不同的价值观、不同的生活目标和行为规范，这必然会导致管理费用的增加，从而增加组织协调的难度；在外部经营中，由于文化冲突的存在，使跨国企业不能以积极和高效的组织形象去迎接市场竞争，往往在竞争中处于被动地位，甚至丧失许多市场机会。

(3) 文化冲突导致全球战略的实施陷入困境。从一般的市场战略、资源战略向全球战略的转变，是跨国企业在世界范围内提高经济效益、增强全球竞争力的重要步骤。全球战略是国际企业发展到高级阶段的产物，它对跨国企业的经营管理提出了更高的要求。为保证全球战略的实施，跨国企业必须具有相当的规模，以全球性的组织机构和科学的管理体系作为载体。但是，目前大多数跨国企业普遍采取矩阵式的组织机构，由于文化冲突和缺乏集体意识，导致一系列问题，如组织程序紊乱、信息阻塞、各部门职责不分、相互争夺地盘、海外子公司与母公司的离心力加大等，导致母公司对子公司的控制难上加难。

10.3.3 国际企业跨文化人力资源管理战略

1. 识别和理解文化差异

由于文化冲突是文化差异造成的，必须对文化差异进行分析识别。对于一个跨国经营企业来说，不仅要摆脱本土文化的束缚，尽可能地消除本土文化的优越感，以另一个不同的参照系反观原来的文化，而且要对他文化采取一种超然独立、平等的态度，通过对他文化的理解、参与和尊重，在两种文化的结合点上，寻求和创立一种双方都能认同和接纳的结合点，发挥两种文化的优势，巩固和强化自己的竞争地位，确保企业战略目标的最终实现。跨国公司管理者首先要识别和区分文化差异，才能采取有针对性的措施。

2. 强化跨文化培训

通过文化差异的识别和跨文化培训，企业能够提高对文化的鉴别和适应能力。跨文化培训可以加强人们对不同文化传统的反应和适应能力，促进不同文化背景的人之间的沟通和理解。跨文化培训的目的是减轻驻外经理可能遇到的文化冲突，使之迅速适应当地环境并发挥正常作用；促进当地员工对公司经营理念及习惯做法的理解；维持组织内良好稳定的人际关系；保持跨国企业内信息流的畅通及决策过程的效率；加强团队协作精神与公司的凝聚力。跨文化培训的内容包括：对对方民族文化及原公司文化的认识和理解；有关文化敏感性、适应性的培训；语言培训；跨文化沟通及冲突处理能力的培训；地区环境模拟等。

3. 逐步实施文化融合战略，建设"合金"企业文化

文化融合是一个系统工程，要有计划、有步骤地分阶段实施，而文化融合的最终目标是实现文化"合金"。管理者要时刻关注文化的变化，以使企业文化真正成为兼收并蓄，集各种文化之所长的文化"合金"。

首先企业要根据自身的特点，确定以什么方式进行文化整合。建设"合金"企业文化是指在达到文化共性认识的基础上，根据环境的要求和公司战略的要求，建立企业的共同经营观和强有力的企业文化，同时通过文化的微妙诱导，使个体与集体相律动，如同一群人随着音乐起舞而不会相互碰撞。这样可以不断减少文化摩擦，使每个职员都能把自己的思想与行为同公司的经营业务和宗旨结合起来，增强企业的文化变迁能力。文化"合金"是跨文化管理最好的状态，也是最高层次的文化璧合，它将两种文化有机结合在一起，融合双方优秀基因，有利于培养出容易被双方接受的新文化。

4. 逐步推进管理本土化战略

本土化的实质是国际企业将生产、营销、管理等经营诸方面全方位融入东道国经济中的过程，也是承担在东道国的公民责任，并将企业文化融入和根植于当地文化模式的过程。本土化战略有利于跨国企业降低海外派遣人员和跨国经营的高昂费用，有利于与当地文化融合，减少当地社会对外来资本的排斥情绪，有利于当地经济安全和增加就业机会。比如，日本三洋在世界各地拥有众多公司，其中三洋电机中国有限公司是日本在中国的一家独资公司，就是实行本土化管理，尽量让本地优秀人才参与各种管理活动。

5. 加强跨文化沟通

跨文化沟通是指不同文化背景的人之间发生的沟通行为。地域不同、种族不同等因素会导致文化差异，因此，跨文化沟通可能发生在国与国之间，也可能发生在不同的文化群体之间。有效地进行跨文化沟通的关键在于：对异文化的尊重、包容；不断学习异文化，加深对其了解；通过不断实践进行改进、积累，加深对异文化的沉淀与理解。在跨文化企

业中，加强有效沟通应该做好以下几项工作：首先，要确保在管理层之间营造相互理解、相互尊重的文化氛围；其次，加强管理层和员工之间及公司和外部社会的沟通，同时积极培育开放式的沟通，有意识地建立各种正式及非正式、有形和无形的跨文化沟通渠道，让每个员工都有大量的机会可以表达自己的意见。

对点案例　　　　　包容与创新：锦江国际酒店(集团)的跨文化管理

2010年4月1日，作为亚洲和国内最大的酒店管理及运营企业，上海锦江酒店集团联合美国Thayer Lodging Group(德尔集团)宣布已经完成对美国Interstate Hotels & Resorts(洲际集团)的股权并购，并签订一系列合作协议。随着上海锦江国际酒店(集团)的整体上市、国际并购、迪士尼等项目的成功推进，跨文化管理需求日益突显。一个国际酒店的跨国经营，必须融合三种文化：本国文化、目标市场国家文化和企业文化。锦江酒店集团亟待以"顶层设计、内外协同、精心运作"的方针来制定极具包容性的跨文化管理体系。

一、跨文化管理：顶层设计第一步

锦江国际酒店管理有限公司首席执行官施罗德来自德国，他认为："员工要对企业有事业感、使命感及归属感。东西方文化肯定是存在差异的，求同存异是促使企业成功的普适因素，即使文化差异大，也不能无作为。"施罗德提到跨文化管理的8个要素：激情、能量，是成功的原因，不管是管理层还是草根阶层，都要把激情和能量注入企业中；竞争力，锦江酒店要寻找的对标是最优秀的酒店；勤奋，牺牲生活，投入事业；责任感，勇于承担责任和风险；主动，尝试创新；团队合作，成功的企业像优秀的医生，医生批判地提出问题，坦诚不代表冒犯他人；要有变革的愿望，有困难就要进行变革。

"拥抱相似性，不断沟通，彼此尊重。"这是美国洲际代表、IHR酒店总经理Joe Masi的观点。Joe认为锦江酒店的价值观与西方酒店没有太大的区别，在并购后的整合阶段，要想让中西方文化融合落到实处，就要重视共同点，搁置争议，这样才有更多获得成功的机会，并且要充分理解不同的文化模式和行为模式。"在发展业务方面，美国人直接坦诚，了解中国人的做事方式，想做到业界最好，成为优秀的品牌，就要学以致用，找相同点、共性，积极取得成功。最重要的是，尽管存在语言障碍或文化差异，但沟通是关键。只要及时、有效地沟通，就能达到目标。"Joe说。

二、包容与创新并举

国际人力资源发展跨文化研究协会创始人、锦江国际集团外部董事、上海国际金融学院院长陆红军，把现在的酒店业分为4种：经济型酒店、商务型酒店、高星级酒店与奢华型酒店(即超五星级)。锦江国际集团作为中国酒店业的龙头，又身处国企的环境，既有非常大的发展空间，又有国企治理的文化特色。作为一名独立董事，陆红军认为最关键的能力就是沟通，同时，"从企业治理的角度来说，西方酒店比较注重经营业绩，而中国人则注重酒店服务功能及其商业不动产价值。要提升酒店主营业务水平并在市场拓展上进行转型，需要一个过程"。

现在，锦江拥有1 200多家酒店，其中包括IHR在海外的401家酒店，客房总数近20万间。锦江的跨文化管理过程其实就是其品牌国际化的过程。杨卫民说："锦江是中国的民族品牌，应成为国内一流的高端酒店品牌，我们还要花5～10年成为世界知名的酒店品牌。"这一愿景无疑把跨文化战略推到了一个前所未有的风口浪尖之上。

资料来源：陈捷. 包容与创新：跨文化管理要义[J]. 董事会，2012(04)：68-69.

实用模板

促进或阻碍外派人员与当地员工融合的因素见表10-2。

表10-2　促进或阻碍外派人员与当地员工融合的因素

促进因素	阻碍因素
形成紧密的工作关系	不适应团队的理念
学习当地语言	不学习当地语言
传递技术/商务知识	自大
融入当地生活的能力	配偶和家庭问题
行为的专业素质	专制的行为模式
文化的敏感性	低水平的外派人员
乐于学习	无才能的外派人员
提供竞争力模式	缺乏文化的敏感性
适应力	不愿意去改变和适应
团队建设技巧	"我们-他们"的心态
引进有效的管理控制系统	过短的外派任务期
聚焦服务维度	"母国"心态
传授当地经济知识	较差的跨文化心态
市场营销技术	缺少好奇心
亲切/率真	像"在家中"一样做事
高深的金融知识	与当地员工不同的思考方式
自信	
强烈的工作道德	
在此区域早先适用的经验	
尊敬当地员工	
聆听技巧	
当地文化的接受力	

|课后练习|

一、名词解释

跨文化管理、跨文化人力资源管理、跨文化冲突

二、选择题

1. 跨文化管理的基础是(　　)。

　A. 自然资源条件　　　　　　　　B. 生产力水平

　C. 国家管理体制　　　　　　　　D. 人的文化价值观

2. 具有压制他国他人文化特点的跨文化冲突的处理模式是( )。

    A. 融合模式   B. 移植模式

    C. 凌越模式   D. 折中模式

3. 跨文化人力资源管理的特征是( )。

    A. 战略性   B. 多元性   C. 变革性

    D. 实践性   E. 适应性

4. 跨国公司跨文化人力资源管理的基本模式包括( )。

    A. 民族中心模式   B. 多元中心模式   C. 单一中心模式

    D. 地区中心模式   E. 全球中心模式

三、思考题

1. 企业文化冲突的表现有哪些?

2. 简述国际企业跨文化人力资源管理特点。

3. 说明跨文化人力资源管理的模式及内容。

4. 国际企业跨文化人力资源管理冲突来自哪些方面?

5. 传统的跨文化管理方式有哪些?

案例分析   **中兴的跨文化培训**

中兴的跨文化培训对象既包括中方员工,也包括大量的海外人才。以下是中兴对外籍员工实施跨文化培训的一些观点。

一、转变视角

重新定位中国文化。每个人都热爱自己的母国文化,并且本能地认为母国文化是最好的。作为在国际市场工作的中方员工,我们需要避免对自己文化的盲目自大心理,同时也不能妄自菲薄。

中国人的准时观念与其他国家文化相比,是排在中间位置的。比如,我们比印度、非洲及南美很多国家准时,但没有美国和西欧一些国家准时。我用自己在不同国家的亲身经历得出了一个跨文化新理论:当两种文化相遇时,更放松的那种文化会有更大的影响力。所以,即使在深圳总部开会,那些在印度、非洲等"钟表走得慢"的地方常驻多年之后回来的中方同事经常最后一个到场,我们也不足为怪。

二、理解"客气"

中国人的"客气"也把老外折腾得够呛。

你第一次去新上司的家里拜访,找了很久才终于找到。此时,你又累又渴。上司开门看见你说:"嗨,你来了。请进,喝点什么吧?"你会怎样回答?

几乎所有的中方学员都答"不用了,谢谢",老外则会说"好啊,多谢了"。

要和大家解释,中方的"客气"是不愿意用自己的需求去打扰别人,占用别人的时间或金钱。比如,外籍同事邀请中方同事一起吃饭,中方同事的第一个反应是拒绝,因为他不希望你花时间和金钱在他身上,而不是不喜欢跟你一起吃饭。因此,你需要坚持多邀请几次看看他到底是客气还是真的不想去。

文化敏感度强的跨文化沟通者应同时做到以下两个方面：一方面，作为演讲者，必须非常敏感，保证自己使用的语言不会伤害听者的自尊心；另一方面，作为倾听者，需要有一定的"文化钝感"，避免敏感过度，以为对方是有意在伤害你。其实，这很可能就是一种文化现象。比如和美国员工开会，他们会直接说："我不同意你的意见。"而这并不代表他们不尊重我们的结论。

【案例讨论】

(1) 该案例解决了国际企业人力资源管理中的哪些跨文化冲突？

(2) 中兴的跨文化培训对国际企业跨文化人力资源管理战略的实施有哪些启示？

实训演练

比较不同跨国企业跨文化人力资源管理的冲突

1. 实训目标

(1) 通过了解不同的跨国公司文化，使学生对跨文化人力资源管理的差异和共性有直观的认识。

(2) 了解不同跨国公司在招聘、培训、绩效考核、薪酬管理等流程中的文化差异。

2. 实训内容

(1) 按国家和地区分小组，对应查找相关资料。

(2) 自组公司确立符合本国或本地区的人力资源管理模式，包括招聘、培训、绩效考核、薪酬管理等流程管理。

(3) 展现并模拟组与组之间可能存在的冲突。

3. 实训组织

(1) 组织学生分组讨论、查阅资料。

(2) 以学生小组为单位，组成某国或某地区的一家公司，设计符合该国或该地区文化的人力资源管理模式。

(3) 以抽签的方式进行组组合作，展现可能出现的文化冲突。

(4) 模拟演示后各组思考并总结。

拓展阅读

林新奇. 跨国公司人力资源管理[M]. 北京：清华大学出版社，2015.

中国人力资源开发网. http:// www.ChinaHRD.net.

中国人力资源网. http:// www.hr.com.cn.

HR369人力资源论坛. http://www.hr369.com.

参考文献

[1] 国务院新闻办公室. 中国的人力资源状况[M]. 北京：人民出版社，2010.

[2] 吴江，田小宝. 人力资源蓝皮书：中国人力资源发展报告(2011—2012)(2012版)[M]. 北京：社会科学文献出版社，2012.

[3] 曹如中，邱羚，秦迎林. 人力资源开发与管理[M]. 2版. 北京：清华大学出版社，2015.

[4] 李乐锋. 连锁企业人力资源管理[M]. 北京：对外经贸大学出版社，2010.

[5] 张英奎，蔡中华. 人力资源管理[M]. 北京：机械工业出版社，2013.

[6] 冉军. 人力资源管理[M]. 北京：教育科学出版社，2013.

[7] 张爱卿，钱振波. 人力资源管理[M]. 3版. 北京：清华大学出版社，2015.

[8] 邓国权. 人力资源管理[M]. 2版. 南京：南京大学出版社，2013.

[9] 张佩云. 人力资源管理[M]. 3版. 北京：清华大学出版社，2012.

[10] 赵曙明，张正堂，程德俊. 人力资源管理与开发[M]. 北京：高等教育出版社，2009.

[11] 陈维政，余凯成，程文文. 人力资源管理[M]. 3版. 北京：高等教育出版社，2011.

[12] 黄维德，董临萍. 人力资源管理[M]. 3版. 北京：高等教育出版社，2009.

[13] 赵凤敏. 人力资源管理(一)[M]. 北京：高等教育出版社，2013.

[14] 董克用. 人力资源管理概论[M]. 4版. 北京：中国人民大学出版社，2015.

[15] 李韬. IBM人力资源管理的三个体系[J]. 企业管理，2012(6)：44-45.

[16] 闻斋. 王传福坚守“人本管理”[J]. 企业文化，2010(1)：37-39.

[17] 刘颖民，孟建国. 人力资源管理[M]. 南京：南京大学出版社，2010.

[18] 廖泉文. 招聘与录用[M]. 3版. 北京：中国人民大学出版社，2015.

[19] 万玺，冉军. 招聘管理[M]. 北京：科学出版社，2011.

[20] 丁树春. 索尼的“内部招聘”[J]. 对外经贸财会，2002(11)：31.

[21] 赵曙明. 人力资源战略与规划[M]. 3版. 北京：中国人民大学出版社，2012.

[22] 刘凤霞. 组织与工作设计[M]. 天津：天津大学出版社，2015.

[23] 林枚，李隽，曹晓丽. 职业生涯开发与管理[M]. 北京：清华大学出版社，2010.

[24] 马士斌. 生涯管理[M]. 北京：人民日报出版社，2001.

[25] 杨河清. 职业生涯规划[M]. 2版. 北京：中国劳动社会保障出版社，2009.

[26] 冉军，万玺. 职业生涯管理[M]. 北京：科学出版社，2012.

[27] 林新奇. 跨国公司人力资源管理[M]. 北京：清华大学出版社，2015.

[28] 姚裕群. 职业生涯管理[M]. 大连：东北财经大学出版社，2009.

[29] 王瑞永，袁声莉，暴丽艳. 人力资源管理[M]. 北京：科学出版社，2011.

[30] [美]加里·德斯勒，[新加坡]陈水华. 人力资源管理[M]. 北京：机械工业出版社，2013.

[31] [美]韦恩·F. 卡肖. 人力资源管理[M]. 刘善仕，张春阳，邱林，曹洲涛，译. 2版. 北京：机械工业出版社，2013.

[32] 刘爱军. 薪酬管理理论与实务[M]. 2版. 北京：机械工业出版社，2013.

[33] 管平. 美国国家标准职业分类与O*NET系统职业分析[J]. 中国职业技术教育，2011(21)：87-90.

[34] 葛玉辉. 工作分析与工作设计实务[M]. 北京：清华大学出版社，2011.

[35] 萧鸣政. 工作分析的方法与技术[M]. 4版. 北京：中国人民大学出版社，2014.

[36] 佚名. 宝洁：全方位和全过程的培训[J]. 成长与就业，2010(9)：63-64.

[37] 中国就业培训技术指导中心. 企业人力资源管理师(3级)[M]. 3版. 北京：中国劳动社会保障出版社，2014.

[38] 中国就业培训技术指导中心. 企业人力资源管理师(2级)[M]. 3版. 北京：中国劳动社会保障出版社，2014.

[39] 劳动和社会保障部，中国职工教育和职业培训协会. 企业培训师(基础知识)上[M]. 北京：新华出版社，2008.

[40] 劳动和社会保障部，中国职工教育和职业培训协会. 企业培训师(助理、企业培训师)下[M]. 北京：新华出版社，2008.

[41] 胡佳佳，王菲. 联合利华员工职业生涯管理的分析与启示[J]. 企业研究，2010(12)：83-84.

[42] 李乐锋，张永武. 连锁企业人力资源管理[M]. 2版. 北京：对外经济贸易大学出版社，2014.

[43] 徐振斌. 德国大众汽车公司的动态薪酬体系[J]. 职业，2003(2)：40-42.

[44] 唐镛. 劳动关系管理概论[M]. 北京：中国人民大学出版社，2012.

[45] 陈丽，戴卫东. 劳动关系管理[M]. 2版. 北京：电子工业出版社，2010.

[46] 刘钧. 劳动关系理论与实务[M]. 北京：清华大学出版社，2011.

[47] 赵永乐，等. 劳动关系管理与劳动争议处理[M]. 2版. 上海：上海交通大学出版社，2010.

[48] 刘昕. 薪酬管理[M]. 4版. 北京：中国人民大学出版社，2014.

[49] 方振邦. 战略性绩效管理[M]. 4版. 北京：中国人民大学出版社，2014.

[50] 赵永乐. 人力资源管理[M]. 2版. 上海：上海交通大学出版社，2010.

[51] 张鹏. 跨文化管理成功与失败——以广州标致与合肥利华为例[J]. 合作经济与科

技，2008(4)：57-58.

[52] 贝瀚青口述，李茂采访整理. 如何寻找"文化混血儿"[J]. 哈佛商业评论，2013(9).

[53] 周施恩，柳烨. 方正科技的"新员工融入计划"[J]. 企业管理，2011(7)：48-50.

[54] 陈捷. 包容与创新：跨文化管理要义[J]. 董事会，2012(04)：68-69.

[55] 吴必善. 人力资源管理理论与实务[M]. 大连：东北财经大学出版社，2012.

[56] 朱勇国. 人力资源管理专业技能实训教程[M]. 北京：清华大学出版社，2012.

[57] 孙宗虎. 人力资源管理职位工作手册[M]. 3版. 北京：人民邮电出版社，2012.

[58] 赵涛，亢博剑. 人力资源管理制度表格流程规范大全[M]. 北京：电子工业出版社，2011.

[59] 朱长丰. 人力资源管理技能训练教程[M]. 北京：中国人民大学出版社，2011.

[60] 祝宝江. 人力资源管理项目实训教程[M]. 杭州：浙江大学出版社，2011.

[61] 李庆海. 中小企业人力资源管理实训演练教程[M]. 北京：清华大学出版社，2010.

[62] 李浇，支海宇. 人力资源管理实训教程[M]. 大连：东北财经大学出版社，2009.